职业教育电子商务专业系列教材

跨境电商
理论与实务

戴庆玲　宗胜春　主　编
高东燕　侯静怡　蒋贵琴　副主编

清华大学出版社
北京

内 容 简 介

本书根据跨境电子商务工作流程，分为跨境电子商务概述、跨境电子商务平台、跨境电子商务市场调研与选品、跨境电子商务物流、跨境电子商务支付、跨境电子商务营销、跨境电子商务数据分析、跨境电子商务通关、跨境电子商务客户服务，以及跨境电子商务法律问题与知识产权等章节。每个章节包括学习目标、知识结构图、同步实训、同步阅读、本章小结和同步测试等内容。本书采用"案例分析+同步实训"相结合的编写形式，注重跨境电商理论与实践相结合，有利于培养学生对课程的兴趣，帮助教师提升教学效果。

本书可作为高等院校"跨境电商基础""跨境电商实务"等课程的教材，也可作为跨境电商从业人员的参考用书。

本书封面贴有清华大学出版社防伪标签，无标签者不得销售。
版权所有，侵权必究。举报：010-62782989，beiqinquan@tup.tsinghua.edu.cn。

图书在版编目(CIP)数据

跨境电商理论与实务 / 戴庆玲，宗胜春主编. —北京：清华大学出版社，2023.6 (2024.9重印)
职业教育电子商务专业系列教材
ISBN 978-7-302-64077-6

Ⅰ.①跨… Ⅱ.①戴… ②宗… Ⅲ.①电子商务－商业经营－职业教育－教材 Ⅳ.①F713.365.2

中国国家版本馆 CIP 数据核字 (2023) 第 119192 号

责任编辑：施 猛 张 敏
封面设计：常雪影
版式设计：孔祥峰
责任校对：马遥遥
责任印制：刘 菲

出版发行：清华大学出版社
    网　　址：https://www.tup.com.cn，https://www.wqxuetang.com
    地　　址：北京清华大学学研大厦 A 座　　　　邮　编：100084
    社 总 机：010-83470000　　　　　　　　　　邮　购：010-62786544
    投稿与读者服务：010-62776969，c-service@tup.tsinghua.edu.cn
    质 量 反 馈：010-62772015，zhiliang@tup.tsinghua.edu.cn
印 装 者：北京嘉实印刷有限公司
经　　销：全国新华书店
开　　本：185mm×260mm　　　印　张：19.75　　　字　数：456 千字
版　　次：2023 年 6 月第 1 版　　印　次：2024 年 9 月第 2 次印刷
定　　价：59.00 元

产品编号：094392-01

序　言

近年来，随着"一带一路"倡议的提出、全球贸易的快速发展，跨境电商已经成为稳定外贸增长，促进经济发展的新动力、新引擎。伴随贸易自由化、便利化的不断加强，越来越多的国内中小企业通过跨境电商的新模式出海，贸易活跃度明显提升，释放出巨大的经贸潜力。据海关总署统计，我国跨境电商进出口交易额从2017年的902.4亿元增长到2022年的21 100亿元。这与政府高度重视跨境电商并出台一系列国家扶持政策密不可分。2015年3月，中国(杭州)跨境电子商务综合试验区设立，截至2022年11月，我国已有165个跨境电子商务综合试验区，覆盖全国31个省区市，并分批次先后设定了80多个跨境电商零售进口试点城市。

党的二十大报告提出，推动货物贸易优化升级，创新服务贸易发展机制，发展数字贸易，加快建设贸易强国。作为发展速度最快、潜力最大、带动作用最强的外贸新业态，跨境电商不仅是数字贸易的重要组成部分，也是推动建设贸易强国的新动能。

目前，我国跨境电商已经从高速增长过渡到成熟发展阶段，具备较好的发展韧性，跨境电商产业生态持续优化，主要表现在跨境电商物流基础服务不断完善；跨境电商金融服务从收结汇向全链条转变；数字人民币开始应用到跨境电商领域；跨境电商独立站、直播等新模式、新业态蓬勃发展。

本书以培养跨境电商人才的理论和实务能力为核心内容，共分为10章。第1~2章主要介绍跨境电子商务的基础知识及主流跨境电商平台；第3章~第10章介绍了跨境电子商务的各个业务流程：第3章介绍了跨境电子商务市场调研及选品；第4章介绍了跨境电子商务物流；第5章介绍了跨境电子商务支付；第6章介绍了跨境电子商务营销；第7章介绍了跨境电子商务数据分析；第8章介绍了跨境电子商务通关；第9章介绍了跨境电子商务客户服务；第10章介绍了跨境电子商务法律问题与知识产权。

本书具有如下几个特色。

(1) 编写体例新颖。本书采用"案例分析+同步实训"相结合的编写形式，注重跨境电商理论与实践相结合，有利于培养学生对课程的兴趣，帮助教师提升教学效果。

(2) 系统性强。本书按跨境电商行业内工作流程和店铺运营规律，由浅入深地精选教学内容，以真实项目为载体，融"教、学、做、考、创"于一体，强调对跨境电商操作环节能力的训练，既有基础知识的讲解，也有应用技能的提升。

(3) 实践性强。本书编写过程中，充分发挥了学校和企业的各自优势。书中的实例、数据和图表均来自企业和平台的真实店铺，有利于读者直观地了解操作流程和进行数据分析；同步实训与跨境电商行业的工作任务一致，以便与真实的跨境电商平台接轨。

本书由湖州职业技术学院戴庆玲、山东外贸职业学院宗胜春担任主编，由湖州职业技术学院高东燕、侯静怡、蒋贵琴担任副主编。具体分工如下：第1章由戴庆玲、侯静怡编写，第2章由高东燕编写，第3章、第4章由戴庆玲编写，第5章、第6章由宗胜春编写，第7章由高东燕编写，第8章由侯静怡编写，第9章由蒋贵琴编写，第10章由戴庆玲、高东燕和侯静怡编写。戴庆玲负责全书的统稿与审核工作。本书提供配套资源，扫描下方二维码可见。

本书在编写过程中参考了相关的教材、论文、期刊及众多的网站，在此对相关作者表示感谢。在编写过程中，多家跨境电商企业积极参与，提供了很多宝贵的资料和素材，在此特别感谢浙江国能科技有限公司宋志国总经理、湖州飞尔网络科技有限公司潘佳炜总经理、浙江亚锋科技有限公司许江英总经理、浙江乌龙供应链管理有限公司阚增辉总经理和浙江国创网络科技有限公司陆绍洁总经理。

跨境电子商务作为新兴产业，发展迅猛，知识的更新迭代非常快，本书中许多相关概念和观点在理论及实践层面还有待发展和更新。由于编者水平有限，书中难免存在疏漏与不当之处，衷心希望各位读者能提出宝贵的意见，以便持续完善本书。反馈邮箱：wkservice@vip.163.com。

戴庆玲
2023年3月

目 录

第1章 跨境电子商务概述 001
1.1 跨境电子商务概况 002
1.1.1 跨境电子商务的内涵 002
1.1.2 跨境电子商务的特点 003
1.1.3 跨境电子商务的分类 004
1.1.4 跨境电子商务与传统电子商务对比 006
1.1.5 跨境电子商务与传统国际贸易对比 007
1.2 跨境电子商务的生态体系 008
1.2.1 跨境电子商务的基本要素 008
1.2.2 跨境电子商务的进出口流程 009
1.2.3 跨境电子商务的参与主体及产业链 010
1.3 跨境电子商务的产生和发展 014
1.3.1 跨境电子商务的产生背景 014
1.3.2 跨境电子商务的发展概况 015
1.4 跨境电子商务岗位及职业能力分析 021
1.4.1 跨境电子商务从业人员类别与职业能力 021
1.4.2 跨境电子商务从业人员职业素养 022

第2章 跨境电子商务平台 029
2.1 出口跨境电子商务平台 029
2.1.1 出口跨境电子商务模式 029
2.1.2 主流出口跨境电子商务平台 032
2.2 进口跨境电子商务平台 049
2.2.1 进口跨境电子商务模式 049
2.2.2 主流进口跨境电子商务平台 052
2.3 跨境电商独立站 055
2.3.1 独立站的定义和特点 055
2.3.2 独立站平台简介——Shopify 055

第3章 跨境电子商务市场调研与选品 061
3.1 跨境电商市场发展概况与调研方法 062
3.1.1 亚洲电商市场发展情况 062
3.1.2 欧美电商市场发展情况 065
3.1.3 其他电商市场发展情况 068
3.1.4 跨境电子商务国际市场调研的主要内容 069
3.1.5 跨境电子商务国际市场调研的基本方法 071
3.2 主流跨境电商市场消费者行为分析 073

3.2.1　国内外消费者观念
　　　　　　比较 …………………… 073
　　　3.2.2　消费者行为的地域分布
　　　　　　特点 …………………… 075
　3.3　跨境电商平台选品原则和
　　　定价策略 ……………………… 078
　　　3.3.1　跨境电商选品概述 ……… 078
　　　3.3.2　跨境电商平台选品规则 … 081
　　　3.3.3　跨境电商产品定价策略 … 083

第4章　跨境电子商务物流 …………… 090
　4.1　跨境电子商务物流概述 ……… 091
　　　4.1.1　跨境电子商务物流的概念、
　　　　　　特征及重要性 ………… 091
　　　4.1.2　我国跨境电子商务物流行业
　　　　　　发展现状及趋势 ……… 092
　4.2　跨境电子商务物流模式 ……… 095
　　　4.2.1　国际邮政物流 ………… 095
　　　4.2.2　国际商业快递 ………… 104
　　　4.2.3　国际专线物流 ………… 108
　　　4.2.4　海外仓物流 …………… 111
　4.3　主流跨境电商平台的物流
　　　方式 …………………………… 114
　　　4.3.1　亚马逊平台的FBA物流 … 115
　　　4.3.2　速卖通平台的AliExpress
　　　　　　无忧物流 ……………… 115
　　　4.3.3　eBay平台的SpeedPAK
　　　　　　物流 …………………… 116
　　　4.3.4　Wish平台的WishPost
　　　　　　物流 …………………… 119
　4.4　跨境电子商务物流风险与
　　　防范 …………………………… 120
　　　4.4.1　与跨境物流自身相关的风险
　　　　　　及防范 ………………… 120
　　　4.4.2　跨境物流的海关通关风险
　　　　　　及防范 ………………… 121
　　　4.4.3　跨境物流的不可抗力风险
　　　　　　及防范 ………………… 121

第5章　跨境电子商务支付 …………… 127
　5.1　跨境电子商务支付概述 ……… 128

　　　5.1.1　跨境电商支付的定义 …… 128
　　　5.1.2　跨境电商支付产生背景 … 128
　　　5.1.3　跨境电商支付方式 ……… 129
　　　5.1.4　跨境电商支付业务流程 … 130
　　　5.1.5　我国跨境电商支付行业发展
　　　　　　趋势 …………………… 133
　5.2　主流跨境电商平台支付方式 … 134
　　　5.2.1　亚马逊平台支付方式 …… 135
　　　5.2.2　速卖通平台支付方式 …… 139
　　　5.2.3　eBay平台支付方式 …… 141
　　　5.2.4　Wish平台支付方式 …… 142
　　　5.2.5　其他平台支付方式 ……… 143
　5.3　跨境电子商务支付的风险与
　　　防范 …………………………… 143
　　　5.3.1　跨境电子商务支付的风险 … 143
　　　5.3.2　跨境电子商务支付的风险
　　　　　　防范 …………………… 145

第6章　跨境电子商务营销 …………… 149
　6.1　跨境电子商务营销概述 ……… 150
　　　6.1.1　市场营销概念及主要营销
　　　　　　理论 …………………… 150
　　　6.1.2　国际市场营销概念 ……… 151
　　　6.1.3　国际目标市场战略 ……… 151
　6.2　跨境电子商务站内推广 ……… 154
　　　6.2.1　速卖通平台站内推广 …… 155
　　　6.2.2　亚马逊平台站内推广 …… 165
　　　6.2.3　eBay平台站内推广 …… 168
　　　6.2.4　Wish平台站内推广 …… 176
　6.3　跨境电子商务站外推广 ……… 178
　　　6.3.1　搜索引擎营销 ………… 178
　　　6.3.2　电子邮件营销 ………… 185
　　　6.3.3　社交媒体营销 ………… 187

第7章　跨境电子商务数据分析 ……… 193
　7.1　跨境电子商务数据分析
　　　概述 …………………………… 194
　　　7.1.1　跨境电商数据分析的
　　　　　　定义 …………………… 194
　　　7.1.2　跨境电商数据分析的
　　　　　　流程 …………………… 194

       7.1.3 跨境电商数据分析指标……196
       7.1.4 跨境电商主流分析工具……202
   7.2 主流跨境电商平台的数据
       分析……………………………208
       7.2.1 亚马逊平台数据分析………208
       7.2.2 速卖通平台数据分析………212
       7.2.3 eBay平台数据分析…………222
       7.2.4 Wish平台数据分析…………224

第8章 跨境电子商务通关…………233
   8.1 跨境电子商务通关概述………234
       8.1.1 通关的定义……………………234
       8.1.2 跨境电商通关分类……………234
       8.1.3 跨境电商通关流程……………238
   8.2 跨境电商的通关模式…………239
       8.2.1 "9610"通关模式……………239
       8.2.2 "1210/1239"通关模式……241
       8.2.3 "9710"通关模式……………244
       8.2.4 "9810"通关模式……………245
       8.2.5 "1039"通关模式……………247
       8.2.6 "0110"通关模式……………247
   8.3 跨境电商通关服务平台………248
       8.3.1 "跨境一步达"产生
             背景……………………………249
       8.3.2 "跨境一步达"消费者
             服务……………………………249
       8.3.3 "跨境一步达"商家
             服务……………………………250
   8.4 被海关暂扣物品的处理………251
       8.4.1 暂扣物品的原因……………251
       8.4.2 避免海关扣货的方法………252

第9章 跨境电子商务客户服务………257
   9.1 跨境电子商务客户服务
       概述……………………………258

       9.1.1 跨境电商客户服务的
             概念……………………………258
       9.1.2 跨境电商客户服务的工作
             范畴……………………………258
       9.1.3 跨境电商客服的工作技巧
             和沟通工具……………………260
   9.2 跨境电子商务客户沟通
       与服务…………………………263
       9.2.1 售前沟通与服务………………263
       9.2.2 售中沟通与服务………………268
       9.2.3 售后沟通与服务………………277
   9.3 跨境电子商务客户关系
       管理……………………………279
       9.3.1 客户价值评价…………………279
       9.3.2 客户选择与开发………………282
       9.3.3 客户流失与挽回………………285

第10章 跨境电子商务法律问题与
         知识产权………………………291
   10.1 跨境电子商务法律法规
        概述……………………………291
        10.1.1 国际组织跨境电子商务的
               立法现状……………………291
        10.1.2 世界上主要国家跨境电子
               商务的立法概况……………293
   10.2 跨境电子商务的知识产权
        保护法…………………………295
        10.2.1 跨境电子商务的知识
               产权保护现状………………295
        10.2.2 主流跨境电商平台知识
               产权保护规则………………298

参考文献……………………………………304

第 1 章 跨境电子商务概述

学习目标

1. 了解跨境电子商务的狭义概念与广义概念。
2. 熟悉跨境电子商务的特点与分类。
3. 掌握跨境电子商务的生态体系与发展历程。
4. 了解跨境电子商务岗位及职业能力要求。

知识结构图

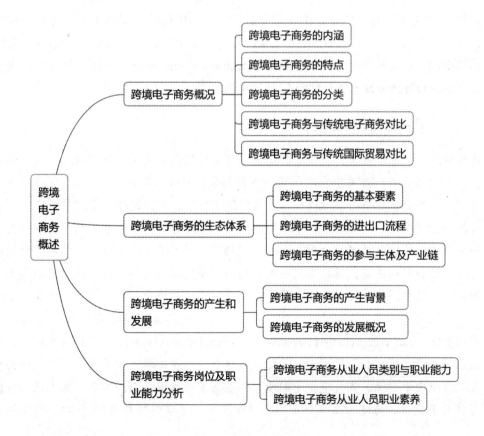

1.1 跨境电子商务概况

1.1.1 跨境电子商务的内涵

导入案例

跨境电子商务(cross-border electronic commerce，CBEC)，是指分属不同关境的交易主体，通过电子商务平台达成交易、进行支付结算，并通过跨境物流实现商品从卖家流向买家的一系列国际商业活动。

上述定义中，跨境电子商务包括三层含义：①交易主体分属不同关境。参加跨境电子商务的交易主体属于不同的关境，卖家在A国关境，则买家应在B国关境；反之亦然。②线上交易和支付通过跨境电子商务平台实现。跨境电子商务平台可以为不同卖家提供商品的数字化展示窗口，为买家了解商品信息提供便捷，为买卖双方沟通商品信息提供便利，提供线上订单签订、支付商品货款等数字化支持。③商品送达以线下跨境物流完成为准。跨境电子商务平台可以实现商品的数字化推广和线上订单签订，商品实物需要通过跨境物流完成最终送达，需要从一国关境进入另一国关境，完成"清关"，才能实现商品送达。具体来说，跨境电子商务的概念有狭义和广义之分。

什么是跨境电子商务

1. 狭义的跨境电子商务

狭义的跨境电子商务是指跨境网络零售的商业活动，即分属不同关境的交易主体借助互联网，通过各种电商平台完成线上商品订单，采用快件、邮政小包等方式完成商品的线下跨境物流配送，达成跨境支付结算，实现跨境交易的一种国际商业活动。按照交易主体的不同，狭义的跨境电商可分为B2C(business to customer，企业对个人)跨境电商和C2C(customer to customer，个人对个人)跨境电商两类。

> **小知识　关境与国境的关系**
>
> 理解跨境电子商务概念，需要了解国境与关境的区别。关境又称"税境"或"海关境域"，是指适用于同一海关法或实行同一关税制度的领域，即国家(地区)行使海关主权的执法空间。国境是指一个国家行使全部主权的国家空间，包括领陆、领海和领空。
>
> 关境与国境的关系分为三种：①一般情况下，关境等于国境，出国则出关境出国境，回国则入关境入国境，两者的边界统一，范围相同。②关境大于国境，如结成关税同盟的国家之间，实行同一关境，货物在同一关境内的国境之间运输不征收关税，只对非同盟国的货物进出该同盟国的关境时征收关税。这种情况下，关境包括几个缔约国的领土，所包括的这一地区被称为"关境以内的外国领土"，如欧洲联盟(简称欧盟)、区域全面经济伙伴关系协定(regional comprehensive economic partnership agreement，RCEP)成员国等，成员国使用同一关境。商品从同盟国的一国国境运送至另一国国境，商品到达国境之外关境之内，此时关境大于国境。③关境小于国境，许多国家境内设立经济特区、保税区、自由贸易区等特别关税区，跨境商品从一个国家运输至另一国家的特别关税区(如上海保税区、

杭州保税区等),虽然已进入该国国境,但并未进入该国关境;中国大陆与中国香港、中国澳门、中国台湾均属于中国国境,但属于不同关境,这时的关境就比国境小。有关关境的法律条文一般在各国的海关法中予以载明。

2. 广义的跨境电子商务

广义的跨境电子商务泛指对外贸易电子商务的活动,即分属不同关境的交易主体,通过电子商务的手段,将传统进出口贸易中的展示、洽谈和成交环节予以电子化、数字化和网络化实现,并通过跨境物流运输商品,最终达成交易的跨境进出口贸易活动。广义的跨境电子商务基本等同于外贸电商(business to business,B2B),它涉及许多方面的活动,包括货物的电子贸易、在线数据传递、电子资金划拨、电子货运单证等内容。换句话说,国际贸易中只要涉及电子商务的应用,都可以纳入广义跨境电子商务的范畴。

1.1.2 跨境电子商务的特点

1. 多边化

"多边化",是指跨境电子商务贸易过程相关的信息流、商流、物流、资金流由传统的双边逐步向多边演进,呈网状结构。传统国际(地区间)贸易主要表现为两国(地区)之间的双边贸易,即使有多边贸易,也是通过多个双边贸易实现的,呈线状结构;跨境电子商务则通过A国(地区)的交易平台、B国(地区)的支付结算平台、C国(地区)的物流平台,实现不同国家(地区)间的直接贸易。跨境电子商务正在重构世界经济新秩序。

2. 透明化

"透明化",是指跨境电子商务可以通过电子商务交易与服务平台实现多国(地区)企业之间、企业与最终消费者之间的直接交易。这种直接交易让交易双方通过标准化、电子化的合同、提单、发票和凭证等完成交易,各种相关的单据通过互联网即可实现瞬间传递,增加了交易信息的透明度,减少了因信息不对称造成的交易风险。传统国际贸易中一些重要的中间角色被弱化甚至被替代,国际贸易供应链更加扁平化,形成了生产商或制造商与消费者的"双赢"局面。跨境电子商务平台大大降低了国际贸易的门槛,使得贸易主体更加多样化,丰富了国际贸易的主体阵营。

3. 小批量

"小批量",是指单个企业之间、单个企业与单个消费者之间可以完成跨境电子商务交易。相对于传统国际贸易而言,跨境电子商务可实现小批量甚至单件货物交易。

4. 高频率

"高频率",是指跨境电子商务能够实现单个企业或消费者即时按需采购、销售或消费,不像传统国际贸易受到交易规模的限制。跨境电子商务将信息流、资金流和物流集合在一个平台上,交易双方较少受到时空的限制,能够实时地进行信息交流,就如同面对面交流,交易效率大幅度提高,进而促使交易双方的交易频率大幅度提高。

5. 数字化

"数字化"在跨境电子商务中主要表现为两点:一是跨境电子商务通过互联网实现信息传递,商务活动各个环节的信息多以无纸化的方式呈现,交易双方通过即时通信工具或邮件实现信息的无纸化发送和接收;二是数字化产品(如音乐、影视、软件等)品类和贸易量不断增长,此类商品通过跨境电子商务进行交易的趋势愈加明显。跨境电子商务就是通过数据驱动的新外贸体系,将各类分散的信息集中在跨境电子商务平台,使交易信息更容易获得,还可以通过大数据的积累,对所有参与者建立全新的信用体系,让买卖双方的交易更容易达成。

6. 全球化

"全球化",是指跨境电子商务交易在技术许可的条件下,实现无国界限制的全球交易,突破传统交易所具有的地理、区位及路途限制。在跨境电子商务中,企业不需要跨越国界就可以将商品和服务提供给全球客户,任何企业和个人只要具备了一定的技术手段,在任何时候、任何地方都可以发布信息、相互联系并完成跨境交易,大大拓展了贸易自由度,因此跨境电子商务具有全球性的特性。

1.1.3 跨境电子商务的分类

跨境电子商务可以按照不同的维度进行分类,其分类标准包括进出口方向、交易主体、平台服务类型、平台运营方式和行业品类范围等。

跨境电商模式和产业链

1. 按进出口方向分类

按商品的贸易流向分类,跨境电子商务可以分为出口跨境电子商务和进口跨境电子商务。

1) 出口跨境电子商务(export cross-border e-commerce)

出口跨境电子商务又称出境跨境电子商务,是指境内企业借助跨境电子商务平台与境外企业或个人买家达成交易,然后通过跨境物流将商品送至境外,完成交易的商业活动。

出口跨境电子商务代表电商平台有全球速卖通、eBay、Wish、阿里巴巴国际站、敦煌网、环球资源网等。

2) 进口跨境电子商务(import cross-border e-commerce)

进口跨境电子商务又称入境跨境电子商务,是指境外企业借助跨境电子商务平台与境内企业或个人买家达成交易,然后通过跨境物流将商品送至境内,完成交易的商业活动。进口跨境电子商务的传统模式就是海淘,即境内买家在电子商务网站上购买境外的商品,然后由境外企业或个人通过直邮或转运的方式将商品运送至境内买家手中的购物方式。

进口跨境电子商务代表电商平台有洋码头、考拉海购、天猫国际等。

2. 按交易主体分类

按交易主体的不同,跨境电子商务可以分为B2B、B2C和C2C三种模式,其特点和代表平台如表1-1所示。

表1-1 不同交易主体的跨境电子商务分类及代表平台

按交易主体分类	特点	代表平台
B2B(business to business)	企业与企业之间通过互联网进行商品、服务和信息的交换,面对的最终客户为企业或集团	DHgate(敦煌网)、Made in China(中国制造网)、Alibaba.com(阿里巴巴国际站)、Global Sources(环球资源网)等
B2C(business to customer)	卖方是企业,买方是个人消费者,是企业以网上零售方式将商品销售给消费者的模式	AliExpress、Amazon、eBay、Wish、Ozon、Shopee、Coupong等
C2C(customer to customer)	买卖双方都是个人,即经营主体是个人,面向的也是个人消费者。由个人卖家发布售卖的商品和服务的信息、价格等内容,个人消费者进行筛选,最终通过电子商务平台达成交易,进行支付结算,个人卖家通过跨境物流将商品送达个人消费者手中,完成交易	eBay、AliExpress等

3. 按平台服务类型分类

按平台提供的服务不同,跨境电子商务可分为信息服务型、在线交易型和外贸综合服务型,其特点及代表平台如表1-2所示。

表1-2 不同平台服务类型的跨境电子商务分类及代表平台

按平台服务类型分类	特点	代表平台
信息服务型	为境内外会员商户提供网络营销平台,传递供应商或采购商等的商品或服务信息,促使买卖双方完成交易,是B2B跨境电子商务的主流模式	Global Sources(环球资源网)、Made in China(中国制造网)等
在线交易型	不仅可提供企业、商品、服务等多方面信息展示,亦可通过平台完成线上搜索、咨询、下单、支付、物流、评价等全购物链环节,正逐渐成为跨境电子商务中的主流模式	AliExpress、Amazon、eBay、Wish、Ozon、Shopee、Coupong等
外贸综合服务型	为企业提供通关、物流、海外仓、结算、退税、保险、融资等一系列的服务,帮助企业完成进口或出口的通关及流通环节,可以通过融资、退税等服务帮助企业资金周转	一达通、派安盈、递四方、世贸通等

4. 按平台运营方式分类

根据平台运营方式的不同,跨境电子商务可以分为自营型和第三方开放型,其特点及代表平台如表1-3所示。

表1-3 不同平台运营方式的跨境电子商务分类及代表平台

按平台运营方式分类	特点	盈利模式	代表平台
自营型	搭建线上交易平台并整合供应商资源，通过较低的进货价格采购商品，再以较高的售价出售商品	赚取商品差价盈利	LightInTheBox(兰亭集势)、Milanoo(米兰网)、OSELL(大龙网)、FocalPrice(环球跨境通)
第三方开放型	通过线上搭建商城，并整合物流、支付、运营等服务资源，吸引商家入驻平台，为商家提供跨境电子商务交易服务	收取商家佣金及增值服务佣金盈利	AliExpress、Amazon、eBay、Wish、Ozon、Shopee、Coupong等

5. 按行业品类范围分类

根据行业品类范围的不同，跨境电子商务可分为垂直型和综合型，其特点和代表平台如表1-4所示。

表1-4 不同行业范围的跨境电子商务分类及代表平台

按行业品类范围	特点	代表平台
垂直型	包括品类垂直型和地域垂直型，前者主要指专注于某一类产品的跨境电子商务模式，比如近几年比较火热的母婴类；后者指专注于某一地域的跨境电子商务模式	Esty、蜜芽、执御、Zalando、Wayfair等
综合型	与垂直型相对应，它不像垂直型平台那样专注于某些特定的领域或某种特定的需求，而展示与销售的商品种类繁多，涉及多个行业	Amazon、eBay、Wish、AliExpress、Shopee等

1.1.4 跨境电子商务与传统电子商务对比

1. 概念定位不同

传统电子商务的概念提出时间较早。2007年6月，国家发展和改革委员会、国务院信息化工作办公室联合发布我国首部《电子商务发展"十一五"规划》，将电子商务定义为"利用互联网、电信网络以及广播电视网等方式的生产、流通和消费等活动"。2019年1月1日正式施行的《中华人民共和国电子商务法》将电子商务的定义为"通过互联网等信息网络销售商品或者提供服务的经营活动"。

跨境电子商务已定位为外贸新业态新模式。2021年7月，国务院办公厅发布《关于加快发展外贸新业态新模式的意见》(国办发〔2021〕24号)，提出到2035年，外贸新业态新模式发展水平位居创新型国家前列；要完善跨境电子商务发展支持政策；扩大跨境电子商务综合试验区试点范围；培育一批优秀海外仓企业，鼓励传统外贸企业、跨境电子商务和物流企业等参与海外仓建设。

2. 交易主体不同

传统电子商务是境内贸易，它的交易主体一般在同一国家(地区)。而跨境电子商务的交易主体突破了同一关境的界限，强调不同关境，可能是境内企业对境外企业、境内企业对境外个人或者境内个人对境外个人。在跨境电子商务中，交易主体遍及全球，有不同的消费习惯、文化心理、生活习俗，这就要求跨境电子商务卖家对各国流量引入、各国推广营销、消费者行为习惯、国际品牌建设等重要知识有更加深入的了解，其复杂程度远远超出传统电子商务。

3. 支付环节不同

传统电子商务由于交易主体同属一个关境，商品交易时使用同一币种实现商品交易，也不会涉及跨境支付业务。而跨境电子商务由于交易主体不在同一关境，商品交易需要通过跨境支付方式实现，通常会涉及不同国家(地区)，使用不同币种，还涉及不同国家(地区)的金融政策以及不同货币的汇率问题。

4. 物流环节不同

传统电子商务只涉及同一国家(地区)内的物流与配送，以快递方式将货物送达消费者，路途近，到货速度快，货物损坏概率低。而跨境电子商务需要通过跨境物流来实现，涉及不同国家(地区)，不仅涉及输出关境与商检、输入关境与商检，还涉及输入国家(地区)物流与配送。因退换货而产生的逆向物流更是对跨境电子商务的一项严峻挑战。

5. 适用规则不同

跨境电子商务比传统电子商务所需要适应的规则更多、更细、更复杂，特别是平台规则。跨境电子商务除了借助境内的平台经营，还可能在国外平台上开展交易，各个平台均有不同的操作规则。跨境电子商务以国际(地区间)一般贸易协定和双边或多边的贸易协定为基础，要求贸易主体及时了解国际(地区间)贸易体系、规则，以及进出口管制、关税细则、政策的变化，对进出口形势也要有更强的理解和分析能力。

6. 交易风险不同

传统电子商务行为发生在同一个国家(地区)，交易双方对商标、品牌等知识产权有统一的认识，侵权引起的纠纷较少，即使产生纠纷，处理时间也较短，处理方式也较为简单。而跨境电子商务所涉及的环境要远复杂于传统电子商务，交易双方的国家(地区)间政治、技术、经济、文化、社会等各方面环境都会对跨境电子商务造成影响。

1.1.5 跨境电子商务与传统国际贸易对比

跨境电子商务与传统国际贸易的对比如表1-5所示。

表1-5 跨境电子商务与传统国际贸易的对比

对比项目	跨境电子商务	传统国际贸易
交易主体交流方式	通过互联网平台交易，间接接触	面对面，直接接触
运作模式	借助互联网电商平台	基于商务合同的运作模式
订单类型	小批量、多批次、订单分散、周期短	大批量、少批次、订单集中、周期长
利润率	利润率高	利润率相对较低
商品类目	商品类目多，更新速度快	商品类目少，更新速度慢
规模、增长速度	面向全球市场，规模大，增长速度快	市场规模大，但由于受地域限制，增长速度相对缓慢
交易环节	简单(生产商→零售商→消费者，或生产商→消费者)，涉及的中间商较少	复杂(生产商→贸易商→进口商→批发商→零售商→消费者)，涉及的中间商众多
支付	电汇、信用证、互联网第三方支付等，支付方式更加多样	电汇、信用证等
运输方式	借助第三方物流企业，通过邮政小包、专线物流、海外仓等进行运输，物流因素对交易主体影响大	大多通过集装箱海运、空运、铁路运输完成，物流因素对交易主体影响小
争端处理机制	争端处理机制不完善且效率低	争端处理机制健全

1.2 跨境电子商务的生态体系

1.2.1 跨境电子商务的基本要素

跨境电子商务包括信息流、资金流和物流三大要素，涵盖物流、仓储、支付、通关等环节。

1. 信息流

跨境电子商务平台的"信息流"是指信息的传播与流动，一般分为信息采集、传播和加工处理，其基本任务是让用户了解产品的类型、价格及特点。跨境电子商务平台依托于互联网，运用搜索引擎、社交媒体、邮件等不同的载体来引流，从而实现精准营销，提升重复购买率和用户黏性。在跨境电子商务的发展中，除了鼓励电商平台利用各种传播媒介提高海外影响力，还要通过培训和典型示范，鼓励外贸企业和制造企业采取跨境电子商务B2B和跨境电子商务B2C全网营销的方式来提高产品曝光率；鼓励外贸企业和制造企业选择阿里巴巴国际站、亚马逊、eBay、中国制造网、敦煌网、大龙网等跨境电子商务平台，通过Google、Meta(Facebook的更名)、Twitter、TikTok等搜索引擎和社交媒体工具来实现精准化营销；鼓励外贸企业和制造企业主动创造品牌，提高境外影响力。

2. 资金流

跨境电子商务平台的"资金流"，是指用户确认购买商品后，将自己资金转移到商家账户的过程。卖家的基本任务是成功地向境外买家收取不同种类的货币及接入各类不同的本土支付方式。传统的国际贸易往往采取信用证(L/C)结算，即开证银行应开证申请人(买方)的要求，按其指示向受益人开立的载有一定金额的、在一定期限内凭符合规定的单据付款的书面文件。这种传统的信用证结算方式涉及银行核验单证的真实性及开证行的资信调查，存在流程烦琐、交易时间长的问题。而在跨境电子商务金融支付中，银行是国际清算的主体，第三方跨境支付机构通常与银行合作开展跨境支付业务。

3. 物流

跨境电子商务平台的"物流"是指物品从供应地向接收地的实体流动过程，包括运输、储存、装卸、搬运、包装流通加工等环节。大多数跨境电子商务借助于全球的物流商(DHL、UPS、FedEx、顺丰国际等)及境外邮政国际小包来完成商品的运送和投递。对于大部分的跨境电子商务卖家来说，送到消费者手中的物流成本会占到总成本的10%~30%，而传统行业的这个成本基本会控制在10%以内。

目前，阿里巴巴国际站和一达通的盈利除了平台的账号收入，主要来自一站式外贸综合服务；亚马逊等跨境电子商务平台则把盈利点放在了跨境物流上，通过自建海外仓、全球布局仓储设施实现分级配送，赚取物流运输中的利润。一些跨境电子商务平台和应用型企业也根据需要探索适合自己的物流路径，加快公共海外仓布局，优化跨境物流体验；一些龙头企业，如菜鸟网络利用大数据驱动建立智能物流体系，全面提高、优化跨境电子商务的供应链分析和整合能力。

1.2.2 跨境电子商务的进出口流程

跨境电子商务出口的流程是生产商或制造商将生产的商品在跨境电子商务平台上线展示，在商品被选购，用户下单并完成支付后，跨境电子商务企业将商品交付物流企业进行投递，经过两次(出口地和进口地)海关通关商检后，最终送达消费者或企业手中。有的跨境电子商务企业直接与第三方综合服务平台合作，让第三方综合服务平台代办物流、通关商检等一系列环节，从而完成整个跨境电子商务交易。跨境电子商务进口的流程与出口的流程方向相反，其他内容则基本相同。跨境电子商务进出口涉及的主要环节及流程如图1-1所示。

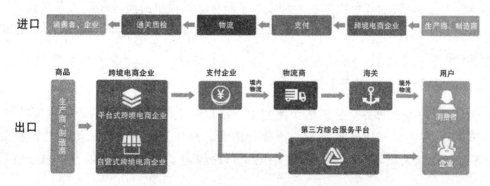

图1-1　跨境电子商务进出口涉及的主要环节及流程

1.2.3 跨境电子商务的参与主体及产业链

跨境电子商务的参与主体包括跨境电子商务企业、金融支付企业、物流运输企业及第三方综合服务企业等多个业务主体。各业务主体紧密联系，构成了跨境电子商务的产业链。

1. 跨境电子商务业务主体

1) 跨境电子商务企业

跨境电子商务企业主要包含平台型企业和自营型企业两种。平台型企业主要提供信息服务和交易服务，包含B2B和B2C两种类型；自营型企业的所有商品均为海外生产或销售的正品，其根据商品的受欢迎程度和国内消费者一定时期内购物记录的大数据分析，有针对性地通过渠道批量采购商品至国内，最后在平台上架销售。

2) 金融支付企业

总体来看，跨境支付方式有两大类：一种是线上支付，包括各种电子账户支付方式和国际信用卡，由于线上支付手段通常有交易额的限制，比较适合小额的跨境零售；另一种是线下汇款模式，比较适合大额的跨境B2B交易。目前，常见的线上支付方式有PayPal(贝宝)、WorldFirst(万里汇)、Payoneer(派安盈)等，大型的线下汇款企业有Western Union(西联汇款)和MoneyGram(速汇金)等。

3) 物流运输企业

受制于地理、通关等因素，跨境电子商务的物流环节与国内电商的有较大的不同，物流运输企业为跨境电子商务的物流提供服务。目前B2C企业的常用国际物流方式以商业快递(如DHL、UPS、TNT、FedEx等)、邮政渠道(如中国邮政)、自主专线(如中东专线Aramex、俄速通(Ruston)等方式为主，B2B企业的国际物流方式主要以空运、海运和各式联运为主。

4) 第三方综合服务企业

跨境电子商务第三方综合服务企业包括综合服务企业，也包括IT、营销、代运营企业。综合服务企业通常以电子商务公共服务平台为载体，为中小企业提供进出口代理、通关、物流、退税、融资等全套外贸一站式外包服务，如世贸通、快贸通、易单网等。IT、营销、代运营企业主要为跨境电子商务企业提供跨境电子商务系统构建、技术支持、产品线运营、多渠道营销推广等服务，代表企业有四海商舟(BizArk)、畅路销(ChannelAdviser)。

2. 出口跨境电子商务的产业链

在出口跨境电子商务交易的整个流程中，出口跨境电子商务平台、国内制造商/品牌商/渠道商/零售商、境外消费者、国际物流商、跨境支付服务商、海关与商检部门等业务组织相互关联，组成了一个复杂的出口跨境电子商务产业链，如图1-2所示。

图1-2 出口跨境电子商务产业链图谱

资料来源：网经社(www.100EC.cn)。

按不同的功能和地位，出口跨境电子商务产业链分为上游、中游、下游三个环节，上游主要是制造商、品牌商、渠道商、零售商等供应商，中游主要由出口跨境电子商务平台和服务提供商组成，下游主要是采购商和消费者。

出口跨境B2B电商产业链图谱如图1-3所示。

图1-3 出口跨境B2B电商产业链图谱

资料来源：艾瑞咨询《2021年中国新跨境出口B2B电商行业研究报告》。

3. 进口跨境电子商务的产业链

在进口跨境电子商务交易的整个流程中，进口跨境电子商务平台、海外品牌商/渠道商/零售商、境内消费者、国际物流商、跨境支付服务商、海关与商检部门等业务组织相互关联，组成了一个复杂的产业链。根据各业务组织在进口跨境电子商务中的地位和作用不同，我们将进口跨境电子商务生态链分为"核心商业链""外围产业链"和"服务支撑链"。

1) 核心商业链

核心商业链主要包括海外品牌商、渠道商、中间商、零售商。随着中国在世界经济地位的不断上升，越来越多的海外品牌进驻中国，并通过入驻平台、独立建站等不同方式触及中国用户。如苹果、微软、可口可乐、麦当劳、英特尔、奔驰、迪士尼等众多国际品牌商全部开启了跨境电商业务。截至2022年，天猫国际已有来自全球92个国家和地区的25 000多个海外品牌入驻天猫国际，涵盖母婴、美妆、食品、服饰、家居等4300多个品类。其中，八成以上的品牌首次进入中国市场。但海外品牌进入中国市场的过程并不简单，存在信息不对称、政策不稳定、产品适应性差及语言难沟通等困难。因此，海外品牌想要做好中国用户的生意，需要借助专业的平台和团队来运营，渠道商、中间商应运而生。中国进口跨境渠道商、中间商及代表企业如图1-4所示。中国进口跨境零售商及代表企业如图1-5所示。

图1-4　中国进口跨境渠道商、中间商及代表企业

资料来源：前瞻产业研究院。

图1-5　中国进口跨境零售商及代表企业

资料来源：前瞻产业研究院。

2) 外围产业链

外围产业链主要包括导购、返利、比价、指南攻略等海淘工具类网站，代运营、营销、翻译等网店运营服务公司，以及为商家提供技术支持的系统集成公司。中国进口跨境电子商务"外围产业链"如图1-6所示。

图1-6 中国进口跨境电子商务"外围产业链"

资料来源：前瞻产业研究院。

3) 服务支撑链

服务支撑链主要包括跨境物流、支付、通关、商检、外汇、工商及其他公共政务服务，如图1-7所示。

图1-7 中国进口跨境电子商务"服务支撑链"

资料来源：前瞻产业研究院。

跨境物流服务直接影响到交易实现与客户体验，是推动跨境电子商务发展的重要保证。现跨境物流服务主要有仓储物流、货运代理、国际运输和转运四大类。除了使用第三方物流外，有的进口跨境电子商务平台还自建了物流体系，如洋码头自建贝海国际速递、阿里巴巴自建菜鸟网络、京东自建京东物流、唯品会自建品骏快递等。

跨境电子商务支付服务在跨境电子商务整个链条当中，起着十分重要的作用。跨境电子商务支付服务主要有银行、国际结算、在线支付、信用卡服务四大类。目前，跨境金融已经从跨境电子商务收款、收单等支付相关的基础金融服务，向供应链金融、外汇、资金管理、保险、财税等综合性金融服务、增值金融服务迈进。

跨境电子商务通关服务主要为外贸企业进出口通关提供便利服务，意在统一报关流程。2014年7月1日，全国首个统一版海关总署跨境贸易电子商务通关服务平台在广东东莞正式上线运营。跨境电子商务通关服务平台所上传的数据可直接对接海关总署内部系统，节省报关时间，提升通关效率；电商企业或个人可运用跨境电子商务通关服务平台进行分送集报、结汇退税。

1.3 跨境电子商务的产生和发展

1.3.1 跨境电子商务的产生背景

1. 全球经济一体化趋势日趋加深

自20世纪70年代以来，随着跨国公司的全球扩张，生产要素和生产活动在全球范围内开始重组。生产活动的全球化带来了全球经济发展的同步性，同时带来了对相应生产性服务业的全球需求，服务业开始全球化，全球化发展进入新阶段；而新兴经济体经过一定阶段的高速发展，生产和消费能力提升，表现出对发达地区消费品的需求。这样，全球生产、消费、市场一体化趋势愈加明显；而国际组织和各国政府也积极推动相关规则的制定，国家(地区)间的自由贸易协定大量签订，通过推动贸易便利化来提高贸易过程中的效率。全球信息和商品等流动更加自由，贸易全球化进一步发展，跨境贸易日益频繁。

2. 传统国际贸易增长呈现疲软态势

2008年全球金融危机的爆发，给各国的经济带来了沉重的打击。后金融危机时代，主要国家经济增长疲软，全球范围内传统国际贸易呈现增长疲软的态势。以中国为例，与前几年相比，中国近两年经济增速放缓。经济新常态的提出，体现了中央对当前中国经济发展的判断和认识，中国经济进入新常态阶段成为共识。中国近几年传统国际贸易增长乏力，尤其是2015年，传统进口与出口均出现负增长，这与高速增长的跨境电子商务形成显著反差。尽管中国经济增速放缓，但是经济新常态下的结构调整，将为跨境电子商务的发展提供机遇。

3. 关联基础设施发展与完善

基础设施是跨境电子商务发展的基石，网络、技术、物流、支付等相关基础设施与资源的改建与完善，推动了跨境电子商务的快速发展。与互联网、移动网络关联的网络基础设施推动了互联网普及率的提升，打通了跨境电子商务的实现媒介；支付工具及技术、金融网络与设施等方面的布局，完善了跨境电子商务所需的支付载体；以物流网点、交通运输为代表的物流基础设施的大力发展，满足了跨境电子商务的商品流通需求。个人计算机的性能提升以及价格走低，智能手机的普及，推动了电商网络以及移动网络的发展，新兴市场对跨境电子商务发展的推力尤其显著。

4. 政府与政策红利的驱动

政府与政策的推力是巨大的，甚至能够起到决定性与导向性作用。在跨境电子商务成为全球热点后，各国政府纷纷开始重视跨境电子商务市场，出台了一系列政策推动其发展。跨境电子商务面临政策红利的驱动，进一步加快了发展步伐。以中国为例，自2015年杭州获批中国首个跨境电子商务综试区以来，中国跨境电子商务依托综试区建设，在制度创新、管理创新和服务创新等方面积累了大量经验，形成了众多可供国内外借鉴的成熟做法,为跨境电子商务的高速、高质量发展做出突出贡献。2022年11月,《国务院关于同意在廊坊等33个城市和地区设立跨境电子商务综合试验区的批复》正式发布,同意在廊坊市、枣庄市、拉萨市等33个城市和地区设立跨境电子商务综合试验区。至此,中国跨境电子商务综合试验区数量达到165个,覆盖31个省区市。

5. 境内电子商务发展日趋成熟

境内电子商务主要是在境内进行的电子商务交易,而跨境电子商务是和不同国家(地区)的客户进行的电子商务交易。虽然两者在地域和形式上存在一定的差异,但其商务模式大同小异。境内电子商务的充分发展对跨境电子商务起到了一个先行者的作用,很多有关境内电子商务的经验和模式都是跨境电子商务可以直接借鉴的。随着互联网和电子商务在各国的发展,人们对网购不再陌生和排斥,在观念上没有障碍。由于各国信息交流日益方便、快捷,消费者能够轻松地在互联网上搜索到世界各地的商品信息,为实现跨境电子商务提供了条件。

1.3.2 跨境电子商务的发展概况

1. 出口跨境电子商务发展历程

出口跨境电子商务脱胎于出口跨境贸易,我国出口跨境电子商务实现从最初不涉及线上交易支付的纯信息平台到如今的全产业链生态融合的跨越式发展,其发展历程主要分为4个阶段。

跨境电商发展历程和现状

1) 出口跨境电子商务1.0时代(1999—2003年)

出口跨境电子商务1.0时代的主要商业模式是"网上展示、线下交易"的外贸信息服务模式。

20世纪初,中国电子商务迈入发展阶段,越来越多的企业意识到网络的优势。网络黄页成为当时继网站建设和搜索引擎后,企业网络应用的第三大热点。网络黄页有帮助企业建站和上网的功能,又有网络营销和业务推广的功能,极大降低了中小企业业务运营成本,提供了其与大企业平等竞争的机会,是广大中小企业的优先选择,这使网络黄页网站飞速发展起来。

此阶段平台的盈利模式主要是为企业提供信息展示服务,并收取会员费或服务费。在出口跨境电子商务1.0时代的发展过程中,逐渐衍生出竞价推广、咨询服务、广告等信息增值服务。此阶段虽然通过互联网实现了中国企业和产品信息面向全世界,但是依然无法完成在线交易,对跨境电商产业链仅完成了信息流的整合。

2) 出口跨境电子商务2.0时代(2004—2012年)

2004年,出口跨境电子商务平台开始摆脱纯网络黄页的展示模式,实现交易、支付、物流等流程的电子化,逐步发展为在线交易平台,标志着出口跨境电子商务正式进入2.0时代。与出口跨境电子商务1.0时代相比,2.0时代更能体现电子商务的本质,其借助于电子商务平台,整合服务与资源,有效地打通了上下游供应链。在出口跨境电子商务2.0时代，B2B是跨境电子商务的主流模式，实现了中小企业商户的直接对接。

3) 出口跨境电子商务3.0时代(2013—2018年)

2013年前后，大量B2C出口跨境电子商务企业兴起，行业竞争加剧。企业开始注重打造自有品牌壁垒，虽"以量取胜"仍占主导，但开始重视"以质取胜"。大多数企业仍以亚马逊、eBay、Wish、速卖通等平台作为主要销售渠道，也有部分企业开始自建平台，提供差异化商品。

出口跨境电子商务3.0时代实现了贸易服务的线上化，平台由交易型延伸至服务型，线上服务扩展到了营销、互联网金融、仓储和网络配套服务等。同时，平台通过对积累的大量交易数据进行挖掘，向商家提供智能搜索推荐、精准营销等增值服务，跨境电子商务进入了全产业链服务在线化阶段。相比出口跨境电子商务2.0时代，3.0时代跨境电商行业模式发生改变，大型工厂上线、B类买家成规模、大型服务商加入、移动用户爆发，服务全面升级，平台承载能力更强，全产业链服务在线化。

4) 出口跨境电子商务4.0时代(2019年至今)

出口跨境电子商务4.0时代是跨境电子商务全产业链生态融合阶段，内容营销、直播经济风起，行业打破单一环节。跨境电子商务出口供应链中的供应商、制造商、仓库、物流等环节相关企业开始协同发展，共同进行商品的制造、分销及销售等，以减少商品库存、降低成本。与出口跨境电子商务3.0时代相比，4.0时代的配套服务逐渐专业化，企业品牌意识增强，逐步构建全产业链生态圈。跨境电子商务将朝着全链条绿色化、品类服务化、全流程智能化便利化发展。

2. 进口跨境电子商务发展历程

通过梳理关键时间节点及发展阶段，以时间轴的形式将进口跨境电子商务发展历程划分为三个阶段：萌芽阶段(2012年之前)、过渡转折阶段(2012—2018年)、高速发展阶段(2018年至今)。

1) 萌芽阶段(2012年之前)

伴随国内经济水平的提升，国内消费者对海外高质量、高品质商品越来越认可，推动了海外旅游购物的发展。此阶段，大部分海外旅游购物不会走正规的申报途径，多数进口商品未能得到有效监管，造成税收、外汇流失严重，以及进口商品的质量参差不齐，更有违禁品进入国内。

随着"海外旅游购物"的发展，逐渐演变出专业的"代购"：借助海外留学生、海外旅游或海外朋友完成相应的商品交易，通过邮件、快件的形式(行邮模式)，实现海外商品进入国内。此种途径进口商品得不到监管单位的有效监管，致使商品的质量参差不齐，损坏消费者的权益，同时也造成了相关税收、外汇等数据流失。

2) 过渡转折阶段(2012—2018年)

2012年5月，我国海关总署牵头相关单位开展"跨境电子商务进口试点"，并发布了第一批试点城市(郑州、杭州、宁波、重庆、上海)，标志着我国跨境电子商务的起步与探索。同时根据《海关总署关于跨境贸易电子商务服务试点网购保税进口模式有关问题的通知》(〔2013〕59号)的要求，明确试点城市开展"跨境电子商务进口试点"的监管办法。

2013年7月，郑州率先将跨境试点方案提交海关总署，跨境试点方案得到了海关总署的认可，并确定在全国试点城市复制推广；同月，郑州通过信息化平台完成了与海关系统的无缝对接，完成实际业务测试，此测试的成功标志着跨境电子商务的正式启动，也实现了全国跨境电子商务的"零"突破。

2014年1月，海关总署《关于增列海关监管方式代码的公告》(〔2014〕12号)发布"9610"监管方式代码，独创了"清单核放、汇总申报"的通关方式，提高了企业的通关效率以及降低成本。同年3月，"跨境电子商务"一词首次出现在我国政府工作报告中，跨境电子商务综合试点扩大，凸显我国对跨境电子商务行业发展的支持。

经过进口试点工作的持续推进，及相关监管模式的优化、完善("1210""9610"监管代码的发布)，我国于2016年发布了"3税4单4政5缓"新的监管及配套政策。

> **小知识** "3税4单4政5缓"
>
> "3税"，即2016年3月发布的《财政部 海关总署 国家税务总局关于跨境电子商务零售进口税收政策的通知》(财关税〔2016〕18号)，按照新的税率征收跨境综合税(单次2000元以内免关税，进口环节增值税、消费税按70%征收)。
>
> "4单"，即2016年4月发布的《关于公布跨境电子商务零售进口商品清单的公告》(2016年第40号)中的清单(简称"4单")。按照税号分类，该公告公布第一批可进口的商品清单包括1142个商品(尾注部分强调：直购商品免于验核通关单，网购保税商品"一线"进区时需按货物验核通关单、"二线"出区时免于验核通关单)。同时在2016年4月，财政部等13个部门发布《跨境电子商务零售进口商品清单(第二批)》(2016年第47号)，清单商品包括1292个商品；增加液态奶和明确目前跨境电子商务零售进口婴幼儿配方乳粉暂不需要获得相关产品的配方注册证书；备注部分增加首次备案要求。
>
> "4政"，即2016年4月发布的海关总署公告《关于跨境电子商务零售进出口商品有关监管事宜的公告》中的监管政策(简称"4政")。该公告从适用范围、企业管理、通关管理、税收征管、物流管控、退货管理等方面对进出口商品的监管政策进行了详细说明(行业内俗称"4.8新政")。
>
> "5缓"，即2016年5月发布的《海关总署办公厅关于执行跨境电子商务零售进口新的监管要求有关事宜的通知》(署办发〔2016〕29号)，在新政延缓过渡期内，在10个试点城市继续按税收新政实施前的监管要求进行监管，即网购保税商品"一线"进入时暂不验核通关单，暂不执行"正面清单"备注中有关商品的首次进口许可证、注册或备案要求。

3) 高速发展阶段(2018年至今)

2018年8月，《中华人民共和国电子商务法》发布(2019年1月1日起实施)。《中华人民共和国电子商务法》是我国第一部有关电子商务方面的法律，为我国电子商务行业的发展提供了有法可依的依据。

2018年12月,海关总署《关于跨境电子商务零售进出口商品有关监管事宜的公告》(〔2018〕194号)文件要求,从适用范围、企业管理、通关管理、税收征管、场所管理、检疫、查验和物流管理、退货管理等方面做出详细规定。至此,"4.8新政"成为过去式。

在新的监管政策发布后,跨境电子商务快速稳步发展。2021年3月发布的《关于扩大跨境电子商务零售进口试点、严格落实监管要求的通知》(〔2021〕39号)将跨境电子商务零售进口试点扩大至所有自贸试验区、跨境电子商务综试区、综合保税区、进口贸易促进创新示范区、保税物流中心(B型)所在城市(及区域),即"1210"政策全面放开,跨境电子商务行业迎来了"高速发展期"。

3. 我国跨境电子商务的发展现状

1) 跨境电子商务市场交易规模

2020年,在全球贸易萎缩的背景下,我国成为全球唯一实现货物贸易正增长的主要经济体。2020年我国全年进出口总值超过32万亿元,作为外贸的新业态,跨境电子商务蓬勃发展。据中国电子商务研究中心监测的数据显示,2020年中国跨境电子商务市场交易规模已达12.5万亿元,同比增长19.04%,2021年市场交易规模达到14.6万亿元(见图1-8)。2020年中国跨境电子商务交易额占我国货物贸易进出口总值的38.86%,相比2019年的33.29%,提升了5.57%。2020年我国跨境电子商务交易总额占进出口总值占比稳步提升,传统外贸线上化的趋势愈加明显。随着线上贸易的走热,为跨境电子商务行业的模式变革以及跨境电子商务企业的发展带来了难得的机遇,市场变革也在加速演进。

图1-8 2015—2021年中国跨境电子商务市场交易规模

资料来源:海关总署官网。

2) 跨境电子商务进出口结构

2020年中国出口跨境电子商务市场规模9.7万亿元,较2019年的8.03万亿元同比增长20.79%。2020年受疫情影响,随着全球线上购物模式的兴起以及国家对跨境电子商务利好政策的先后出台,加之消费者对产品品质、功能的要求不断提升,出口跨境电子商务发展迅速。受政策及发展环境利好驱动,在整体出口量稳定的情况下,出口跨境电子商务正在逐步取代一般贸易，成长性良好。进口跨境电子商务市场规模上，2020年中国进口跨境电子商务市场规模为2.8万亿元，较2019年的2.47万亿元同比增长13.36%(含B2B、B2C、C2C和O2O等模式)。2020年中国进口跨境电子商务用户规模1.4亿人，较2019年的1.25亿人同比增长11.99%。

总体来看，在跨境电子商务进出口结构上，2015—2022年间，我国跨境电子商务以出口为主，进口电商的比例正逐步扩大，如图1-9所示。

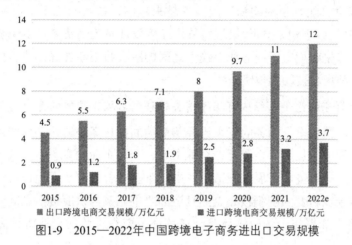

图1-9　2015—2022年中国跨境电子商务进出口交易规模

资料来源：网经社电子商务研究中心发布的《2021年度中国跨境电子商务市场数据报告》。

3) 跨境电子商务B2B和B2C结构

目前，跨境电子商务B2B业务凭借单笔金额大、长期订单稳定等优势，在我国跨境电子商务结构发展中仍占据主导地位。与跨境电子商务B2B模式相比，我国跨境电子商务B2C模式在资金运转、企业运营效率及财务表现等方面具有明显优势，跨境电子商务B2C业务依托互联网、物流、支付等电商各环节的不断完善，促使多批次、小批量的外贸订单需求不断增长，给国内跨境电子商务企业带来更多的发展机遇。2021年，中国跨境电子商务的交易模式中B2B交易占比达77%，B2C交易占比为22%(见图1-10)。预计2021—2025年，中国跨境电子商务B2B市场将以25%的复合年均增速，市场规模增长到13.9万亿元。

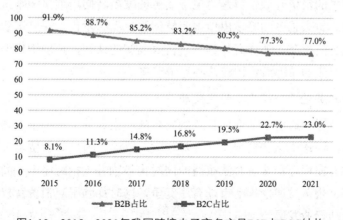

图1-10　2015—2021年我国跨境电子商务交易B2B与B2C结构

资料来源：海关总署官网。

从跨境电子商务交易模式结构趋势上来看，B2C交易模式呈现继续扩大的态势。未来，受消费者线上购物习惯的养成，以及国内政策对跨境电子商务的扶持等因素叠加影响，我国跨境出口电商B2C市场将持续向好发展。

4. 我国跨境电子商务的发展趋势

1) 全渠道模式，跨境电子商务线上线下融合加深

随着消费者对"随时随地购物"的需求越来越高，持续向线上渠道和O2O(online to offline，线上交易到线下消费体验)渠道转移，品牌要注重为消费者提供无缝的、整合的全渠道购物体验。未来跨境电子商务线上线下之间的融合将不断加深，线下门店也将更注重商品池的打通和利用科技助力体验。

2) 跨境电子商务的竞争已经从前端的销售转移到后端供应链的竞争

后疫情时代，跨境电子商务的竞争已经从前端的销售竞争转移到后端供应链的较量。随着经济全球化程度的加深，企业要在全球市场、全球企业的竞争中获取优势，就必须整合全球资源，在全球范围内开展供应链上、中、下企业合作，协调运作过程，把产品的竞争形态从企业与企业转变为围绕核心企业打造的"供应链与供应链"之间的竞争。未来行业竞争的重点将更加聚焦于供应链环节，在该环节取得优势的企业将领先跨境电子商务市场。

3) 新型获客方式成为跨境电子商务发展的新动能

随着互联网技术的发展，以直播和社交为特征的新型获客方式成为跨境电子商务标配，给消费者带来更直观、生动的购物体验，这种新型获客方式转化率高，营销效果好，逐渐成为跨境电子商务平台的新增长动力。"90后""95后"新型消费群体日渐崛起，年轻用户群体的消费潜力不断被挖掘、释放，这种契合年轻用户消费需求、文化价值的场景化跨境电子商务消费趋势也日渐显著。

4) 产品贸易转向服务贸易

在工业4.0时代，物联网、智能化等新技术使得制造业向智能化转型，供给端生产由需求端决定，国民的消费升级使得跨境电子商务的发展转向精细化和垂直化，以满足消费者的个性化需求。越来越多的跨境出口电商持续强化品牌意识，深度运营产品的创新设计及对产品消费趋势的把控，加强海外客户对自身品牌的认知，拓展销售渠道和完善供应链体系，通过提升产品的品牌溢价构建核心竞争壁垒。

5) 跨境电子商务趋于合规化、稳定发展

电子商务法及系列跨境电子商务新政的出台的约束和规范了整个市场，提升市场整体品质，保障商品来源透明化、安全化，并对税收、物流、售后等消费者关心的方面作了明确规定。我国政府在保障消费者合法权益的同时也鼓励并支持跨境电子商务行业的发展，使企业有章可循、规范发展，推动市场有序竞争，同时加强了对消费者权益的保护，有利于促进购买，推动行业发展。

1.4 跨境电子商务岗位及职业能力分析

随着各项电商政策、基础设施的完善，以及全球消费时代的来临，跨境电子商务已经成为新的风口，人才需求结构也会有所变化。如今，电子商务、国际贸易、营销与管理、外语成为跨境电子商务领域热门专业。跨境电子商务贸易在快速发展的同时，逐渐暴露出综合型跨境电子商务人才缺口严重等问题。

1.4.1 跨境电子商务从业人员类别与职业能力

跨境电子商务职业能力包括基本职业素质，以及英语能力、产品网上销售能力、网站网综合推广能力、企业在线售后服务能力、网站及网上商铺运营能力、网上创业能力等。具有一定外语技能，熟悉跨境贸易电商中的网络营销、快速通关以及便捷物流组织与运营的应用技能型复合人才，正是未来跨境电子商务市场所需要的。

1. 技术型人才

1) 网站平台搭建方面的人才

跨境电子商务网站平台搭建方面的人才要掌握主流开发语言，且具备外语能力。

2) 营销推广方面的人才

跨境电子商务营销推广方面的人才主要指精通各大平台规则、SEO(search engine optimization，搜索引擎优化)、SEM(search engine marketing，搜索引擎营销)、AdWords(广告词)操作、外媒广告管理、SNS(social network service，社交网络服务)、Video Ad(视频广告)、Picture Ad(图片广告)、Comment Ad(评论广告)等，同时又具备外语能力的专业人员。

3) 美工、摄影方面的人才

跨境电子商务美工、摄影方面的人才主要指精通视觉营销，可以拍摄出符合各大平台规则的产品图片及具备文字排版能力的专业人才。

4) 客服

跨境电子商务的客服要熟练应用邮件等在线沟通工具，可运用英语、德语、法语、俄语、阿拉伯语等语种与客户进行交流。另外，有的国家(地区)用户自身权利意识较强，监管机构对消费者权利的保护较为严格，经常出现投诉、退货甚至触犯知识产权纠纷问题，因此客服还需要有处理不同国家(地区)法律法规知识和产权纠纷的能力。

5) 物流人才

跨境电子商务中的物流环节可以极大地提升企业的运营效率，既是成本中心，又是利润中心，更是影响用户体验的关键。跨境电子商务物流人才主要指具备跨国(地区)订单处理能力，熟知国际(地区间)物流发货流程和规则的专业人才。

2. 综合型人才

跨境电子商务外包环境复杂，不同国家(地区)、不同行业所对应的政策规则不同，总体呈现"需求多样、链条冗长、匹配复杂"的特点。在这样的背景下，综合型人才成为企业推动跨境电子商务运营的关键。

1) 初级人才

跨境电子商务初级人才主要指掌握跨境电子商务运营技能、具备跨境电子商务平台实操能力的人员。对于传统电子商务企业而言，拥有初级人才意味着可以进入跨境电子商务实操阶段了。

具体来说，初级人才需要满足以下几个条件。

第一，能够运用英语或小语种进行交流。亚马逊、eBay等主流跨境电子商务平台以欧美发达国家为主要市场，跨境电子商务工作人员需要通过英语与用户进行沟通交流。速卖通以俄罗斯、巴西等新兴国家作为主要市场，近几年发展迅猛，跨境电子商务企业对俄语、西班牙语、意大利语、阿拉伯语等小语种人才需求急剧增加。

第二，了解境外目标用户的消费理念及文化。由于文化习俗、需求偏好不同，境内外用户差别巨大，跨境电子商务工作人员要对境外情况了如指掌，熟悉目标国(地区)相关行业的商品属性、成本、价格等情况。

第三，了解相关国家(地区)知识产权和法律法规知识。据统计，60%以上的跨境电子商务企业遇到过知识产权纠纷，涉及商标、图片、专利等多种形式。跨境电子商务工作人员需要了解各类电子商务相关法律法规，拥有应对大多数纠纷的能力。

第四，熟悉各大跨境电子商务平台的不同运营规则。不同的跨境电子商务平台有不同的跨境电子商务规则，而且差异极大。跨境电子商务初级人才必须熟练掌握各项运营规则，具有针对不同需求和业务模式的运营技能。

2) 高级人才

跨境电子商务高级人才是指从战略角度对跨境电子商务有所洞察，能对跨境电子商务的发展规律有所预测，熟练掌握跨境电子商务技术知识，胜任跨境电子商务营销、大数据分析、跨境电子商务物流及金融服务的综合型人才。对于企业而言，高级人才是实现可持续发展的保证，而随着跨境电子商务的纵深化发展，引领企业向国际化发展的高级人才将一将难求。

目前，中国的跨境电子商务企业多数都处于初创阶段，最需要的是数字化产品运营、平台化产品运营、网络推广、视觉设计等基础型人才。随着企业的发展，业务逐渐复杂，竞争不断加剧，将加大对综合运营的商务型人才的需求。

1.4.2 跨境电子商务从业人员职业素养

中国电子商务研究中心和赢动教育联合发布的《2021年度中国电子商务人才状况调查报告》显示，在电商人才应具备的素质上，被调查企业中，刚毕业大学生或实习生如果想快速成才，需具备的15项素质，其中最重要的5项素质：工作执行能力占比52.48%；持续学习能力占比66.34%；责任心和敬业度占比47.52%；困难与挫折承受力占比36.63%；专业知识和技能、解决问题能力都占比32.67%。持续学习能力成为电商卖家最看重的能力。

素养是指人的"个性"特征，包括能力、气质、性格、体质、习惯等因素而形成的"个性"特征。综合素养是指外在的文化知识与社会规范内化为一体的心理结构而形成的身心品质，包括人文素养和专业素养。现代社会是经济和科技高度发达的社会，大大突破了行业的分界，表现出多元化和一体化的特征。综合素养能够直接反映出员工自身的工作能力和质量，综合素养高的员工是企业所需要的，更是社会发展所需要的。根据跨境电子商务工作岗位的特点和工作任务的性质，跨境电子商务人才要具备以下几方面的综合素养。

1. 意识

1) 风险意识

跨境电子商务客户来自世界各地，有着不同的语言和风俗，交易中的复杂性和不可控性大大增加，存在着很多风险，如产品质量、资金支付、网络安全、交易主体信用等风险。跨境电子商务人才要防范风险，善于发现问题，学会思辨和处理问题，准备好迎接一个又一个机遇与挑战。

2) 法律意识

我国很多跨境电子商务卖家没有专利、商标侵权意识，不知道自己产品中某些文字或图片在国外已经被注册，结果受到国外的侵权警告，遭遇巨额索赔。更严重的是，账户受到限制，账户资金被冻结。因此，在产品交易前，要注意进行专利、商标注册、品牌授权的查询，以防造成侵权。跨境电子商务从业人员还要熟悉我国有关跨境电子商务的法律法规，如《中华人民共和国反洗钱法》《中华人民共和国商标法》《中华人民共和国专利法》《中华人民共和国著作权法》《中华人民共和国产品质量法》《中华人民共和国消费者权益保护法》《中华人民共和国海关法》《中华人民共和国进出口商品检验法》等，利用法律保护自身权益。

3) 竞争意识

国际市场上卖家之间的竞争异常激烈，有的"唯低价是举"，甚至恶性竞争。我国卖家可以布局海外仓，实现本地快速发货，采用机器人和人工智能作业实现仓库自动化进出货，降低成本，提高竞争力。

2. 思维

跨境电子商务思维就是基于互联网技术变革商业关系、优化跨境电子商务业务流程，为不同贸易主体创造商业价值，表现为商业模式创新、业务流程创新、业务能力创新、用户体验创新等。这是一种新的商业逻辑思维，应用跨境电子商务专业知识创造性地解决业务中的问题，支持日常业务活动，包括交易、服务、沟通和协作等。通过业务分析、商业模式设计，运用在线技术和营销策略进行创新，是对以往贸易手段、网络技术、经营模式的变革。企业借助大数据可重新设计开发客户需要的产品，整合原有资源优势，进一步拓展产品类目，进行品牌运营，提升渠道效率，使各个商业领域得到融合发展，达到高效的商务运作。这种思维以核心产品或服务为导向，充分利用跨境电子商务的信息流、资金流和物流，重新构建资源配置模式，降低经营成本，提高用户体验。例如，企业可自建物流仓储体系，重构产品配送模式，提高运营效率；开展活动分享、数据分析、会员营销、社交互动、精准营销、SEO优化关键词排名，利用CPM(cost per mile，每千次可见展示成本)、CPC(cost per click，单次点击成本)等方式进行推广，利用主要产品的流量带动其他产品的销售，获得利润。

3. 技能

1) 国际贸易基本技能

跨境电商从业人员要掌握国际贸易知识，熟悉各个国家关于跨境电子商务最新的政策条例和实践，了解进出口业务各个环节的操作，如货款支付、收发货、海关监管、关税缴纳、货物保险等。

2) 电子商务技能

跨境电商从业人员要熟悉B2B、B2C、C2C三大电子商务模式，利用电商平台进行贸易，熟悉各大平台规则，具有一定的跨境电子商务平台运营能力，如开设店铺、选择经营的产品、上传产品、掌握产品盈利核算技巧，能够设置运费模板、支付、收取货款等。

3) 外语沟通技能

跨境电商从业人员要具有对企业及产品信息的英文描述能力，要具有向国外客户推荐新品、帮助客户选择产品，日常商务活动中撰写英文邮件、电话回访客户、交易磋商中英语谈判的能力。

4) 计算机操作技能

跨境电商从业人员要熟悉办公室软件及系统操作，能够灵活使用网页设计开发软件、图片编辑美化软件、数据统计分析软件等。

5) 市场营销基本技能

跨境电商从业人员要掌握国际网络营销知识，能够制定网络营销策略，策划有吸引力的网络营销活动，具有一定的营销推广能力。

6) 物流配送管理技能

跨境电商从业人员要熟悉跨境物流基本流程和操作，能够制定原料采购、商品生产、储存、配送的流程设计与优化，提高物流效率。

7) 客户服务基本技能

跨境电商从业人员要了解各国的风土人情，善于分析客户的类别和性格特点，通过专业能力和沟通技巧，赢得客户的信任；要熟悉自己的产品、引导客户下单、妥善处理纠纷，帮助客户解决有关产品问题。

同步实训

跨境电子商务岗位及职业能力调研

1. 实训目的

通过调研跨境电子商务岗位及职业能力需求信息，包括招聘网站、招聘岗位、主要职业、技能要求等，提高学生对跨境电商岗位认知能力，明确课程学习目标和任务。

2. 实训内容

分析跨境电子商务岗位及职业能力调研内容。

3. 实训步骤

步骤一：登录前程无忧网、Boss直聘网、赶集网、智联招聘网等网站，查找跨境电子商务人才相关岗位。

步骤二：浏览具体公司岗位招聘需求、主要职责及职业能力要求等，完成表1-6。

表1-6　跨境电子商务岗位及职业能力调研内容

招聘网站	招聘岗位	主要职责	职业能力要求	职业发展路径

同步阅读

本章小结

本章首先介绍了跨境电子商务的内涵、特点、分类，以及与传统跨境电子商务、传统国际贸易之间的区别；其次介绍了跨境电子商务的生态体系，包括基本要素、进出口流程与参与主体；再次介绍了跨境电子商务的产生与发展；最后介绍了跨境电子商务的岗位及职业能力分析。跨境电子商务迅速发展，正在快速渗透传统外贸业务，成为中国助力稳住外贸基本盘、推动外贸转型升级和高质量发展的重要抓手和重要动能。

同步测试

一、单项选择题

1. 跨境电子商务交易中，不能在线上完成的业务是(　　)。
   A. 达成交易订单　　　　　　　　B. 支付结算
   C. 沟通商品信息　　　　　　　　D. 实物商品送达
2. 下列选项中，买方和卖方不属于跨境电子商务关系的是(　　)。
   A. 中国卖方和美国买方　　　　　B. 俄罗斯卖方和中国买方
   C. 中国内地卖方和中国香港买方　D. 浙江卖方和广东买方
3. 跨境电子商务的特点不包括(　　)。
   A. 小批量订货　　　　　　　　　B. 全球性买卖
   C. 商品可触摸　　　　　　　　　D. 商品数字化
4. "跨境电子商务"一词首次在我国政府工作报告中提出是(　　)年。
   A. 2012　　　B. 2014　　　C. 2016　　　D. 2018
5. 跨境电子商务的基本要素不包括(　　)。
   A. 信息流　　B. 物流　　　C. 资金流　　D. 人员流
6. 截至2022年11月，国务院先后分7批在全国设立了(　　)个跨境电子商务综合试验区。
   A. 46　　　　B. 132　　　 C. 163　　　 D. 165
7. 出口跨境电子商务已经发展到(　　)时代。
   A. 1.0　　　 B. 2.0　　　 C. 3.0　　　 D. 4.0
8. 下列选项中，不属于跨境电子商务人才缺乏原因的是(　　)。
   A. 语种限制　　　　　　　　　　B. 能力要求高
   C. 人口总量少　　　　　　　　　D. 掌握平台规则难度大
9. 下列选项中，不属于跨境电子商务人才的职业素养的是(　　)。
   A. 意识　　　B. 思维　　　C. 技能　　　D. 个人为上
10. 从事电子商务的重要技能包括(　　)。
    A. 外语能力　B. 计算机能力　C. 客服能力　D. 以上都是

二、多项选择题

1. 跨境电子商务的概念一般分为(　　)。
   A. 狭义跨境电商　　　　　　　　B. 广义跨境电商
   C. 国内跨境电商　　　　　　　　D. 国外跨境电商
2. 跨境电子商务可以按(　　)分类。
   A. 进出口方向　　　　　　　　　B. 交易主体
   C. 平台服务类型　　　　　　　　D. 平台运营方式

3. 进口跨境电子商务发展历程包括(　　)。
   A. 萌芽阶段(2012年之前)　　　　B. 过渡转折阶段(2012—2018年)
   C. 高速发展阶段(2018年至今)　　D. 疫情影响倒退阶段(2020年至今)
4. 跨境电子商务的参与主体包括(　　)。
   A. 电子商务企业　　　　　　　　B. 金融支付企业
   C. 物流运输企业　　　　　　　　D. 第三方综合服务企业
5. 我国跨境电子商务的发展趋势有(　　)。
   A. 全渠道模式，跨境电子商务线上线下融合加深
   B. 跨境电子商务的竞争已经从前端的销售转移到后端供应链的竞争
   C. 新型获客方式成为跨境电子商务发展的新动能
   D. 跨境电子商务趋于合规化、稳定发展

三、案例分析题

深圳市信诚网络技术有限公司(以下简称"信诚网络")是专注于汽配、家居、运动品类的工贸一体企业，从2014年开启eBay之路，到2016年在eBay平台发力，业务规模迅速扩大；之后持续4年快速增长，2020年信诚网络eBay业务量相比2016年翻10倍，海外仓占比超九成。2021年，其eBay业务将继续健康高增长，预期增长翻倍，上半年已超计划达成目标。信诚网络的跨境电商eBay之旅的成功秘诀在于深耕垂直品类。

信诚网络在2014年就注册了位列跨境电商平台排行榜前十名之一的eBay平台账号，不过，当时公司的出口业务依然以传统外贸为主。有感于跨境电商的迅猛发展势头，信诚网络逐渐将出口业务的重心向跨境电商调整，开始关注与研究各个跨境电商平台的选品策略与运营规则。信诚网络的总经理Peter，是做传统外贸出身的，他说："从做跨境电商那天起，深耕垂直品类就是必然的选择。"而实践证明，Peter的判断是正确的，"铺货时代已经过去了，要想获得长久的发展，深耕垂直品类是必然趋势"。

汽配品类是信诚网络在eBay打开局面的第一个品类。eBay作为全球最大的线上汽摩配交易平台之一，刊登了超过3亿条汽摩配件产品，售卖约1万多个品类，许多消费者都把eBay平台作为汽配类产品购物首选，这为信诚网络提供了无限广阔的海外市场。

为了适应品类拓展的需求，从2014年接触eBay平台伊始，信诚网络就布局海外仓。试水之后，信诚网络发现海外仓能够保障物流时效稳定，为用户带来很好的购物体验，同时也有利于建立品牌认同。因此，信诚网络在随后的2015年、2016年大力推行海外仓。2020年对于信诚网络是具有里程碑意义的一年，在这一年信诚网络将传统直发模式完全切换到海外仓，从而保障了疫情期间物流时效的稳定和物流成本的可控。目前，信诚网络海外仓发货占比超过九成；未来，信诚网络将全面布局海外仓，在英国、德国、美国、意大利、法国和西班牙设立更多仓库。

通过精细化跨境电商运营将深耕垂直品类真正落到实处，信诚网络的eBay业务得到了飞跃发展。量的飞跃带来质的飞跃，凭借对于终端消费者偏好的精准把握与供应链优势，品牌化成为信诚网络发展的必然战略。目前，信诚网络已经拥有4个汽配品牌。精细化跨

境电商运营能够保证将消费者在客服中反馈的需求及时传递到产品开发中。Peter举了一个例子："我们发现车灯消费的趋势是往小型化、更易安装这个方向走,而散热并不是消费者首先看重的功能,于是我们便与供应商协同,改进了车灯的设计,生产了更适合消费者需求的车灯产品,取得了很好的市场效应,这类具有独创特色的产品,也使消费者对产品品牌留下了更深的印象,得到了更多的认可。"

资料来源:雨果网[EB/OL]. https://www.cifnews.com/article/101119.

结合上述案例和当前跨境电商发展趋势,你认为信诚网络深耕垂直品类的优势体现在哪几个方面?

第2章 跨境电子商务平台

 学习目标

1. 熟悉进出口跨境电子商务模式。
2. 了解主流跨境电子商务平台的基本情况。
3. 熟悉不同跨境电子商务平台的类型和特点。
4. 掌握选择合适的跨境电子商务平台的方法。

 知识结构图

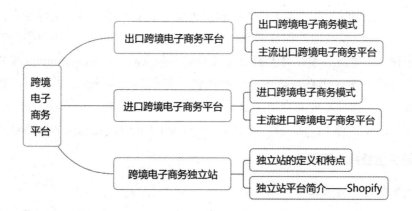

2.1 出口跨境电子商务平台

导入案例

2.1.1 出口跨境电子商务模式

1. 按销售模式不同分类

出口跨境电子商务以销售模式进行分类,可分为批发、零售和drop shipping(直接代发货)。

1) 批发

在出口跨境电子商务中，批发的交易对象多是采购厂家或贸易公司，属于B2B跨境电子商务模式，其特点有以下几个：交易体量大，即使是小批量采购，一般订单金额也达几百甚至上千美元；单笔订单利润较高；对于团队的专业度、沟通服务能力、客户开发能力的要求非常高。批发模式的出口跨境电子商务平台有阿里巴巴国际站、敦煌网、环球资源网、中国制造网、大龙网等。其中，阿里巴巴国际站、环球资源网、中国制造网属于信息服务平台，平台主要为供应商及采购者提供信息服务；敦煌网、大龙网属于交易服务平台，采购商可以通过平台直接在线支付货款、采购商品。

2) 零售

零售，顾名思义，其交易对象是个人消费者，因此B2C和C2C都属于零售模式。目前的跨境电子商务零售行业竞争激烈，商家要想在竞争中取胜，必须既保证价格优势，又确保产品质量，因此供应链是制胜的关键因素。目前零售出口跨境电子商务发展迅速，主流平台包括亚马逊、eBay、速卖通、Wish、Shopee、Lazada、Cupong、Ozon、Esty等。

3) drop shipping(直接代发货)

drop shipping是一个外贸术语，是供应链管理中的一种方法。通俗来讲，可以把drop shipping理解为"直接代发货"或者"转运配送"，即零售商不需商品库存，而是把客户订单和装运细节给供应商，供货商将货物直接发送给最终客户，而零售商赚取批发和零售价格之间的差价。

在drop shipping模式下，零售商不必积压大量的商品库存，甚至是零库存，而当有订单的时候，把订单转交相应的供货商或者厂家，由他们直接发货给零售商指定的客户。

传统来说，零售商必须花费大量资金来购买库存商品，而drop shipping模式不需要大量库存，不占用资金，仍然可以进行商业销售。但在drop shipping模式下，货源是二手的，利润较低，零售商不能完全掌握货品和物流，难以保证客户满意度。目前，采用drop shipping模式的主流平台包括Doba、Oberlo、Dropship Direct、Sunrise Wholesale等。

2. 按海关监管模式不同分类

1) "一般出口"海关监管模式

在"一般出口"(general export)海关监管模式下，境外个人跨境网购后，电子商务企业或其代理人、物流企业分别向海关传输交易、收款、物流等电子信息，电子商务企业或其代理人向海关提交清单办理申报手续，跨境电子商务综试区海关采取"简化申报，清单核放，汇总统计"方式通关，其他海关采取"清单核放，汇总申报"方式通关，即海关凭清单核放出境，并定期把已核放清单数据汇总形成出口报关单，电商企业或平台凭此办理结汇、退税手续。"一般出口"海关监管模式流程如图2-1所示。

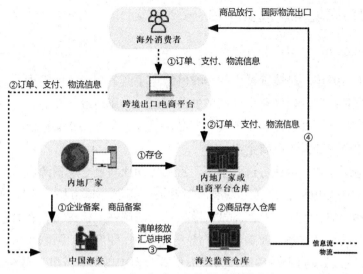

图2-1 "一般出口"海关监管模式流程

2) "特殊区域出口"海关监管模式

"特殊区域出口"(special supervision zone export)海关监管模式,又称为保税出口。在"特殊区域出口"海关监管模式下,电子商务企业把整批商品按一般贸易报关进入海关特殊监管区域,企业实现退税;对于已入区退税的商品,境外个人跨境网购后,电子商务企业或其代理人、物流企业分别向海关传输交易、收款、物流等电子信息,电子商务企业或其代理人向海关提交清单办理申报手续;海关验放出区离境后,电子商务企业定期将已放行清单归并形成出口报关单,凭此办理结汇手续。"特殊区域出口"海关监管模式流程如图2-2所示。

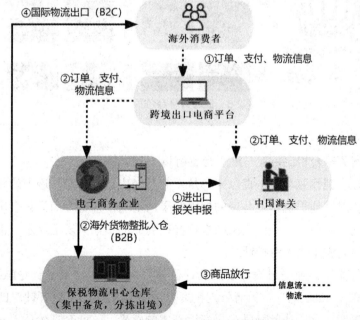

图2-2 "特殊区域出口"海关监管模式流程

2.1.2 主流出口跨境电子商务平台

1. 亚马逊(Amazon)

亚马逊成立于1995年，是美国最大的一家网络电子商务公司，位于华盛顿州的西雅图，是最早开始经营电子商务的公司之一。亚马逊一开始只经营网络书籍销售业务，现在则扩及了其他产品，已成为全球商品品种最多的网上零售商和全球最大的电商企业。

亚马逊平台简介

2015年，亚马逊全球开店业务进入中国，旨在借助亚马逊全球资源，帮助中国卖家抓住跨境电商新机遇，发展出口业务，拓展全球市场，打造国际品牌。目前，亚马逊美国站、加拿大站、墨西哥站、英国站、法国站、德国站、意大利站、西班牙站、荷兰站、瑞典站、日本站、新加坡站、澳大利亚站、印度站、阿联酋站、沙特站和波兰站等17个海外站点已面向中国卖家开放，吸引数十万中国卖家入驻。截至2022年8月，Alexa排名中，亚马逊居全球网站第9位。亚马逊平台首页如图2-3所示。

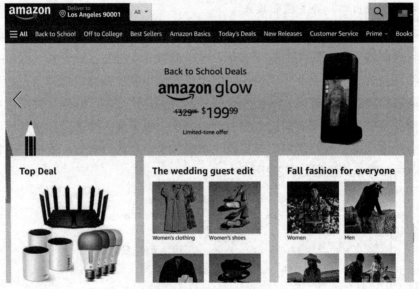

图2-3 亚马逊平台首页

1) 亚马逊平台特点

与其他电子商务平台相比，亚马逊平台具有以下三大特点。

一是重商品轻店铺。亚马逊一直以来都是重商品轻店铺的，亚马逊上的每件商品只有一个详情页面。相对其他平台，亚马逊的搜索结果清晰明了，每个商品只会出现一次。如果多个卖家销售同一款商品，不同卖家的报价会在商品的卖家列表上显示，消费者不需要在大量重复的商品列表里"大海捞针"。

二是重客户轻卖家。亚马逊设计了两套评价体系：一个是"商品评论(review)"，另一个是"卖家反馈(feedback)"。前者针对的是卖家提供的产品，后者针对的是卖家提供的服务质量，这表明亚马逊非常鼓励客户表达真实的感受。这两套评价体系对卖家的影响都比较大,前者影响的是销量和转化率;后者影响卖家的排名和黄金购物车(buy box)的获得,如果评价星级非常低,不仅没有曝光和流量,还会受到亚马逊的警告,甚至会被移除销售权限。

三是拥有完善的物流服务系统。亚马逊平台构建了完善的物流系统——亚马逊物流(fulfillment by amazon,FBA)。"亚马逊物流"是"亚马逊全球开店"的一项重要服务,卖家只需将商品发送到当地的亚马逊运营中心,亚马逊就会提供商品的拣货、包装、配送、客服以及退换货等服务。加入FBA的卖家能够提高其商品的曝光率,直接接触到亚马逊的prime会员。卖家只需专注于如何提升商品质量和打造品牌,由亚马逊提供快捷方便的物流服务。平台也为使用亚马逊物流的卖家,提供用户所在国语言,回答买家的订单疑问服务,这为卖家提供了强大的支持后盾。亚马逊物流、prime会员和黄金购物车产品页面如图2-4所示。

图2-4 某产品页面中的亚马逊物流、prime会员和黄金购物车展示

2) 亚马逊卖家账户类型

亚马逊卖家账号有四大类,分别是亚马逊卖家平台账户(amazon seller central,意为第三方卖家,简称SC,也称3P)、亚马逊供应商平台(amazon vendor central,简称VC)账户、面向美国本土企业供应商账户(amazon vendor express,简称VE)和亚马逊企业级供应商账户(amazon business seller,简称AB)。Amazon business seller可以理解为Amazon seller central的升级版。

(1) 亚马逊卖家平台账户(SC),是目前在亚马逊普遍存在的卖家类型,几乎所有的中国卖家都是以这个身份进行注册的。卖家使用自注册的方式入驻后会被区分为individual(个人销售计划)和professional(专业销售计划),即个人卖家和专业卖家。个人卖家不能像专业卖家一样拥有批量操作的功能、没有订单数据报表、不能创建促销产品、没有黄金购物车。个人卖家账号没有月租,但每售出一个产品需要收取0.99美金和销售佣金。专业卖家每个月需要缴纳月租，同时售出产品同样需要缴纳佣金，不同产品的佣金不同。

(2) 亚马逊供应商平台账户(VC)，其账号是邀请制的，简称亚马逊的供应商。VC账号在上传产品的数量上没有限制，并且全面支持A+页面(图文版商品详情页面)，拥有丰富全面的推广方式。同时VC账号的广告竞价比SC账号要低得多，可节省广告成本。亚马逊供应商平台账户为卖家提供了一些可以提高曝光率的促销工具，并且会帮助卖家管理所有物流。此外，商品上带有"亚马逊销售(sold by amazon)"标签，能在买家购买商品时带来信任感。

(3) 面向美国本土企业供应商账户(VE)，是亚马逊2016年面向美国本土企业供应商的一个供应商平台，入驻的企业必须是美国本土企业。与VC账号不同的是，VE账号是申请制的，只可以上架85个产品，部分支持 A+页面。推广方式相比于SC账号要多，但没有VC账号丰富，产品可显示亚马逊自营。加入该计划无须任何费用，享受亚马逊高级计算法自动定价产品；亚马逊prime会员免费获得两日送达服务；订单超过35美元的，免费送货；享受24小时顾客服务和顾客退货。

(4) 亚马逊企业级供应商账户(AB)，是针对企业及机构买家的一站式商业采购站点。通过AB账号，企业能接触到海量的选品，专享企业特有价格、两日商品送达服务，审批工作快，让商业采购更便捷。

3) 亚马逊的收费模式

亚马逊平台的收入来源于自营商品的销售收入和平台的服务费。据统计，目前亚马逊的第一大业务是"第一方电子商务"，即亚马逊在其网站上以自身名义销售商品，目前该业务占亚马逊收入的一半左右。另外还有约三分之一收入来自为其他商户提供卖方平台，即第三方卖家服务收入。亚马逊平台的费用主要包括以下几种。

(1) 店铺月租费。注册成为亚马逊卖家只需要有营业执照，是免费的，不管是自注册还是通过招商经理注册。那么，注册成为专业卖家之后，亚马逊每个月会收取一次订阅费，美国站的月租费为39.99美金，英国站的月租费为25英镑，日本站的月租费为4900日元，澳大利亚站的月租费为49.95澳元，其他站点的月租费也都接近40美金。目前，亚马逊明确规定，用一套企业资料可同时开通13个站点，这13个站点只按照一个站点的标准收取月租。

(2) 销售佣金。当产品在亚马逊出售后，亚马逊会根据商品的实际销售价格收取平台分成，按不同类目收取8%～15%的销售佣金，适用的最低销售佣金为0.3美元，亚马逊将扣除基于适用百分比计算得出的销售佣金或适用的每件商品最低销售佣金(取两者中的较高者)。在美国站，大多数是15%的销售佣金，也有小部分是8%的，比如摄影、摄像、手机设备、电视、音响等。

(3) 运费。运费涉及亚马逊的两种配送方式：一种是FBM卖家自发货，一种是FBA亚马逊配送方式。FBM卖家自发货是由卖家直接发货给买家，卖家自行支付快递费。当然，卖家也可通过亚马逊后台的配送设置来设置运费模板，让买家支付一定的运费。在FBA亚马逊配送下，卖家需要把商品先发到亚马逊仓库，再由亚马逊替卖家将产品寄给买家，这是大多数亚马逊卖家会选择的一种配送方式。

此外，根据具体情况，亚马逊运营费用还包括亚马逊仓储费、退货费、营销费用、CPC站内广告费、促销费、移除及弃置费用和其他杂费等。

2. 速卖通(AliExpress)

速卖通全称为"阿里巴巴全球速卖通"，于2010年4月正式上线，是阿里巴巴旗下的面向国际市场打造的跨境电商平台，被广大卖家称为"国际版淘宝"。AliExpress是中国最大的跨境出口B2C平台之一，同时也是在俄罗斯、西班牙排名第一的电商网站。全球速卖通是阿里巴巴集团旗下电商业务之一，致力于服务全球中小创业者出海，让世界没有难做的跨境生意，快速连接全球超过200个国家和地区的消费者，为全球消费者带去一种崭新生活方式。目前，速卖通已经开通18个语种的站点，覆盖全球220多个国家和地区，海外买家数累计突破1.5亿。截至2022年8月，Alexa排名中，速卖通居全球网站第34位。全球速卖通平台首页如图2-5所示。

速卖通平台简介

图2-5　全球速卖通平台首页

1) 速卖通平台特点

速卖通跨境电商平台页面操作便捷，适合初级卖家上手，尤其适合产品性价比较高、有供应链优势的卖家；进入门槛低，交易活跃，能满足众多小卖家迅速从事出口业务的愿望；交易流程手续简便，出口商无须具备企业外贸资质，无须亲自进出口报关，进出口报关由物流方简单操作即可完成；产品品种多，价格低廉。

速卖通作为阿里巴巴未来国际化的重要战略产品，已成为全球最活跃的跨境电商平台之一，并依靠阿里巴巴庞大的会员基础，成为目前全球产品品类最丰富的平台之一。平台侧重点在新兴市场，特别是俄罗斯和巴西。

全球速卖通覆盖3C、服装、家居、饰品等30个一级行业类目；适宜在速卖通平台销售的商品主要包括服装服饰、美容健康、珠宝手表、灯具、消费电子、电脑网络、手机通信、家居、汽车摩托车配件、首饰、工艺品、体育与户外用品等。

2) 速卖通平台店铺类型

速卖通的店铺类型一共有三种，分别是速卖通官方店、速卖通专卖店和速卖通专营店。官方店就是指店家以自主品牌或经权利人独家授权进驻速卖通设立的店铺。专卖店就是指店家以自主品牌或持他人品牌授权文件在速卖通开设的店铺。专营店就是指运营一个及以上他人或自主品牌产品的店铺。速卖通平台各店铺类型的特点如表2-1所示。

表2-1 速卖通平台各店铺类型的特点

对比项目	店铺类型		
	官方店	专卖店	专营店
店铺类型介绍	卖家以自有品牌或经权利人独家授权(该商标已经向国家商标局进行申请和注册，且非中文商标)进驻全球速卖通开设的店铺	卖家以自有品牌或持他人品牌授权文件在速卖通开设的店铺	经营一个及以上他人或自主品牌产品的店铺
每个店铺可申请品牌数量	仅1个	仅1个	可多个
平台允许的店铺数	同一品牌(商标)仅1个	同一品牌(商标)可多个	同一品牌(商标)可多个
店铺名称	"品牌名+official store"是默认店铺名称，也可使用"品牌名+自定义内容+official store"作为店铺名称	品牌名+自定义内容+store	自定义内容+ store
二级域名	品牌名(默认二级域名)或品牌名+自定义内容	品牌名+自定义内容	自定义内容

3) 速卖通的收费模式

速卖通的收费模式为"保证金＋交易佣金"。卖家入驻速卖通平台需要按要求缴纳保证金，在申请入驻经营大类时，应指定缴纳保证金的支付宝账号，并保证其有足够的余额。保证金按店铺入驻的经营大类收取，如果店铺入驻多个经营大类，则保证金按多个经营大类中的最高金额收取。大部分类目履约保证金为1万元，电子烟和手机类目的保证金为3万元，真人发类目的保证金为5万元。

此外，卖家就享受的发布信息技术服务需要按照其订单销售额的百分比缴纳佣金。速卖通各类目交易佣金标准不同，佣金比例在5%~10%不等，如服装配饰、箱包、手表、美容美发类目佣金比例是8%，婚纱礼服、家具等类目佣金比例为5%，真人发类目的佣金比例为10%。

3. 亿贝(eBay)

eBay是一个可让全球民众上网买卖物品的线上拍卖及购物网站，1995年9月4日由皮埃尔·奥米迪亚(Pierre Omidyar)以Auctionweb的名称创立于加利福尼亚州圣何塞市。eBay连接全球190多个国家和地区的数百万买家和卖家，为各种规模的个人、企业家、企业和组织提供经济机会。eBay已发展为全球最大的C2C平台，全球范围内拥有3.8亿海外买家，1.52亿活跃用户，以及8亿多件由个人或商家刊登的商品，其本地站点覆盖了全球38个国家和地区。截至2022年8月，Alexa排名中，eBay居全球网站第49位。eBay平台首页如图2-6所示。

eBay平台简介

图2-6　eBay平台首页

1) eBay平台特点

eBay拥有数目庞大的网上店铺，每天更新的商品可达数百万件。面对巨大的国际市场，eBay平台的优势主要体现在以下几个方面。

第一，门槛较低。卖家只需注册eBay账户，就可以在eBay设立的全球各个站点上轻松地开展外贸销售。

第二，平台交易的商品具有独特性。eBay是一个成熟的二手商品交易平台，卖家销售的商品只要不违反法律和eBay平台政策规定，均可在eBay平台上刊登销售。卖家刊登的商品可以是稀有且珍贵的物品，也可以是个人收藏的小物品。

第三，支付方便。eBay平台使用PayPal、Gpay、信用卡等在线支付工具，既安全又便捷，支持美元、欧元、英镑、日元、澳元等多种国际上主要流通的货币，让卖家的外贸支付畅通无阻。

第四，销售方式灵活。eBay平台为卖家提供了多种销售方式，包括拍卖方式、一口价方式以及"拍卖+一口价"方式，让卖家和买家有了更多的选择。

但是，eBay平台手续费较多，需要卖家对平台规则非常了解；平台遵循强势的买家保护政策，遇到争议更维护买家权益。

2) eBay平台的销售方式

eBay平台为卖家提供了三种刊登物品的方式：拍卖方式、一口价方式、拍卖+一口价综合方式。卖家可以根据自己的需求和实际情况来选择物品刊登方式，走出低成本、高收益的销售第一步。

(1) 拍卖方式(auction)。拍卖，顾名思义就是通过竞拍的方式进行销售，价高者得，这是eBay卖家常用的销售方式。卖家设置商品的起拍价格和在线时间对商品进行拍卖，商品下线时出价最高的买家就是该商品的中标者，商品即可以中标价格卖出。不过采取这种方式销售物品需要根据自己设定的起拍价缴纳一定比例的刊登费，还需要根据物品最后的成交价格缴纳一定比例的成交费。拍卖公告可刊登1、3、5、7或10天，房地产拍卖公告可刊登30天。eBay平台的商品拍卖页面如图2-7所示。

为商品设置较低的起拍价，能够很好地激起买家踊跃竞拍的兴趣，通过连番竞拍也可以为卖家带来不错的利润。此外，拍卖的销售方式还可以增加商品的搜索权重。在商品的搜索排序中，即将结束拍卖的商品可以在"即将结束(ending soonest)"的商品搜索排序中获得较为靠前的排名。

适宜卖家选择拍卖方式销售商品包括以下几种：稀有物品或收藏品；极吸引人的物品，即在售商品有较高的成交率，通常在刊登后就能售出；想利用低价起标，吸引买家出价的物品。

图2-7　eBay平台的商品拍卖方式页面

(2) 一口价方式(fixed price)。一口价方式就是以定价的方式来刊登物品。这种销售方式能够方便买家快捷地购得商品。在一口价销售规则下，卖家提供一件或多件物品，设定一口价，购买者不需要在竞争过程中出价，可以直接购买商品。换句话说，购买者只能以设定的价格购买商品。实用物品或日用品、大批物品、已知价格的物品适合采用此种方式在平台销售。eBay平台的商品一口价方式页面如图2-8所示。

图2-8　eBay平台的商品一口价方式页面

(3) "拍卖+一口价"综合方式。所谓"拍卖+一口价"综合方式，就是卖家在销售商品时选择拍卖方式，设置最低起拍价的同时，再根据自己对物品价值的评判设置一个满意的"保底价"。这种"拍卖+一口价"的综合方式结合拍卖方式和一口价方式的所有优势，能让买家根据自身需要和情况灵活地选择购买方式，也能为卖家带来更多的商机。eBay平台的商品"拍卖+一口价"综合方式如图2-9所示。

图2-9　eBay平台的商品"拍卖+一口价"综合方式

在"拍卖+一口价"销售规则下，卖家提供一件物品，以拍卖形式加入立即购买的价格，拍卖价格与立即购买价格并存，购买者可以选择出价或立即购买商品。如果购买者选择立即购买，就可以直接以一口价立即购买商品；如果有人先对商品进行报价了，立即购买的价格和功能就会消失，而商品会以正常的形式进行拍卖。

适合卖家选择"拍卖+一口价"方式进行销售的情形有以下几种：所售商品种类较多，想吸引更多的具有不同需求的买家；希望提升销量，扩大买家对商品的需求，通过"拍卖+一口价"方式让更多买家了解自己的店铺和其他在售商品。

3) eBay平台的费用构成

以eBay美国站为例，一般eBay会向平台卖家收取两种类型的基础费用：一是创建产品页面(listing)时，会收取刊登费(insertion fee)；二是产品售出时，会收取成交费(final value fee)。平台会根据产品的售价、刊登形式、卖家刊登时选择的分类(category)、是否为产品页面选择一些升级功能，以及卖家账号表现(seller performance standards)来决定这些费用。

(1) 刊登费。每个卖家每月会有最多250个免费刊登条数，超出了免费刊登条数后，卖家需要支付产品页面刊登费。以美国站为例，费用从0.30~0.05美元不等，具体费用按照是否订阅店铺和店铺等级而有所差别。如果商家订阅了eBay店铺，则会有更多的免费刊登条数。

可选的产品页面升级功能费，卖家可以通过选择某些功能(例如副标题或粗体显示)来加强商品的产品页面，以帮助它们脱颖而出。这些可选的产品页面升级的费用取决于卖家的商品价格以及刊登格式和持续时间等。

(2) 成交费。当卖家商品售出时，eBay会一次性收取成交费(final value fees，FVF)。此成交费包括两部分：一部分是按销售总额的百分比(与成交费率相关)收取的；一部分是每笔订单的固定费用，如eBay美国站每笔订单的固定成交费用为0.30美元。成交费率根据卖家是否订阅店铺、具体产品销售所在的品类不同而不同。以美国站非店铺卖家出售女士服装为例，若销售总额为2000美元或以下，则每件商品的成交费率为15%；若销售总额超过2000美元，则每件商品的成交费率为9%。

(3) 店铺订阅费用。卖家可以在eBay上订购eBay店铺，成为店铺卖家。店铺卖家除了要缴纳店铺订购费外，还要缴纳刊登费和成交费。店铺卖家的相关订购费用和店铺带来的福利根据订购店铺的类型不同而有所差异。订阅店铺可以为卖家带来以下好处：拥有可自定义的在线店铺，可以通过时事通讯(news letter)、优惠券、打折促销等市场营销活动展示买家品牌并建立客户忠诚度；每月有更多的免费刊登条数，降低前期成本；降低成交费率，与非店铺卖家的费率相比，成交费最多可节省50%。首次订阅店铺时，选择每月或每年自动续订。无论选择哪一种订阅方式，平台都会按月收取订阅费。店铺订阅的具体收费标准如表2-2所示。

表2-2 eBay美国站店铺订购费收费标准

店铺类型	每月店铺订购费/美元	
	每月续订	每年续订
初级(starter)	7.95	4.95
基础(basic)	27.95	21.95
精选(premium)	74.95	59.95
超级(anchor)	349.95	299.95
企业(enterprise)	目前无法使用	2999.95

资料来源：eBay跨境出口信息门户网站。

4. 薇仕(Wish)

Wish于2011年成立于美国硅谷，是一家新兴的移动B2C跨境电商平台、高科技独角兽公司，2014年成为跨境电商界的黑马。Wish是从一个基于用户"愿望清单(wish-list)"的App发展而来，该App允许用户推荐产品给他人。基于用户的愿望，Wish将平台卖家与潜在客户匹配，并且发送特定产品的折扣。Wish平台有90%的卖家来自中国，是北美和欧洲最大的移动电商平台之一。Wish主要针对的是美国下沉市场人群，这部分人群以低收入为共通点，所以Wish主打产品低价格。这一市场定位以及产品优势与国内的拼多多相类似，因此Wish也被人称为"美版拼多多"。

Wish平台简介

1) Wish平台特点

Wish平台以"Shopping Made Fun"为品牌口号，与其他平台相比，主要具有以下几个特点。

(1) 以"瀑布流"的形式展示商品。与其他跨境电商平台同时兼顾PC端流量和移动端流量不同，Wish是一个专注于移动端的跨境电商平台。基于移动端的特性，Wish平台在商品展示上与其他跨境电商平台相比有很大的区别。首先，Wish平台更加看重商品图片的展示，对商品图片的质量要求较高，卖家在Wish平台上销售商品时要注重商品图片的展示。其次，Wish平台展示的商品图片能够不断地自动加载到页面底端，买家在Wish平台上浏览商品时无须翻页，就能不断地看到新的商品图片。

(2) 以智能推荐为主。Wish通过精确的算法推荐技术，将商品信息推送给感兴趣的用户，是智能推送和千人千面的结合。Wish主要通过对买家的分析，包括喜好、性别、年龄、收入等给买家设置相应的标签，例如买家在Meta(Facebook的更名)上交流、动态分享等都会成为Wish上的数据基础。

依靠独特的智能算法，Wish平台将卖家的商品精准地推送到喜欢它的买家面前，同时买家看到的商品都是符合其自身喜好的商品。从某种意义上来说，Wish平台的智能推荐让商品能够"主动"地展示在买家面前，而不是被动地依赖买家的搜索。

2) Wish平台的费用构成

(1) 店铺预缴注册费。2018年10月1日0时(世界标准时间)以后完成注册流程的所有商户账户要缴纳2000美元的店铺预缴注册费。同时，自2018年10月1日0时(世界标准时间)起，非活跃商户账户也要缴纳2000美元的店铺预缴注册费。

(2) 平台佣金。产品售出后，Wish将从每笔交易中按一定百分比或按一定金额收取佣金，即卖出物品之后收取这件物品收入(售价+邮费)的15%作为佣金。

(3) 其他费用，包括提现手续费、物流运费、广告费用、平台罚款等。例如，若产品信息不准确、销售伪造侵权产品，账户可能面临罚款，每个仿品可能会被罚1美金；若店铺禁售过去9天交易总额超过500美元的促销产品，店铺将被罚款50美元；若经过审批的产品在编辑后被再次审核时发现违反Wish政策，卖家可能会被处以100美元的罚款。

5. 虾皮(Shopee)

Shopee平台，简称虾皮购物，是一家来自新加坡的移动电商平台，上线于2015年，2016年平台在中国开展跨境业务，总部设于深圳。该平台覆盖新加坡、马来西亚、菲律宾、泰国、越南、巴西、墨西哥、哥伦比亚、智利等十余个市场，触达超10亿人口红利。Shopee面向东南亚6亿多人群，主要客户群体是年轻人，30岁以下占52%，以"00后"为主。

Shopee社群媒体粉丝数量超过3000万，拥有700万活跃卖家，员工有8000多人，遍布东南亚及中国，是东南亚发展最快的电商平台，是国货出海东南亚的首选平台。Shopee母公司Sea(有"东南亚小腾讯"之称)是首个于纽约证券交易所上市的东南亚互联网企业(股票代码：SE)。Shopee拥有丰富的商品种类，包括电子消费品、家居、美容保健、母婴、服饰及健身器材等。

1) Shopee平台特点

(1) 专注于移动端。Shopee契合目标市场高度移动化的特性，持续优化网购体验。平台数据显示，95%的Shopee订单由移动端完成。

(2) 具有高度的社交性。Shopee具有高度的社交性，具有即时聊天功能，能够让买卖双方进行及时沟通，为买家带来良好的购物体验，有效地帮助卖家提高转化率和重复购买率。此外，Shopee有社交分享和关注功能，客户能够在浏览页面时看到自身或者朋友关注的店铺以及新品推荐、好友点赞的产品等，为购买者带来了极好的购物体验。

(3) 入驻门槛较低。目前，Shopee平台门槛低，不收取店铺押金、租金和使用费用。

(4) 发展势头迅猛。东南亚是"21世纪海上丝绸之路"建设的枢纽地区，随着RCEP的签订，东盟十国在RCEP中与中国的关系愈加紧密，整个东南亚的物流系统、支付系统、仓储系统都将迎来快速发展，这将极大地促进跨境贸易在东南亚迅速生根发芽。

2) Shopee平台的运营策略

(1) 本土化策略。Shopee绝大部分管理人员都在东南亚生活了数十年，对东南亚市场的了解深厚；Shopee进行本土人才招聘和培养，在当地形成了良性的人才培养梯队。Shopee依据每个市场特性制定本土化方案，以迎合当地消费者需求。比如，Shopee在印度尼西亚和马来西亚市场发起斋月大促活动，推广引流，两大市场迎来一年一度的流量高峰。此外，Shopee建立了7个App服务7个市场。

(2) 移动端优先。Shopee从移动端切入，推出简洁干净、易于使用的交互页面，使消费者顺畅使用App每个功能，实现在30秒内完成选择并购买商品。Shopee优化移动端体验，如推出Shopee Shake摇金币游戏，契合移动端碎片化场景。

(3) 社交明星引流。以"社交"作为切入点，Shopee结合本地元素、流量明星、互动游戏、社交网络等方式，获取高黏性用户。Shopee在App中推出直播功能，商家可在App中通过直播向潜在消费者推介商品。

(4) 提升全流程体验。Shopee跨境业务团队专为中国跨境卖家打造一站式跨境解决方案，提供流量、物流、孵化、语言、支付和ERP等全流程支持。

6. 美客多(Mercado Libre)

Mercado Libre是拉丁美洲最大的电商平台，被称为"拉美地区的亚马逊"或"南美版的eBay"，成立于1999年，是拉丁美洲领先的电子商务技术公司。Mercado Libre业务范围已覆盖巴西、阿根廷、墨西哥、智利、哥伦比亚等18个拉丁美洲国家。截至2023年3月，Mercado Libre开放给国际卖家的站点，包括巴西站、墨西哥站、阿根廷站、智利站和哥伦比亚站。Mercado Libre平台每月流量为6.42亿，远超该地区其他电商平台(如Americanas、亚马逊)。其中巴西是Mercado Libre最大的站点国家，其39%的流量来自巴西站，随后是阿根廷站、墨西哥站、哥伦比亚站和智利站。Mercado Libre于2007年首次公开募股，后在纳斯达克(纳斯达克股票代码：MELI)上市。

据拉美电商美客多(Mercado Libre)发布的2022年财报显示，美客多拥有1.48亿活跃用户、7300万消费者及330万卖家，平台每秒产生6000次搜索，消费者搜索量最多的关键词涉及服装、鞋类、电脑和家电、保健和美妆、家居和花园、运动、玩具等类目产品。自2020年起，该平台网站访问量稳居全球各大电子商务平台前8位，一跃成为全球前列的电子商务科技企业之一。在拉丁美洲电子商务发展快速的5个国家和地区中，无论是网站流量还是活跃用户数量，Mercado Libre都占据着"头把交椅"的位置。

1) Mercado Libre平台特点

(1) 一个账号，运营多个国家。在Mercado Libre平台，一个账号同时管理多个站点，随时切换目的站，统一以美金上架，后台自动计算汇率；卖家后台以英语运营，系统将英语自动翻译成当地语言，实现无障碍跨境。

(2) 语言无障碍。在Mercado Libre平台，英文后台的产品页面详情及客服问题平台自动转换成当地语言(葡语/西语)，消除语言壁垒，提升客户体验。

(3) 支持两种物流模式。该平台支持海外仓与自发货两种物流模式，卖家可以根据业务模式选择适合自己的发货方式，给买家提供更好的购物体验。目前，Mercardo Libre已经与拉丁美洲的各种物流供应商合作，为卖家提供良好运输解决方案。

(4) 品类覆盖面广。Mercado Libre已经涵盖电子、手机及配件、潮流服饰、家居生活、美容健康以及玩具等多个类目，并且这些类目普遍是中国制造业的主流产品，非常适合中国卖家运营。

2) Mercado Libre平台的费用构成

(1) 销售佣金。Mercado Libre销售成本取决于销售站点、品类、配送方式和其他可变因素。该平台没有月租，且免费上架产品页面，只有成功售出商品，平台才会根据一定的比例收取销售佣金。除此之外，平台会对低客单价商品，收取能承受的单件附加费。每售出一件商品，卖家都需要向平台支付销售总价(包括商品价格、运输成本和其他费用)一定比例的销售佣金。Mercado Libre平台各站点佣金比例如表2-3所示。

表2-3　Mercado Libre平台各站点佣金比例

站点	墨西哥	巴西	智利	哥伦比亚
佣金比例	13%～23%	16.50%	11.5%～17.5%	12.5%～22.5%

资料来源：Mercado Libre卖家后台。

(2) 配送费用。Mercado Libre的配送费用取决以下3个因素：发货地和配送目的地；店铺声誉(Reputation)等级；发货方式(包括自发货和美客多海外仓)。在自发货模式下，卖家后台自行分配平台合作物流，可以使用官方的运费计算器来计算自发货配送成本。

在美客多海外仓模式下，卖家的基础配送成本由头程运费、常规仓储费、尾程配送费构成。海外仓常规仓储费按照产品库存在美客多运营中心所占空间的平均每日占用体积(以立方英尺为单位)按件按天计费，每月月底会生成应付费用清单。每件商品的尾程配送费用取决于商品的重量和尺寸，以及店铺声誉(Reputation)等级。平台为了鼓励卖家更好地发展海外仓业务，会根据店铺声誉(reputation)等级和商品售价，减免高达50%的尾程配送费，最高可享受50%折扣。美客多墨西哥站和智利站均支持海外仓模式。

(3) 其他销售费用。如果将库存储存在美客多运营中心，除了支付月度库存仓储费外，可能还需要支付其他费用，例如长期仓储费和取货费。

7. Ozon

Ozon成立于1998年，是俄罗斯最早的电子商务公司之一，是俄罗斯唯一的多品类综合B2C电商平台，被称为"俄罗斯的亚马逊"。Ozon平台拥有俄罗斯电商行业最完善的物流设施，为俄罗斯客户提供横跨11个时区的门到门配送服务。基于完善的基础设施和业务团队，Ozon的2021年第一季度销售同比增长高达135%。

Ozon拥有1140万俄罗斯客户群，每天有超过300万的独立访客，平台单品品种超500万，主营品类包括3C电子、母婴用品、美容健康、衣物服饰等。2020年，Ozon在美国纳斯达克股市上市，公司估值为62亿美元，并在同一年被福布斯评为俄罗斯前三名最有价值的互联网公司。

1) Ozon平台特点

(1) 消费者体验感好，认可度高。俄罗斯目前的主流电商平台有Ozon、速卖通和Wildberries(中文名"野莓")，相较于速卖通，本土品牌Ozon更受欢迎，而Wildberries虽然和Ozon发展不相上下，却主要集中于服装销售，卖家铺货选择面比较小。Ozon平台是俄罗斯市场唯一多品类综合电商平台，涵盖书籍、电子、服装、家居、儿童用品、美容、食品、宠物、运动等商品类别，让卖家有更多的铺货选择。

Ozon在俄罗斯电子商务领域拥有最高的自发品牌知名度。由于销售多品类商品，使用方便，搜索和订购操作简单，在俄罗斯买家中享有很高的评价。俄罗斯人经常用"通用""舒适"和"可信"来评价Ozon。

(2) App端、PC端相互协作。Ozon平台主要以App端面向买家，买家也可以使用PC浏览。Qzon关注买家体验，照顾和支持商家，物流体系完善。

(3) 利用各种推广工具增加销量。Ozon推广店铺的方式有很多，比如flash sales(限时销售)、gifts in purchase(送礼)、loyalty card(积分卡)、2+1(买二送一)、promo codes(优惠券)、early started sale for loyal customers(老客户更早可以参加活动)。

2) Ozon平台费用构成

卖家入驻Ozon，平台不收取任何费用，也不收取月租，在成交后会根据类目收取一定的平台佣金。平台佣金比例在5%到15%不等，不同类目佣金比例不同，如服装、鞋类和配饰的佣金为11%。Ozon平台费用处于跨境电商平台的中等水平。

8. 阿里巴巴国际站

阿里巴巴国际站成立于1999年，是阿里巴巴集团的第一个业务板块，现已成为推动外贸数字化的主力平台。作为全球最大的B2B跨境电商平台，阿里巴巴国际站已累计服务200余个国家和地区的超过2600万活跃企业买家。平台通过向海外买家展示、推广供应商的企业和产品，进而获得贸易商机和订单，是出口企业拓展国际贸易的首选网络平台之一。

阿里巴巴国际站的业务经历了三个阶段：第一阶段，国际站的定位是"365天永不落幕的广交会"，为大宗贸易做产品信息的展示；第二阶段，国际站收购一达通为商家提供通关等方面的便利化服务，并在这个过程中开始沉淀数据；第三个阶段，将此前沉淀的数据形成闭环，数字化重构跨境贸易。

1) 阿里巴巴国际站的特点

阿里巴巴国际站是出口企业拓展国际贸易B2B跨境电商的重要平台之一。与其他台相比，阿里巴巴国际站具有以下特点。

(1) 访问流量大，在境外颇具知名度。阿里巴巴国际站成立于国际电子商务发展早期，目前已经成长为极具实力的跨境电商平台之一。阿里巴巴国际站平台上的商品类别超过5900种，销售范围覆盖全球200多个国家和地区。阿里巴巴国际站平台上的注册会员数超过1.5亿，拥有2000多万活跃的境外采购商，每天能产生近30万笔询盘订单。

近年来，阿里巴巴国际站在境外的知名度进一步提升，经过20多年的发展，成为阿里巴巴集团的支柱业务之一。

(2) 功能完善，服务系统化。阿里巴巴国际站不仅能为卖家提供一站式的店铺装修、商品展示、营销推广、生意洽谈等服务和工具，还能为卖家提供较新的行业发展和交易数据信息，帮助卖家寻找更多的商机。此外，阿里巴巴国际站还能为卖家提供专业、系统的培训，帮助卖家全方位提高运营能力。

(3) 大数据优势明显，形成数字化格局。借助阿里云、达摩院等一系列阿里系数字分析工具，阿里巴巴国际站能够为卖家提供客观、详细的行业动态数据分析，帮助卖家实现更加精准的营销。

2019年6月，阿里巴巴国际站正式启动"数字化出海2.0"计划，该计划覆盖了跨境贸易全链路，对阿里巴巴国际站的既有商品和服务矩阵进行全面的数字化升级，旨在为卖家提供数字化交易、营销、金融服务及供应链服务等一系列数字化外贸解决方案。

2) 阿里巴巴国际站的服务内容

阿里巴巴国际站是中小企业的网上贸易市场、平台，其服务对象是从事全球贸易的中小企业。阿里巴巴国际站坚持以"数字化人货场"为内环、"数字化履约服务"为外环、"数字化信用体系"为链接纽带布局，为企业打造外贸领域内的数字化"商业操作系统"。阿里巴巴国际站提供的服务内容主要包括商机获取服务、交易履约服务和业务管理服务。

(1) 商机获取服务。阿里巴巴国际站通过构建数字化及多元化营销场景,帮助卖家获取海量买家。在商机获取方面,阿里巴巴国际站提供的服务包括出口通、金品诚企、顶级展位、外贸直通车、明星展播和橱窗等。

① 出口通。出口通是阿里巴巴国际站推出的基础会员产品。卖家在阿里巴巴国际站办理出口通后即成为阿里巴巴国际站的付费会员,可以在国际站上开店、发布商品信息并联系境外买家进行交易。出口通会员可以获得10个橱窗展示位,还可以享受数据管家、视频自上传和企业邮箱等服务。

② 金品诚企。金品诚企旨在帮助卖家快速赢得买家信任,促进交易。卖家加入金品诚企需要支付一定的费用。卖家成为金品诚企的会员后,可以获得40个橱窗展示位,除了可以享受出口通服务,还可以获得由第三方国际权威认证机构提供的企业认证服务,其发布的商品在展示时带有金品诚企标志(见图2-10)。专业的第三方认证公司可以为卖家提供专业的认证报告,进一步彰显卖家的实力,提升买家对卖家的信任度。

图2-10 阿里巴巴国际站金品诚企标志

此外,金品诚企会员还享有专属营销权益和专属营销场景,其商品在阿里巴巴国际站商品搜索结果页面有独立的筛选栏,能够帮助卖家大大增加商品的曝光机会。

③ 顶级展位。顶级展位是阿里巴巴国际站为卖家提供的品牌营销产品,卖家通过购买关键词获得展示位置,其展示位置位于搜索结果第一页的第一名,并带有专属"皇冠"标志和"Top Sponsored Listing"字样。通过顶级展位,卖家可以自定义商品视频、图片、广告语等创意,全方位展现自身商品的优势。

④ 外贸直通车(pay for performance,P4P)。P4P是阿里巴巴国际站的推广资源位,免费展示产品信息,并通过大量曝光产品来吸引潜在买家,按照点击付费的全新网络推广方式来进行推广。它的作用是快速把自己的产品通过关键词推广到首页靠前位置,快速匹配到对应的买家,第一时间把产品信息传递给客户。

> **小知识　P4P的推广排序规则和扣费规则**
>
> P4P通过关键词竞价排名的方式,第一时间把产品展现在买家眼前。推广评分是指关键词和产品的相关程度以及产品的信息质量,是影响产品展现区域及排名的重要因素之一。只有一个产品是没有评分可言的,只有跟不同的关键词匹配之后才有评分的概念。推广评分取决于关键词与产品的相关程度,相关程度越高,推广评分越高,星级越高(最高五星,具体推广评分不可知)。P4P的推广排序分等于推广评分乘以出价,乘积越大,排名越靠前。

【例2-1】A、B、C客户同竞底价为3元的词,出价和推广评分如表2-4,B客户会排在第几位?

表2-4　客户出价和推广评分情况

客户	推广评分	出价
A	10	9
B	20	13
C	20	10

解析:计算结果如表2-5所示。

表2-5　客户推广排序分及排名

客户	推广评分	出价	排序分	排名
A	10	9	90	3
B	20	13	260	1
C	20	10	200	2

P4P按照点击扣费,曝光不扣费;每次实际的点击花费,取决于卖家和其他客户的排名关系、出价和推广评分,也就是说,底价≤扣费≤出价。扣费计算公式为

卖家所需要支付的点击价格=[(后一名的出价×后一名的推广评分)/卖家自身的推广评分]+0.01元

当产品排在竞争该关键词客户的最后一名时,或产品是这个关键词下曝光的唯一推广产品时,则卖家所需要支付的点击价格为该关键词的底价。

【例2-2】A、B、C客户同竞底价为3元的词,出价和推广评分与【例2-1】相同,B客户与C客户的产品分别被点击,那么A、B、C三家客户分别扣费多少?

解析:按照推广排序排名,排名最后的是A客户,所需要支付的点击价格为该关键词的底价3元;排名第2的是C客户,C客户被点击扣费=9×10/20+0.01=4.51元;排名第1的是B客户,B客户被点击扣费=10×20/20+0.01=10.01元。

⑤ 明星展播。明星展播是阿里巴巴国际站为卖家提供的专属展示机会。阿里巴巴国际站后台每月会在特定时间段内开放80个展示位,为企业提供专属展示机会,彰显品牌实力,助力品牌实现海量曝光。卖家可以在营销中心页面自助竞价搜索结果首页的焦点展示

位，竞价成功后可以在次月获得品牌展示机会。明星展播的展示位包括阿里巴巴国际站PC端、App端、WAP端英文站点首页焦点图。

⑥ 橱窗。橱窗就是平台优先展示推荐的产品，橱窗产品的曝光率会比一般的产品要高。卖家可以将自己的热销或主营商品放在橱窗中进行展示，在同等条件下，橱窗商品与其他商品相比在搜索中更占优势。橱窗商品可以随时被更换，橱窗可以按组购买，因需而定。

(2) 交易履约服务。在交易履约服务方面，阿里巴巴国际站为卖家提供跨境供应链解决方案，保障买卖交易安全可靠。这些服务主要包括信用保障服务、外贸综合服务、国际物流服务、国际快递服务、金融服务和支付结算服务。

(3) 业务管理服务。在业务管理服务方面，阿里巴巴国际站提供了客户通和数据管家两个工具，提供全链路端到端的买卖数据闭环，帮助商家重构客户体系。

① 客户通。客户通是帮助供应商在外贸生意中进行客户管理的专业工具。通过精准匹配，赋能客户，达成更有效的客户管理。对金品诚企会员，除基础功能外，客户通还提供专属定制的企业版服务。

② 数据管家。数据管家是由阿里巴巴国际站为商家提供的B2B外贸商家核心数据产品，通过数据沉淀与分析，帮助商家开展数据化运营，提升其在阿里巴巴外贸平台上的经营效果，帮助其获得更高的私域流量及询盘转化。

9. 环球资源网(Global Sources)

环球资源成立于1971年，总部位于中国香港，是一家电子商务公司和国际贸易展览营办商，经营范围包括展会、B2B国际贸易线上采购平台、贸易杂志等。环球资源50多年来一直在推动全球贸易，通过贸易展览、数字平台和杂志，通过量身定制的解决方案和值得信赖的市场情报，将全球的真实买家和经过验证的供应商联系起来。环球资源于1995年开创了世界上第一个国际B2B电子商务网站，如今已拥有超过1000万注册国际买家。环球资源网是深度行业化的专业B2B外贸平台，是国际公认的B2B采购平台，更是中国商务部主办的国际商报多次发文点名认可的全球高端买家的首选采购平台、主流平台。环球资源网首页如图2-11所示。

图2-11 环球资源网首页

10. 中国制造网(Made-in-China.com)

中国制造网创立于1998年，是由焦点科技股份有限公司开发及运营的综合性第三方B2B电子商务服务平台。该平台致力于为中国供应商和海外采购商挖掘全球商机，为双方国际贸易的达成提供一站式外贸服务。

中国制造网以"弘扬中国制造，服务中小企业，促进全球贸易"为宗旨，持续深耕于国际贸易领域，为供采双方提供一站式外贸全链路服务，现已成为中国外贸企业走向国际市场的重要桥梁和海外采购商采购中国产品的重要网络渠道。在信息展示服务基础之上，中国制造网还为会员企业提供精准营销推广、通关、物流、退税、外汇、金融、培训等全链路外贸服务，赋能国内外贸企业，为其拓展国际市场、获取贸易机会提供全程保障。中国制造网是典型的跨境电商信息服务类平台，平台商品详情页面如图2-12所示。

图2-12 中国制造网商品详情页面

2.2 进口跨境电子商务平台

2.2.1 进口跨境电子商务模式

进口跨境电子商务根据入境清关和发货模式的不同可以分为一般贸易、直邮进口、直邮集货和保税备货4种模式。

1. 一般贸易模式

在进口跨境电子商务这个概念没出现之前，进口产品一直存在。它们是以正常通关、商检、缴纳进口税的一般贸易进口形式入境的。现在部分进口跨境电商平台销售的商品也是先通过一般贸易方式批量进口，再销售给消费者。有的进口跨境电商平台采用境外直采、自主通关及运输的模式获得商品,有的进口跨境电商平台则是向境内的贸易商、代理商采购已经通关入境的商品。

一般贸易模式在防止假货和质量溯源上有明显优势。商品必须经过合法授权经销及海关商检的合规查验,用户维权可完全遵循境内消费规则,流程清晰、运作成熟。但是这种贸易模式投入最大,企业库存和资金压力也较大。一般贸易模式只在境内采用了电子商务手段,因此并不能算是严格意义上的跨境电子商务。

2. 直邮进口模式

直邮进口模式是指境内消费者通过跨境电子商务交易平台购买境外商品后,卖家在境外打包商品,并通过国际物流运输到境内关口,以个人包裹的形式入境。入境时,商品会在检验检疫、海关等部门完成通关、查验、征税等环节,直至完成清关,最后通过国内物流直接配送至消费者手中。商品价格构成包括商品标价、物流费用和行邮税。直邮进口模式的操作流程如图2-13所示。

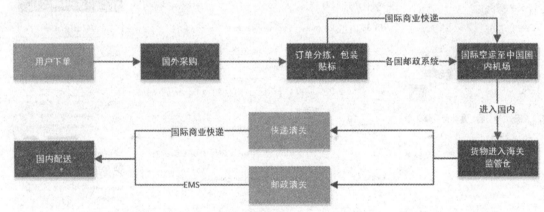

图2-13 直邮进口模式操作流程

直邮进口模式通常由境内快递进行快件清关或由EMS提供邮政清关服务,通过后放行包裹并进行配送。如果消费者个人购买跨境商品超过缴税限额会被暂扣,消费者需要向海关缴纳税款才放行包裹并配送,海关向消费者开具税单。通关申请没有通过的,或超限不主动报关缴税的,包裹将被勒令退运。

直邮进口模式的优点是产品丰富多样,消费者可以直接购买稀缺、优质、新奇的全球商品,并可与海外卖家直接沟通,缺点是收货时间稍长,一般为7~10天,消费者满意度不高。

3. 直邮集货模式

直邮集货模式是指消费者购买境外商品之后,供应商集中发货到海外仓,以集运代替零散运输的模式。该模式将多个已售出商品统一打包后进行国际发运、清关,最后配送到消费者手中。直邮集货模式的操作流程如图2-14所示。

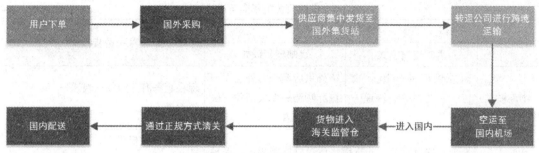

图2-14 直邮集货模式的操作流程

与直邮进口模式相比,直邮集货模式依托实力强大的海外仓和干线运输等资源,节省物流成本,缩短物流时效,使得消费者的满意度大幅提升。但直邮集货模式需在境外完成打包操作,人工成本高,且从境外发货,相对境内保税仓发货,物流周期较长。

4. 保税备货模式

保税备货模式是指商品提前通过大宗进口备货至境内保税仓,在保税仓进行拆包、检验,待客户下单购买后分拣、打包和清关,再通过境内物流公司寄送到给消费者手中。简单来说,保税备货模式就是境外商品入境后暂存保税区内,消费者购买后以个人物品出区,包裹通过国内物流的方式送达境内消费者。商品价格构成包括商品标价和行邮税。保税备货模式的操作流程如图2-15所示。

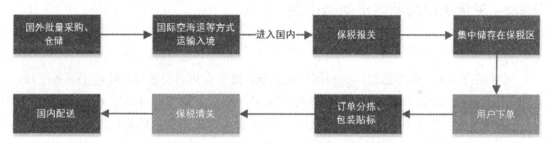

图2-15 保税备货模式的操作流程

与直邮进口模式相比,保税备货模式的优点在于缩短物流时间,海关监管保证质量,方便退换货等售后服务,优化购物体验。但在保税备货模式下,商品可供选择的范围有限,且受仓储成本、汇率、滞销和库存风险的影响较大。

5. 常见的跨境电商进口模式的对比

常见的进口跨境电子商务模式在成本、清关速度、收货速度、适用品类等多方面存在差异,具体如表2-6所示。

表2-6 进口跨境电子商务模式对比

对比项目	海外直邮模式		保税备货模式
	直邮进口模式	直邮集货模式	
物流模式	国外供应商—国际物流—海关清关—快递—消费者	国外供应商—海外仓库—国际物流—海关清关—快递—消费者	保税仓—海关清关—快递—消费者
成本	海外仓建设成本、非规模化运营阶段的成本,但模式较为灵活		商品囤放在保税仓,如商品过期,需要在海关监督下进行销毁,跨境电商平台和商家要承担商品销毁的成本
包裹大小	小包裹	大包裹	小包裹
清关速度	较慢		较快
消费者收货速度	较慢,等待收货时间长	最慢,等待收货时间最长	最快
适用品类	非标品或处于测试阶段的新品;品类多样		标品或受到市场检验认可的热款;大众商品

资料来源:艾瑞咨询报告。

2.2.2 主流进口跨境电子商务平台

1. 天猫国际(Tmall Global)

天猫国际隶属于阿里巴巴,2014年正式上线,是平台招商型进口跨境电子商务平台。天猫国际是国内最大的B2C平台,平台特征明显,吸引了众多海外商家入驻,例如好多市、梅西百货、维多利亚的秘密、LG等。消费者可以在天猫国际实现跨境商品"一站式"购买。目前天猫国际共有来自美国、英国、日本、韩国等87个国家和地区的29 000多个海外品牌入驻,覆盖5800多个品类,其中8成以上品牌首次进入中国。天猫国际借助阿里巴巴集团先天的流量、资金、物流和服务优势,直邀优质商家和知名品牌入驻。入驻天猫国际的商家具有海外零售资质,销售的商品均原产或销售于海外,通过国际物流经中国海关正规入关。所有天猫国际入驻商家将为其店铺配备旺旺中文咨询,并提供国内的售后服务,消费者可以像在淘宝购物一样使用支付宝买到海外进口商品。天猫国际的运营模式如图2-16所示。

天猫国际主要采用保税进口模式,将快速周转的商品集中贸易清关后,存放在国内保税区。这种模式比直邮方式的成本低很多,物流周期更可控。物流方面,天猫国际要求商家,保税区货品3~7天到达,海外直邮7~14天到达,并保证物流信息全程可跟踪,超出期限将对商家惩罚和赔付。

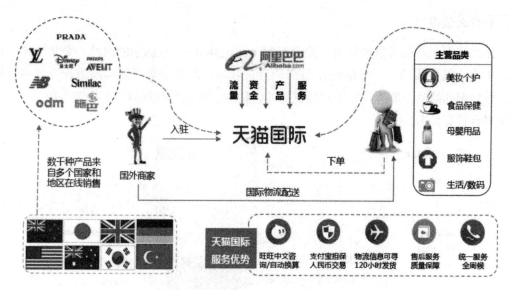

图2-16　天猫国际运营模式

2. 京东国际

京东国际是京东集团旗下所属品牌,主营跨境进口商品业务。作为国内首个全面专注于大进口业务的消费平台,京东国际通过在消费场景、营销生态、品质和服务、招商四大维度的全面升级,为消费者带来更加优质和丰富的进口商品购物体验,从而打造可信赖的进口商品一站式消费平台。京东国际平台首页如图2-17所示。

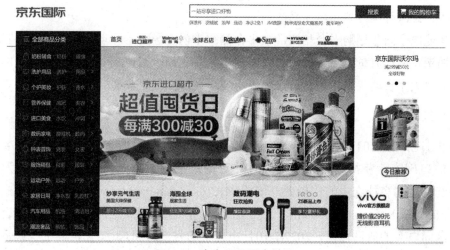

图2-17　京东国际平台首页

2022年1月京东国际上线全球买手项目,在全球范围内招募能够提供海外跨境商品的买手团队及个人,以第三方买手店铺的形式入驻,通过海外直邮直购的海淘模式,引入海量优质跨境商品。同时,京东国际全球买手项目联合全球专业买手团队及中检等权威鉴别机构,共同发起"国际买手联盟",将京东国际"正品鉴别"服务完全覆盖至买手店时尚类、美妆类商品,实现权威鉴别机构逐单鉴别再发货,在带来更丰富、独特的跨境商品同时,也为消费者提供更优质的正品消费体验。

3. 什么值得买

什么值得买是北京值得买科技股份有限公司于2010年6月创建的网站，是集导购、媒体、工具、社区属性于一体的购物门户，旨在以高质量的消费类内容向用户介绍高性价比、好口碑的商品及服务，为用户提供高效、精准、中立、专业的消费决策支持。什么值得买平台首页如图2-18所示。

图2-18　什么值得买平台首页

作为一个小而美的导购平台，"什么值得买"在电商普遍缺流量、缺内容的形势下找到了自己的价值点，为用户提供消费决策，同时赚取佣金和广告费。目前平台合作客户几乎涵盖了大多的电商平台，合作伙伴主要包括阿里巴巴、京东、亚马逊全球、苏宁易购、国美在线、eBay等国内外知名品牌商。

与其他电子商务导购平台相比，该平台侧重于内容导购，重点是帮助消费者获取专业的商品知识，降低海量信息下的消费决策成本，满足用户对产品和服务更深层次的需求，同时收集各大平台的优惠信息，选择优惠力度最大、性价比较高的推荐给用户。

4. 小红书

小红书创立于2013年，以购物分享社区起家，以积累的社区数据驱动精准选品，以社区的口碑推荐获得高转化率，同时针对用户特点不断加强创新型营销，为社区引流。小红书是内容社交中的佼佼者，依托UGC(user generated content，用户原创内容)或PGC(professional generated content，专业生产内容)，制造场景化购物引导和口碑营销，实现了社区向电商的流量转化。2022年10月小红书的月活跃用户达2亿，其中"90后"用户占比72%。

小红书成立之初只是一个境外旅游购物指南类App。2014年，小红书推出了用户原创内容分享互动的社区功能，形成了明确的用户原创内容(UGC)模式。2015年，小红书成功上线电商平台——福利社，在此后建立并完善了平台跨境物流供应系统，实现了"社区+电商"的商业闭环。

小红书的电商平台目前采用的是海外直邮模式和保税备货模式，与海外品牌商或代理商合作，有效避免了假货流入，同时帮助消费者平摊跨境物流费用并节省物流时间。小红书采取的自营仓模式由自身团队来运营，在保证商品品质的同时也节省了发货时间，这样的自营跨境电商模式，让消费者既节省了资金，又保障了货品正品，增加了消费者的信任度和忠诚度。

2.3 跨境电商独立站

2.3.1 独立站的定义和特点

跨境电商独立站，是指卖家自己建立一个独立的网站平台，可以完全由自己来做主运营，不需要考虑第三方平台的限制。独立的网站意味着它具有独立的域名、空间和页面，不属于任何第三方电子商务平台，卖家可以以多种渠道和方式进行网络市场曝光和推广，而推广带来的流量、品牌印象和人气都属于卖家的独立网站，不会被人分割掉。独立站的特点主要体现在实现精准营销；自由宣传，打造企业品牌；独立站的利润更加可控；用户流量自主掌握等方面。

(1) 实现精准营销。跨境电子商务的独立网站是卖方自行构建的网站，它不依赖于第三方平台，卖家可以在独立网站上与用户进行有效沟通，或根据用户的反馈优化其产品。这样，卖家可以建立和积累用户群体，实现精准营销。

(2) 自由宣传，打造企业品牌。如卖家借助平台的跨境电商运营，用户只认识这个跨境电商平台，而对卖家了解较少。然而，独立站卖家可以自己控制品牌，完全可以根据自己的喜好灵活处理，能够通过多种方式加强用户体验，增加和用户之间的黏性，培养品牌意识，从而打造独特的企业品牌。另外，独立站直接面向用户，用户与商家之间的距离大大缩短。

(3) 独立站的利润更加可控。如果卖家依靠传统的第三方平台进行电子商务，那么卖家需要将销售的产品利润进行分享，多人分羹，利润自然薄弱，而独立站的销售定价可以由卖家自己决定，利润更加可控。

(4) 用户流量自主掌握。用户数据自己掌控，实现深度分析和二次营销；有更多的自主定价的空间，可以通过选品的特色实现产品的议价。

2.3.2 独立站平台简介——Shopify

1. Shopify创立背景

Shopify是独立站的一种。Shopify的创始人Tobias Lütke(托比亚斯·卢克)是一个滑雪板爱好者，最开始他试图通过电子商务平台向世界各地的滑雪爱好者出售和提供滑雪板设备，然而在销售过程中他很快意识到当时的电商平台无法为客户提供个性化的购物体验，因此在2004年创建了名为Snowdevil的在线商店，这也是这家加拿大公司Shopify的最初名称。Shopify前身Snowdevil网店页面如图2-19所示。

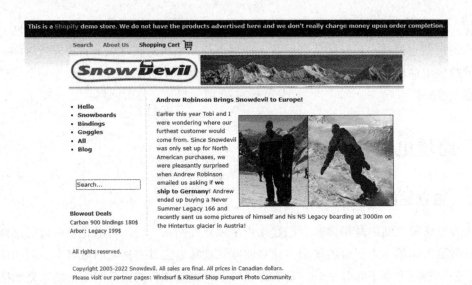

图2-19　Shopify前身Snowdevil网店页面

再后来Tobias Lütke的目标又渐渐发生了转变，他希望将公司转变为基于SaaS的一个电子商务服务平台，一个用户能够自主管理自己在线商店的平台，于是在家人、朋友和天使投资人的投资帮助下，Tobias Lütke在2006年正式成立了Shopify。

自成立以来至2022年1月，已有超过175万商家利用 Shopify 搭建在线商店进行销售，在线商店网站数量超过376万个，商品销售总额已经超过了4000亿美元。截至2022年1月，Shopify的市值为1433.3亿美元，在全球市值最高的公司中排名第92位，在市值最高的加拿大公司中排名第三。

小知识　什么是SaaS

SaaS全称为"software as a service"，中文翻译为"软件即服务"，意思是通过网络提供软件服务。本地电脑不需要安装软件，直接通过互联网访问就能享受到相应的服务，这就是SaaS模式。SaaS属于云计算的其中一种服务模式，可以更灵活、更快速地提供解决方案。在这种模式下，服务提供商将应用软件统一部署在自己的服务器上，用户通过客户端或标准Web浏览器访问，按需租用所需的应用软件服务，而不是直接购买最终的软件产品。

例如我们日常工作中常会用到的产品——在线文档工具，就是基于SaaS模式的产品。用户直接通过网络访问便可在线编辑使用，数据实时保存到服务提供商的数据中心，不用再下载安装所需的办公软件到本地电脑，也不用负责后面软件的更新及漏洞修复维护等工作。Shopify也是同样的道理，Shopify已经将建站程序部署到他们的服务器上了，由他们统一管理，负责维护系统的正常运行和性能优化等，用户直接通过互联网注册账号按需订阅即可使用，无须负责任何技术性维护工作。

2. Shopify的优缺点

1) 优点

(1) Shopify平台提供了精致的店铺模板,既有收费的,也有免费的。相较于其他跨境电商平台的同款店铺展示,Shopfy可以更好地提升流量的到店转化效率,同时可以强化店铺印象,提高复购率。

(2) Shopify支持365×24小时的英文服务,随时可通过电话、在线聊天或电子邮件的方式与他们联系。比如遇到设置收藏的问题或绑定域名的困难,都可以点击在线聊天和Shopify的官方技术支持及时解决相关的问题。

(3) Shopify对个人卖家和商家比其他平台友好。

(4) 对于独立品牌的实力玩家来说,应用独立站是大势所趋。

(5) Shopify为卖家提供了服装、珠宝、家具、艺术品等主题,有免费的,也有付费的。最贵的主题售价为180美金,且是一次性付款永久使用。值得一提的是,Shopify邀请最专业的程序员为Shopify创建主题,这些主题都是经过Shopify官方审核的,与Shopify完美兼容。

2) 缺点

(1) 虽然Shopify被称为独立站,卖家店铺的一切都由自己设计制作的,但实际上,店铺是平台租给卖家的,就像是出租屋一样,租客可以自己租来装修之后转租或者开小卖部,但是一旦破坏房屋(触碰平台规则),这个房屋(店铺)就会被收回。一旦被判断违约,卖家没有任何的申诉机会。

(2) 卖家需要投放外部广告来获取流量,而平台除了收取租金、各种软件的费用外还会收取利润抽成。

(3) 卖家需要有一定的资本投放广告,不像一些跨境平台可以依靠铺货方式获取流量。

◈ 同步实训

跨境电商平台的选择与对比

1. 实训目的

能够区分跨境电商平台的类型(B2B、B2C、C2C),能够区分各个跨境电商平台的优势和劣势,并能够根据所经营行业选择合适的平台。

2. 实训内容

(1) 查询并整理常见的跨境电商平台,分析这些平台的类型及其优劣势,并完成表2-7。

表2-7 常见的跨境电商平台

跨境电商平台	平台类型 (B2B、B2C、C2C)	优势	劣势

(2) 跨境电商平台运营方可分为第三方开放型平台和自营型平台，分别总结这两种平台的代表企业，并完成表2-8。

表2-8 不同平台运营方的代表企业

平台运营方	代表企业
第三方开放型平台	
自营型平台	

3. 实训步骤

步骤一：通过网上搜索引擎(如百度)搜索相关关键字(如"跨境电商平台"等)，然后进入相关网站。

步骤二：登录这些网站，查看相关信息，分析这些平台的优劣势。

步骤三：搜索跨境电商平台运营分类的代表企业有哪些。

同步阅读

本章小结

本章介绍了出口跨境电子商务平台、进口跨境电子商务平台和跨境电商独立站。主流出口跨境电商平台有亚马逊、速卖通、eBay、Wish、Shopee、Mercado Libre、Ozon、阿里巴巴国际站、环球资源网、中国制造网等；主流进口跨境电商平台有天猫国际、京东国际、什么值得买、小红书等；以Shopify为例介绍了跨境电商独立站。

同步测试

一、单项选择题

1. (　　)是指未知的有待开拓的市场空间，竞争虽不大但是充满买家需求的行业。
    A. 蓝海行业　　　　B. 红海行业　　　　C. 黄海行业　　　　D. 绿海行业

2. 开展跨境电商出口业务,要从( )开始。
   A. 选择产品　　　B. 注册店铺　　　C. 市场调研　　　D. 招聘人员
3. 被称为国际"淘宝"的跨境电商出口平台是( )。
   A. 亚马逊　　　　B. 敦煌网　　　　C. 速卖通　　　　D. eBay
4. 专注于移动端的跨境电商出口平台是( )。
   A. Shopee　　　　B. wish　　　　　C. 亚马逊　　　　D. 敦煌网
5. 海外跨境网购用户选择商品首先关注的是产品的( )。
   A. 设计　　　　　B. 包装　　　　　C. 价格　　　　　D. 品牌
6. ( )主要采用保税进口模式。
   A. 京东国际　　　B. 洋码头　　　　C. 小红书　　　　D. 天猫国际
7. ( )主要采用户原创内容(UGC)模式。
   A. 京东国际　　　B. 洋码头　　　　C. 小红书　　　　D. 天猫国际
8. ( )不是真正的跨境电子商务模式。
   A. 直邮进口模式　B. 直邮集货模式　C. 一般贸易模式　D. 保税备货模式
9. 拉美地区最大的电商平台是( )。
   A. Wish　　　　　B. Mercado Libre　C. Ozon　　　　　D. Coupang
10. 在"愿望清单"基础上发展起来的跨境电商平台是( )。
    A. Shopee　　　　B. eBay　　　　　C. Coupang　　　　D. Wish

二、多项选择题

1. 下列平台属于B2B平台的有( )。
   A. 中国制造网　　　　　　　　　B. 环球资源网
   C. 阿里巴巴国际站　　　　　　　D. 亚马逊
2. 零售出口跨境电子商务平台包括( )。
   A. 洋码头　　　　B. 京东国际　　　C. Wish　　　　　D. Shopee
3. 亚马逊向中国卖家开放的站点有( )。
   A. 意大利　　　　B. 冰岛　　　　　C. 阿联酋　　　　D. 荷兰
4. 适宜在速卖通平台销售的商品主要包括( )。
   A. 灯具　　　　　　　　　　　　B. 电脑网络
   C. 汽车摩托车配件　　　　　　　D. 烟花
5. eBay美国站店铺类型包括( )。
   A. 入门级　　　　B. 初级　　　　　C. 企业级　　　　D. 中级

三、案例分析题

欧洲(不包括英国)是世界第三大电商市场,仅次于中国和美国,每年线上零售销售总额在4120亿美元以上。亚马逊和eBay在欧洲占据着领导地位,尽管亚马逊和eBay在整个欧洲市场都有销售,但实际上还是通过在欧洲主要国家建立站点进行运营。在电商方面,尽管欧盟拥有统一货币、开放领土边境、共享法规，但欧洲的大部分电商平台还是依据地理和语言进行划分。就整个欧洲大陆而言，线上零售占总零售的12%。德国的线上零售占比为15.9%，而意大利的线上零售占比仅为3.7%，不到德国份额的四分之一。在某些欧洲国家，线上购物已开始兴起，但是支付系统、物流交付网络还有待完善。

亚马逊是欧洲电商平台领导者，每月的访问量为11亿次。就GDP和人口而言，欧洲和美国的规模相似，但美国站访问量是欧洲站点的两倍多，约为23亿次。这反映出亚马逊在美国市场占有率更大，欧洲电商竞争则更加激烈。eBay是欧洲第二大线上购物平台，但访问量仅有亚马逊欧洲站的35%。事实上eBay布阵欧洲市场来得更早，不过亚马逊后来者居上，如今的eBay已经被远远甩在后头。Allegro对跨境新人来说可能不是那么熟悉，但近几年的表现还是给我们带来不少惊喜。Allegro超2亿的月活人数，其中96%来自波兰。过去30年来，Allegro与波兰一同壮大。Zalando是榜单上少有的在欧洲遍地开花的电商企业，亚马逊和eBay是另外两家泛欧洲市场的在线购物平台。Zalando来自德国，但在意大利、法国、荷兰、波兰以及其他国家都有一定的影响力。

资料来源：雨果网[EB/OL]. https://www.cifnews.com/article/91936.

请结合上述案例，分析欧洲跨境电商平台的发展现状和趋势。

第 3 章 跨境电子商务市场调研与选品

 学习目标

1. 了解欧洲、北美洲、亚洲等电商市场发展概况。
2. 了解国内外消费者的观念差异。
3. 掌握跨境电商消费者行为的地域分布特点。
4. 熟悉主流跨境电商平台选品原则和工具。
5. 掌握跨境电商产品定价方法和策略。

 知识结构图

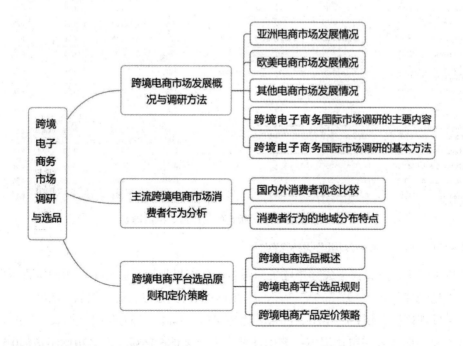

3.1 跨境电商市场发展概况与调研方法

3.1.1 亚洲电商市场发展情况

1. 日本

导入案例

2018年,世界银行的物流绩效指数(logistics performance index,LPI)显示(见图3-1),日本在全球排名第5位,在亚洲地区排名第1位。排名显示,日本海关效率和边境管理清关能力强,贸易和运输相关基础设施完备,运输频次较高,物流服务质量好,及时性、跟踪和定位能力强。2020年,世界银行的经商容易度指数(ease of doing business index)中,日本在全球排名第29位,经商环境相比于新加坡和美国存在一定的差距。2020年,联合国电子政务调查报告显示,日本的电子政务发展指数(e-government development index,ESDI)在全球排名第14位,亚洲地区排名第3位,日本在电子政务处于领先地位,其现代信息和通信技术方面投入较大,公共服务电子化发展态势较好。

海外市场消费习惯概述

国家	年份	物流绩效指数排名	物流绩效指数得分	海关效率和边境管理海关能力	基础设施	国际运输	物流能力	跟踪和定位能力	及时性
Germany	2018	1	4.20	4.09	4.37	3.86	4.31	4.24	4.39
Sweden	2018	2	4.05	4.05	4.24	3.92	3.98	3.88	4.28
Belgium	2018	3	4.04	3.66	3.98	3.99	4.13	4.05	4.41
Austria	2018	4	4.03	3.71	4.18	3.88	4.08	4.09	4.25
Japan	2018	5	4.03	3.99	4.25	3.59	4.09	4.05	4.25
Netherlands	2018	6	4.02	3.92	4.21	3.68	4.09	4.02	4.25
Singapore	2018	7	4.00	3.89	4.06	3.58	4.10	4.08	4.32
Denmark	2018	8	3.99	3.92	3.96	3.53	4.01	4.18	4.41
United Kingdom	2018	9	3.99	3.77	4.03	3.67	4.05	4.11	4.33
Finland	2018	10	3.97	3.82	4.00	3.56	3.89	4.32	4.28
United Arab Emirates	2018	11	3.96	3.63	4.02	3.85	3.92	3.96	4.38
Hong Kong, China	2018	12	3.92	3.81	3.97	3.77	3.93	3.92	4.14
Switzerland	2018	13	3.90	3.63	4.02	3.51	3.97	4.10	4.24
United States	2018	14	3.89	3.78	4.05	3.51	3.87	4.09	4.08
New Zealand	2018	15	3.88	3.71	3.99	3.43	4.02	3.92	4.26
France	2018	16	3.84	3.59	4.00	3.55	3.84	4.00	4.15

图3-1 2018年世界银行的物流绩效指数排名

资料来源:The World Bank IBRD. IDA数据库。

据日本经济产业省《平成30年电子商务市场调查报告》数据显示,2019年日本电子商务零售市场规模扩大到193 609亿日元,比2018年的179 845亿日元增长了7.65%,电子商务批发市场规模扩大到3 529 620亿日元,比2018年的3 442 300万亿日元增长了2.5%。2019年,日本电子商务零售市场规模占整体商业交易总量的6.76%,相比2018年增加0.54个百分点,电子商务批发市场规模占整体商业交易总量的31.70%,较2018年增长了1.5个百分点(见图3-2)。

图3-2　2015—2020年日本电子商务B2C与B2B市场规模及占比

资料来源：日本经济产业省《平成30年电子商务市场调查报告》。

日本跨境电子商务模式呈多元化发展趋势，其中一种发展模式是通过国内B2B和B2C电子商务平台来开展跨境业务。B2B电子商务平台是企业间通过互联网直接进行产品、服务及信息的跨国交换；B2C电子商务平台则是电商平台为国内企业和国外消费者构建起贸易桥梁，提供商品说明页面的语言转换、客服工作、跨境支付业务和商品的物流配送服务，商家需支付给电商平台相应的手续费，而消费者只需支付消费金额，无其他手续费。在日本，这两类平台的区别在于，如果只有一家大型企业，则往往由这家大型企业主导平台运营，许多中小型企业跟随；如果有几家大型企业，则由这几家大型企业共同主导平台运营，其他中小型企业跟随，即形成大企业主导模式。此外，日本还有国外C2C电子商务平台模式和国外开设自营B2C电子商务模式，日本贸易振兴机构(JETRO)等各类政府机构也积极促进日本商品国外保税区的建设，商家事先将商品运送到保税区指定区域内的仓库，接受订单后再从保税仓库直接配送，可以更好地适应不同消费者的购物习惯。

日本的电商市场规模排名全球第三，该市场中的高收入群体所拥有强大购买力，加之对高品质或奢侈品牌存在旺盛的需求，无疑对行业发展起到了推动的作用。据Statista统计，日本热门电商平台包括亚马逊日本站(52%消费者的选择)、日本乐天(28.7%消费者的选择)、Yahoo!Shopping(11.3%消费者的选择)。

2. 韩国

2018年，世界银行的物流绩效指数(LPI)显示，韩国在全球排名第25位，在亚洲地区排名第5位。但与2016年世界银行的物流绩效指数相比，韩国的海关效率和边境管理清关能力、贸易和运输相关基础设施、运输频次、物流服务质量和及时性、跟踪和定位能力方面都有一定程度的降低。2020年，韩国的经商容易度指数在全球排名第5位，其中电力获得和执行契约排名靠前，均排名全球第2位。韩国经济增长潜力巨大，产业技术先进，商业环境公平，税收政策较优惠，基础设施完备，研发环境优良。总体来说，韩国经商环境较好，但商家要充分调研韩国市场文化特征和消费特征。2020年，韩国的电子政务发展指数(ESDI)在全球排名第2位，在亚洲地区排名第1位。近年来，韩国以雄厚的信息化建设基础为依托，在推行电子政府建设方面持续发力，保持高速的发展势态，并取得了令人瞩目的成绩。

据2019年世界互联网发展报告显示，韩国在世界互联网发展指数中排名第3位，其中，基础设施(居第8位)发展比较完善，创新能力(居第4位)、产业发展(居第5位)、互联网应用(居第10位)、网络治理(居第10位)稳步发展，网络安全(并列第27位)还有待继续加强。截至2021年3月，韩国人口约5120万人，互联网用户约4882万人，互联网普及率高达95%，是亚洲互联网普及率排名第一的国家。自疫情以来，越来越多的韩国网民开始网上购物，2020年至2021年，韩国的互联网用户数量增加了53.9万(+1.1%)。2023年1月，韩国的互联网普及率为97.0%，而智能手机的普及也令"拇指购物族"队伍迅速壮大，韩国网民数量占比多，人们生活节奏快，对电商的参与度高，韩国人的网购比例高达84%。

3. 印度

2018年，世界银行的物流绩效指数(LPI)显示，印度在全球排名第44位，在亚洲排名第14位。据统计，2019年印度物流成本占GDP的比重为14%，而该比重在发达国家为8%～10%。近年来，印度在硬件基础设施投资方面取得了较大的进展，但是就提升该国物流绩效而言还是相对比较困难的。2020年，印度的经商容易度指数(ease of doing business index)在全球排名第63位，其中保护中小投资者这一指标排名靠前，位列全球第13位。虽然印度正在努力建立稳定的税收制以及一个可预测、透明和公平的政策环境，但其经商环境总体一般。2020年，印度的电子政务发展指数(ESDI)在全球排名第100位，相较于2018年排名降低了4名。其中在线服务指数(online service index，OSI)全球排名相对较高，在全球排名第28位。

毕马威的《印度电商物流》报告显示，自2005年以来，得益于印度市场的巨大潜力，印度电商迅猛发展，实现了跨越式增长，到2018年交易规模已经达195亿美元。2020年，印度电商市场在遭受疫情的纷扰后以最快的速度恢复了生产发展，且在各个促销节日都表现不俗，连创佳绩。但受多方面因素影响，其增速仍未赶上电商市场规模巨大且成熟的中国和美国市场。2020年，印度电商商品交易总额(gross merchandise volume，GMV)为330亿美元，增长率为7%～8%，而充分利用了非接触式支付及购买选项来支撑经济增长的中国和美国的电商GMV有近20%的增长。目前，互联网覆盖率低是印度电商市场面临的主要问题之一。据Statista数据统计，印度互联网普及率为50%，低于全球互联网普及率59%的水平。同时，印度物流基础设施落后、缺乏本地语言支持、二三线及偏远城镇的用户不了解技术等影响了商品的下单和配送，限制了网购消费者数量的增长。

4. 新加坡

2018年，世界银行的物流绩效指数(LPI)显示，新加坡在全球排名第7位，其中物流服务质量指标排名靠前，在全球居第3位。新加坡物流行业的表现一直十分强劲，其公路、铁路、海运以及空运的服务都极其便利。2020年，新加坡的经商容易度指数(ease of doing business index)在全球排名第2位，其中执行契约、保护中小投资者、开办企业和治办证照等指标排名靠前，分别排名全球第1位、第3位、第4位和第5位。而授信业务和跨界交易指标排名相对靠后，分别排名全球第37位和第47位。新加坡的电子政务发展指数(ESDI)在全球排名第11位。2014年，新加坡开始了智慧国家计划，数字政府是该计划的组成部分。2018年，新加坡制定了数字政府蓝图，以更好地利用数据，利用新技术，建设数字经济和数字社会，支持智慧国家战略。

新加坡电子商务市场发达，拥有完善的基础设施，也拥有高收入、精通互联网的消费群体，数字经济相当成熟。2021年，新加坡电商市场规模为59亿美元，预计到2025年，将达到107亿美元。在电子商务转化率方面，2021年新加坡用户渗透率为55.9%，预计到2025年达到67.2%。新加坡民众社交媒体方面非常活跃，据NoxInfluencer统计，新加坡社交媒体用户约530万人，社媒渗透率89%，网民平均每天上网7小时，每天浏览社交媒体超过两个半小时，人均拥有8.8个社交平台账户。新加坡网民最喜欢的社媒平台为YouTube、Meta(Facebook的更名)、Instagram、LinkedIn、TikTok等。

3.1.2 欧美电商市场发展情况

1. 美国

2018年，世界银行的物流绩效指数(LPI)显示，美国在全球排名第14位，其海关的清关能力强，与国际贸易和运输相关的基础设施建设较完备，有较成熟的物流体系，能提供方便快捷的物流服务。2020年，美国市场的经商容易度指数在全球排名第6位，美国注重对企业的承诺，商业环境友好，吸引众多顶尖全球公司参与竞争。在美国这一成熟的消费市场从事商业活动比较便利，同时竞争也很激烈。2020年，美国的电子政务发展指数(ESDI)为0.9297，在全球排名第9位，其中在线服务指数(online service index，OSI)和通信基础设施指数(telecommunication infrastructure index，TII)相对较高。美国政府十分重视在现代信息和通信技术方面的投入，因此公共服务电子化、信息公布与发布电子化发展较好。

在电子商务零售方面，美国2019年互联网使用者占总人口的90%，移动互联网普及率达到81.3%。据电子商务基金会报告，2021年美国53.9%的电商销售通过移动设备实现。在人口结构方面，25～54岁年龄段占美国上网人数的比重最大，达39.35%。根据Statista的数据，2021年美国电商规模突破4692亿美元，相较于2020年的4316亿美元有较大增幅。2014—2021年，美国电子商务销售总额占GDP的比重逐年增加(见图3-3)。

图3-3 2014—2021年美国电子商务销售额占GDP的比重

资料来源：电子商务基金会Ecommerce Foundation。

2. 德国

2018年，世界银行的物流绩效指数(LPI)显示，德国位列全球第一，这是德国第三次位居榜首，其中海关效率和边境管理清关、贸易和运输相关基础设施的质量、物流服务质量、跟踪和定位能力四个指标位列全球第一，运输频次和及时性排名全球第三。可见，德国海关清关能力强，贸易和运输相关基础设施完备，物流体系成熟，服务能力强。2020年，德国的经商容易度指数在全球排名第22位，其中解决公司破产问题、电力的获得、合同的执行等指标排名靠前，分别在全球排名第4位、第5位和第13位，但经商便利指标排名靠后，在全球排名125位。德国的经商环境相比美国存在一定的差距，但总体经商环境较为友好。德国的电子政务发展指数(ESDI)在全球排名第25位，其中德国的人力资本指数(human capital index，HCI)和通信基础设施指数(telecommunication infrastructure index，TII)较高，而在线服务指数(online service index，OSI)相对较低。

德国2015—2021年互联网使用者占总人口的88%。在人口结构方面，25—54岁年龄段人口占德国总人口的40.45%。德国网购者占互联网用户的比重较稳定，近几年保持在88%左右，德国人对网购接受程度较高，电商消费市场广阔。据电子商务基金会调查，德国人用智能手机购买的商品主要有衣服、书籍等。

3. 英国

2018年，世界银行的物流绩效指数(LPI)显示，英国在全球排名第9位，其中跟踪和定位能力、及时性两个指标排名靠前，均排名全球第4位，而海关效率和边境管理清关能力、运输频次指数相对落后，分别排名第11位和第13位。总体来说，英国具有较强的清关能力和成熟的物流体系，贸易及运输相关技术设施较为完备。英国的经商容易度指数(ease of doing business index)在全球排名第8位，英国的经商环境较好，在贸易、投资、资本流动方面较为开放。2019年《最适合经商的国家和地区》报告显示，英国连续两年位居榜首，当选全球第一。英国的营商和投资环境位于世界的前列。英国的电子政务发展指数(ESDI)在全球排名第7位，英国政府高度重视在信息和通信技术方面的投入，因而英国在电子化方面发展较快，其公共服务电子化、信息化发展良好。

据电子商务基金会调查显示，英国市场的消费者选择网购的主要原因(见图3-4)包括方便比价(53%)、选择更多(51%)、空闲时间多(46%)、购物便捷(44%)、更便宜(43%)，其中方便比价是英国市场消费者选择网购的原因。可见，具有价格优势的跨境电商卖家可以选择方便比价的平台销售商品，以获取更多订单。

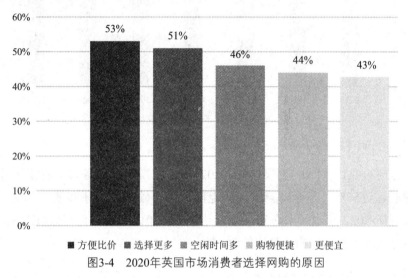

图3-4 2020年英国市场消费者选择网购的原因

资料来源：电子商务基金会Ecommerce Foundation。

4. 俄罗斯

2018年，世界银行的物流绩效指数(LPI)显示，俄罗斯在全球排名第75位。近年来，尽管俄罗斯邮政在互联网商店货物送达方面取得一定成绩，但由于其地理条件不适宜物流配套体系建设，物流依然是俄罗斯电子商务的薄弱环节。2020年，俄罗斯的经商容易度指数排名全球第28位，其中电力获得和资产登记等指标相对靠前，分别排名第7位和第12位，而跨界交易和保护中小投资者等指标排名靠后，分别排名全球第99位和第72位。总体来说，相比于美国、英国等国家，俄罗斯的经商环境相对薄弱，尤其是跨界交易环境需要进一步提高。2020年，联合国电子政务调查报告显示，俄罗斯的电子政务发展指数(ESDI)在全球排名第36位。整体来说，俄罗斯电子政务的发展比较平稳，各项基础设施和政策规划也在逐渐完善，然而一些问题也同样不容忽视，其数字鸿沟和信息技术发展水平较低，这两个突出的障碍在一定程度上限制了俄罗斯电子政务的发展。

俄罗斯拥有1.4亿人口，是欧洲最大的互联网市场。2021年年底，俄罗斯互联网用户达到1.24亿，互联网普及率为85%(见图3-5)，而其电商市场仅占全国零售业的6%，可见在俄罗斯网购市场具有巨大的发展潜力。在俄罗斯，电商销售量排名前5位的商品为家用电器和电子产品(28.2%)、服装和鞋类(21%)、食品(10.2%)、家具和家庭用品(9.2%)、美容和保健产品(5.6%)。俄罗斯消费者选择网购的主要原因是网购价格便宜并节约时间。

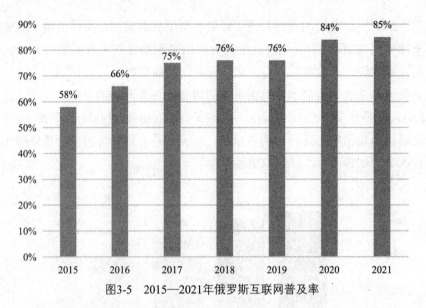

图3-5 2015—2021年俄罗斯互联网普及率

资料来源：电子商务基金会Ecommerce Foundation。

俄罗斯电商企业协会(AKIT)报告称，2021年俄罗斯电子商务市场规模达到4.1万亿卢布，同比增长超过50%，是全球第十二大电商市场，领先西班牙和澳大利亚。Statista报告显示，俄罗斯2022年电子商务市场规模达到14120亿美元，大部分收入来自中国。同时，俄罗斯电商市场是全球增长最快的5个市场之一。

3.1.3 其他电商市场发展情况

1. 澳大利亚

2018年，澳大利亚的物流绩效指数(LPI)在全球排名第18位，相较于2016年的排名有所提高。澳大利亚物流专业化程度较高，物流自动化技术先进，信息化程度高，物流企业发展较好、竞争力较强。2020年，澳大利亚的经商容易度指数在全球排名第14位，其中授信业务、执行契约和开办企业指标排名靠前，分别排名全球第4位、第6和第7位，而跨界交易指标排名靠后，排名全球第105位。2020年，澳大利亚的电子政务发展指数(ESDI)在全球排名第5位，其中人力资本指数(HCI)排名全球首位。澳大利亚通过互联网提供政府服务和信息方面居世界领先地位。

2020年，澳大利亚的互联网用户普及率的71.7%，有1830万电子商务用户，预计到2025年将有2070万在线购物用户，互联网用户普及率将增加到77.1%。澳大利亚是目前全球第十大电商市场，该市场在未来几年也将持续增长。据GroupM数据统计，澳大利亚的电商市场在2022年增长8.4%，低于2021年的24%，同时低于疫情前15%的年复合增长率(年复合增长率的计算周期为2019—2022年)。2022年，澳大利亚的零售总额为5040亿澳元，其中电商占8.7%。到2027年，零售总额可能达到6020亿澳元，其中电商占比约为19%。

2. 巴西

2018年，巴西的物流绩效指数(LPI)在全球排名第56位，但相较于2016年的指数和排名均有所下降。2018年的巴西物流绩效指数在南美洲排名第3位，落后于智利和巴拿马。巴西物流资源少，基础设施不完善，运输成本较高，清关流程烦琐、复杂且不透明。2020年，巴西的经商容易度指数在全球排名第124位，其中保护中小投资者和执行契约等指标排名相对靠前，分别在全球排名第61位和第58位，而洽办证照和缴税等指标排名十分靠后，分别排名全球第170位和184位。近年来，尽管巴西通过创建在线公司注册系统改善了营商环境，但总体来说巴西的经商环境仍非常靠后，尤其是税收环节。2020年，巴西的电子政务发展指数(ESDI)在全球排名第54位，相较于2018年有所提高。近年来，巴西将政府和经济的数字化转型放在优先位置，针对性地提出了"数字治理战略"和"巴西数字转型战略"，为巴西电子政务环境的提升做出了贡献。

3.1.4 跨境电子商务国际市场调研的主要内容

跨境电子商务国际市场调研是指运用科学方法，有目的、有系统地收集记录整理有关国际市场营销方面的各种情况资料，分析研究卖方将商品或劳务转移给买方的各种情况和趋势。它分析了跨境电子商务企业的生产和市场需求之间的内在联系，研究了社会需求的特征及变化规律。在国际市场竞争日趋激烈的当代社会，跨境电子商务国际市场调研的地位在不断地提高，其作用也越来越明显。跨境电商国际市场调研是管理者发现商机、经营决策的依据，是促进企业科技创新的重要因素，是企业实现精准市场预测的重要手段。

一般而言，从国际贸易商品进出口角度看，国际市场调研主要包括国际市场环境调研、国际市场商品情况调研、国际市场营销情况调研等。

1. 国际市场环境调研

(1) 经济环境，包括一国的经济结构、经济发展水平、经济发展前景、就业、收入分配等。此外，跨境电商企业还要调研消费者的收入水平、消费者支出模式和消费结构、消费者储蓄和信贷、经济体制地区和行业发展状况、城市化程度等多种因素。

(2) 政治和法律环境，包括政府结构的重要经济政策，政府对贸易实行的鼓励、限制措施，有关外贸方面的法律法规，如关税、配额、国内税收、外汇限制、卫生检疫、安全条例等。政治和法律环境是企业营销活动的准则，企业只有依法进行各种营销活动，才能受到国家法律的有效保护。

(3) 文化环境，包括使用的语言、教育水平、宗教、风俗习惯、价值观念等。在企业面临的诸多方面环境中，文化环境较为特殊，它不像其他环境因素那样显而易见、易于理解，却又无时不在地深刻影响着企业活动。

(4) 人文地理环境，主要包括地理区域、地形、气候、人口密度、风俗习惯、生产力布局、交通运输条件等。人文地理环境虽然不是人类自身生存和发展的物质基础，但影响了人们的观念和行为准则。

2. 国际市场商品情况调研

企业要把产品打入国际市场或从市场进口产品，除了要了解国外市场环境，还要了解国外商品市场情况，这样有利于企业更好地满足市场需要，提高企业的竞争能力与应变能力。

(1) 国外市场商品的供给情况，包括商品供应的渠道、来源，国外生产厂家、生产能力、数量及库存情况等。企业在调研某产品的供应量时，必须首先调查产品现有的生产能力，并了解现有生产能力中是否得到充分利用。

(2) 国外市场商品需求情况。市场商品需求调研主要围绕消费者需求量、消费者收入、消费者结构和消费者行为等展开，包括消费者为什么购买、购买什么、购买数量、购买频率、购买时间、购买方式、购买习惯、购买偏好和购买后的评价等。

(3) 国际市场商品价格情况，包括国际市场商品的价格、价格与供求变动的关系等。价格是商品价值的货币表现形式，而商品价格的高低直接关系到企业和消费者的切身利益，是消费者购买心理中最敏感的因素，直接影响消费者的购买行为。

3. 国际市场营销情况调研

国际市场营销情况调研是对国际市场营销组合情况的调研，有助于企业分析和预测国际市场未来的发展趋势，从而掌握国际市场营销活动的规律。除了上述提到的商品供求及价格水平外，一般还包括商品销售渠道、广告宣传、竞争分析。

(1) 商品销售渠道，包括销售网络设立、批零商经营能力、经营利润、消费者对企业的印象、售后服务等。打算进入新市场的企业，选择合适的商品销售有利于缩短产品前期促销时间，增加利润，提高市场占有率及渗透率。

(2) 广告宣传，包括消费者的购买动机、广告内容、广告时间、方式效果等。广告宣传的前期调研可以获取同行的宣传方式及内容或消费者的需求点，再经过有效的汇总及分析，从而得出消费痛点，进而有效出击。

(3) 竞争分析，包括竞争者的产品质量、价格、政策、广告、分配路线、占有率等。竞争战略分析的主要目的在于了解竞争对手的经营状况，了解目标客户的未来需求，以及发现新的消费点和新的客户群，最终在未来市场竞争活动中占据主导位置。

小知识　市场调研报告的基本要求

(1) 市场调研报告力求客观真实、实事求是。市场调研报告必须符合客观实际，引用的材料、数据必须真实可靠。反对弄虚作假，或迎合上级的意图。总之，要用事实说话。

(2) 市场调研报告要做到调研资料和观点相统一。市场调研报告是以调研资料为依据的，即调研报告中所有的观点、结论都以大量的调研资料为根据。在撰写过程中，要善于用资料说明观点，用观点概括资料，两者相互统一。切忌调研资料与观点相分离。

(3) 调研报告要突出市场调研的目的。撰写市场调研报告，必须目的明确，有的放矢，任何市场调研都是为了解决某一问题或者说明某一问题。市场调研报告必须围绕市调研上述目的进行论述。

(4) 调研报告的语言要简明、准确、易懂。调研报告是给人看的,无论是厂长、经理,还是一般读者,他们大多不喜欢冗长、乏味、呆板的语言,也不精通调研的专业术语。因此,调研报告语言要力求简明、准确、通俗易懂。

市场调研报告写作的一般程序:确定标题,拟定写作提纲,选择调研资料,撰写调研报告初稿,最后修改定稿。

调研报告的内容包括以下几项:调研目的;调研对象及其情况;调研内容;调研方式(一般可选择问卷式、访谈法、观察法、资料法等);调研时间;调研结果;调研体会(可以是对调研结果的分析,也可以是找出结果的原因及应对办法等)。

3.1.5 跨境电子商务国际市场调研的基本方法

1. 网站数据观察

跨境电子商务国际市场调研的方法有很多,这里介绍初级卖家容易操作的方式。初级卖家可通过互联网收集现有的数据和信息,经过分析判断得出结论。

在跨境电商平台的买家端可以很方便地收集相关信息,进行市场调研。下面以Amazon平台为例进行介绍。

在Amazon平台上,买家首先选择"Best Sellers",对热销产品的相关信息进行观察。操作步骤:登录Amazon买家首页,配送地址设置为目标市场所在地,单击"Best Sellers"找到需要调研的类目,选择"Baby"打开该类目后,相关页面内容按照子类排序显示,如图3-6所示。

图3-6　Amazon平台Best Sellers选择类目页面

其次,选择"Hair Care",该子类下的"Best Sellers"页面显示的是所选类目下的热销产品(见图3-7),单击可查看该产品的价格等详情描述。

图3-7　Amazon平台Best Seller产品展示

2. 观察流行趋势

1) 通过本土电商网站探索趋势

(1) 美国电商网站。

除了Amazon、eBay等大型电商平台外,美国还有一些以线下大型实体店为基础向电商发展的平台,它们也是美国买家的主要网购平台,主要包括Walmart、Etsy和Target。

Walmart(沃尔玛)是全球最大的零售公司,经营着大型超市、百货公司。除美国以外,Walmart还通过子公司在加拿大、墨西哥等多个国家开展业务。Walmart线上商店出售各种各样的产品,包括食品、电子产品、时装、家用设备以及汽车零部件等。据2022年11月Alexa网站流量排名数据显示,Walmart在全球网站流量排名第155位,网站的日均UV(unique visitor,访客数)浏览量达998.4万次。

Etsy是一个专注于手工或复古产品和独特的工厂制造产品的平台,允许卖家或品牌直接向网站的用户销售各种各样的艺术和摄影产品、服装和配件、食品、沐浴和美容产品、玩具和其他各种物品。据2022年11月Alexa网站流量排名数据显示,Etsy在全球流量排名第85位,网站的日均UV浏览量达1644.8万次。

Target是仅次于Walmart的第二大百货商店零售商,在全美经营着1800多家商店。Target还建立一个多元化的网上商店,销售的产品包括时尚、家居装饰、家具、杂货、电子产品以及卫生用品等。据2022年11月Alexa网站流量排名数据显示,Target在全球流量排名第293位,网站的日均UV浏览量达448万次。

(2) 俄罗斯电商网站。

2022年6月,Data Insight发布了2021年俄罗斯排名前100的电商平台名单。排名前五的分别是Wildberries(在线销售额8057亿卢布)、Ozon(4467亿卢布)、DNS(1853亿卢布)、Citilink(1634亿卢布)和Mvideo(1326亿卢布)。下面简单介绍Wildberries、Ozon两个平台。

Wildberries成立于2004年,总部位于莫斯科市,售有鞋类、服装以及品牌配件等。该平台还提供全国免运费快递服务,是俄罗斯第一家提供无条件免费送货的电商平台。业务范围涉及5个国家，分别是俄罗斯、白俄罗斯、哈萨克斯坦、吉尔吉斯斯坦和亚美尼亚。

Ozon是俄罗斯新跨境电商黑马，同时也是俄罗斯市场唯一的多品类综合电商平台。Ozon拥有1140万俄罗斯客户群，每天有超过300万的独立访客。Ozon主营品类包括3C电子、手机配件、运动、家电、服装和其他。Ozon是俄罗斯发展最迅速的电商平台，作为俄罗斯本土的电商平台，Ozon的销售品类比俄罗斯其他电商平台更丰富，到2021年年底已有超过8000万件单品。Ozon在俄罗斯消费群体中享有很高的评价，俄罗斯人经常用"通用""舒适""可信"来描述Ozon。

(3) 东南亚电商网站。

东南亚电商平台有Shopee、Lazada等。

Shopee于2015年在新加坡成立，业务范围辐射新加坡、马来西亚、菲律宾、泰国、越南、巴西等10余个市场。Shopee拥有商品种类，包括电子消费品、家居、美容保健、母婴、服饰及健身器材等。Shopee自成立起，成交总额(gross merchandise volume，GMV)一直保持成长。2018年，Shopee GMV达到103亿美元，同比增长149.9%。2019年第一季度，Shopee季度GMV同比增长81.8%，总订单数同比增长82.7%，App下载量超过2亿次。2021年第二季度，Shopee总订单数同比增长127.4%，GMV达到150亿美元，同比增长88%，总下载量在谷歌应用商店全球购物类App中位居第一，在东南亚购物类App中，平均月活跃用户数及用户使用总时长第一。

lazada成立于2012年，最初采用自营模式，率先推出五大市场，在东南亚首次引进"双11"，是现今东南亚最大电商平台。2016年，阿里投资控股了lazada，lazada上线了淘宝精选项目。2019年，Lazada正式成为国际奥委会在东南亚地区的官方合作伙伴。

2) 通过社交网络了解流行趋势

社交网络(social networking services，SNS)通常是信息发源地，各领域的最新信息和流行趋势都先在SNS传播，卖家可以关注境外流行的SNS中的行业相关意见领袖和热话题，通过观察发掘潜在商机。例如，时尚达人经常分享最新的设计款式，这些设计款式可能会在未来的3个月至2年的时间内逐渐开始流行，卖家通过判断可以提前预备相关产品。

3.2 主流跨境电商市场消费者行为分析

3.2.1 国内外消费者观念比较

1. 消费习惯差异

不同的区域有不同的历史，各个国家或地区在没有沟通的情况下形成了完全不同的发展道路和轨迹。地域决定了沟通的有限性，或者从根本上限制了文化的交流和互通，形成文化差异。文化的差异导致人们观念的差异，也就是人们看待事物的角度和态度的差异。中西方国家所拥有的文化内涵、生活习惯、风土人情各不相同，所以也使中西方国家的人民养成了不同的消费习惯。总体来说，基于人口基数和地区面积，如今主要形成了两种消费观念，即保守观念和提前消费观念。

我国消费者在消费习惯上倾向于保守消费，年轻人虽然拥有一定的"提前消费"意识，但是从大概率上来讲，中国人更崇尚借鉴、积累的"保守消费"。从不同地区来看，居民的消费观念也有很大的地域差异，具体表现为东中部地区的居民消费观念较为开放，西部地区则相对较为保守；同地区内的农村与城镇居民的消费观念也不一样。国外消费者更倾向于"提前消费"，习惯于通过贷款、信用卡等方式提前享受商品带来的附加服务属性。

2. 消费者产品喜好差异

人们在思维方式和价值取向方面有很大的差别，由此而形成的文化差异也会影响到消费者对产品的喜好。我国消费者注重直观、整体和经验，在购买产品时会考虑到产品的包装、装饰等外在视觉属性。但是国外消费者更加注重理性思维，他们强调分析、实证和思辨，在购买商品时希望能够了解产品的作用、价值，同时还十分追求个性化，希望能够购买到与众不同的产品来体现自己独一无二的气质。另外，中国人购买商品时，希望可以低调稳重，但是外国人追求个性解放，张扬个性意识。

3. 消费者产品解读差异

国内外文化差异有时候会对产品解读造成很大的影响，甚至会使消费者对产品产生一定的误解，从而影响产品的正常销售。例如在对茶叶产品进行跨境电商网络营销时，很多茶叶名称的英译就涉及了文化差异的问题。福建名茶"大红袍"经常被翻译为"red robe"。这种直译的方式并没有将中国人心目中"红色代表喜庆、欢乐、吉祥"的想法传达出去，因为在西方文化中，"red robe"的代表的是血腥和残暴，如果采取这样的直译方式可能会使西方消费者因为这个英译品牌名称而对产品产生误解，不利于销售。又如曾经在美国试销的"轻身减肥片"在初入美国市场时鲜少有人问津，经过市场调查后发现是产品名称翻译的原因：以中国人的思维翻译出的"obesity reducing tablets"会让西方人以为是一种专门为obese people(肥胖症者)研发的产品，后来该品牌将英文名称改为"slimming pills"(瘦身药丸)，以此来顺应西方人的语言表达习惯和思维方式，由此改善了产品的销售情况。

小知识　跨境网购者的消费心理

境外喜欢跨境网购的消费者在心理上有很多相似的地方，主要包括以下几点。

(1) 关注产品实用性。敦煌网数据显示，境外的消费者多分布于欧美发达国家，这些国家的消费者大多重视产品的实用性。

(2) 注重质量。境外的消费者往往比较理智，在这种消费动机的驱动下，简洁大方、重点突出的产品描述更吸引消费者的眼球。

(3) 追求创新性。这种购买心理对年轻人的作用最大，时尚、独特的产品最能吸引他们。想要抓住这类买家的心，新颖奇特是产品制胜的法宝。

(4) 追求美观性。优美的产品外形、精美的页面展示、图片和包装对女性消费者有很大的杀伤力。这种追求美观的心理动机能促使她们快速下单，满心期待地等着产品邮寄到家。

(5) 追求廉价。拥有这种购买心理的买家最在意的是产品的价格，优惠的价格很容易促使他们下单。这类买家最常做的是在输入完他们想要购买的产品名称后，选择免运费，然后按照价格重新排序搜索结果。

(6) 方便性。爱网购的人都有这种消费动机，如果卖家能站在买家的角度来上传自己的产品，降低买家决策和下单的难度，那么这个店铺将是"懒人"常来的购物天堂。

3.2.2 消费者行为的地域分布特点

1. 美国

目前，大部分美国消费者在选择网购时，首先会前往电商平台。根据中国电子商务研究中心发布的信息，美国消费者常用的综合性购物网站包括以下几个：全球知名的由图书起家的大型综合性购物网站亚马逊；美国零售业巨人企业、供给各类平价优质的商品在美国网销与卖场同步的沃尔玛；纽约市最老牌的高档百货公司在美国知名度很高的梅西百货。

在美国市场，每个月份的热销产品都不同，卖家通过分析各月份的热销产品能够准确了解美国买家的消费心理和消费需求。

1月份既是春装上市的季节，也是冬装打折促销的季节。由于物流配送时间长又不可控，很多消费者都会在本月提前购买春装。

2月份有情人节，一般情况下，时尚饰品、珠宝和手表、箱包礼品等是消费者比较热衷的礼物之选。

3月份复活节礼品热销，服装、美容化妆产品、园艺产品也进入销售旺季。同时，随着天气变暖，户外用品、桌球、水上运营用品的销售市场也会升温。

4月份，园艺产品的销售迎来高峰期。同时，由于气候温和，很多人会选择4月举办婚礼，婚纱、礼服、女鞋的销售都会随着婚礼需求而进入旺季。

5月份，园艺产品、时尚饰品、珠宝产品、箱包产品、贺卡会随着母亲节的到来而销售火热。

6月有父亲节，也是毕业季，手机、消费电子类产品热销。

7月份有美国的独立日，相关主题的产品如贴纸、玩偶等销量会有所增加，家具和家居用品会因为婚礼等需求也进入旺季。

8月份是返校季，服装和鞋类等热卖；手机、消费电子产品、办公用品、运动用品等也会大卖。

9月份有劳动节，秋季服装、美容化妆品、滑雪用品热卖。

10月有万圣节，角色扮演服饰、毛绒玩具热卖。另外，体育用品商家往往会在这个季节进行打折大促。

11月感恩节前后是线上线下零售消费的高峰期。"黑色星期五""网络星期一"大促吸引消费者；园艺用品、家用电器、毛绒玩具、礼品、美容化妆产品等都会随着诸多重要节日的来临而销量大增。

12月份有圣诞节，是冬季服装和鞋类热卖的季节。园艺产品、取暖设备热销，时尚饰品、珠宝和手表在12月份会占到全年四分之一的销量。

美国消费者对网上支付、电话支付、电子支付、邮件支付等各种支付方式并不陌生。在美国，信用卡是在线使用的常用支付方式，一般的第三方支付服务公司都支持158种货币的Visa信用卡和MasterCard信用卡。同时，PayPal也是美国人熟知的电子支付方式。

2. 德国

据德国电商协会研究，疫情影响下，电子贸易和网购已成为德国的新常态。疫情暴发之后，电商一直呈增长态势。至少96.3%的德国网购者对网络消费满意，超40%参与德国电商协会调查的消费者表示1周最少网购1次，网购数和满意度均高于往年。

2021年，德国40%的电商交易发生在移动端，电商销售额增长56.5%，达399亿欧元。2020年移动端电子商务销售额为281亿欧元，占电商销售额的1/3。德国电商协会指出，2022年，网购者会提高网络消费水平，电商销售额或增长12%，净销售额超过1100亿欧元。

"海淘"越来越成为德国消费者认可的购物方式。2018年11月，eBay发布的《跨境电商出口德国市场指南》指出，中国已经成为eBay德国消费者最大的"海淘"货源地，德国消费者在eBay平台上每购买3件海外商品，就有2件来自中国。智能手表、无人机、3D打印机、家具、家电、刹车盘、自行车、个人防护用品等都是受德国消费者欢迎的产品。玩具、收藏品、乐器位列销售额成长最快的品类前三甲。由于消费者权益保护的监管条例严格，加上受消费者行为影响，德国人喜欢同一产品购买多个颜色和尺码，收到、试用后，再退掉不想要的。因此，德国的退货率高达50%，相比欧洲其他国家是最高的。所以，若准备进入德国第三方电商平台，完善退货政策十分必要。

数字钱包已成为最受消费者欢迎的支付方式，2021年德国主流的线上支付方式如图3-8所示。其中，PayPal占据市场主导地位，94%的德国消费者在过去12个月中使用过PayPal进行线上支付；Klarna紧随其后，占比47%。Klarna在2022年3月与eBay合作，为德国消费者提供更灵活方便的付款方式，包括现买现付(基本上是见票付款)和先享后付(以及分期付款)。

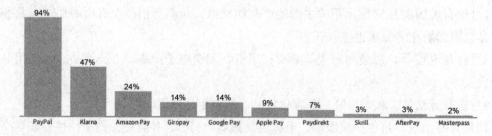

图3-8　2021年德国主流的线上支付方式

资料来源：电子商务基金会Ecommerce Foundation。

> **小知识 Klarna支付方式**
>
> Klarna于2005年在瑞典斯德哥尔摩成立，是估值超400亿美元的金融科技公司。Klarna致力于为全球商户接入高转化率的海外本地支付方式。目前，Klarna拥有1.47亿全球活跃用户和40万零售合作商户。Klarna正在为消费者带来更加简洁流畅的购物体验和支付方式。Klarna主要支持以下三种付款方式。
>
> (1) BNPL Buy Now Pay Later(先买后付)。在不同的地区，Klarna为顾客提供额外60、30或14天的时间完成付款，让顾客在购买前试用商品。
>
> (2) Pay Now(网银转账)。顾客通过简单、安全的网上银行转账完成付款，或直接授权允许顾客通过Klarna启用一键购买，轻松试用订阅服务和随用随付模式。
>
> (3) Financing(分期付款)。针对高客单价的产品，顾客可以选择灵活利率的小额贷款来完成支付，同时也可选择3或4期的免息分期。
>
> 目前，很多品牌跨境电商及国际品牌都已经支持Kalarna支付，比如XIAOMI、SHEIN、Banggood、PatPat、ANKER、DJI、CUPSHE、Adidas等。

3. 巴西

拉丁美洲是亚太地区之外发展最快的电商市场，而巴西是拉丁美洲最大的电商市场。巴西人口超过2亿，是全球第十大电商市场，互联网用户达到1.23亿，接近人口总数的59.5%，网民数排在全球第4位。

巴西电子商务在2021年实现了创纪录的收入，根据美国电商情报公司Neotrust最新发布的调查报告，其总收入超过1610亿巴西雷亚尔，同比增长27%。该调查还显示，2021年巴西电子商务订单量增长了17%，总共有3.53亿次交付。与2020年相比，2021年的平均订单价值也增加了8.6%，达到平均每次455巴西雷亚尔。

图3-9是巴西各大电商平台的访问量排行。其中，排名第一的Mercado Livre是拉美地区最大的电商公司，是世界上第七大访问量的零售网站，被称为南美版的eBay。

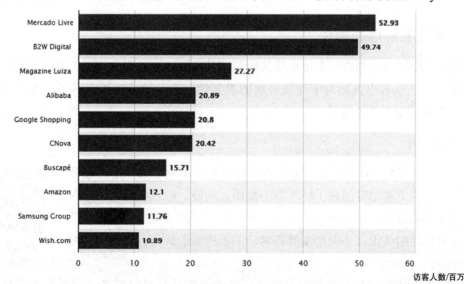

图3-9 巴西各大电商平台的访问量排行

资料来源：电子商务基金会Ecommerce Foundation。

根据Neotrust的调查，信用卡仍然是巴西人在电子商务支付中的首选。根据分析，69.7%的订单通过信用卡进行，16.9%的订单通过银行单据进行，11.1%的订单通过其他支付方式(如钱包和现金返还)进行，2.3%的订单通过网上即时支付系统(Pix)进行。此外，Boleto在巴西支付方式中占有重要地位。Boleto是由多家巴西银行共同支持的一种支付方式，客户可以到巴西任意一家银行、ATM机、彩票网点或使用网上银行授权银行转账，超过90%的巴西人会使用Boleto在线购物。

> **小知识 巴西即时支付系统Pix**
>
> Pix是巴西中央银行创建的即时付款系统，是指在不同巴西银行机构之间进行的电子货币转账，其中，付款消息实时传输，付款资金即时到账，并且其服务可全天候提供给用户，可以7×24小时全天候从一个电子钱包向另一个电子钱包进行转账和付款。类似于国内的微信和支付宝，Pix电子钱包A的账户持有人能够实时转移资金到电子钱包B的账户持有人。
>
> Pix的收款方式在2020年底就开始在巴西试行，到现在已经可以帮助商家保持稳定收款，并优化成本。这种快速、低成本、安全、透明和开放的产品，一经推出就受到了消费者和商家的欢迎。
>
> 据巴西的商家表示：在推行国有即时支付平台Pix到现在，连乞丐都已经接受这种新型的支付方式。根据最新的统计数据，自巴西中央银行推出Pix以来，该服务已经快速在巴西普及，目前有超过1.1亿巴西人至少使用过1次该服务，通过该平台完成的交易额超过890亿美元。
>
> 资料来源：亚马逊买家网址导航. https://www.amz123.com/thread-784228.htm.

3.3 跨境电商平台选品原则和定价策略

3.3.1 跨境电商选品概述

选品是电商运营工作的一个很重要的环节。跨境圈里有一句名言："七分靠选品，三分靠运营。"足以看出选品对于跨境电商的重要性。选品的成功与否对于一个产品页面(listing)能否快速爆单至关重要。

1. 选品原则

(1) 卖家自己对产品感兴趣。选品要从自己感兴趣的产品入手，这样卖家才愿意花费更多的时间去了解产品的品质、功能、特性和用途，才有动力投入更多的精力去研究产品的优势、价值和目标消费群体等。只有卖家对产品有充足的认识，才能切实解答客户关于产品的疑问，从而开展跨境电商业务。

选品渠道和方法

(2) 有市场需求。市场需求量大的产品，才能带来可观的销量；市场需求不足的产品,当然无法带来订单。因此,选品时,卖家要研究市场需要,研究目标客户群的想法。也就是说,卖家要考虑目标客户群的消费点,用产品的市场容量来指导选品决策。

(3) 符合平台特征。卖家要对不同的跨境电商平台有足够的了解,掌握不同平台的不同特性和平台的商业理念,了解不同平台的热销产品,知道自己做的平台的哪些品类是热销品,哪些品类是平台大力扶持的,知道什么样的产品更容易获得平台推荐等。

2. 选品逻辑

在选品操作中,卖家要有清晰的思路,在此将选品的逻辑总结为6点:广泛、专业、精选、坚持、重复、分析数据。

(1) 广泛。对于跨境电商的卖家来说,选品的第一步是要有一个大范围、多类目的思维,而不是将目光局限在某一个品类上。这就要求卖家在初期选品时,拓展自己的思路,广泛涉猎多个类目的产品,从众多类目中选到最适合自己的类目和产品作为自己的发展方向。

(2) 专业。通过对多个类目进行对比分析,卖家找到了自己感兴趣、有货源且销量和利润都较好的类目,此时卖家需要向专业的方向努力。作为卖家,如果对自己所销售的产品没有专业的认识,而仅仅是有一个简单的了解,要想有所作为是很难的。因此,要想在当前几近透明的市场状态下胜过竞争对手,就应该先让自己在对产品的专业认识上超越对手。

(3) 精选。随着对自己所经营类目的专业知识的积累,卖家对产品的理解也越来越深刻。在这个基础上,卖家在选品上要做的是精挑细选,反复筛选。在市场上,永远是20%的产品带来80%的利润。作为卖家,需要尽力挖掘的就是那20%的能够带来高利润的产品。

(4) 坚持。选品是一个长期的过程,它贯穿于店铺运营的始终。因此,在选品过程中卖家不应该存在一劳永逸的思想。今天选品的成功不意味着明天这款产品也能带来好销量。卖家应该坚持经常性地做一些选品活动,让自己在拥有热卖爆款的同时开发出有潜力的趋势款,为明天做准备。

(5) 重复。坚持的过程换句话说就是一个重复的过程。在重复的过程中,很多人会感到厌烦,失去激情和斗志,这也是经常会出现一些卖家凭借某款产品引爆市场成为销售明星后,却又很快沉寂最终消失的原因。为了保持运营的长期稳定,卖家要始终保持对基本工作的热情。选品是一个无趣的过程,但是如果卖家长期坚持,反复精选,一定会有新发现。

(6) 分析数据。卖家在选品初期,也许很大程度上凭借的是直观感觉或比较基础性的分析。当店铺规模发展到一定阶段,卖家积累了一定的经验,具备了足够高的专业度,对行业有了足够的认知。在这种情况下,卖家可能对很多产品都有一定的了解,此时在产品的选取上,卖家会受到自己认知和偏见的影响。为了避免因认知和偏见导致出现错失良品的现象,卖家在选品的过程中,需要尽可能地结合大数据分析来辅助选品,借助大数据分析工具,多维度收集相应的销售数据。与个人认知相比,大数据能够反映出更加客观的内容,卖家可以从中挖掘出一些之前未曾意识到的信息和产品。

3. 跨境电商数据分析工具

以数据来源看，数据分为外部数据和内部数据。要想做出科学、正确的决策，需要对内外部数据进行充分的调研和分析。

1) 外部数据分析

外部数据是指企业以外的其他公司、市场等产生的数据。卖家要灵活并综合运用各个分析工具，全面掌握选品的依据。通过Google Trends(谷歌趋势)分析品类的周期性特点，把握产品开发先机；借助KeywordSpy(关键词搜索)工具发现品类搜索热度和品类关键词；结合使用Alexa(网站流量查询)工具，选出至少3家该品类中以该市场作为主要目标市场的竞争对手网站，作为对目标市场产品选择的参考。

第一，Google Trends，工具地址：http://www.google.com/trends；查询条件：关键词、国家、时间。

第二，KeywordSpy，工具地址：http://www.keywordspy.com/；查询条件：关键词、站点、国家。

第三，Alexa，工具地址：http://www.alexa.com/；查询条件：输入目标市场网址。

2) 内部数据分析

内部数据是指企业内部经营过程中产生的数据信息。内部数据是已上架的产品产生的销售信息，可作为选品成功与否的验证，也可用于以后选品方向的指导。内部数据工具主要有Google Analytics(谷歌分析，简称GA)。

GA工具地址：http://www.google.com/analytics/。通过GA分析工具，获得对已上架产品的销售信息(流量、转化率、跳出率、客单价等)，分析哪些产品销售好，整体动销率如何……从选品成功和失败的产品中逐步积累选品经验。

小知识　你选对产品了吗？

跨境电商畅销商品具有以下几个特征。

(1) 小而轻的商品。网络销售一定会涉及物流问题，小而轻的商品在尺寸和重量方面具有优势，并且能降低运输成本。这样，所选商品就可以在广泛的范围内进行销售。

(2) 价格在20~200元的商品。价格在这个范围内的商品，盈利率是比较可观的，而且可以快速收回投资。价格过高的商品，其销售风险更高。

(3) 售价可以100%加成的商品。这是一个选品的重要标准。如果价格比生产成本高一倍，在去除销售佣金和运输费用后，利润率可达50%。

(4) 一般竞争程度的商品。尽量选择竞争不是特别激烈的商品。热销商品可能有很多竞争者，但是竞争程度低的商品不一定就是差的商品。因此，可以尝试销售竞争程度合理的商品。

(5) 关注非必需品。必需品如食品、服装等，虽然每天的销量大，但竞争异常激烈。新卖家可以考虑一下非必需品的销售，如不卖水果，而卖水果盘；不卖饮料，而卖纸杯和吸管。这些商品经过市场定位和市场营销很容易获得消费者的青睐。

(6) 关注耐用品。耐用品不容易破碎或损坏，对于物流的要求比较低。卖家销售后可以获得更好的用户评价和用户反馈，有利于未来的销售。

(7) 容易更新的商品。如果卖家已经建立了忠实的消费群体，继续向现有消费者销售要比开发新市场容易得多。所以，如果这个商品使用一定时间后需要更新或是替换，那么其销量会不断地保持增长。例如净水器中的滤芯，通常每3个月就要更换一次。

(8) 非机械类商品。机械类商品对销售团队的素质要求比较高，而且需要售后服务。如果卖家的专业特长不在这个领域，就无法解决消费者遇到的难题。建议卖家选择非机械类商品，其销售效果会好些。

(9) 避免销售对温度敏感的商品、危险品或网站禁售品。

资料来源：雨果网[EB/OL]. https://www.cifnews.com/article/74066.

3.3.2 跨境电商平台选品规则

1. Amazon平台选品规则

对于多数中国卖家来讲，亚马逊的销售产品路线只有跟卖产品页面路线和自建产品页面路线。那么，在这个环境下，中国卖家应如何选品呢？

(1) 跟卖产品页面。这类产品大多数是标准化产品，如电子、汽配、家居和运动器材类等，加上目前亚马逊销售的商品，很多是FBA(亚马逊物流)配送，所以选择这一品类时，可先根据要跟卖的母产品页面是否是品牌，来确认有无侵权风险；之后的主要精力就要放到采购成本的分析和国内物流头程的计算上。卖家要围绕市场的销售价格区间，不断测试这类产品。在产品标题、关键词、页面、图片、本地派送一样的情况下，根据每个跟卖竞争账号的绩效表现、运营费用，判断争夺buy box(黄金购物车)的实力强弱。卖家选品就是为了销售，这是选品的根本和核心。

跨境电商
新手选品

(2) 自建产品页面。这类产品大多数是已经得到认可的品牌。这类产品有品牌自有的号召力，但选择这类产品后，产品标题、关键词、描述、图片、页面等都要卖家自己做。除了账号绩效表现、优质物流和性价比之外，选品的核心是这类产品市场的销售容量。此类产品往往是非标准化和主观性产品，且是高毛利、竞争对手相对较少的小众市场产品。只有这样，才能在非中国式采购思维的门槛前，在特定的用户群和竞争小的市场缝隙中获得发展。

2. AliExpress平台选品规则

目前速卖通平台上集中的品牌还是以时尚类、产品配件，以及小家居、运动类产品为主。多数中国卖家在选品时，主要以中国式的采购思维为主，产品标题、关键词、页面、图片等都是必须做好的，性价比要比其他平台表现得更为突出。有心的速卖通卖家还可以按照亚马逊自建产品页面的思维，做垂直化的产品线，把亚马逊的卖家品牌思路利用起来，重点

速卖通平台
站内选品

利用速卖通的付费流量做自己的品牌店铺。不少业内人士表示，有关速卖通的选品并没有一定的条框或者规则，也没有永远的热销产品。"人无我有，人有我优，人优我转"是卖家应该谨记的一条准则。

速卖通平台
站外选品

3. eBay平台选品规则

作为全球商务的领军者，eBay帮助全球消费者随时、随地、随心地购买他们所爱、所需的产品。eBay平台上的产品有多样化特征，目前提供的上架物品数据已超过8亿件，种类繁多。可以说，消费者需要和喜爱的任何产品在eBay上都可以找得到。目前，以美国、英国、澳大利亚和德国为代表的成熟市场是eBay中国卖家最主要的销售目的地。这些市场具有人均购买力强、网购观念普及、消费习惯成熟、物流等配套设施完善的特点，消费者对于产品质量、买家体验都有比较高的要求。卖家除了要选择高性价比的产品之外，更重要的是提供堪比零售标准的服务。除了目前品牌和专营店这种战略布局经营外，其他的选品思维可用海外仓模式和中国直发模式来区分。

（1）海外仓模式的选品思维。在eBay平台上，产品标题、关键词、图片、描述、本地物流选择方式等因卖家的不同而不同。所以，谁在这些方面做得好，结合较好的账号绩效以及eBay实操细节，就占有很大优势。当累积到一定的销售比例后，有实力的卖家就拿到了定价权和引领市场均价的主动权，其产品售价反而会高出新手卖家很多。新手卖家是无法抗衡有实力的卖家的，而持久的坚守战和特定的时间管理是新手卖家的核心策略。

（2）中国直发模式的选品思维类似速卖通的选品思维。可以说，两个市场是大致相同的，不同点是平台对卖家的考核和平台在受众国家或地区的宣传力度。

4. Shopee平台选品规则

第一，把跨境平台作为搜索平台确定热销产品。这个是目前跨境卖家较常用的方法，进入Shopee网站，输入某个关键词，搜索框会出现相应的关键词选项，然后把这类热词结合数据分析就可以得出很好的结论。

第二，利用知虾数据来进行市场分析和选品。知虾是Shopee的合作方，专注于Shopee平台数据分析，也是较早介入Shopee，紧随Shopee平台的发展，目前注册用户数为10万余人，是使用量一直递增的第三方数据分析软件。Shopee主要通过软件系统一站式掌握市场行业大盘数据、选品分析、定价分析、商品监控、热销排行榜、关键词类目排名和行业热搜词等功能，为商家数据化运营提供综合解决方案。

> **小知识** 2021年Shopee各站点跨境热卖五大品类
>
> 印度尼西亚站点：3C电子、时尚饰品、美妆个护、家居用品、游戏、书籍&爱好。
>
> 马来西亚站点：3C电子、家居用品、女装、时尚饰品、美妆个护。
>
> 中国台湾站点：家居用品、女装、3C电子、母婴玩具、时尚饰品。
>
> 泰国站点：3C电子、时尚饰品、美妆个护、家居用品、母婴玩具。

越南站点：时尚饰品、3C电子、美妆个护、家居用品、女装。
菲律宾站点：3C电子、家居用品、时尚饰品、美妆个护、游戏、书籍&爱好。
新加坡站点：家居用品、3C电子、女装、时尚饰品、美妆个护。
巴西站点：3C电子、时尚饰品、美妆个护、家居用品、游戏、书籍&爱好。
资料来源：雨果网[EB/OL]. https://www.cifnews.com/article/96185.

3.3.3 跨境电商产品定价策略

从事跨境电商经营的核心目的是盈利，利润等于产品价格减去成本。也就是说，产品价格取决于成本和利润。目前，常见跨境电商产品的定价方法有两种：一种是成本导向定价法，另一种是竞争导向定价法。

产品定价策略

1. 成本导向定价法

成本导向定价法将产品价格大致分为4个部分，即采购成本、费用、利润和平台佣金。

采购成本是指拿到产品时需要的成本。如果产品是自己工厂制造的，采购成本是指产品的生产成本；如果产品是从工厂或公司采购的，采购成本是指拿到产品时需要负担的所有成本，比如在1688平台上采购的，采购成本是指产品的包邮价。

产品的费用包括国内费用、额外费用、国际运费、营销费用等。国内费用是产品由仓库发到快递公司的费用。额外费用包括小包丢包费和包装材料费等。一般而言，小包丢包率为1%~2%；包装材料费比较低，可以和丢包费合并设置2%的费率。国际运费是产品送至境外买家手中所支付的运费。根据跨境物流方式不同，国际运费价格也有所不同。营销费用是商家进行投放竞价广告等营销行为所支付的费用，根据自身店铺和运营策略的不同而不同。

利润与利润率有关。利润率分为成本利润率和销售利润率。成本利润率是成本的一定百分比，销售利润率是销售价格的一定百分比。利润需要根据产品的定位来设定，如果产品定位为引流款，那么其销售利润率应该设置得比较低，比如5%左右；如果产品定位为利润款，那么其销售利润率可设置在15%~40%之间，根据市场竞争情况而定。

平台佣金是平台收取的服务费，不同的跨境电商平台收取的平台佣金不同，平台一般按照卖家订单的销售额的一定百分比收取佣金。比如Wish平台按销售金额的15%收取佣金；速卖通平台按不同类目确定不同的佣金率，在5%~10%之间；敦煌网根据不同的订单量确定不同的佣金率，实行"阶梯佣金"政策。

产品价格计算

具体到跨境电商平台而言，产品的定价要考虑的因素有很多，如产品类型，考虑是否为爆款、引流款或利润款；如产品的特质，包括同质性、异质性和可替代程度。此外，由于跨境电商平台的产品价格一般以外币表示，还需考虑银行外汇牌价。银行外汇牌价分为银行外汇买入价和银行外汇卖出价。银行外汇买入价是指银行向客户买入外汇时所使用的汇率。作为跨境电商卖家，即外贸出口，卖家收到美元等外汇后将外汇卖给银行，此时银行的报价是外汇买入价。因此，在计算产品价格时需要考虑的是银行外汇买入价。而银行外汇卖出价是指银行卖出外汇时所使用的汇率，这是跨境电商买家需要考虑的价格。

按照成本导向定价法，跨境电商平台价格术语一般包括上架价格、销售价格、成交价格三种。上架价格(list price)，是指产品在上传时所填的价格，一般是包邮价。上架价格的计算公式为

$$上架价格 = (采购成本+费用) \div 银行外汇买入价 \div (1-利润率) \div (1-佣金率)$$

销售价格即折后价(discount price)，是指产品在店铺折扣下显示的价格，等于上架价格乘以折扣率。

成交价格(Order Price)，是指用户在最终下单后所支付的单位价格，等于销售价格减去营销推广成本。

【例3-1】小雯同学在1688批发网选择了1款圣诞礼品，打算上架至Wish平台。已知该产品的成本为35元，质量为1.5千克，销售利润率为38%，国际运费为40元，Wish平台佣金为15%，银行外汇牌价为1美元=7.2129人民币，其他成本忽略不计，请计算该产品的上架价格。

解析：上架价格=(采购成本+费用)÷银行外汇买入价÷(1-利润率)÷(1-佣金率)
=(35+40)÷7.2129÷(1-38%)÷(1-15%)=19.73(美元)

由于Wish平台产品定价为整数，此款圣诞礼品的上架价格可以定为19美元或20美元。

【例3-2】承【例3-1】，该产品预计活动折扣为30%，请计算该产品的新上架价格和新销售价格。

解析：(1) 有活动折扣的产品新上架价格=原销售价格/(1-折扣率)
=19.73/(1-30%)≈28.19(美元)

取整后，上架价格为28美元。
(2) 圣诞礼品的销售价格=上架价格×折扣=28×(1-30%)=19.6(美元)

取整后，销售价格为20美元。

2. 竞争导向定价法

竞争导向定价法是依据市场上同行相互竞争的同类商品的价格，随着同行竞争情况的变化随时确定和调整其价格水平。如果想要了解某产品同行的平均售价，可在自己想要进入的跨境电商平台搜索产品关键词，按照拟销售产品相关质量属性和销售条件，依照销售量进行大小排序，可以获得销量前十的产品价格；如果想获得销量前十产品的平均价格，可以按照销量排名前十的产品价格做加权平均，再根据平均售价倒推上架价格。

是否采用竞争导向定价法，更多地要依据商品的差异性和市场变化因素。如果企业商品进入一个新的电商平台，可以参照销售商品近似产品的售价试水，但并不比竞争对手低的价格才是最好的定价。在与同行的同类商品竞争中，最重要的是不断培育自己商品的新卖点，培育新的客户群，通过错位竞争和差别性的定价方法，找到商品最合理的价格定位。

竞争导向法的产品定价主要是通过了解同类产品且销量靠前的定价，按照销量排名靠前的卖家价格做加权平均，来确定自己产品的上架价格。

【例3-3】小雯同学打算在速卖通店铺上架一款女包,根据拟销售产品的相关质量属性和销售条件,搜索了店铺销量排名前十的产品价格信息(见表3-1),请根据竞争导向法确定该款女包的上架价格。

表3-1 店铺销量排名前十的产品价格信息

序号	女包月销量/件	价格/美元
1	600	30
2	550	28
3	480	29
4	320	32
5	260	38
6	190	35
7	120	33
8	100	40
9	90	37
10	80	33

解析: 根据竞争导向定价法,对排名前十的产品价格做加权平均。

上架价格=(600×30+550×28+480×29+320×32+260×38+190×35+120×33+100×40+90×37+80×33)/(600+550+480+320+260+190+120+100+90+80)≈31.55(美元)。

【例3-4】承【例3-3】,该产品预计活动折扣30%,请计算该产品的上架价格和销售价格。

解析: 新上架价格=原销售价格/(1-折扣率)=31.55/(1-30%)≈45.07(美元)

新销售价格=新上架价格×折扣=45.07×(1-30%)=31.55(美元)

可见,竞争导向定价法无法控制产品的利润率,但是价格能符合该类产品的市场价格。

📘 同步实训

撰写亚马逊平台某品类的选品分析报告。

1. 实训目的

了解亚马逊平台的规则和特点,结合选品的原则、逻辑和产品定价方法,合理使用跨境电商分析工具,选择你感兴趣的品类进行分析,并撰写分析性报告。

2. 实训内容

了解学习亚马逊平台特点,熟悉其平台规则,调研该平台的热销产品和价格定价特点,把握亚马逊平台的消费群体及特征,结合Google Trends、KeywordSpy和Alexa等电商分析工具和你感兴趣的产品品类,得出分析性报告。

实训提示：

(1) 调研亚马逊平台规则、热销产品和消费群体。

(2) 灵活使用Google Trends、KeywordSpy和Alexa等分析工具。

3. 实训步骤

步骤一：登录亚马逊卖家后台了解平台规则，登录亚马逊买家端了解平台热销品、产品定价特点。

步骤二：结合感兴趣的品类，依次利用Google Trends、KeywordSpy和Alexa三个工具进行分析，并形成分析报告。

同步阅读

本章小结

本章首先介绍了亚洲、欧美等跨境电商市场的发展概况和国际市场调研的主要内容及基本方法；其次分析了主流跨境电商市场消费者的消费习惯差异、产品喜好差异和产品解读差异等，并以美国、德国、巴西为例，分析了消费者行为的地域分布特点；最后介绍了跨境电商平台选品原则，包括跨境电商选品原则、选品逻辑和数据分析工具，详细介绍了Amazon、AliExpress和eBay平台的选品原则，并介绍了成本导向定价法和竞争导向定价法下的产品价格计算。

同步测试

一、单项选择题

1. 下列关于巴西市场的区域市场消费特征不恰当的一项是(　　)。
   A. 海滨沙滩多，泳衣市场大　　　B. 阳光的国度，太阳镜热销
   C. 经济发达，高端奢侈品受欢迎　　D. 全民运动，运动装备是必备品
2. 对于跨境电商业务而言，可视之为生命线的是(　　)。
   A. 产品　　　　B. 服务　　　　C. 市场调研　　　　D. 利润率
3. 国际市场宏观环境调研内容不包括(　　)。
   A. 地理环境　　B. 社会文化环境　C. 经济环境　　D. 竞争对手
4. 卖家可以通过(　　)得到人们对于不同产品的关注程度，也可以查询产品在不同地区、季节的热度分布及趋势。
   A. Google Trends　　　　　　　B. KeywordSpy
   C. Alexa　　　　　　　　　　　D. Google Analytics

5. (　　)是全球网上购物最活跃市场。
　　A. 中国　　　　　B. 美国　　　　　C. 德国　　　　　D. 俄罗斯
6. 外部数据是指企业以外的其他公司、市场等产生的数据。下列不属于外部数据分析工具的是(　　)。
　　A. KeywordSpy　　　　　　　　B. Google Analytics
　　C. Google Trends　　　　　　　D. Alexa
7. 小雯同学在1688平台上选择了1款戒指，打算上架至速卖通平台。已知该产品的成本为15元，质量为80克，销售利润率为20%，国际运费为10元，平台佣金为10%，银行外汇买入价为1美元=6.4533元人民币，其他成本忽略不计。该产品的上架价格为(　　)美元。
　　A. 3.47　　　　　B. 34.72　　　　　C. 5.38　　　　　D. 22.41
8. 主动选品是通过对目标市场或某个行业进行分析，主观地去开发产品。下列不属于主动选品参考角度的是(　　)。
　　A. 节假日分析　　　　　　　　B. 季节分析
　　C. 生活习惯分析　　　　　　　D. 大卖家热卖品分析
9. 小雯同学在1688平台上选择了1款吊坠，打算上架至速卖通平台。已知该产品的成本为6.5元，质量为30克，销售利润率为25%，国际运费为15元，平台佣金为8%，银行外汇买入价为1美元=6.4533元人民币，其他成本忽略不计。该产品的上架价格为(　　)美元。
　　A. 4.83　　　　　B. 31.16　　　　　C. 93.48　　　　　D. 201.08
10. 关于跨境平台选品，下列说法不恰当的是(　　)。
　　A. 选品要考虑市场的需求　　　　B. 选品要结合自身状况
　　C. 选品要分析行业特点　　　　　D. 选品只是一个环节没必要太在意

二、多项选择题

1. 常见跨境电商产品的定价方法包括(　　)。
　　A. 成本导向定价法　　　　　　B. 产品导向定价法
　　C. 平台导向定价法　　　　　　D. 竞争导向定价法
2. 按照成本导向定价法，跨境电商平台价格术语一般包括(　　)。
　　A. 上架价格　　B. 销售价格　　C. 成本价格　　D. 成交价格
3. 下列关于速卖通平台选品策略不恰当的是(　　)。
　　A. 体积小、价格低的产品　　　B. 包装好、小众文创产品
　　C. 品牌大、价格高的产品　　　D. 货值高、新颖独创产品
4. 跨境电商消费热点包括(　　)。
　　A. 化妆品、美容用品　　　　　B. 食品、药品、保健品
　　C. 衣服、鞋子、电子产品　　　D. 娱乐用品、旅行用品

5. 跨境电商市场调研的内容包括( )。
   A. 经济发展信息　　　　　　　　B. 社会、政治环境信息
   C. 市场信息　　　　　　　　　　D. 科技发展信息

三、案例分析题

2021年双旦前夕，一个在亚马逊上售卖蓝牙耳机、汽车氛围灯、苹果替代电池的卖家，收到了一封来自亚马逊安全审核团队发来的邮件，内容显示："亲爱的卖家，由于以下通知和潜在的电击风险，我们正在删除您在Amazon.fr上销售的某些产品的所有报价……"该卖家表示，目前店铺所有相关产品页面已经被亚马逊强制下架，所有的库存都变成了不可售，导致5000多条蓝牙耳机积压库存无法售卖，损失惨重。

雨果网针对此事采访了多位卖家，了解到欧洲站及美国站遇到此类现象的卖家较为多数，除了上述卖家所提蓝牙耳机以及汽车氛围灯被下架以外，就连苹果替代电池也难以幸免，为此这些卖家纷纷认为，时值旺季，亚马逊会对节日类的产品审核日益严格，尤其是带电产品，在巨大需求量的情况下又要遭遇诸多的产品安全问题、专利问题等。

众所周知，蓝牙耳机一直是中国卖家电子产品中占据重要地位的类目，但据亚马逊卖家Laura透露，锚铢必较的外国买家对产品的质量尤为重视，有可能一个小问题就会毁了卖家一年的收成，比如液体泄漏等情况。他举例说道："如果卖家产品检查不严，导致残留在耳机外壳上的胶水没有擦拭干净，凝固后看着就像透明的液体，这时候就会被消费者认为是产品液体泄漏等或存安全隐患，亚马逊对此紧抓不放，卖家只能为此买单。"

除此之外，苹果替代电池、数据线等这些缺少相关安全认证的产品一旦被投诉，亚马逊就会要求卖家提供FCCPart 15B、UL认证。另一位卖家以照明类摄影器材为例详细讲述了自己被投诉的过程：在售卖此产品的过程中，客户买回产品使用后，电线出现了短路，客户在给亚马逊的描述中用到了"短路""火花"这些敏感词，结果被亚马逊立马判定为该卖家产品存在严重的质量安全问题，同时还强烈要求卖家7天内提交美国政府认可的产品质量安全监测报告，以及所有有关此产品的相关认证，否则将面临产品全部移出FBA，永远无法在亚马逊上销售的局面。

近年来，随着亚马逊平台上卖家的不断涌入，平台对卖家的各种监管也只会越来越严格，那么，针对上述卖家所提的存在安全隐患的产品，该如何去规避这些风险呢？

针对上述卖家所提案例，据业内人士大雄表示：一方面，对于工厂而言，要严格把控产品的检测和认证，值得一提的是，对于国外出台的各项相关认证也务必要引以重视；另一方面，如果是贸易商的话，那么在采购这些产品的过程中就一定要有国外市场的许可证。"如果在比较全面的认证前提条件下，那么售卖这些产品相对而言就更加安全、保险。然而电子类产品都存在一定的风险性，不能一概而论地说可以做到完全规避，只能说一定程度上减少部分损失。"他说。

他补充道，如果是一些资源尚且还不够充足的卖家，那么应该要避免销售这些带电的产品，此外，例如针、尖刀、边缘较为锋利类的产品也尽量避免触碰。据他透露："目前母婴用品以及对人的身体有直接接触的产品(如牙刷等)都处于高压线上，如果没有严格的

认证,都不要轻易去销售。"

最后,对于已经被亚马逊禁售的卖家又该如何将损失减至最低呢?相关人员表示,其一,如果是存在侵权问题的产品,卖家可以采取向亚马逊官方处提出申诉,期间匹配好相应的品牌证书、供应商的授权各项认证等;其二,如果是存在安全隐患的产品,那么卖家就应该要写明问题的原因,并提出明确的产品整改方案,看下是否还有补救的机会,如果最终能将产品整改成功,被亚马逊审核通过,那么你的产品就又可以重新上架了。

资料来源:雨果网[EB/OL]. https://www.cifnews.com/article/31717.

请根据以上案例回答下列问题:

(1) 案例中,售卖蓝牙耳机、汽车氛围灯、苹果替代电池的亚马逊卖家的产品为什么会被强制下架?卖家应该如何规避平台强制下架风险?

(2) 通过本案例的学习,请你谈谈对选品的认识。

第4章 跨境电子商务物流

学习目标

1. 了解跨境电商物流的概念、特征及重要性。
2. 熟悉跨境电商物流发展现状和趋势。
3. 熟悉跨境电商物流的四大主要模式。
4. 掌握主流跨境电商平台的物流方式。
5. 了解跨境电子商务物流风险与防范。

知识结构图

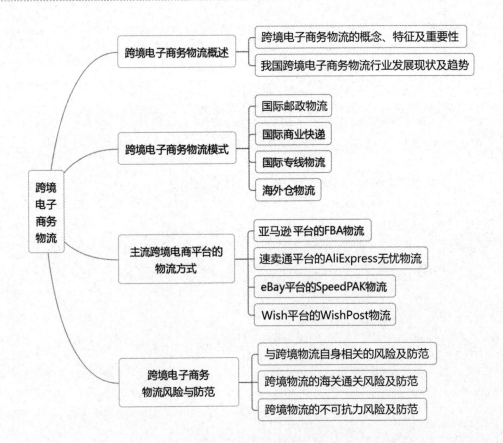

4.1 跨境电子商务物流概述

4.1.1 跨境电子商务物流的概念、特征及重要性

导入案例

什么是跨境电商物流

1. 跨境电子商务物流的概念

跨境电子商务物流是指位于不同国家或地区的交易主体通过电子商务平台达成交易并进行支付清算后，通过跨境物流送达商品进而完成交易的一种商务活动。随着跨境电子商务的发展，跨境电子商务物流迅速成长。由于电子商务环境下人们的交易主要依靠网络进行，此时作为线下活动主体的物流配送就显得十分重要，它直接关系到电子商务交易能否顺利完成，能否获得消费者的认可。

根据跨境商品的位置移动轨迹，跨境电商物流可以分为3段：发出地国内段物流、国际段物流及目的地国内段物流。跨境电商商品种类繁多，应当使用小批量、多频次的运输方式；且商品以体积计算的质量差别很大，不同品类的商品所需运输和仓储解决方案各异。因此，跨境电商物流要实现一站式、门到门的服务，各段物流的有效衔接就十分重要。实现物品所有权转移的过程即商流，而信息流贯穿于商流与物流的整个过程，是跨境电商供应链各环节使用价值畅通的重要保障。

2. 跨境电子商务物流的特征

跨境电子商务物流的特征主要表现在以下4个方面。

(1) 运输成本高。跨境物流往往运输时间长、成本高，流程复杂、可控性差，这也是跨境物流与国内物流的标志性差异。除了基本的产品配送之外，其中还涉及清关报关等一系列的税务问题。

(2) 形式多样化。跨境物流所涉及的环节比较多，因此，在各个层级也产生了诸多形式。例如，头程清关就可分为海运、陆运、空运、专线等。

(3) 服务多元化。随着跨境电子商务人才需求的增多，大多数跨境物流公司从单一地提供运输服务开始转向多元化服务，如与海外仓储公司之间的合作就是典型形式。在跨境物流这一链条上，提供头程清关、仓储、配送及与FBA相关的诸多衍生和替代服务，如海外仓贴标换标、一件代发等。

(4) 流程信息化。在跨境电商物流的仓储环节，先进的跨境电商仓库已经实现了自动化分拣；在储运环节，运单信息填制极其烦琐，但专业软件已经较好地解决了这个问题，订单地址与运单实现了自动匹配；在运输环节，跨境电商物流企业正在努力达成客户随时看到自己购买的商品物流信息的期望。

3. 跨境电子商务物流的重要性

(1) 跨境电子商务物流是跨境电商业务的重要组成部分。贸易活动通常是由信息流、资金流、物流三部分组成的。通过互联网，跨境电商可以完成信息流和资金流，而物流在跨境电商业务中承载着货物转移和交付的功能，是跨境电商不可缺少的重要组成部分。离

开了物流，跨境电商交易将无法实现。

(2) 跨境电商物流是跨境电商业务的核心环节之一。在跨境电商业务中，交易双方分处于不同国家，交易商品趋向具有个性化、定制化的特点，如何实现将交易商品安全高效地从商家仓储位置运至买家手中是跨境电商买卖双方重点关注的问题，也是当前跨境电商商家致力于解决的核心问题。跨境电商物流的服务水平直接关系着跨境电商买家的消费体验，高标准的物流服务是几乎所有跨境电商企业追求的目标。

4.1.2 我国跨境电子商务物流行业发展现状及趋势

1. 跨境电商物流的发展现状

在疫情下，得益于政策支持、资本加持、全球物流基础设施持续完善、各路玩家积极入场等诸多因素的推动，跨境电商加速崛起，跨境电商贸易占比从2018年的27%增长到2022年的42%，成为对外贸易发展的新引擎。跨境电商交易规模逐年增加，2022年达到15.7万亿元，而跨境电商物流成本占跨境电商的20%~30%，故2022年跨境物流市场规模达2万亿元。下面从物流产业链分析、物流行业市场规模、行业企业地区分布和跨境电商物流相关政策4个方面分析跨境电商物流的发展现状。

1) 物流产业链分析

如图4-1所示，在整个产业链中，跨境物流服务商面对的是集中度极高的上游，上游包括核心节点资源与国际干线运力资源，而中游跨境物流服务商的话语权是比较弱的，议价能力弱，处于散乱的状态，背后的原因是跨境物流对关键资源的组织效率低下，无论是电商平台还是干线运力发起的物流链条整合都会严重挤压跨境物流服务商的空间。比如，亚马逊在义乌设立集货仓开始直接收货；马士基越过货代直接对接大B客户的一系列动作，根本动力是提高资源利用效率，对终端买家购物体验、客户黏性的极度重视。

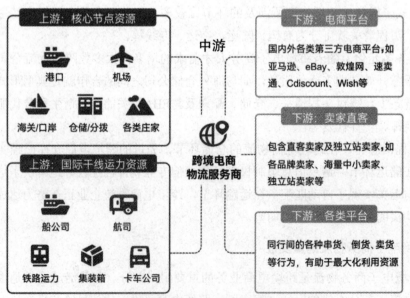

图4-1 跨境电商物流服务商的上游和下游资源

资料来源：探迹大数据研究院《2022年跨境电商物流行业发展趋势报告》。

2) 物流行业市场规模

2020年，我国跨境电商物流行业增长率达到峰值66.03%，随后，2021年跨境电商需求增速下降到27.57%，行业需求回归理性，如图4-2所示。同时，线上消费增长，全球电商渗透率加速提升，我国出口跨境电商发展空间较大。2021年，全球电商销售额达到4.9万亿美元，渗透率达19%，2022年达到20.3%，未来全球电商销售额会继续扩增，预计2025年达到23.6%。另外，东南亚、南美等地区电商渗透率低于5%，市场潜力巨大，存在8～10倍的提升空间。

图4-2 中国跨境电商物流行业市场规模和增长率趋势

资料来源：电子商务研究中心发布的《中国跨境电商市场数据监测报告》。

由于疫情，跨境电商出口物流行业迅速发展全球消费者消费行为线上渗透率提高。艾瑞测算，2020年B2C跨境电商出口物流行业规模超过4000亿元，而2020年B2B跨境电商出口物流规模超过8000亿元。受疫情影响，跨境出口物流链路中的干线运输运力和尾程配送能力无法满足线上消费需求的快速攀升，使得2020年跨境出口电商物流规模较2019年整体增长84.3%。其中，B2C跨境出口电商物流增长103.6%，B2B跨境出口电商物流增长74.7%。

3) 行业企业地区分布

基于探迹拓客的精准筛选模型进行统计，截至2022年，有跨境电商需求的企业数量超过52万家，从近五年跨境物流需求方新增注册企业变化情况可以看出，跨境电商物流需求方企业总量每年在递减，说明增量市场在萎缩。在地域分布上，跨境物流企业以沿海分布为主。其中，广东、上海、山东三地的物流服务企业数量占比分别为30.2%、14.2%和11.9%，总计超过56.3%。广东、浙江、江苏三地有跨境物流需求的企业数量占比前三，与提供跨境物流服务的企业地域分布有一定差异。福建、浙江、江苏等沿海城市跨境电商物流企业依然能挖掘较多市场商机，是物流服务企业的创业首选地。

4) 跨境电商物流相关政策

我国跨境电商增势迅猛，各级部门出台多项政策文件，引导跨境电商合规健康发展，如表4-1所示。具体来看，国务院、财政部、海关总署等部门围绕税收、通关、支付结算、配套服务等关键问题，为跨境电商发展构筑良好的政策环境。例如，设立跨境电商综合试验区、试行增值税和销售税免税政策、完善海外仓网络、提高外贸企业数字化水平等。跨境电商物流配套服务也得到持续完善。

表4-1　2013—2021年我国支持跨境电商物流发展的政策

时间	部门	政策	说明
2013年8月	国务院办公厅	《关于实施支持跨境电子商务零售出口有关政策的意见》(国办发〔2013〕89号)	确定电子商务出口经营主体，实施适应电子商务出口的税收政策，建立电子商务出口新型海关监管模式、检验监管模式、信用体系等
2015年3月	国务院	《关于同意设立中国(杭州)跨境电子商务综合试验区的批复》(国函〔2015〕44号)	设立全国首个跨境电子商务综合实验区
2018年9月	财政部等四部门	《关于跨境电商电子商务综合试验区零售出口货物税收政策的通知》(财税〔2018〕103号)	对符合一定条件的综试区电子商务出口企业出口未取得有效进货凭证的货物，试行增值税、消费税免税政策
2020年3月	海关总署	《关于跨境电子商务零售进口商退货有关监管事宜的公告》(海关总署公告2020年第45号)	延长退货操作时间、明确退货场地等，优化跨境电子商务零售进口商品退货监管
2020年5月	国家外汇管理局	《关于支持贸易新业态发展的通知》(汇发〔2020〕11号)	对符合一定条件的综试区电子商务出口企业出口未取得有效进货凭证的货物，试行增值税、消费税免税政策
2020年6月	海关总署	《关于开展跨境电子商务企业对企业出口监管试点的公告》(海关总署〔2020〕75号)	增列海关监管方式"9710"和"9810"，即"跨境电商B2B直接出口"和"跨境电商出口海外仓"，为跨境电商出口申报、通关提供便利
2021年7月	国务院办公厅	《关于加快发展外贸新业态新模式的意见》(国办发〔2021〕24号)	推广数字智能技术应用、完善跨境电商发展支持政策、推进跨境电商综合试验区建设、培育一批优秀海外仓企业、完善覆盖全球的海外仓网络等
2021年10月	商务部、中央网信办、国家发展改革委	《"十四五"电子商务发展规划》(商电发〔2021〕191号)	规划到2025年，中国跨境电商交易额达2.5万亿元，培育跨境电商配套服务企业，继续推进跨境电商综合试验区建设，加快在重点市场海外仓布局等

2. 跨境电商物流的发展趋势

随着跨境电商物流需求的快速增长，跨境电商物流行业吸引更多的企业参与，行业竞争愈发激烈。与此同时，随着跨境电商物流的难度不断加大，客户对跨境电商物流的清关效率和保险能力要求提高，行业参与者需要不断增强自身服务能力，借用信息技术推动效率的提升。

(1) 跨境电商公司或平台自建物流管理体系。对物流配送的高品质追求将成为跨境电商公司整体运营的重要组成部分，因此，未来随着跨境电商平台的壮大，对跨境物流需求量的快速增长，有实力的电商公司将开始自建物流管理体系。即使不能做到全流程自建物流，跨境电商公司也可以在某些节点上投入自建物流管理，比如自建海外仓。

(2) 行业加速洗牌推动合规化发展。跨境电商呈现的发展趋势是非常迅猛的，并且每个跨境电商平台的成长速度也非常快，这将大大提升跨境物流的需求量，同时对跨境物流提出更高的要求和挑战，比如更保险的清关、更高的时效等。所以在这种情况下，物流行业将面临"大洗牌"。淘汰那些满足不了当今跨境电商企业卖家需求的、不符合跨境电商合规化要求的物流企业，而能长久生存下来的，就是能够紧随跨境电商企业卖家的货量增长而成长的、能满足他们个性化运营需求和合规化流程的物流企业。

(3) 行业竞争加剧。跨境电商行业的高速增长，也带动了跨境物流行业市场需求的迅速提升，且在未来相当长的一段时间，会为跨境物流行业的发展带来强势的增长。因此越来越多的企业正是看到跨境物流行业"机会大""增速快"的特点，开始大踏步地涉足跨境物流行业，包括传统的物流企业、跨境电商平台、国内电商平台，甚至一些跨境电商卖家和无关联的企业，都开始拓展跨境物流业。跨境电商物流行业的竞争将更加激烈。

(4) 新技术配置提升行业效率。目前，越来越多的互联网信息技术应用于物流行业，随着人工智能、大数据、云计算、射频识别等技术的加速普及，跨境电商物流行业的效率有望进一步提升。与此同时，区块链技术也有望赋能跨境电商物流行业，对运输路线、资源调度等进行合理优化和配置，进而提高运输效率。

4.2 跨境电子商务物流模式

按进出口方向的不同，跨境电子商务物流模式可分为跨境电商出口物流模式和跨境电商进口物流模式。其中，跨境电商出口物流模式包括直邮和海外仓两种，直邮模式是跨境物流服务商完成跨境电商件门到门或门到仓全流程跨境物流环节，主要包括国际邮政包裹、国际商业快递和国际专线物流；海外仓模式以备货模式为主，跨境物流服务商通过将跨境电商件运至目的地的仓库后，如果目的地有相关商品的订单，再通过目的地物流服务商由海外仓直发海外消费者。跨境电商进口物流模式包括直邮进口和保税进口两种。

4.2.1 国际邮政物流

在介绍邮政物流之前，跨境电商经营者需要先了解一个组织，即万国邮政联盟(Universal Postal Union，UPU)，简称"万国邮联"或"邮联"。它是商定国际邮政事务的国际组织，其宗旨是组织和改善国际邮政业务，发展邮政方面的国际合作，以及在力所能及的范围内给予会员所要求的邮政技术援助。万国邮联规定了国际邮件转运自由的原则，统一了国际邮件处理手续和资费标准，简化了国际邮政账务结算办法，确立了各国(地区)邮政部门争讼

邮政物流概述

的仲裁程序。截至2023年3月，万国邮政联盟有192个成员方，其中包括中国。正是由于这个组织的存在，我们可以通过万国邮政系统将一个包裹或信件从中国寄送到其他国家或地区。

在跨境电商邮政物流中，国际邮政包裹又以国际邮政小包居多。在万国邮政联盟中，跨境电商使用较多的有中国邮政、新加坡邮政等。国际邮政小包的优势较明显，价格便宜且方便个人操作；但其劣势也较为显著，主要有递送时间久、包裹丢失率高、非挂号件难以查看进度等。国际邮政包裹适合轻、小型商品，在货物体积、质量、形状等方面限制性较高。在国家通关政策变化的影响下，国际邮政小包的优势受到挑战，如俄罗斯宣布2015年1月15日起停收邮政平常小包，美国自2014年11月起逐渐停止扫描国际邮政小包；中国邮政决定自2020年3月26号0点起停止收寄电商平台所有平常小包路向邮件。

中国邮政物流根据运营主体不同分为两大业务种类：一类是中国邮政邮局的中国邮政小包和大包；另一类是中国邮政速递物流分公司的国际EMS和e邮宝等。

1. 中国邮政小包

中国邮政小包即中国邮政航空小包(China Post Air Mail)，又称"中邮小包""航空小包""空邮小包"，是指单件邮件质量小于2千克(寄往阿富汗限重1千克)，外包装长宽高之和不超过90厘米，最长边不超过60厘米，通过邮政空邮服务寄往国外的小包裹。按照是否提供国外段跟踪信息，中国邮政小包可分为中国邮政平常小包(China Post Ordinary Small Packet)和中国邮政挂号小包(China Post Registered Air Mail)。其中，平常小包又称"平邮"，与挂号小包基本一致，仅没有挂号服务，即产品出国后一般无法查询网上跟踪信息，更无妥投信息。

中邮挂号小包

1) 优势：派送范围广、价格便宜、绿色清关

中邮小包是我国市面上最具价格优势的小包产品之一，被广泛运用。它可用于大部分国家，且运达时间不长，属于性价比较高的物流方式。邮政的包裹在海关操作方面比快递简单得多，享用"绿色通道"，小包的清关能力很强，而且中国邮政是"万国邮联"的成员，因此其派送网络遍布世界各地，覆盖面非常广。中邮小包本质上属于民用包裹，并不属于商业快递，该方式能邮寄的物品比较多。挂号小包业务是最早在主流电商平台上线的物流解决方案之一，可通过线上线下两种渠道发货。全国大部分地区可交寄挂号小包，线上渠道提供上门揽收、客户自送等多种交寄方式。总体来说，中邮小包属于性价比较高的物流方式，适合寄递质量较轻、数量大、有价格要求且对于时限和查询要求不高的商品。

2) 劣势：价格和时效不稳定，包裹限重

无论是价格还是时效，中邮小包都不稳定，出现意外的状况较多。有些国家的运送时间总体比较长，如俄罗斯、巴西这些国家超过40天显示买家签收都是正常现象。中邮小包限重2千克，阿富汗限重1千克，这就导致如果包裹质量超出2千克，就要分成多个包裹寄递，甚至只能选择其他物流方式。

3) 派送范围

全球210多个国家和地区。

4) 时效

正常情况：16～35天到达目的地。

特殊情况：35～60天到达目的地。特殊情况包括节假日、政策调整、偏远地区等，如巴西等南美洲国家，预计时效可能超过60天。

5) 物流信息查询

中邮挂号小包物流详情查询网址：http://yjcx.chinapost.com.cn/qps/yjcx/。中国邮政官网提供国内段收寄、封发、交航以及目的国(地区)妥投等信息。中邮平常小包不提供国外段物流信息，也无妥投信息。

6) 计费

中国邮政速递物流官网提供的报价工具，可查询具体产品价格，查询结果仅供参考，以实际收寄计费为准；中国邮政小包运费查询详见右侧二维码。中邮挂号小包质量及尺寸限制如表4-2所示。

中邮邮政小包运费查询

表4-2 中邮挂号小包质量及尺寸限制

项目	详情
国际小包限重	2千克
国际小包尺寸规格	最大尺寸限度：长、宽、厚合计900毫米，最长一边不得超过600毫米，公差不超过2毫米；圆卷状的，直径的两倍和长度合计1040毫米，长度不得超过900毫米，公差不超过2毫米 最小尺寸限度：至少有一面的长度不小于140毫米，宽度不小于90毫米，公差不超过2毫米；圆卷状的，直径的两倍和长度合计170毫米，长度不得少于100毫米

下面以速卖通平台为例，介绍中邮小包线上发货运费计算方法[物流价格参考速卖通后台——无忧物流和线上发货运费报价(20221024生效版本)]。

(1) 线上发货中国邮政平常小包+。线上发货中国邮政平常小包+是中国邮政针对订单金额5美金以下、质量2千克以下小件物品推出的空邮产品，可运达50个国家和地区。正常情况下，16～35天到达目的地，特殊情况需要35～60天，特殊情况包括节假日、政策调整、偏远地区等。

平常小包+运费根据包裹质量按克计费。中国邮政平常小包+报价单如表4-3所示。

表4-3 中国邮政平常小包+报价单

运达国家/地区	运达国家/地区(英文)	国家代码	每千克配送服务费/元(根据包裹按克计重，限重2千克)	每个包裹操作处理费/元
澳大利亚	Australia	AU	77	11
瑞典	Sweden	SE	87	11

(续表)

运达国家/地区	运达国家/地区(英文)	国家代码	每千克配送服务费/元(根据包裹按克计重,限重2千克)	每个包裹操作处理费/元
挪威	Norway	NO	89	11
瑞士	Switzerland	CH	92	10
丹麦	Denmark	DK	86	11
芬兰	Finland	FI	88	11
新西兰	New Zealand	NZ	83	10
奥地利	Austria	AT	94	10
爱沙尼亚	Estonia	EE	87	9
拉脱维亚	Latvia	LV	84	8
罗马尼亚	Romania	RO	81	7
马来西亚	Malaysia	MY	47	7
越南	Vietnam	VN	46	7
萨尔瓦多	El Salvador	SV	184	8
尼加拉瓜	Nicaragua	NI	181	7
不丹	Bhutan	BT	181	7
格陵兰岛	Greenland	GL	195	10
纳米比亚	Namibia	NA	181	7
塔吉克斯坦	Tajikistan	TJ	45	7
斯威士兰	Swaziland	SZ	181	7
伯利兹	Belize	BZ	181	7
格林纳达	Grenada	GD	181	7

资料来源：速卖通卖家中心。

【例4-1】 一票到澳大利亚的包裹，重190克，体积为20厘米×30厘米×30厘米，价值5美元，请计算该包裹的运费。

解析：该包裹价值在5美元以下，且质量、体积都在小包范围内，可以使用平常小包+。经查190克的包裹到澳大利亚，配送服务费为77元/千克，每个包裹的操作处理费为11元。那么，该包裹中邮平常小包+运费=190×77/1000+11=25.63元。

(2) 线上发货中国邮政挂号小包。线上发货中国邮政挂号小包是中国邮政针对2千克以下小件物品推出的空邮产品，运送范围为56个国家及地区，时效参考平常小包+。挂号小包运费根据包裹质量按克计费，1克起重，每个单件包裹限重在2千克以内。中国邮政挂号小包的运费=标准运费×实际质量+挂号费。中国邮政挂号小包的报价单如表4-4所示。

表4-4 中国邮政挂号小包报价单

运达国家/地区	运达国家/地区(英文)	国家代码	每千克配送服务费/元(根据包裹按克计重,限重2千克)	每个包裹操作处理费/元
法国	France	FR	80	19
加拿大	Canada	CA	90	26
日本	Japan	JP	48	32
智利	Chile	CL	92	25
丹麦	Denmark	DK	80	33
匈牙利	Hungary	HU	77	25
新西兰	New Zealand	NZ	75	17
白俄罗斯	Belarus	BY	57	18
斯洛伐克	Slovakia	SK	77	24
奥地利	Austria	AT	88	32
泰国	Thailand	TH	38	18
斯洛文尼亚	Slovenia	SI	80	32
新加坡	Singapore	SG	41	18
哈萨克斯坦	Kazakhstan	KZ	65	23
罗马尼亚	Romania	RO	75	23
马来西亚	Malaysia	MY	41	18
黎巴嫩	Lebanon	LB	71	31
卡塔尔	Qatar	QA	59	25
巴基斯坦	Pakistan	PK	55	23
乌兹别克斯坦	Uzbekistan	UZ	56	23
越南	Vietnam	VN	40	23
不丹	Bhutan	BT	209	32

资料来源：速卖通卖家中心。

【例4-2】 一票到法国的包裹，重1900克，体积为30厘米×30厘米×30厘米，价值为20美元，请计算该包裹的运费。

解析：该包裹质量和体积都在小包范围内，可以使用挂号小包。经查1900克的包裹到法国，配送服务费为80元/千克，每个包裹的操作处理费为19元。那么，该包裹挂号小包的运费=1.9×80+19=171元。

2. 中国邮政大包

中国邮政大包，又称中国邮政航空大包(China Post Air Parcel)，俗称"航空大包"或"中邮大包"。中国邮政大包服务是中国邮政区别于中国邮政小包的新业务，是中国邮政国际(地区间)普通邮政包裹三种服务(中国邮政航空大包、中国邮政水陆路大包、中国邮政海运大包)中的航空运输服务，可寄达全球190多个国家和地区。对时效性要求不高而质量稍重的货物，可选择使用此方式发货。中国邮政大包通常分为普通空邮(Normal Air Mail又称非挂号)和挂号(Registered Air Mail)两种。前者费率较低，邮政不提供跟踪查询服务；后者费率稍高，可提供网上跟踪查询服务。

1) 优势：成本相对较低

中国邮政大包价格比EMS稍低。以首重1千克、续重1千克的计费方式结算，没有偏远附加费和燃油费。相对于其他运输方式，如EMS、DHL、UPS、FedEx、TNT等来说，中国邮政大包服务有绝对的价格优势。采用此种发货方式可最大限度地降低成本，提升价格竞争力。中邮大包可通达全球大部分国家和地区，且清关能力强，运单操作简单、方便。

2) 劣势：时效性不高，退件有费用

因为大包在运输和处理上相对难于小包，所以妥投速度相对较慢，查询网站信息更新慢。中国邮政大包和中国香港包裹国外退件是有费用的。根据用户选择的退回方式收取对应的运费，邮局也会给发件人开出对应的收费凭据(中国包裹运单上可以写经什么渠道退回)。

3) 质量及尺寸限制

质量限制：0.1千克≤质量≤30千克。部分国家限重10千克，每票快件不能超过1件，即不接受一票多件。

尺寸限制：寄往各国包裹的最大尺寸限度分为两种，一种为单边≤1.5米，长度+长度以外的最大横周[①]≤3米；另一种为单边≤1.05米，长度+长度以外的最大横周≤2米。横周的计算公式为

$$横周 = 2 \times 高 + 2 \times 宽 + 长$$

中国邮政大包最小尺寸限制：最小边长≥0.24米，宽≥0.16米。

4) 计费

中国邮政大包运费计泡(按泡重收费)。计泡是指对包装后的邮件，取以体积计算的质量和实际质量中的较大者，作为计费质量，再按照资费标准计算应收邮费。对交寄的物品长、宽、高三边中任一单边达到40厘米的特快物品进行计泡，计泡系数为6000，计泡公式为

$$以体积计算的质量(kg) = 长(cm) \times 宽(cm) \times 高(cm) / 计泡系数$$

测量邮件的长、宽、高测量值精确到厘米，厘米以下去零取整。

中国邮政大包的运费查询详见右侧二维码。

中国邮政大包运费查询

---

① 最大横周，就是该物品的宽、厚(高)方面四周围(即四边相加)。

【例4-3】一票到俄罗斯的货物,重2600克,体积为30厘米×30厘米×30厘米,价值为20美元,从货代那里拿到运费折扣率为9折,请计算包裹用中邮航空大包寄送的运费。(经查中邮航空大包货物到俄罗斯,标准运费为首重1千克为170.2元,续重按59.3元/千克,报关费4元)

解析:包裹质量和体积都不在小包范围内,不能使用中邮小包。经计算该包裹有两个续重(不满1千克按1千克来计算)。那么,该包裹的中邮航空大包运费=(170.2+59.3×2)×0.9+4=263.92元。

3. 国际EMS

国际EMS,全称为国际(地区)特快专递,EMS即"express mail service",是中国邮政和各国(地区)邮政合作开办的与其他国家和地区寄递特快专递(EMS)邮件的快速类直发寄递服务,可为用户快速传递各类文件资料和物品,同时提供多种形式的邮件跟踪查询服务。该业务与各国(地区)邮政、海关、航空等部门紧密合作,打通绿色便利邮寄通道,是EMS区别于很多商业快递的根本之处。此外,中国邮政还提供保价、代客包装、代客报关等一系列综合延伸服务。

EMS简介

1) 优势:覆盖面广,全程跟踪,清关便捷

国际EMS覆盖面广,揽收网点覆盖范围广,目的地投递网络覆盖能力强;收费简单,无燃油附加费、偏远附加费、个人地址投递费;全程跟踪,邮件信息全程跟踪,随时了解邮件状态;清关便捷,享受邮件便捷进出口清关服务。

2) 劣势:速度较慢,查询信息滞后,大货价格偏高

国际EMS相对于商业快递而言,速度偏慢;查询网站信息滞后,一旦出现问题,只能做书面查询,时间较长;不能一票多件,大货价格偏高。

3) 质量及尺寸限制

质量限制:0.1千克≤质量≤50千克。部分国家不超过20千克,每票快件不能超过1件,即不接受一票多件。

尺寸限制:寄往各国包裹的最大尺寸限度有5个标准,各国对应其中的一个标准,大部分国家适用标准1。

标准1:任何一边的尺寸都不得超过1.5米,长度和长度以外的最大横周合计不得超过3.0米。

标准2:任何一边的尺寸都不得超过1.05米,长度和长度以外的最大横周合计不得超过2.0米。

标准3:任何一边的尺寸都不得超过1.05米,长度和长度以外的最大横周合计不得超过2.5米。

标准4：任何一边的尺寸都不得超过1.05米，长度和长度以外的最大横周合计不得超过3.0米。

标准5：任何一边的尺寸都不得超过1.52米，长度和长度以外的最大横周合计不得超过2.74米。

4) 禁寄物品

国际EMS不可以邮寄带电池的物品、航空禁运的危险物品、液体、粉末等。另外，国家明令禁止出口货物，如古董，货币及其他侵权产品也不可邮寄。

5) 计费

国际EMS运费查询详见右侧二维码。

EMS运费计泡。国际EMS以500克为单位计算运费。对交寄的物品长、宽、高三边中任一单边达到40厘米的特快物品进行计泡，计泡系数为6000，计算公式为

国际EMS运费查询

$$以体积计算的质量(kg)=长(cm)×宽(cm)×高(cm)/计泡系数$$

国际EMS邮件的长、宽、高测量值精确到厘米，厘米以下去零取整。

【例4-4】一票到美国的货物，重2500克，体积为45厘米×30厘米×30厘米，价值为30美元，请计算该包裹的国际EMS运费(货代给5折)。

解析： ① 计算包裹以体积计算的质量。

该包裹以体积计算的质量=45×30×30÷6000=6.75千克。由于该包裹以体积计算的质量大于实际质量(2.50千克)，按以体积计算的质量计费。

② 查询运价表。

查询EMS运价表，该包裹6750克，运至美国，按首重500克按240元计算，续重每500克按75元计算。经计算该包裹有13个续重，即(6750-500)/500=12.5，取整得13。

③ 计算运费。

该包裹的运费=(首重运价+续重运价×质量)×折扣率+报关费=(240+13×75)×0.5+4=611.5元。

4. 国际e邮宝

国际e邮宝(ePacket)是中国邮政速递物流为适应国际电子商务轻小件物品寄递市场需要推出的跨境国际速递业务。该业务以EMS网络为主要发运渠道，出口至境外邮政后，通过目的地邮政轻小件网投递邮件。该业务依托邮政网络资源优势，优先处理境外邮政合作伙伴的业务，为客户提供价格优惠、时效稳定的跨境轻小件寄递服务。目前e邮宝业务已通达俄罗斯、美国、巴西、西班牙等38个国家及地区。e邮宝主要寄递价值在15美元至50美元的3C、服装、首饰等类别商品。

国际e邮宝

1) 优势：时效稳定，平台认可

(1) 在线打单：在线订单管理，方便快捷。

(2) 时效稳定：重点路向全程平均时效(参考时效)7～15个工作日，服务可靠。

(3) 全程跟踪：提供主要跟踪节点扫描信息和妥投信息，安全放心。

(4) 平台认可：主流电商平台认可和推荐物流渠道之一，品牌保障。

2) 劣势：限重2千克，运达的国家有限

e邮宝运费根据包裹质量按克计费，单件包裹最高限重2千克，一些国家的挂号费较贵，对于质量特别轻的产品而言，运价不是很经济。此外，e邮宝运达的国家有限，目前e邮宝只能寄送38个国家及地区，且暂不受理延误、丢失、破损、查验等附加服务。国际e邮宝标签范例如图4-3所示。

图4-3　国际e邮宝标签范例

3) 质量及尺寸限制

单件包裹最高限重2千克(部分国家例外，如英国、以色列限重5千克，俄罗斯限重3千克)。

单件最大尺寸：长、宽、厚合计不超过90厘米，最长一边不超过60厘米。圆卷邮件直径的两倍和长度合计不超过104厘米，长度不得超过90厘米。

单件最小尺寸：长度不小于14厘米，宽度不小于11厘米。圆卷邮件直径的两倍和长度合计不小于17厘米，长度不小于11厘米。

4) 计费

使用报价工具查询具体产品价格，查询结果仅供参考，以实际收寄计费为准。

e邮宝运费根据包裹质量按克计费，最高不超过2千克，其运费计算公式为

$$e邮宝运费=标准运费×实际质量+操作处理费$$

下面以速卖通线上发货报价单为例(见表4-5)，介绍e邮宝运费计算方法。

表4-5 e邮宝速卖通线上发货报价单

国家/地区列表			起重/克	每千克资费/元 (按克计重，限重2千克)	每个包裹操作处理费/元
United States	US	美国	50	95.00	25.00
Russian Federation	RU	俄罗斯	1	70.00	17.00
Ukraine	UA	乌克兰	10	75.00	8.00
Canada	CA	加拿大	1	90.00	19.00
United Kingdom	UK	英国	1	无服务	无服务
France	FR	法国	1	无服务	无服务
Australia	AU	澳大利亚	1	65.00	19.00
Israel	IL	以色列	1	无服务	无服务
Norway	NO	挪威	1	80.00	19.00
Saudi Arabia	SA	沙特阿拉伯	1	50.00	26.00

资料中心：速卖通卖家中心。

> **【例4-5】** 一票到澳大利亚的货物，重81克，价值为20美元，请计算该商品的国际e邮宝运费。
>
> **解析**：该商品送达澳大利亚，且包裹质量小于2千克，可以使用国际e邮宝。经查81克的货物到澳大利亚，标准运费为65元/千克，操作处理费为19元/包裹。那么，该包裹的e邮宝运费=65×81/1000+19=24.27元。

5. 其他邮政小包

1) 中国香港邮政小包

中国香港邮政小包是香港邮政针对小件物品而设计空邮产品，又称"易网邮"，其前身为"大量投寄挂号空邮服务"。中国香港邮政小包旨在为电子商务卖家提供更全面的邮递方案，并配合美国和欧盟成员国实施的新电子报关规定，特别适合网上卖家邮寄质量轻、体积较小的物品。

2) 新加坡邮政小包

新加坡邮政小包，即新加坡邮政航空小包裹，又称为新加坡挂号小包，是新加坡邮政推出的一项针对货物质量在2千克以下的一种邮政小包服务，具有时效好、通关能力强的特点，覆盖全球246个国家及地区，提供国内段交接，包裹经从新加坡发出及目的国妥投等跟踪信息。

4.2.2　国际商业快递

国际商业快递业务具有速度快、丢包率低的特点，尤其是发往欧美等国家非常方便，但是收费较高。在传统B2C模式下，一般消费者购买的商

国际商业快递

品数量少,且要求商品的价格低,因而商业快递难以在B2C模式中普及,只是邮政业务的补充。国际商业快递目前主要有DHL、FedEx、UPS、顺丰国际等,中国知名的快递公司也扩展了国际快递业务,包括顺丰速递、申通、韵达等。

1. DHL

DHL(敦豪国际)创立于1969年,是全球著名的邮递和物流集团Deutsche Post DHL旗下公司,隶属德国邮政,是全球快递、洲际运输和航空货运的领导者,也是全球第一的海运和合同物流提供商,其名称由三位创始人姓氏(Dalsey,Hillblom和Lynn)的首字母组成。它的业务遍布全球,是全球国际化程度最高的公司。2022年全球最具价值品牌500强排行榜中,DHL排名第78位。DHL也分邮政和速递业务,但两者都叫DHL。然而DHL速递并不等同于中国EMS。DHL速递更像是一个商业化的国际快递公司,除了发出和接收与德国有关的国际快递,还在全球提供紧急文件和物品的输送服务。

DHL线上发货

1986年12月1日,DHL与中国对外贸易运输集团总公司各注资50%在北京正式成立的中外运敦豪国际航空快件有限公司,是中国成立最早、经验最丰富的国际航空快递公司。该公司将敦豪作为国际快递行业领导者的丰富经验和中国外运集团总公司在中国外贸运输市场的经营优势成功地结合在一起,为中国各主要城市提供航空快递服务。

1) 资费标准

计算运输货品以体积计算的质量和实际质量,两者中取较大者来计费。以体积计算的质量的计算公式为

以体积计算的质量(kg)=长(cm)×宽(cm)×高(cm)÷5000

21千克内的小货都是按首重续重计费,21千克以上的大货按质量来计费。2022年1月中外运敦豪出口价目表详见右侧二维码。

中外运敦豪出口价目表

2) 参考时效

上网时效:从客户交货之后第二天开始计算,1~2个工作日会有上网信息。

妥投时效:3~7个工作日(不包括清关时间,特殊情况除外)。

3) 质量及尺寸限制

质量不超过70千克(大部分国家和地区);单件包裹最长不超过1.2米。部分国家和地区会有特殊要求。

4) 优势:派送范围广,查询网站信息更新及时

DHL欧美航线有优势;适合走大件;可送达目的地较多;查询网站信息更新及时,遇到问题解决速度快。

5) 劣势:小件商品价格较高,托运货品有限制

DHL小件商品价格没有优势;对托运货品的限制比较严格,拒收许多特殊商品;有些国家还没有DHL服务,如秘鲁、巴西、乌拉圭、阿根廷、巴拉圭、叙利亚、沙林、俄

罗斯。

2. UPS

UPS(United Parcel Service)，美国联合包裹运送服务公司，成立于1907年，总部设于美国佐治亚州亚特兰大市，是全球领先的物流企业，提供包裹和货物运输、国际贸易便利化、先进技术部署等多种旨在提高全球业务管理效率的解决方案。该公司业务网点遍布全球220多个国家和地区。2022世界品牌500强排行榜中，UPS排名第28位。UPS被福布斯评为交通运输领域最具价值的品牌，并且在道琼斯可持续发展世界指数和Harris Poll声誉商数等多项知名的排行榜与奖项中名列前茅。2012年9月6日，国家邮政局批准UPS旗下的优比速包裹运送(广东)有限公司(简称联合包裹)经营国内快递业务。

UPS线上发货

1) 四种快递服务

一是UPS worldwide express plus——全球特快加急服务；

二是UPS worldwide express——全球特快服务；

三是UPS worldwide saver——全球速快服务；

四是UPS worldwide expedited——全球快捷服务。

在UPS的运单上，前三种快递服务都是用红色标记的，第四种是用蓝色标记的。但是，通常说的红单是第三种，即UPS worldwide saver；蓝单是第四种，即UPS worldwide expedited。第一种服务派送速度最快，资费最高；第四种速度最慢，资费最低。具体资费标准咨询UPS官方或者货运代理。

2) 质量及尺寸限制

每件包裹的质量上限为70千克，超过70千克的货物，可以考虑UPS全球特快货运；每件包裹的长度上限为274厘米；每件包裹尺寸上限为400厘米，即包裹的三围之和(长+周长)小于或等于400厘米，其中周长=2×(高度+宽度)。每批货件总质量与包裹件数并无限制。

一般情况下，UPS国际快递小型包裹服务不接受超过质量和尺寸标准的包裹，如果接收，须收取一定的超重超长附加费，且每个包裹最多收取一次。

3) 优势

UPS时效高、速度快、服务好；美洲线路优势明显，英国和日本线路优势也很明显；查询网站物流更新信息及时，遇到问题解决效率高。

4) 劣势

UPS运费较高，要计算产品包装后的体积重；托运物品有限制。

5) 计费

UPS以包裹实际质量和以体积计算的质量较大者计费，包裹以体积计算的质量(kg)=长(cm)×宽(cm)×高(cm)÷5000，不足或等于0.5千克的以0.5千克计费，超过0.5千克不足1千克的以1千克计费，以此类推。如果一票货物内含多件包裹，运费则以所有包裹计费质量总和计算。UPS的运费计算过程大致如下：首先确定目的国所在的区；然后比较产品的体积重和实际重，取较大者，并取整；最后根据物品质量确定对应区域的报价。2022年UPS费率和服务指南详见右侧二维码。

UPS费率表
(适用于华北、华东地区)

3. FedEx

联邦快递(FedEx)是一家国际性速递集团，提供隔夜快递、地面快递、重型货物运送、文件复印及物流服务，总部设于美国田纳西州孟菲斯，隶属于美国联邦快递集团(FedEx Corp)。2020世界品牌500强排行榜中，联邦快递排名第72位。2014年12月16日，联邦快递公司同意收购逆向物流公司Genco，这表示联邦快递在向电子商务领域大举进军。Genco的年销售额有16亿美元，每年处理的退回产品有6亿件以上。2012年9月6日，国家邮政局批准联邦快递(中国)有限公司(简称联邦快递)经营国内快递业务。2016年5月，FedEx收购了世界四大商业快递公司之一TNT后，成为世界第二大商业快递公司，仅次于UPS。

FedEx线上发货

1) 两种快递服务——FedEx IP和FedEx IE

FedEx IP，指的是联邦快递优先服务。该服务清关能力强，时效快，一般为2~5个工作日，但相对来说价格比普通的高一些，可派送的国家或地区有200多个。

FedEx IE，指的是联邦快递经济服务。该服务时效与FedEx IP相比要慢些，一般为4~6个工作日，但相对而言价格要便宜，可为全球90多个国家或地区提供快递服务。

2) 质量及尺寸限制

质量限制：每件不大于68千克。使用国际优先快递服务(FedEx IP)寄一票多件货，且实际质量在300千克以上的，或使用国际优先快递重货服务(FedEx IPF)(无论其质量如何)的，须预先联络客户服务部预留舱位。

尺寸限制：最长边不大于274厘米，最长边+(高度+宽度)×2不大于330厘米。

3) 计费

FedEx以包裹实际质量和以体积计算的质量较大者计费，包裹以体积计算的质量(kg)=长(cm)×宽(cm)×高(cm)÷5000，不足或等于0.5千克的以0.5千克计费，超过0.5千克不足1千克的以1千克计费，以此类推。如果一票货物内含多件包裹，运费则以所有包裹计费质量总和计算。FedEx的运费计算过程大致如下：首先确定目的国所在的区；然后比较产品的体积重和实际重，取较大者，并取整；最后根据物品质量确定对应区域的报价。2022年FedEx的运费报价表详见右侧二维码。

FedEx出口价目表
(适用于广东、福建省以外地区)

4. 顺丰国际快递

随着跨境电商迅猛发展，以顺丰为代表的国内快递渐渐加入跨境电商物流。2022世界品牌500强排行榜中，顺丰快递排名第260位。在国际物流服务领域，顺丰旨为国内外制造企业、贸易企业、跨境电商以及消费者提供便捷可靠的国际快递、物流及供应链解决方案。面向中国市场,顺丰国际既帮助中国优秀企业"走出去",亦将海外优质商品"引进来"。目前顺丰国际提供包括国际标快、国际特惠、国际小包、国际重货、保税仓储、海外仓储、转运等不同类型及时效标准的进出口服务,并可根据客户需求量身定制包括市场准入、运输、清关、派送在内的一体化的进出口解决方案。

顺丰国际的国际快递服务主要包括国际标快和国际特惠两种。此外,它针对跨境电商推出了四大服务,包括国际电商专递、国际小包、海外仓和集货转运(SFBuy)。下面主要介绍顺丰国际标快。

顺丰国际标快是为满足客户寄递紧急物品需求,各环节均以最快速度进行发运、中转和派送的高品质门到门国际快件服务,具有时效快,清关快捷;全流程、全环节跟踪监控;提供D类出口正式报关服务;面向月结客户提供电子运单发件系统,便利批量发件操作及订单管理的优势。顺丰国际出口公布价格表详见右侧二维码。

顺丰国际出口价目表

顺丰国际标快的计费标准如下所述。

(1) 单票计费质量<20千克:首重0.5千克,续重0.5千克,不足0.5千克按0.5千克计算。

(2) 单票计费质量≥20千克:最低计费质量1千克,不足1千克按1千克计算。

(3) 计费质量按体积重和实际重较大者计算,体积系数为5000,以体积计算的质量(kg)=长(cm)×宽(cm)×高(cm)÷5000。

4.2.3 国际专线物流

国际专线物流一般是通过航空包舱方式将货物运输到国外,再通过合作公司进行目的地国国内的派送,是一种比较受欢迎的物流方式。目前,业内使用较普遍的专线物流产品有美国专线、欧洲专线、澳洲专线、俄罗斯专线等,也有不少物流公司推出了中东专线、南美专线、南非专线等。

专线物流

国际专线物流其特征主要体现在"专"上,即国际专线物流有其专门使用的物流运输工具、物流线路、物流起点与终点、物流运输周期及时间等,同时还有根据特定国家或地区跨境电商物流特点推出的物流线路等。

国际专线通过规模效应降低成本,因此,价格比商业快递低;速度快于邮政小包,一般在一周左右就能到达目的地;丢包率也比较低。同时,这种物流模式能够在一定程度上有效规避通关及商检风险。但是专线物流也由于其"专"而产生一定的局限性,在国内的揽收范围相对有限,运达的目的国(地区)也有待扩大。

1. 中俄航空Ruston

中俄航空Ruston又称"俄速通",俄速通成立于2013年,是由黑龙江俄速通国际物流有限公司联合俄罗斯邮局提供的中俄航空小包专线服务,它支持发往俄罗斯全境邮局可到达区域,具有时效快、价格优惠、交寄便利的特点。俄速通跨境电商物流包括航空、陆运、铁运、海运全渠道物流方式,覆盖B2C和B2B的各种需求。对俄航空专线物流服务采用全货包机形式,时效高,渠道稳定,经济实惠;采用航空与陆运的组合运输方式,可发寄的商品基本涵盖了跨境电商主要商品品类，兼顾时效与成本的中欧班列铁路运输或海铁联运可以满足B2B贸易的各种需求。俄速通不仅为全国超十万家的对俄跨境电商提供了优质的物流服务，同时也是速卖通、菜鸟、京东、环球易购等平台的主力对俄服务商。

1) 时效及揽收范围

由于包机直达俄罗斯，俄速通80%以上包裹25天内到达俄罗斯全境邮局可到达区域。正常情况下，16~35天到达目的地；特殊情况下，35~60天到达目的地，特殊情况包括节假日、特殊天气、政策调整、偏远地区等。

目前，俄速通揽收服务已覆盖北京、深圳、广州等21个城市。除以上注明揽收城市所在区域，其他省份及地区均不属于线上揽收范围，仍需卖家自行寄送至揽收仓库。

2) 质量及体积限制

俄速通Ruston的包裹质量及体积限制如表4-6所示。

表4-6 俄速通包裹质量及体积限制

包裹形状	质量限制	最大体积限制	最小体积限制
方形包裹	小于2千克（不包含）	长+宽+高<90厘米，单边长度<60厘米	至少有一面的长度>14厘米，宽度>9厘米
圆柱形包裹		2倍直径及长度之和<104厘米，单边长度<90厘米	2倍直径及长度之和>17厘米，单边长度>10厘米

3) 禁寄物品

俄速通的禁运品包括易燃易爆，化学产品，国家明令禁品，股票证券，贵重物品黄金珠宝，动植物毛皮，种子，含磁铁物品，仿真枪，管制刀具，带电池，毒品，光盘，食品，液体，颗粒，粉末，枪支弹药，带有反动图案及宗教信息的纪念币、木制品、烟花、书籍、铜线圈，不能穿透的重金属，充气物品(放气可以)。俄速通不能寄送带电池的电子产品(如手机、平板电脑等)或纯电池(含纽扣电池)；所有手表、键盘、鼠标、带电或者可以装电池的玩具、游戏手柄、会发光的手机壳，均需要走带电渠道。

4) 计费

俄速通以克为单位精确计费，1克起重，每个单件包裹限重在2千克以内，每件商品物流费用每克0.0574元外加16.9元的挂号费。

【例4-6】速卖通店铺出了一单，包裹重88克，体积为20厘米×30厘米×30厘米，若选择俄速通，请计算该包裹的运费。

解析：俄速通每件商品物流费用每克0.0574元外加16.9元的挂号费。那么，该包裹的俄速通运费=0.0574×88+16.9=21.95元。

2. 燕文航空挂号小包

燕文航空挂号小包(Special Line-YW)的物流商北京燕文物流有限公司是国内最大的物

流服务商之一。目前,燕文航空挂号小包已开通拉美专线、俄罗斯专线、印尼专线。燕文航空挂号小包综合市场上优质邮政资源,推出一款通达41个国家及地区的标准型航空挂号产品。

1) 线路介绍

(1) 时效快。燕文航空挂号小包根据不同目的国家及地区选择服务最优质和派送时效最好的合作伙伴。燕文在北京、上海和深圳三个口岸直飞各目的地,避免了国内转运时间的延误,并且和口岸仓航空公司签订协议保证稳定的仓位。正常情况下,10~35天到达目的地;特殊情况下,35~60天到达目的地,特殊情况包括节假日、特殊天气、政策调整、偏远地区等。燕文小包物流商承诺货物60天内必达。因物流商原因在承诺时间内未妥投而引起的限时达纠纷赔款,由物流商承担(按照订单在速卖通的实际成交价赔偿,最高不超过300元人民币)。

(2) 交寄便利。北京、深圳、广州(含番禺)、东莞、佛山、杭州、金华、义乌、宁波、温州(含乐清)、上海、昆山、南京、苏州、无锡、郑州、泉州、武汉、成都、葫芦岛兴城、保定白沟提供免费上门揽收服务,揽收区域之外可以自行发货到指定揽收仓库。

(3) 赔付保障。邮件丢失或损毁提供赔偿,可在线发起投诉,投诉成立后1~3个工作日完成赔付。

2) 质量及体积限制

燕文航空挂号小包针对方形、圆柱状包裹的包装尺寸有不同的要求。方形包裹长、宽、厚长度之和不超过90厘米,最长一边长度不超过60厘米,同时至少有一面的长度大于14厘米,宽度大于9厘米;圆柱状包裹2倍直径及长度之和不超过104厘米,长度不超过90厘米;同时2倍直径及长度之和大于17厘米,单边长度大于10厘米。

3) 计费

运费根据包裹质量按克计费,1克起重,每个单件包裹限重2千克。燕文航空小包运费=标准运费×实际质量+服务费。燕文航空挂号小包的报价单如表4-7所示。

表4-7 燕文航空挂号小包报价单

运达国家/地区	运达国家/地区(英文)	国家代码	每千克配送服务费/元(根据包裹按克计重,限重2千克)	每个包裹操作处理费/元
挪威	Norway	NO	66.2	19.2
斯洛文尼亚	Slovenia	SI	76.3	21.3
乌克兰	Ukraine	UA	75.3	13.2
新西兰	New Zealand	NZ	86.4	18.2
印度	India	IN	79.3	27.3
英国	United Kingdom	GB	63.2	16.6
日本	Japan	JP	57.1	17.2

资料来源:速卖通卖家中心。

【例4-7】 一名英国买家在速卖通下了一个订单,包裹质量为1800克,若选择燕文航空挂号小包,请计算该包裹的运费。

解析: 经查,燕文航空到英国的配送服务运费为63.2元/千克,每个包裹操作处理费为16.6元。那么,燕文航空挂号小包的运费=63.2×1.8+16.6=130.36元。

3. 中欧班列CRexpress

中欧班列(China-Europe Railway Express,CR Express)是由中国铁路总公司组织,按照固定车次、线路等条件开行,往来于中国与欧洲及"一带一路"沿线国家和地区的集装箱国际铁路联运班列。目前,中欧班列铺划有西、中、东3条通道:西部通道由我国中西部经阿拉山口(霍尔果斯)出境,中部通道由我国华北地区经二连浩特出境,东部通道由我国东南部沿海地区经满洲里(绥芬河)出境。近年来,中欧班列逐渐成长为国际物流陆路运输的主要方式,成为沟通亚欧的桥梁纽带,稳步推动我国与一带一路沿线各国的双向贸易。截至2023年3月,中欧班列已铺画了82条运行线路,通达欧洲24个国家200个城市,逐步"连点成线""织线成网",运输服务网络覆盖欧洲全境,运输货物品类涉及衣服鞋帽、汽车及配件、粮食、木材等53大类、5万多个品类。

4. 中东专线Aramex

Aramex作为中东地区最知名的快递公司,成立于1982年,是第一家在纳斯达克上市的中东国家公司,提供全球范围的综合物流和运输解决方案,在全球拥有超过354个分公司,17 000位员工。Aramex与中外运于2012年成立了中外运安迈世(上海)国际航空快递有限公司,提供一站式的跨境电商服务以及进出口中国的清关和派送服务。

Aramex运费查询

4.2.4 海外仓物流

对跨境出口卖家来说,他们所面临的巨大挑战是如何掌握难以控制的物流,确保货物能及时完好到达,使消费者获得满意的购物体验。国内卖家大多采用传统物流快递方式将货物运送至海外市场,这种方式的缺点是费用较高、物流周期长、退换货不便,还可能出现海关查扣、快递拒收等难以预计的情况,严重影响客户的购物体验。建立海外仓能有效解决物流成本高、花费时间长等问题。

海外仓物流

1. 海外仓的定义

海外仓是指由网络外贸交易平台、物流服务商单独或合作为卖家在物品销售目的地提供的货品仓储、分拣、包装、派送一站式控制与管理服务。简单来说,海外仓就是国内一公司在另一国家(地区)所建的仓库。境内卖家将要销售的货物存储在当地的仓库,当有境外买家需要时,仓库立即做出响应,并及时对货物进行分拣、包装以及递送。

2. 海外仓的优劣势

海外仓具有提升本土化服务、拓展选品范畴、降低清关障碍、减少转运流程、降低破损丢包率、增加退换货等增值服务的优势，能够大大改善买家的购物体验。所以很多跨境电商平台都会鼓励卖家开设海外仓。但并不是所有产品都适合海外仓，适合海外仓运营的产品典型有以下几种：三高产品——体积超大、质量超限、价值超高的产品；品牌产品——需要用品质和服务来实现品牌溢价；低值易耗品，非常适合本地需求的、库存周转快的产品，以及需要快速送达的产品；国际小包、快递无法运送或运送受限的产品，如带电产品、液体、粉末、膏状类产品等。

3. 海外仓的运作流程

我们通常将海外仓的运作流程分为三步，如图4-4所示。第一步，货物到国内仓库，即卖家将货物运输到海外仓服务商的国内集货仓中；第二步，头程运输，即国际仓到仓运输(国内港到目的港)工作人员根据要求整合货物，通过空运或海运将货物运输到海外的代理仓库；第三步，尾程派送，即海外代理仓库到海外买家。一旦产品产生订单，境外海外仓工作人员就将货物挑拣给当地的物流人员，并由物流体系将货物交付到海外买家手中。

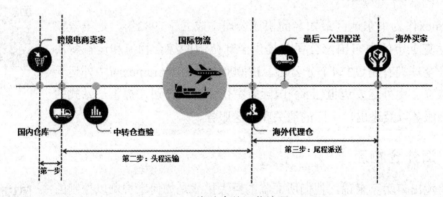

图4-4 海外仓的运作流程

4. 海外仓运费计算

使用海外仓需要支付一定的海外仓储费用，海外仓储费用=头程费用+仓储及处理费+本地配送费用。其中，头程费用是把货物运送至海外仓地址这段过程中所产生的运费。常用的头程运输方式为海运和空运。海运可以分为集装箱拼箱和集装箱整箱，一般货运代理公司会根据拼箱或整箱来计算运费。空运头程费用包括运费、清关费、报关费、送货费等费用。仓储及处理费是客户货物储存在海外仓库和处理当地配送时产生的费用。本地配送费用是在海外仓当地对客户商品进行配送产生的本地快递费用。

【例4-8】 湖州瑞丰电商公司打算空运500台电风扇到美国仓，每台电风扇重0.5千克，包装尺寸为20厘米×10厘米×15厘米，运费报价如表4-8所示。请计算每台电风扇的空运头程运费。

表4-8　美国仓空运头程运费报价

运输方式	条目		价格
普货空运	1000千克以内		31元/千克
	1000千克及以上		28元/千克
	递四方(4PX)代清关	清关费	300元/票
		提货费	2元/千克

解析：① 计算500台电风扇的体积重。
500台电风扇的体积重=长×宽×高/5000=20×10×15×500/5000=300千克。
② 计算500台电风扇的实际重。
500×0.5=250千克。
经比较，包裹的体积重大于实际重，按体积重300千克计算运费。
③ 查找运费报价表计算总运费。
质量300千克普货空运费是31元/千克，因此500台电风扇的运费=普货空运单价×质量+由4PX代理的清关费+提货费=31×300+300+2×300=10 200元。
④ 计算单个产品运费。
每台电风扇的运费为10200÷500=20.4元。

【例4-9】 湖州瑞丰电商公司打算整箱海运一批音箱到英国仓，每个音箱重2.5千克，包装尺寸为30厘米×30厘米×30厘米，共1000个，某物流商的运费报价单如表4-9所示，集装箱规格如表4-10所示。请计算每个音箱的海运头程运费。

表4-9　某物流商的运费报价单

运输方式	数量	英国仓/元/立方米
海运 FCL	20'GP	2400.00
	40'GP	3600.00
	40'HQ	3600.00
时效(工作日)		24~27天

表4-10　集装箱规格

柜型	规格	长×宽×高/米	配货毛重/吨	体积/立方米
普通货柜	20GP	内：5.898×2.342×2.385	17.5	33.1(正常装28立方米)
		外：6.058×2.438×2.591		
	40GP	内：12.032×2.352×2.385	22	67.5(正常装56立方米)
		外：12.192×2.438×2.591		
高货柜	40HQ	内：12.032×2.352×2.690	22	76.2(正常装56立方米)
		外：12.192×2.438×2.896		

> 解析：① 计算货物的尺码吨和质量吨。
> 尺码吨=1000×30厘米×30厘米×30厘米=1000×0.3米×0.3米×0.3米=27运费吨。
> 质量吨=1000×2.5千克=2500千克=2.5运费吨。
> 经比较，货物的尺码吨大于运费吨，按尺码吨计算运费。
> ② 结合集装箱的规格表选择合适的货柜报价。
> 根据集装箱规格表4-10可知，货物使用20GP的普通货柜。根据运费报价单，20GP的普通货柜的报价为2400元/立方米，则运费=27×2400=64 800元。
> ③ 计算单个产品的头程运费。
> 每个音箱的运费=64 800/1000=64.8元。

5. 我国海外仓的政策和建设模式

2014年以来，我国出台了一系列海外仓物流扶持政策。2014年，国务院发布的《关于支持外贸稳定增长的若干意见》等系列跨境电商政策文件中提及了海外仓，鼓励跨境电商企业通过规范的海外仓等模式，融入跨境零售体系。2015年，商务部发布的《"互联网+流通"行动计划》提出"推动建设100个电子商务海外仓"。2016年，政府工作报告明确提出"扩大跨境电子商务试点，支持企业建设一批出口产品海外仓，促进外贸综合服务企业发展"。2020年4月，国务院新设46个跨境电商综试区，支持共建共享海外仓。

目前我国海外仓的建设主要有自建模式、与第三方合作模式和"一站式"配套服务模式三种。自建模式海外仓由有实力的卖家在海外市场自建或由电商企业转型而来，其特点是便于物流管理，库存周转率高，便于控制长期成本，利于树立品牌形象。与第三方合作模式海外仓是指跨境电商企业与第三方公司合作，采用租用或合作形式建立并运营的海外仓。这种模式可以减少电商企业运营风险和资产投入，更具专业性，解决了跨境电商企业的后顾之忧。"一站式"配套服务模式海外仓以海外仓为基础，为电商企业提供跨境物流整体解决方案服务，其特点是有更好的服务体验，提供完善的跨境电商供应链，对跨境物流具有引领作用。

4.3 主流跨境电商平台的物流方式

对跨境电商卖家来说，物流是一项占大头的支出，这是因为快件走的都是国际物流，费用高，而且物流问题非常容易引发争端和投诉。为确保卖家可以放心地在平台上经营，帮助卖家降低物流不可控因素，主流跨境电商平台纷纷推出了自建物流方式，如亚马逊平台的FBA物流、速卖通平台的AliExpress无忧物流、eBay平台的SpeedPAK物流、Wish平台的WishPost物流。跨境电商平台自建物流方式为卖家提供了提供包括稳定的国内揽收、国际配送、物流详情追踪、物流纠纷处理、售后赔付在内的一站式物流解决方案。

4.3.1 亚马逊平台的FBA物流

FBA物流(Fulfillment by Amazon,FBA),是指亚马逊提供的仓储及代发货服务。2007年,亚马逊引入FBA,即卖家把自己在亚马逊上销售的产品库存直接送到亚马逊当地市场的仓库中,客户下订单后,亚马逊提供拣货打包、配送、收款、客服、退货处理一条龙物流服务,并收取一定的费用。简单来说,亚马逊FBA就相当于亚马逊官方的海外仓。自投入使用以来,FBA一直被誉为亚马逊最有保障的物流服务体系。

亚马逊物流FBA

1. FBA的服务流程

FBA是由亚马逊提供的包括仓储、拣货、打包、派送、收款、客服与退货处理的一条龙式物流服务,其服务主要包括发送货物(卖家通过FBA头程运输服务商将货物发送到亚马逊海外仓库)、接收并储存(亚马逊仓储接收并编录卖家货物信息)、买家下单、分拣打包产品(亚马逊利用先进的系统分拣、打包客户订单)、配送及跟踪服务(亚马逊使用买家选择的物流商配送产品,并为买家提供订单跟踪信息)。值得注意的是,FBA是只在当地提供仓储和配送服务,所以一些国内卖家如果想将商品运往国外当地的FBA仓库的话,还需要另外借助FBA头程服务。

2. FBA的优劣势

作为一个全程的物流,FBA具有自身的优点和缺点。FBA的优点表现为以下几点:提高产品页面排名和客户的信任度,帮助卖家成为特色卖家和抢夺购物车,提升销售额;企业物流经验丰富,仓储遍布全球,管理智能化;仓库大多靠近机场,配送速度快;拥有亚马逊专业客服,帮助卖家减轻客服压力;由FBA引起的中差评符合亚马逊中移除中差评的政策,有助于改善账户表现;对于单价超过300美元的产品可免运费。

FBA的缺点表现为以下几点:费用偏高(尤其是非亚马逊平台的FBA发货);灵活性差,只能用英文与客户沟通,且邮件回复通常不太及时;清关不便,FBA仓库不为卖家的头程发货提供清关服务;入库有风险,如果前期工作没有做好,有标签扫描问题,会对货物入库造成影响,甚至无法入库;退货受限,使用美国站点的FBA,退货只支持美国地区。

4.3.2 速卖通平台的AliExpress无忧物流

为确保卖家可以放心在速卖通平台经营,帮助卖家降低物流不可控因素的影响,2015年9月,阿里巴巴集团旗下全球速卖通及菜鸟网络联合推出"AliExpress无忧物流"服务,为卖家提供稳定的国内揽收、国际配送、物流详情追踪、物流纠纷处理、售后赔付在内的一站式物流解决方案,降低物流不可控因素对卖家造成的影响。

目前,AliExpress无忧物流提供的物流方案包括简易服务、标准服务和优先服务。在AliExpress无忧物流下,订单通过菜鸟网络与多家优质物流服务商合作搭建的全球物流网络进行配送,菜鸟智能分单系统会根据目的地、商品品类和质量选择最优的物流方案。

1. AliExpress无忧物流——简易服务

AliExpress无忧物流——简易服务(AliExpress saver shipping)，是专门针对速卖通卖家的小包货物推出的简易类物流服务，由平台承担售后和赔付，正常情况下的时效为30天左右。订单可配送至俄罗斯、英国等28个欧洲国家或地区，其物流运费根据包裹质量按克计费，1克起重，每个单件包裹限重在2000克以内(西班牙单件包裹限重在500克以内)，适用订单成交金额在5~8美元的小包货物。该服务承诺运达时间60天，因物流原因导致的纠纷退款由平台承担。

2. AliExpress无忧物流——标准服务

AliExpress无忧物流——标准服务(AliExpress standard shipping)，是菜鸟网络与优质物流商合作，搭建覆盖全球的物流配送服务，可配送至全球200多个国家或地区。核心国家预估物流时效16~35天，承诺运达巴西的时间为90天，承诺运达其他国家的时间为60天。

小包1克起重，按克计费。大包按实际质量与以体积计算的质量较大者计费，以体积计算的质量(kg)=长(cm)×宽(cm)×高(cm)/8000；欧向25国1克起重，按克计费；其余国家，0.5千克起重，每500克计费。小包普货、小包非普货及大包计费标准不同，部分国家不支持寄送大包货物。小包标准为包裹申报质量≤2千克，且包裹实际质量≤2千克，且包裹单边长度≤60厘米，且包裹长+宽+高≤90厘米；大包标准为包裹申报质量>2千克，或包裹实际质量>2千克，或包裹单边长度>60厘米，或包裹长+宽+高>90厘米，具体报价请登录速卖通卖家后台下载。

3. AliExpress无忧物流——优先服务

AliExpress无忧物流——标准服务(AliExpress eremium shipping)，是菜鸟网络推出的优质物流服务，为速卖通卖家提供国内揽收、国际配送、物流详情追踪、物流纠纷处理，售后赔付一站式的物流解决方案，可配送至全球176个国家及地区。

发往俄罗斯的货物30千克以下的，0.1千克起重，续重100克，限制30千克以实际质量计费(不收取燃油费)。发往俄罗斯以外其他国家及地区，30千克及以下的，0.5千克起重，续重500克；30~70千克按千克计费。俄罗斯以外其他国家，按体积重和实际重的较大者计费，体积重(kg)=长(cm)×宽(cm)×高(cm)/5000，以此计算的报价不含燃油费，燃油费另外收取，具体报价请登录速卖通卖家后台下载。

4.3.3 eBay平台的SpeedPAK物流

SpeedPAK物流是eBay联合物流战略合作伙伴橙联股份有限公司共同打造，以eBay平台物流政策为基础，为eBay大中华区跨境出口电商卖家量身定制的直发物流解决方案。本服务通过匹配平台物流政策，提供包含中国境内185个城市上门揽收、目的地预分拣、出口报关、国际运输、进口清关、终端配送及物流轨迹追踪等端到端的整体服务，旨在以提供优质稳定的物流服务，帮助卖家降低物流管理成本，提高物流派送时效，提升买家平台购买体验。

1. SpeedPAK的物流方案类型

1) SpeedPAK标准型服务

SpeedPAK标准型服务(standard shipping)已实现北美、欧洲、大洋洲的多方位覆盖，可送达的目的地包括美国、德国、法国、澳大利亚、以色列、新西兰等22个国家或地区。SpeedPAK标准型服务提供门到门全程追踪服务，平均物流时效为8~12个工作日。SpeedPAK标准型的服务信息如表4-11所示。

表4-11 SpeedPAK标准型服务信息

运送范围	计费方式	质量限制	包裹尺寸限制	订单金额限制	是否接受带电
美国	50克起重，以1克计费	31.5千克以内	最长边≤66厘米，长+(宽+高)×2≤274厘米	≤800美元	Y(但不接受纯电)
德国、法国、西班牙、意大利、奥地利、比利时、瑞士、捷克、丹麦、匈牙利、爱尔兰、荷兰、波兰、葡萄牙、俄罗斯、瑞典	以1克计费	2千克以内	最长边≤60厘米，长+宽+高≤90厘米	≤1000欧元	N
英国	以1克计费	10千克	最长边≤60厘米，长+宽+高≤90厘米	≤900英镑	N
澳大利亚	50克起重，以1克计费	30千克	宽+高≤70厘米，最长边≤105厘米，体积≤0.25立方米	≤1000澳元	N
加拿大	50克起重，以1克计费	30千克	最长边≤200厘米，长+(宽+高)×2≤300厘米	≤20加币	N
以色列	50克起重，以1克计费	20千克	最小尺寸：14×9×1厘米；最大尺寸：120×60×60厘米，长+周长(长+2×宽+2×高)<200厘米	≤75美元	N
新西兰	50克起重，以1克计费	30千克	最长边≤150厘米，包裹体积≤0.123立方米	≤400新西兰币	N

资料来源：eBay跨境出口信息门户网站。

2) SpeedPAK经济型服务

SpeedPAK经济型服务(economy shipping)可到达英国、德国、澳大利亚、加拿大等49个国家或地区。SpeedPAK经济型服务提供门到目的地入境半程追踪的服务，无尾程妥投信息，平均物流时效为10~15个工作日。SpeedPAK经济型服务信息如表4-12所示。

表4-12　SpeedPAK经济型服务信息

运送范围		计费方式	质量限制	包裹尺寸限制	订单金额限制	是否接受带电
英国	经济普通件	以1克计费	≤2千克	最长边≤60厘米,长+宽+高≤90厘米	≤900英镑	N
	经济轻小件	以1克计费	≤750克	长≤35.3厘米,宽≤25厘米,厚≤2.5厘米	≤900英镑	N
德国	经济普通件	以1克计费	≤2K克	最长边≤60厘米,长+宽+高≤90厘米	≤1000欧元	N
	经济轻小件	以1克计费	≤1000克	长≤35.3厘米,宽≤25厘米,厚≤5厘米	≤22欧元	N
法国、意大利、西班牙、奥地利、比利时、克罗地亚、捷克、丹麦、芬兰、希腊、匈牙利、爱尔兰、荷兰、挪威、波兰、葡萄牙、俄罗斯、斯洛伐克、斯洛文尼亚、瑞典、瑞士、土耳其、乌克兰、安道尔、阿尔巴尼亚、波黑、保加利亚、白俄罗斯、塞浦路斯、爱沙尼亚、法罗群岛、冰岛、列支敦士登、立陶宛、卢森堡、拉脱维亚、摩纳哥、塞尔维亚、圣马力诺、罗马尼亚、马耳他、摩尔多瓦、黑山、马其顿		以1克计费	≤2千克	最长边≤60厘米,长+宽+高≤90厘米	≤1000欧元	N
澳大利亚	经济普通件	以1克计费	≤22千克	最长边≤105厘米,宽+高≤70厘米,包裹体积≤0.25立方米	≤1000澳元	N
	经济轻小件	以1克计费	≤250克	长≤36厘米,宽≤26厘米,厚≤2厘米	≤1000澳元	N
新西兰		以1克计费	≤3千克	长≤39.5厘米,宽≤45.5厘米,厚≤7厘米	≤400新西兰币	N
加拿大		以1克计费	≤2千克	最长边≤60厘米,长+宽+高≤90厘米	≤20加币	N

资料来源:eBay跨境出口信息门户网站。

2. 产品优势

(1) 政策支持。SpeedPAK以eBay平台政策为基础，推出高度契合eBay平台政策的物流服务。

(2) 服务稳定。大数据智能监控物流服务质量，建立预警机制，保障全年服务稳定。

(3) 透明跟踪。eBay的eDIS物流平台提供全程物流轨迹，自动同步至eBay主站，买卖双方可实时掌握货物运输进度。

3. 禁寄物品

禁运物品包括药品、粉末、液体、纯锂电池、内置电池、配套电池商品、刀具、危险品、烟酒、现金及有价证券、侵权产品等。以上类别物品SpeedPAK无法提供服务，如因申报不符提交该类违禁品等而导致的相关费用以及法律责任，由寄件人自行承担。

4.3.4 Wish平台的WishPost物流

1. Wish达

Wish达是Wish推出口岸直飞路向的物流产品，即时提供头程运输、口岸操作、出口交航、进口接收、实物投递等实时跟踪查询信息。全程物流节点可在线实时跟踪查询(包括妥投信息)，美国路向投送时效为9~14个自然日，加拿大路向投送时效为12~15个自然日，法国和瑞士路向投送时效为10~12个自然日，全程首选直达航班，服务品质全面提升。Wish达——加拿大路向产品价格如表4-13所示。

表4-13 Wish达——加拿大路向产品价格

质量段	每千克基础资费/元	处理费/元
0~0.2千克	69.8	22.3
0.201~0.5千克	71.5	21.2
0.501~2千克	60.5	24.5
2.001~30千克	49.5	38.8

备注：可接受带电货物，包括内置电池、配套电池，不接受纯电及任何移动电源。

资料来源：Wish邮官网。

加拿大路向包裹体积重与实际重比低于2∶1的，按照实际重收费。达到2∶1的，按照体积重收取，其体积重(kg)=长×宽×高/6000。

2. Wish邮-e邮宝

Wish邮-e邮宝是Wish与中国邮政速递物流股份有限公司合作的经济类速递产品，提供收寄、出口封发、进口接收和投递等实时跟踪查询信息。该服务作业流程标准化，货物及时效都有保障。Wish邮-e邮宝单件限重2千克，当国际e邮宝通达范围或价格调整时，按照中国邮政速递物流股份有限公司公布的执行。

3. Wish邮-中邮小包

Wish邮-中邮小包是Wish与中国邮政合作，针对质量2千克以下小件物品，为Wish平台卖家推出的空邮产品，产品分为平邮和挂号，运送范围覆盖全球200多个国家。

Wish邮-中邮小包平邮和挂号均支持发往全球217个国家；运费根据包裹质量按克计费，平邮30克起重，挂号1克起重，平邮和挂号每个单件包裹限重均在2千克以内。

4.4 跨境电子商务物流风险与防范

在跨境电子商务环境下，跨境物流服务涉及较多的风险因素，如多种物流模式、海关清关、第三方支付平台以及互联网信息等，又因为每个国家的政治、法律、经济以及所处的地理环境等多样化的特点，这些因素存在的风险隐患程度具有很大的差异性。因此，合理分析跨境物流服务的潜在风险十分必要。

4.4.1 与跨境物流自身相关的风险及防范

1. 与跨境物流自身相关的风险

跨境物流是指买家购买自己所需要的物品时，在跨境电商平台中选择并付款，其物品可以是国外的卖家送至买家，也可以是国内的代购方将物品送至买家的一个物流过程。这个物流过程由境外物流公司的运输、中间转运公司通关和境内物流企业的运输组成。由于交易过程在两个国家或地区之间完成，物品的买卖双方距离较远，运输时间较长。此外，跨境物流过程中涉及多个主体，其存在的风险又会进一步加大，从而也间接地在物流成本、时效和损耗方面增添了一定的风险隐患。

一是包裹无法实现全程追踪。得益于中国电商物流的高速发展，国内物流基本可实现包裹实时追踪查询，而跨境电商要跨越境内和境外两个阶段，很多包裹出境后就无法追踪。送往物流发达的英语系国家的包裹信息可以凭借单号在相关的英文网站获得，但是对于一些小语种国家以及通信和交通等基础设施较差、政局尚不稳定的国家来说，查询物流信息异常困难。

二是包裹破损、丢包或无法配送。在跨境物流中，从揽件到买家收到货物，往往要经过多次转运，很容易出现包裹破损的现象，而且无论何种物流，都存在一定的丢包率。这些都会降低消费者的购物体验，也增加了卖家运费成本、货品丢失及买家流失的损失。此外，包裹在境外投递过程中，买家需要提供税号和护照号，有些买家不肯配合，导致包裹无法投递而退回。

2. 对应的防范措施

（1）选择可靠的物流。卖家寄送包裹时，尽量选择线上发货。对于货值较高的货物，卖家可选择UPS等商业快递，选择有物流赔付的物流方式，即使发生丢包、破损等情况，也可以得到相关赔偿。

(2) 与客户保持联系。卖家发出包裹后，及时跟踪物流信息，与客户保持密切沟通，告知其货物运输情况，如遇意外情况，便于得到客户谅解。同时尽量避免由于客户不配合而导致货物无法投递情况的发生。

4.4.2 跨境物流的海关通关风险及防范

1. 跨境物流的海关通关风险

海关通关风险是跨境电商对比传统网购中的特殊风险。海关需要对跨境商品进行商检和申报等工作，这些工作流程都可能导致跨境物流海关通关的风险。

海关商检效率受到东道国的商检电子化水平、清关时效、商品的本身特点、购买者信息等多种因素的影响。海关申报工作主要是对报关单上的货物特性、数量和质量进行核对，查看信息与实物是否一致，其知识产权和商标有没有被侵犯等。

一些跨境电商客户由于不了解东道国的法律，不注意知识产权侵权等问题，容易发生跨境商品商标的知识产权侵权问题，导致商品无法申报，进而带来海关通关风险。此外，进口国存在贸易壁垒，对商品查验严格，一些进口国海关清关效率较低，延长了跨境物流的配送时间。

货物在通过目的国海关时常常出现海关扣货查验的情况，一般会出现3种处理结果：商品被没收、货件被退回发件地、补充文件资料再放行。商品被没收和货件被退回都会给卖家带来巨大损失，而补充文件资料再放行则会延长配送时间，可能会引起买家不满，从而遭受投诉甚至拒付。

2. 对应的防范措施

跨境电商卖家要遵纪守法，按海关规定出口，备好需要的出口清单材料，如商检证明、报关文书等。同时卖家要了解产品在目的国(地区)的海关清关要求，尽量避免涉嫌侵权仿牌产品，尽量如实申报产品价值，申报品名要详细，避免只写"礼品""配件"等。需要注意的是，商业快递邮寄到巴西一定要写上收件人VAT(value added tax，增值税)税号，电子产品邮寄到欧洲尤其是意大利、西班牙一般需要CE(Conformite Europeenne，欧洲统一)安全认证标准。

4.4.3 跨境物流的不可抗力风险及防范

1. 跨境物流的不可抗力风险

跨境物流的不可抗力是指跨境物流过程中人力所不可抗拒的力量，包括某些自然现象(如地震、台风、洪水、海啸等)和某些社会现象(如政治、法律风险等)。跨境物流的不可抗力风险可以分为政治风险、法律风险和自然环境风险三个方面。

第一，政治风险。当跨境物流活动受当地政治体系、监督管理制度等不同因素影响，出现突发性的事件时，如果不能得到及时而又恰当的解决，就存在潜在又较强的政治风险。例如，某国发生大罢工事件，会导致该国快递运输效率的下降。

第二，法律风险。由于跨境电子商务遍布的地区较多，各个地区所处环境和政治体系相差较大，从而造成各自的法律体系和监督管理方面存在很大的不同之处。

第三，自然环境风险。自然环境风险主要是指供应链在运行过程中，受自然灾害的影响，这种风险的主要因素为自然环境质量的下降。不管是空运还是海运，其运输效率都可能遭遇天气、洋流等自然环境因素的影响，进而产生物流风险。

2. 对应的防范措施

针对不可抗力所带来的风险，卖家需要关注国际形势，及时了解相关国家或地区的政治经济局势，避免与政局动荡地区的客户进行交易，以免造成不必要的损失。

同步实训

计算跨境电商物流运费

1. 实训目的

了解不同跨境电商物流运费的收费标准，掌握不同质量、不同体积、不同配送目的国或地区的包裹运费计算方法，并能正确计算不同物流模式下的跨境物流运费。

2. 实训内容和步骤

1) 中邮挂号小包运费计算

一票到加拿大的货物，重980克，体积为25厘米×30厘米×30厘米，价值为40美元，请计算该包裹的中邮挂号小包的运费。中国邮政挂号小包报价单见表4-4。

实训提示：①物流方式为中邮挂号小包，包裹重980克，该客户所在国为加拿大。②按照中邮挂号小包运费报价计算该包裹的跨境物流运费。

步骤一：查询中邮挂号小包加拿大运费表；

步骤二：由表4-4可知，包裹的配送费为90元/千克，每单挂号服务费为26元。

步骤三：根据所学计算该包裹的运费。

2) 国际EMS的运费计算

一票到日本的货物，重4500克，体积为45厘米×30厘米×30厘米，价值为70美元，请计算该包裹的国际EMS运费(货代给45折)。国际EMS的运费报价见教材4.2.1"国际EMS运费查询"二维码内容。

实训提示：①物流方式为国际EMS，包裹重4500克，计算以体积计算的质量，运送至日本。②按照国际EMS运费报价和货代给的折扣，计算该包裹的跨境物流运费。

步骤一：查询国际EMS到日本的运价表；

通过登录中国邮政速递物流官网的报价查询，查询结果如图4-5所示。可知，运至日本的物品报价为首重500克180元，续重每500克40元。

报价查询

| 发件人省份： | 浙江省 | 发件人市： | 湖州市 | 发件人县： | 吴兴区 |
| 寄达国(地区)： | 日本 | 质量(克)： | 1000 | 业务产品： | 请选择 | 查询 |

序号	业务产品	总资费	标准资费	首重资费	续重单价	挂号费	增值服务
1	E邮宝	65元	65元	17.5元/50克	0.05元/克	0元	0
2	航空挂小包	80元	80元	32.05元/1克	0.048元/克	0元	0
3	航空平小包	64元	64元	10.05元/1克	0.054元/克	0元	0
4	国际/港澳台E特快物品	87.8元	87.8元	65元/50克	1.2元/50克	0元	0
5	国际/港澳台EMS物品	224元	220元	180元/500克	40.0元/500克	0元	验关服务费：4.0元

图4-5 中国邮政速递物流官网报价查询结果

步骤二：计算包裹的体积重并与实际重比较，取较大者。根据包裹质量计算产品续重，注意不满500克按500克计算。

步骤三：结合所学计算该包裹的EMS运费。

3) DHL的运费计算

一票到西班牙的货物，重2.7千克，体积为45厘米×30厘米×40厘米，价值为40美元，请计算该包裹的DHL运费(货代给7折)。DIIL运费报价详见教材4.2.2"中外运敦豪出口价目表"二维码内容。

实训提示：①物流方式为DHL，包裹重2.7千克，运送至西班牙。②按照DHL运费报价和货代给的折扣，计算该包裹的跨境物流运费。

步骤一：根据包裹体积，计算并比较以体积计算的质量和实际质量，取较大者。

步骤二：根据包裹质量查询包裹到西班牙的运费。

同步阅读

本章小结

本章首先介绍跨境电子商务物流的概念、特征及重要性，并介绍了跨境电商物流行业发展现状及趋势；其次介绍了跨境电子商务的四大物流模式，包括国际邮政包裹、国际商业快递、国际专线物流和海外仓物流；再次概述了主流跨境电商平台的物流方式，包括亚马逊平台的FBA物流、速卖通平台的AliExpress无忧物流、eBay平台的SpeedPAK物流和Wish平台的WishPost物流；最后分析了跨境电子商务物流风险与防范。

同步测试

一、单项选择题

1. 物流的概念最早是在(　　)形成的,起源于20世纪30年代,原意为"实物分配"或"货物配送"。
   A. 英国　　　　B. 日本　　　　C. 中国　　　　D. 美国

2. 跨境电子商务物流是指位于不同国家或地区的交易主体通过电子商务平台达成交易并进行支付清算后,通过(　　)送达商品进而完成交易的一种商务活动。
   A. 国际物流　　B. 国内物流　　C. 跨境物流　　D. 邮政物流

3. 中国物流与采购联合会公布的物流运行数据显示,2020年全国社会物流总额为(　　)万亿元,同比增长3.5%。
   A. 300.1　　　B. 543　　　　C. 120　　　　D. 1000

4. 2020年社会物流总费用与GDP的比率为(　　),单位物流成本增速明显趋缓。
   A. 9.7%　　　B. 14.7%　　　C. 5.4%　　　D. 18%

5. 跨境电商物流是伴随着(　　)而产生的。
   A. 跨境电商支付　　　　　　B. 跨境电商政策
   C. 跨境电商平台　　　　　　D. 跨境电子商务

6. 一票到俄罗斯的货物,价值5美元,重100克,体积为20厘米×30厘米×30厘米,若该包裹用中邮平常小包寄送,其运费为(　　)。(平常小包到俄罗斯的报价:首重30克6.39元,高出30克按66.71元/千克计算)
   A. 4.67　　　B. 11.06　　　C. 6.39　　　D. 6.67

7. 一票到澳大利亚的货物,价值10美元,重88克,体积为20厘米×30厘米×30厘米,若用燕文航空挂号小包运送,其运费为(　　)。(燕文航空挂号小包到澳大利亚的运费报价:配送服务费为55.10元/千克,每个包裹操作处理费是16.2元)
   A. 4.85　　　B. 21.05　　　C. 165.3　　　D. 181.5

8. (　　)是全球覆盖面最广的物流渠道。
   A. 邮政物流　　　　　　　　B. 海外仓物流
   C. 国际商业快递　　　　　　D. 国际专线物流

9. 中国邮政航空小包是指包裹质量在(　　)千克以内,外包装长宽高之和小于90厘米,且最长边小于60厘米,通过邮政空邮服务寄往国外的小邮包。
   A. 0.5　　　　B. 1　　　　　C. 2　　　　　D. 30

10. UPS以体积计算的质量计算公式正确的是(　　)。
    A. 长×宽×高/3000　　　　　B. 长×宽×高/5000
    C. 长×宽×高/6000　　　　　D. 长×宽×高/8000

二、多项选择题

1. 下列属于国际商业快递的是（　　）。
   A. FedEx　　　　B. DHL　　　　C. EMS　　　　D. UPS
2. 下列关于海外仓的劣势说法正确的是（　　）。
   A. 适合一些特别定制的创意产品　　　B. 对卖家有一定库存量的要求
   C. 需要支付海外的仓储费用　　　　　D. 仓储成本不同国家也不同
3. 跨境专线物流体现在"专"上的优点有（　　）。
   A. 价格比商业快递低　　　　　　　　B. 速度快于邮政小包
   C. 丢包率低　　　　　　　　　　　　D. 有效规避通关及商检风险
4. FedEx 禁寄物品有（　　）。
   A. 涉及知识产权货物
   B. 电源插座
   C. 各寄达国(地区)禁止寄递进口的物品
   D. 任何全部或部分含有液体、粉末、颗粒状、化工品、易燃、易爆违禁品
5. 跨境物流的不可抗力风险包括（　　）。
   A. 政治风险　　　B. 经济风险　　　C. 法律风险　　　D. 自然环境风险

三、判断题

1. 国际E邮宝针对俄罗斯和乌克兰的运单首重为10克。（　　）
2. 中国邮政平常小包+国内段邮件丢失或损毁由揽收服务商提供赔偿。（　　）
3. 中国邮政小包可以寄送各类带电产品。（　　）
4. DHL寄送到西欧、北美有优势，适宜走小件，时效快，一般2~4个工作日可送达。
（　　）
5. 在UPS运单上，UPS Worldwide Express Plus、UPS worldwide Express、UPS Worldwide Saver都用红色标记，UPS Worldwide Expedited用蓝色标记，但通常所说的红单是指UPS Worldwide Express。（　　）

四、案例分析题

据英国《每日邮报》报道，亚马逊每年会"清理"一大批滞销在仓库里的商品，至少300万件全新商品会被销毁。这些货物包括价值不菲的商品，如电视机等家电以及日常用品，如尿不湿、玩具等。许多包装完好的货物都被倾倒在了垃圾填埋场或被焚烧掉。这些被亚马逊处理掉的商品，其实是属于商家的。这是由于亚马逊平台采用了FBA、第三方海外仓和自发货这三种发货模式。FBA，即亚马逊提供的代发货业务，卖家需要提前备货至亚马逊仓库。若客户在平台上下订单后，亚马逊会直接从客户当地的仓库发货给客户。亚马逊每个月都会向供货商收取仓储费，这个费用大概是每平方米22英镑(约195元)。而被亚马逊扔掉的商品，基本上都属于第一种由亚马逊物流提供代发货(FBA)的商品。这类商

品的仓储费用会随着时间上涨。如果库存时间超过6个月，费用就会涨到每平方米430英镑(约3813元)。如果库存时间超过一年，则是每平方米为860英镑(约7627元)。所以，这并不是供货商自愿放弃自己的商品，而是供货商不能承受高昂的仓储费。

请根据以上案例回答下列问题：
(1) 亚马逊销毁滞销品的主要原因是什么？卖家应如何规避这一风险？
(2) 结合本案例谈谈你对跨境电商物流风险的认识。

第 5 章 跨境电子商务支付

  学习目标

1. 了解跨境电商支付的概念及其产生与发展的背景。
2. 掌握跨境电商支付的主要方式。
3. 熟悉跨境电商支付的流程。
4. 掌握主要跨境电商平台的支付方式。
5. 了解跨境电商支付的风险与防范。

知识结构图

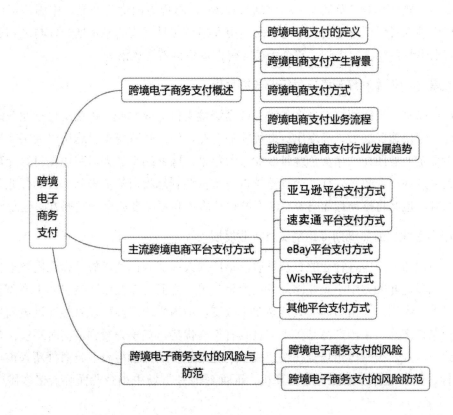

5.1 跨境电子商务支付概述

5.1.1 跨境电商支付的定义

跨境支付是指两个或两个以上国家或地区之间因国际贸易、国际投资及其他方面所发生的国际债权债务，借助一定的结算工具和支付系统实现资金跨国和跨地区转移的行为。如跨境电商中，由于买卖双方所持币种不同，就需要通过一定的结算工具和支付系统实现两个国家或地区之间的资金转换，最终完成交易。

导入案例

什么是跨境支付

跨境电子商务支付(cross-border e-commerce payment，简称跨境电商支付)是指分属不同关境的交易主体，在进行跨境电子商务交易过程中通过跨境电商平台提供的与银行之间的支付接口或者第三方支付工具进行的即时跨境支付的行为。

5.1.2 跨境电商支付产生背景

1. 跨境电商交易规模稳定增长，促进跨境支付快速发展

纵观全球跨境支付历史演变过程，跨境支付是随着国际产业分工及国际交往活动的持续发展而兴起的。近年来，在传统贸易增长缓慢甚至出现下滑的背景下，跨境电子商务行业快速发展，保持高速增长态势。据中国电子商务研究中心监测的数据显示，2021年中国跨境电商市场规模达14.2万亿元，同比增长13.6%，跨境电商优势凸显，中国跨境电商出口交易规模预计将保持稳定增长。随着跨境电商出口交易规模的稳定增长，与之相连的跨境支付需求也将持续稳定增长，整个跨境支付市场蕴藏着巨大潜力。

2. 政策环境总体利好跨境支付行业长期发展

2013年以来，国家相继出台多条政策鼓励跨境支付行业发展。跨境支付行业在政策鼓励下经历几年快速发展后，涌现出一批优秀的企业，但同时跨境支付这块"大蛋糕"也引来一些不良企业意图在法律灰色地带展业。近年来，国家逐步加大对跨境支付行业整顿力度，接连发声并出台政策。行业合规整顿以及备付金利息收益的消失殆尽，为行业带来阵痛期的同时，也必将推动行业向着更深度的科技服务和更广度的市场发掘方向全面转型。

3. 中小企业出海热潮助推跨境支付行业发展

一方面，随着国内各行业的日益发展，早期的人口红利已然消失，行业内竞争程度日渐激烈，我国近4000万中小企业因此发展受阻；另一方面，在互联网技术和电商蓬勃发展的大背景下，中国产品出口的模式逐渐发生改变，境内生产厂商可以直接通过电商平台向国外客户销售产品，中国产品品类丰富且具有价格优势，竞争力较强，同时不仅仅是跨境出口电商，游戏、金融等市场也在快速成长，越来越多的中小型企业将海外新兴市场作为战略目标，纷纷选择"出海"寻求商机，而面对海外市场中小企业面临着诸多困难。因此,近年来国家对此出台了一系列政策措施鼓励中小企业出海,同时各大互联网平台及第三方支付公司也为中小企业提供全方位支持。中小企业的出海热潮必然增加跨境交易量,促进跨境支付行业进一步发展。

4. 人民币跨境支付系统(CIPS)与环球银行金融电信协会(SWIFT)协同发展

在我国更为开放的金融环境下,2019年8月,环球银行金融电信协会(Society for Worldwide Interbank Financial Telecommunications,SWIFT)正式在中国成立全资中国法人机构,加入中国支付清算组织,由中国人民银行监督管理,并可以以人民币计价,为中国金融行业提供本土化产品和服务。人民币是继美元和欧元之后被SWIFT接受的第三个国际货币。SWIFT和人民币跨境支付系统(Cross-border Interbank Payment System,CIPS)的合作将一起助力人民币国际化。同时,SWIFT和CIPS在传统跨境支付存在一定的竞争,这将促使双方跨境支付服务更加细致化。

> **小知识 SWIFT和CIPS**
>
> 环球银行金融电信协会(SWIFT)又称为环球同业银行金融电信协会,创建于1973年,总部设在比利时首都布鲁塞尔,它是一个连接全球数千家金融机构的高安全性网络,金融机构使用它来发送安全信息和支付指令。SWIFT的使用,为银行结算提供了安全、可靠、快捷、标准化、自动化的通信服务,从而大大提高了银行的结算速度。由于SWIFT的格式具有标准化的特征,信用证主要采用SWIFT电文格式。
>
> 人民币跨境支付系统(CIPS)是指为境内外银行业金融机构、金融基础设施等提供跨境和离岸人民币资金清算结算服务的金融基础设施。CIPS主要特点包括以下几个:采用实时全额结算方式;各直接参与者一点接入,集中清算;采用国际通用报文标准;运行时间覆盖欧洲、亚洲、非洲、大洋洲等人民币业务主要时区;为境内直接参与者提供专线接入方式。自2015年上线以来,CIPS保持稳定运行,已实现对全球各时区金融市场的全覆盖,能够满足各类跨境贸易、投融资业务等结算需求。截至2022年6月,CIPS共有参与者1341家,参与者覆盖全球106个国家和地区,业务开展覆盖全球近200个国家和地区。
>
> 资料来源:中华人民共和国国家发展和改革委员会。

5.1.3 跨境电商支付方式

我国用户主要通过商业银行、专业国际汇款公司和第三方跨境支付机构进行跨境支付和收款。据亿邦智库统计,六成企业选择境内外的第三方支付机构进行跨境支付和收款。

1. 采用商业银行电汇

汇款,又称汇付,是付款人通过银行,使用各种结算工具将货款汇交收款人的一种结算方式。汇款方式分为电汇、票汇和信汇。电汇(telegraphic transfer,T/T)下,汇出行接受汇款(申请)人委托后,以电报、电传或环球银行间金融电讯网络(SWIFT)方式将付款委托通知收款人当地的汇入行,委托其将一定金额的款项解付给指定的收款人。电汇因其交款迅速,在三种汇付方式中使用最广,是传统B2B贸易中较常见的付款方式。票汇和信汇在跨境电商中使用较少,不做具体介绍。传统线下支付工具相关内容详见右侧二维码。

传统线下支付工具

2. 通过专业国际汇款公司

专业国际汇款公司通常与银行、邮局等机构有较深入的合作,借助这些机构分布广泛的网点设立代理点,以迅速扩大地域覆盖面。专业国际汇款公司以西联汇款和速汇金为代表,其汇款流程更加简便,到账时间更快。目前这两家公司通过和境内银行和支付公司合作拓展业务。为保证商家利益不受损失,一般都采用先付款后发货模式,但由于款项迅速到账,导致交易安全性不够。一旦出现卖家欺诈,买家难以挽回损失,导致新用户对该汇款交易方式信任不足,交易规模难以快速增长。

专业国际汇款

3. 通过第三方跨境支付机构

第三方跨境支付是指第三方支付机构为跨境电子商务、境外线下商务的交易双方提供跨境互联网支付或移动支付服务,包含外汇资金集中收付及相关结算等业务。第三方跨境支付具有快速便捷、安全性高等特点。通过第三方支付平台进行跨境交易,不但可免去兑换外币的困扰,节省货币转换费和购汇点差等换汇成本,而且交易快捷方便,支付成功率较高,安全性也有保障,能极大提升跨境购物用户体验。

第三方跨境支付

三大跨境支付方式对比如表5-1所示。

表5-1 三大跨境支付方式对比

支付方式	交易规模	交易成本	时效	安全性
采用商业银行电汇	适用于大额款项	小额汇款固定手续费为100~200元;大额汇款有手续费上限	2~5天到账	安全性高,先付款后发货,买家承担风险
通过专业国际汇款公司	适用于1万美元以下的中等金额交易	分档付费,总体低于银行汇款费用	约10分钟到账	安全性较高,先付款后发货,买家承担风险
通过第三方支付平台	适用于小额高频的电商交易	手续费率持续走低,为0~1%,但是提现手续费较高	即时到账	安全性一般,行业内公司的安全机制参差不齐,支付风险较高

5.1.4 跨境电商支付业务流程

1. 商业银行

很多跨境电商平台网站都支持Visa、万事达、美国运通、JCB、银联等银行卡,用户只需在网上输入卡号、姓名等信息即可。例如海淘族可以直接使用双币卡进行支付,境外消费者也可以通过Visa信用卡来购买兰亭集势上的商品。此外,用户也可以去银行的线下网点转账汇款支付。外卡收单业务中的信用卡收款的具体流程如图5-1所示。

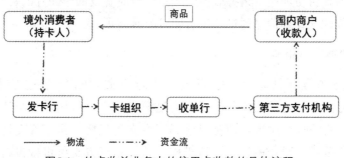

图5-1 外卡收单业务中的信用卡收款的具体流程

2. 专业国际汇款公司

专业国际汇款公司的业务流程大同小异,这里将以世界领先的汇款公司西联汇款(Western Union)为例介绍汇款、收款流程。西联汇款迄今为广大用户提供国际汇款服务已超过150年,以先进、完备的电子汇兑金融网络为支持,西联汇款业务涵盖全球200多个国家和地区。西联汇款业务于20世纪90年代进入中国市场,服务覆盖我国31个省、自治区和直辖市。

1) 汇款流程

在西联汇款,汇款人可采用电子渠道汇款和代理网点汇款两种方式。电子渠道汇款是西联汇款合作银行的网点申请开通电子银行业务后,可通过此银行的网上银行和手机银行进行汇款。代理网点汇款是用户携带一种有效身份证件(中国身份证、护照、港澳居民来往内地通行证、台湾居民往来大陆通行证)到西联汇款合作银行网点完成汇款。

具体汇款流程如下所述。

(1) 汇款人填写西联提供的汇款表单。

(2) 支付汇款及收手续费。

(3) 签名并接收收据。确认收据上的所有信息均无误之后,签署一张收据,收据内容中有汇款监控号码,汇款人可以利用此监控号码可以在网上跟踪汇款的状态。

(4) 通知收款人。与收款人取得联系,将汇款人姓名、汇款金额、汇款监控号码和汇款国家/地区等信息通知收款人。

(5) 跟踪汇款。可以到西联汇款网站主页的"追踪汇款状态"中跟踪汇款的状态。

2) 收款流程

在中国使用西联汇款有4种收款方式:现金收款、在线收款、支付宝到账和直接到账。现金收款是直接到合作网点当面收款;在线收款是用户通过西联汇款合作银行的自营电子渠道以及他们合作伙伴的电子渠道在线收款;支付宝到账是指款项直接汇入收款人支付宝绑定的银行卡;直接到账是指款项直接汇入收款人的银行账户。下面介绍一下现金收款的流程。

(1) 确认汇款已经可以提取，携带有效身份证件前往 Western Union 合作银行网点。

(2) 提供汇款人的详细信息。具体包括汇款人的姓名、汇款金额和汇款监控号。

(3) 出示收款人身份证明。请务必携带一张由政府签发的带照片的有效身份证件。

(4) 收款。收款人详细信息通过认证后即可收到款项。

3. 第三方跨境支付机构

第三方支付机构是指具备一定实力和信誉保障的独立机构，通过与银联或网联对接而促成交易双方进行交易的网络支付模式。通过第三方支付机构进行交易时，买方选购商品，不是直接将款项打给卖方，而是付给第三方支付机构，第三方支付机构通知卖方发货；买方收到商品后，通知第三方支付机构付款，第三方支付机构再将款项转至卖方账户。第三方支付机构是买方和卖方之间的一个安全的、可以信任的"中间平台"，可以对双方进行监督和约束，可以满足双方对信誉和安全的需求。第三方支付机构的运作实质是在收付款人之间设立中间过渡账户，使汇转款项实现可控性停顿。第三方支付机构具有中介保管及监督的职能，但并不承担相应的风险，通过支付托管实现支付保证。

在我国，第三方支付机构针对跨境电商提供的跨境支付主要包括购付汇和收结汇两类业务。

1) 购付汇

购付汇是指境内买家通过跨境电商平台购买商品时，第三方支付机构为买家提供的购汇及跨境付汇业务。购付汇主要针对进口跨境电商平台，具体流程如图5-2所示。

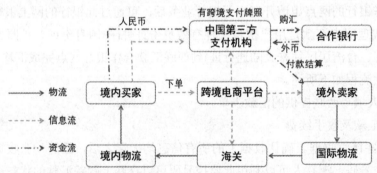

图5-2 进口跨境电商平台第三方支付机构购付汇业务流程

当境内买家在跨境电商平台下单后，选择中国第三方支付机构进行支付，如支付宝、财付通等。订单信息在发到境外卖家的同时，也会发到中国第三方支付机构，中国第三方支付机构会通过境内买家所使用的与其合作的银行，将商品款项以购付汇模式支付给境外卖家。境外卖家收到中国第三方支付机构的支付信息后，通过跨境电商物流将商品运至境内买家手中。

2) 收结汇

收结汇是指第三方支付机构帮助境内卖家收取外币并兑换成人民币进行结算的业务。收结汇主要针对出口跨境电商平台，具体流程如图5-3所示。

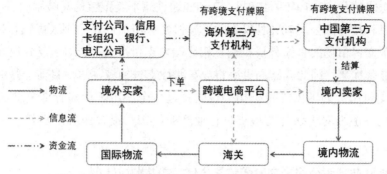

图5-3　出口跨境电商平台第三方支付收结汇业务流程

境外买家通过跨境电商平台下单后，订单信息会同时发至境内卖家及境外第三方支付机构。境外买家通过支付公司、信用卡组织、银行、电汇公司等将商品款项支付给海外第三方支付机构，如PayPal等。境外第三方支付机构通过与其合作的中国第三方支付机构，以收结汇模式将商品款项支付给境内卖家，再通过跨境电商物流将商品送至境外买家手中，从而完成跨境电商交易活动。

> **小知识　结售汇**
>
> 结售汇，具体分为结汇和售汇，但无论是结汇还是售汇，均是站在商业银行的角度来区分外汇的使用方向。比如售汇是指商业银行售出外汇，对应的是消费者花钱购买外汇，再利用外汇购买国外的商品；而结汇是指商业银行结转外汇，即把外汇换算成本币，银行的外汇来自消费者，对应的是消费者售出外汇，换算为本币后支付给国内商户。在消费者看来，向银行购买外汇进行支付就是购付汇，针对银行这个过程叫售汇；在消费者看来，收到外汇在银行换成人民币就是收结汇，针对银行这个过程叫结汇。

> **小知识　收单**
>
> 收单是容易让人忽视的一个领域，从消费者的角度来看，在买完商品付款后，支付环节就已经结束。实际上，收单模式在交易产生伊始就已经严格地展开了。收单主要完成的是信息流和资金流的转移，其中涉及授权和结算流程，主要包括外卡收单、境外收单和国际收单。简单来讲，国内商家收取国外消费者的货款称为外卡收单，如国内商家在Amazon北美站开店销售；国内消费者购买国外商家的商品则涉及境外收单，如国内消费者购买eBay欧洲站点的商品；国际收单指的是消费者、商家、支付机构分属不同的国家(地区)，如派安盈(Payoneer)在中国开展跨境支付业务。

5.1.5　我国跨境电商支付行业发展趋势

1. 国内支付市场难撼动，外资企业将重点布局跨境支付

中国人民银行在2018年第7号文件放开了外商投资支付机构准入限制，明确了准入规则和监管要求，同时强调对内资外资企业一视同仁、实行统一管理办法，标志着行业政策

向外资企业正式敞开。2019年9月30日，PayPal通过旗下美银宝信息技术(上海)有限公司收购国付宝信息科技有限公司70%股权，此次股权变更申请已获中国人民银行批准，PayPal成为进入中国支付市场的首家外资机构。相比国内支付市场，PayPal及其他外资企业在跨境支付有着显著优势，因此其布局重心将放在跨境支付领域，这对目前一些中小规模或提供单一跨境支付服务的国内支付机构来说无疑是一个冲击，而对行业整体而言，内外资企业的"并驾齐驱"对于优化跨境支付行业产业结构、提升服务水平都有着积极的推动作用。

2. 不同梯队非持牌公司未来发展前景分化，或并购或转型

强监管政策以及外资机构的进驻，势必会造成跨境支付行业格局发生变化，不同梯队的支付公司将面临不同的发展方向。2015年，中国人民银行暂停支付牌照申请之后，支付公司向国家外汇管理局申请跨境支付试点资质非常困难，因此目前对于已经处在头部的非持牌机构，获得牌照最佳的捷径无疑是通过并购的方式。2019年，持牌支付机构浙江航天出质51%股权至PingPong，也是围绕获得互联网支付牌照的股权变更事件，此前PingPong曾向中国人民银行递交支付牌照申请文件，但最终未能如愿获批。不难看出，在跨境支付合规的大趋势下，头部支付机构间会掀起一波并购热潮以曲线获得牌照。而对中小型非持牌支付机构而言，因受到自身规模及收益限制，它们缺少足够的现金量去支撑其采购牌照，所以未来的发展方向极有可能是向第四方支付公司转型，以自身的渠道优势为第三方支付公司及跨境商户提供不同的支付解决方案。

3. 技术升级，区块链等金融科技将助力跨境支付发展

区块链以其共享账本、分布式架构等特点，大幅提升跨境支付的效率，同时点对点的模式不再需要借助传统中介提供信用证明和记账服务，可大大降低跨境支付成本，与其他技术相比，还具有安全性的优势。2019年，我国大力推进区块链技术，有越来越多的区块链+跨境支付项目落地。对第三方跨境支付行业而言，区块链技术为跨境电商出口贸易、供应链金融等领域提供更多可能性，想象空间令人期待。与此同时，云、人工智能和多方安全计算等金融科技在第三方跨境支付领域的应用还有待进一步普及。目前许多第三方支付公司的流量商业化程度还不高，人工智能技术也应用场景也还比较有限。未来，随着金融科技的不断发展，第三方跨境支付企业将在跨境支付反洗钱、反欺诈、风险控制、支付体验、产品升级等领域更加广泛地运用金融科技，为所有行业参与者带来飞跃发展的机遇。

5.2 主流跨境电商平台支付方式

大多数跨境电子商务平台目前都在全球范围内拓展业务，比如亚马逊在全球已有18个国际站点，速卖通开通了18种语言版本，并支持全球51个国家的当地支付方式，跨境电子商务交易平台尽可能选择本地较常见的网民支付方式，并尽可能包容各地用户不同的支付习惯。以亚马逊、速卖通、Wish、eBay为代表的B2C跨境出口电商平台是出口电商B2C

贸易的主要途径。据艾瑞统计，自2016年至2020年主要B2C跨境出口电商平台GMV占比[①]在50%以上，因此了解主流跨境电商平台支付方式对开展跨境电商业务非常重要。

5.2.1 亚马逊平台支付方式

1. 亚马逊收款方式

2021年2月2日，亚马逊(Amazon)正式推出"支付服务商计划"(payment service provider program，PSPP)，以进一步提升发现、防范和处置不合规行为的能力，从而保护消费者和卖家免受欺诈等违规行为的侵害，凡使用支付服务商计划收款的卖家应选用参加该计划的支付服务商，首批公布的合规第三方服务商仅有4家，包括Payoneer、万里汇(WorldFirst)、PingPong和连连国际，加上亚马逊自己的收款服务，总计5家。下面主要介绍几种常用的亚马逊收款方式。

1) Payoneer

Payoneer，成立于2005年，公司总部设在美国纽约，是万事达卡组织授权的具有发卡资格的机构。Payoneer是一家创新型跨境支付数字平台，服务覆盖全球200多个国家，支持150多种币种，2021年6月在纳斯达克上市。Payoneer提供全球支付解决方案。

Payoneer根据注册身份的不同可以分为个人账户和企业账户。用户提供身份证和银联借记卡即可注册Payoneer个人账户，提供企业营业执照和法定代表人个人银行账户或企业对公银行账户即可注册Payoneer企业账户，无须提供地址证明。

Payoneer美元入账收取1%入账费用(满20万美金可免)，提现费用为1%~2%不等(按累计收入定)；欧元和英镑入账无入账费用，提现费用为1%~2%不等；申请实体卡，每年需缴29.95美元的管理费。

Payoneer是亚马逊卖家注册过程中官方显示的收款方式，亚马逊卖家使用Payoneer收款相当于淘宝卖家使用支付宝收款，Payoneer支持所有的亚马逊开放站点，即使有新的站点开通，Payoneer也是第一时间更新币种，使卖家第一时间在新平台上收款。Payoneer几乎支持国内外热门跨境电商平台(除了速卖通和eBay)进行收款，如Amazon、Wish、Lazada、Shopee、CDiscount、Newegg、Tophatter、Linio、Jumia、Priceminister、Joom等。

Payoneer优势在于方便使用，无论个人或公司均可在线申请账户并获得批准，后续提现操作亦可线上完成，官方提供中文客服服务，默认开通美元、欧元、英镑收款账户；有保障，官方协助卖家审核欧美客户的入账，并提供全额担保服务，确保卖家发货后能收到货款；不占用个人每年外汇结汇额度。因此，payoneer适用于单笔资金额度小但客户群分布广的跨境电商网站或卖家。

2) 万里汇(WorldFirst)

万里汇(WorldFirst)，2004年成立于英国伦敦，一直致力于为全球中小企业提供更优质的跨境收付兑服务。2019年，万里汇(WorldFirst)加入蚂蚁集团成为子品牌后，继续与具备

[①] 主要B2C跨境出口电商平台GMV占比=主要B2C跨境出口电商平台交易额÷跨境电商B2C出口交易额。

资质的境内机构合作，为广大跨境电商卖家和中小企业提供更加快捷、方便和实惠的跨境收付兑服务。截至2021年3月31日，万里汇(WorldFirst)已为全球650 000客户处理逾850亿英镑的资金交易。

万里汇(WorldFirst)根据注册身份的不同可以分为个人账户和企业账户。个人账户支持提现给本人(个人银行卡/个人支付宝)，不支持提现给注册人的企业，后续实名认证需要提交本人的个人身份证照片及相关信息；企业账户支持提现给注册企业或注册企业法人(企业银行卡/企业支付宝)，后续实名认证材料需要提交企业营业执照照片、企业法人个人身份证或护照照片，及相关信息。

万里汇(WorldFirst)每提款5万美元，0.3%费率封顶，远低于行业费率1%，提款越多费率越低，最低可至"零"费率；对标市场汇率，真正实现"零"汇损；支持40多个电商平台和30多个网关，便捷收款；支持美元、欧元、英镑、人民币、加元、新西兰元、新加坡元、日元、澳元等全球常用币种，实现轻松收款；在英国、美国、澳大利亚、新加坡都有办公室，提供24小时中文电话服务。

3) PingPong

PingPong隶属于杭州乒乓智能技术有限公司(曾用名杭州乒乓智能技术股份有限公司、杭州呼嘭智能技术有限公司)，成立于2015年，是一家中国本土的跨多区域收款品牌，是专门为中国跨境电商卖家提供全球收款的品牌，致力于为中国跨境电商卖家提供低成本的海外收款服务。

PingPong根据用户注册身份的不同可以分为个人账户和企业账户。个人账户开通人民币账户仅支持提现到注册人的个人账户；企业用户开通人民币账户可以提现人民币至企业对公账户，企业需要把该对公账户在国家外汇管理局做收付汇名录登记，否则无法提现，如果企业要提现原币至企业对公账户，则该企业需要具备进出口资质。此外，PingPong也支持企业提现人民币至法人、持股比例超过25%的个人股东的对私账户。

PingPong在美欧日等业务区均持有支付牌照，是少数有能力开展多区域支付业务的中资企业，其跨境收款最快5分钟即可提现到账，并且为客户提供更多本地化的增值服务。

> **小知识** PingPong注册"地区"如何选择
>
> (1) 当您选定某一地区时，后续需要提交对应地区的认证材料，您的资金仅能被提现至相应地区的银行卡中。
> (2) 如您为企业用户，请根据您实际的企业注册所在地选择对应地区。

4) 连连国际

连连国际是连连数字旗下品牌，致力于为全球企业、机构与个人搭建数字化的支付与服务协作网络、开展全球跨境业务，助力企业提升全球竞争力。连连数字成立于2009年，是我国较早开展跨境支付业务的机构之一，目前已在中国、美国、英国、泰国、巴西等国家和地区获得了60余张支付类牌照及相关资质。连连跨境支付旨在为中国跨境电商卖家带来多家专业高效的一站式跨境支付解决方案。

作为连连数字生态的重要板块,连连国际已实现为包括Amazon、Wish、Shopee、Lazada等在内的20多家全球主流电商平台、70多个站点提供跨境收款服务,覆盖100多个国家和地区,截至2023年,累计服务超过170万家跨境店铺。目前,连连国际支持美元、日元、英镑、欧元、加元、澳元、印尼盾、新加坡币、迪拉姆、兹罗提等币种收款,满足多样化的付款币种需求,业务涵盖跨境支付、全球收单、全球分发、汇兑服务、跨境物流等方面。

5) 亚马逊全球收款

亚马逊全球收款(Amazon currency converter for sellers)是亚马逊在2018年6月推出的一项服务,即无须外国银行卡或者第三方账户,卖家可以使用本地货币接收全球付款,并直接存入卖家的国内银行账户。亚马逊全球收款服务协助中国跨境卖家使用人民币接收各站点的营收款项,并直接存入卖家中国本地银行账户,该服务现已覆盖美国、加拿大、英国、西班牙、意大利、法国、日本、荷兰、德国、墨西哥等10个亚马逊海外站点。亚马逊下发付款通知后款项自动打出,在1～3个工作日内转入卖方的国内账户,无须额外申请,无须手动提现,自动回款,快速安全。

(1) 亚马逊全球收款设置方式如下所述。

① 登录卖家平台账户,单击"设置"下拉菜单的"账户信息",在卖家账户信息页面单击"付款信息"下面的"存款方式"。

② 添加用户的国内银行账户。单击"添加新的存款方式"按钮,选择销售站点并点开确认,银行所在地选择"中国",并添加一个中国国内人民币账户。

③ 获取付款。款项将在亚马逊下发付款通知后自动打出,在1～3个工作日内转入卖方的国内账户。

(2) 亚马逊全球收款定价情况如下所述。

① 亚马逊全球收款实行阶梯定价(见图5-4),费率低至0.4%。根据卖家过去连续12个月区间内的净销售额①所在阶梯,给予相应的优惠费率,并在每月自动更新。卖家净销售额越高,费率就越低。

② 使用联合账户,享更多优惠。如果卖家使用"联合账户Linking Accounts"连接亚马逊北美、欧洲和日本站账户,则费率将基于所有3个站点的净销售额总和进行计算。

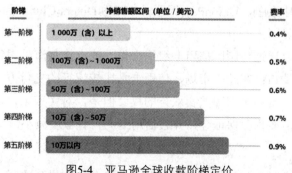

图5-4 亚马逊全球收款阶梯定价

---

① 净销售额是指总销售金额减去在亚马逊上的运营成本,如FBA费、站内推广费、销售佣金等。

2. 亚马逊平台付款方式

登录亚马逊美国站点可以看到买家付款方式(见图5-5)。卖家可通过国际信用卡、借记卡付款、亚马逊礼品卡或折扣码、亚马逊卡、支票等进行付款。亚马逊中国支持带有银联标识的所有信用卡以及大部分借记卡(不支持工商银行、交通银行等借记卡)、支付宝、微信支付四种支付方式。

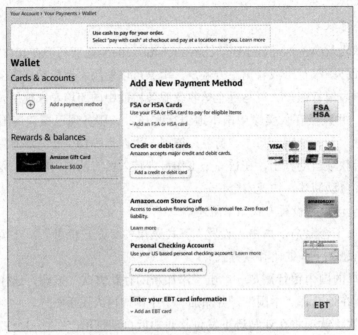

图5-5　Amazon买家账户的付款页面

1) 国际信用卡

国际信用卡是一种银行联合国际信用卡组织签发给资信良好的人士并可以在全球范围内进行透支消费的卡片，同时该卡也被用于在国际网络上确认用户的身份。国际信用卡在国内银行即可完成申请，通常国际信用卡以美元作为结算货币。在境外用银联卡，采用外币刷卡人民币扣账，人民币结算，无须购汇还款。国内日常使用的带"银联"标识的银行卡几乎都可在境外使用。国际上六大信用卡品牌分别是Visa、MasterCard(万事达卡)、American Express(美国运通)、UnionPay(银联)、JCB和Diners Club。除银联和JCB外，其余四大信用卡均起源于美国。

跨境电商平台可以通过与国际信用卡组织合作，或直接与海外银行合作，开通接受海外银行信用卡支付的端口；在欧美市场，信用卡是比较流行的支付方式，使用人数众多，它以银行信用作担保，有利于保障买卖双方的权。但是，对卖家来说，使用信用卡的介入方式比较复杂，卖家需要预存保证金，并且信用卡的付款额度偏小。

2) 借记卡

国际通行的借记卡外表与信用卡一样，并于右下角印有国际支付卡机构的标志。它通行于所有接受信用卡的销售点。借记卡与信用卡的唯一区别是，当使用借记卡时，用户没有信用额度，只能从账户里的余额支付。

3) 亚马逊礼品卡或折扣码

亚马逊礼品卡或折扣码是网站中常用的折扣方法，可以在促销时作为福利或礼物，也可以现金购买。在促销折扣代码的输入框，输入折扣代码，然后选择送货地址和付款方式即可享受购物折扣。

4) 亚马逊卡

亚马逊卡是Amazon和SynchronyBank一起联合发布的联名卡，不属于任何一张信用卡机构，只能用于亚马逊网站的消费。该卡使用时有如下特性：①若消费者为Prime会员，则在亚马逊网站的所有消费按照5%返现；②消费149美元以上即可使用6个月的分期付款，且在6个月内付清则无利息；③消费599美元以上即可使用12个月的分期付款，且在12个月内付清则无利息；④一些特定的由亚马逊出售的商品可以享受24个月的分期付款，且在24个月内付清则无利息；⑤该卡无年费，根据具体情况，亚马逊网站还会给予申请人一定的开卡奖励。

5) 支票

亚马逊接受使用美国支票账户付款，要求提供有效的支票账号和银行路由号码。用户可以使用支票账户购买和支付任何亚马逊商品，但音乐下载、礼品卡或亚马逊 Prime 订阅费除外。

5.2.2　速卖通平台支付方式

1. 速卖通平台收款方式

速卖通平台是通过支付宝国际账户进行收款(见图5-6)。支付宝国际账户alipay account是支付宝为从事跨境交易的国内卖家建立的资金账户管理平台，包括对交易的收款、退款、提现等主要功能。支付宝国际账户是多币种账户，包含美元账户和人民币账户。目前只有速卖通与阿里巴巴国际站会员才能使用支付宝国际账户，直接用速卖通账号或阿里巴巴国际站会员账号登录即可。

支付宝国际账户支持人民币和美元两种币种账户收款。采用支付宝国际账户人民币账户收款时，买家通过信用卡(人民币通道)付款，交易成功后平台会结算成人民币并放款到支付宝国际账户。采用支付宝国际账户美金账户收款时，买家通过信用卡(美金通道)、西联、T/T汇款和Qiwi wallet等支付方式的款项，最终会以美元的形式放款到支付宝国际美元账户。

支付宝国际账户三大优势：①出入账更清晰——出账入账一目了然，查询管理轻松简单；②提现更灵活——提现不受100笔订单的限制，支持同时绑定三个银行提款账户；③交易更安全——新增支付密码和手机验证码，双重保障更安全。

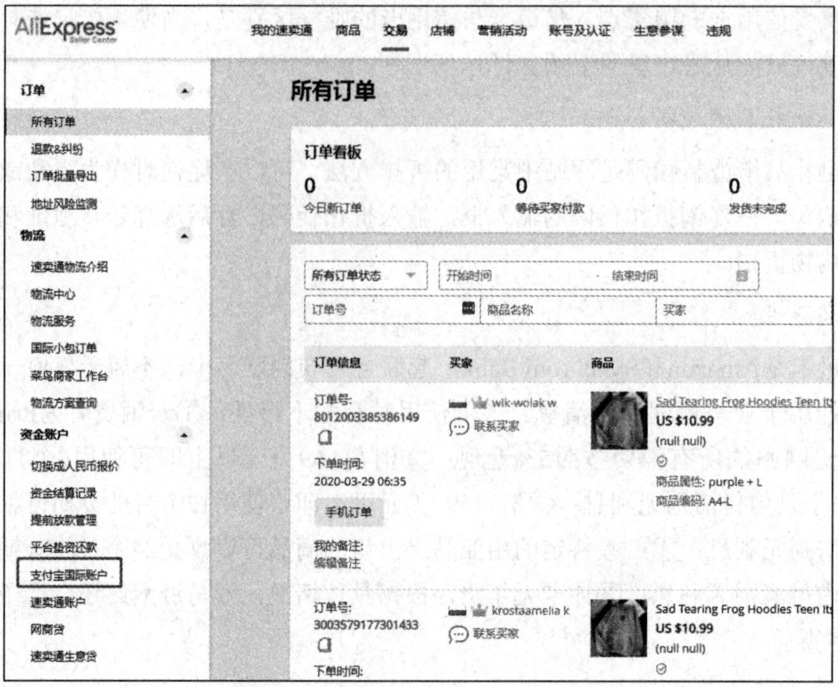

图5-6 速卖通平台支付宝国际账户

2. 速卖通平台付款方式

速卖通覆盖全球220个国家和地区，主要交易市场为俄、美、西、巴、法等国。俄罗斯是速卖通平台最主要的交易市场，因此仅对俄罗斯的主要付款方式做简单介绍。

(1) 速卖通平台上俄罗斯市场的主要付款方式。

Qiwi成立于2007年，是俄罗斯领先的支付服务提供商，它运营着俄罗斯最大规模的自助购物终端设备，以及提供在线支付和手机支付服务。Qiwi在欧洲、亚洲、非洲和美洲的22个国家开展业务。Qiwi wallet是俄罗斯市场最大的支付工具，其服务类似于国内的支付宝。用户可以通过Qiwi wallet即刻支付购买产品，Qiwi wallet拥有较完善的风险保障机制，不会产生买家撤款。因此，买家使用Qiwi wallet付款的订单，没有24小时的审核期限制，支付成功后卖家可立刻发货。

WebMoney(WM)是由成立于1998年的WebMoney Transfer Techology公司开发的一种在线电子商务支付系统，WebMoney是俄罗斯较为普及的第三方支付工具。WebMoney可以在包括中国在内的全球70个国家使用，WebMoney有转账手机短信验证、异地登录IP保护等多重保护，即时到账，使用人数较多，适用范围广。

Yandex.Money成立于2002年，是俄罗斯Yandex旗下的电子支付工具，是俄罗斯领先的网络平台及搜索引擎Yandex的全资子公司，是俄语国家主要的在线支付渠道。Yandex的创新在于把Yandex.Money钱包植入搜索引擎，用Yandex搜索引擎搜索到的产品，都可实现立即支付。Yandex可以实时到账，无拒付风险，适用范围广。

(2) 速卖通平台买家部分常见支付相关问题及解决方案如下所述。

① 若买家支付时无法选择或者页面不显示某些支付方式，可能是暂未开放对应国家

使用该支付方式，或者买家支付金额不满足支付方式限额。建议告知买家从页面显示的支付方式中选择。

② 若买家反馈已经支付订单但仍显示待支付，可以核实对应订单使用的支付方式是否有较长的付款到账时间，安抚买家耐心等待或更换银行卡等其他更快捷的支付方式。

③ 若买家反馈之前可以使用PayPal付款但现订单无法选择，且卖家已绑定PayPal收款账户，请查看订单详情中买家的收货地址，一般是实际收货地址的国家暂未开放PayPal支付。

④ 买家使用Boleto(巴西主流支付方式)支付后需要7个工作日到账时间，在已支付未到账期间订单会显示待付款，若此时卖家调整了订单价格，由于支付金额与订单金额不一致会导致款项退回无法支付成功。因此巴西买家的订单，若买家未主动要求，则不要调整订单价格。

5.2.3　eBay平台支付方式

1. eBay平台收款方式

eBay平台2021年6月16日发布管理支付服务的通知，要求卖家立即前往卖家中心尽快完成注册，以保证卖家在eBay的业务不受影响。若卖家没有及时注册管理支付服务，卖家的账号首先将被限制创建新刊登、无法重新刊登及修改现有刊登，之后在线刊登也将被移除。登录卖家后台有提示"2022年2月14日之后，eBay卖家将无法选择使用PayPal支付eBay销售支出账单。在2022年2月14日之前将您的自动支付方式更新为信用卡、借记卡或银行账户"(见图5-7)。目前，eBay平台卖家账户可以通过绑定Payoneer、信用卡、借记卡或银行账户来进行收付款。

图5-7　eBay平台卖家账户支付变更提示

2. eBay平台付款方式

eBay平台付款工具主要有PayPal、Visa、MasterCard、Apple Pay、Google Pay等。信

用卡等支付方式在亚马逊平台支付中已做介绍，因此这里主要介绍一下PayPal和Google Pay。

(1) PayPal于1998年12月由Peter Thiel及Max Levchin建立，是一个总部在美国加利福尼亚州圣何塞市的在线支付服务商。PayPal也和一些电子商务网站合作，成为这些网站的货款支付方式之一。PayPal对账号管控比较严格，同时是按交易金额百分比收取手续费的，适合单笔交易在3000美金以下的小额贸易。

PayPal是全球在线支付先驱，特别在北美地区具有垄断性的统治地位。PayPal支持200多个国家，全球活跃用户逾4亿，支持付款货币超过100种，持有加元、欧元、英镑、美元、日元、澳元等25种货币，并成为首家获准在中国提供在线支付服务的境外支付平台。

(2) Google Pay 是Android Pay和Google Wallet集成的单一移动支付服务。存储于Google账户内的支付信息集成到Google各项服务中，更方便交易或进行非接触式付款和网络购物。Googte Pay的优点有以下几个：注册使用无门槛；接受付款发送付款提现均免费到账；可以绑定美国银行支票账户或者借记卡；接受付款无须审核即可自动提现；提现到美国银行账户一个工作日即可到账。

5.2.4　Wish平台支付方式

Wish平台支持商家使用以下方式收款：联动支付(UMPAY)(直达中国账户)、PayEco(易联支付)、AliPay、Payoneer、PayPal、PingPong(直达中国账户)以及连连支付(LianLian Pay)，如表5-2所示。

表5-2　Wish平台收款方式

序号	第三方支付提供商	入账时间	提现速度	收取费用
1	联动支付 (UMPAY)	5～7个工作日	—	1%，不收取货币兑换手续费
2	PayEco (易联支付)	5～7个工作日	1～3个工作日	1%
3	AliPay	5～7个工作日	1～3个工作日	0.8%
4	Payoneer	1～3个工作日	1～3个工作日	多为1%的提款手续费
5	PayPal	5～7个工作日	2～7个工作日	0.1%
6	PingPong 直达中国账户	6个工作日	1个工作日	1%或更低(没有隐性费用)
7	连连支付(LianLian Pay)	5～7个工作日	工作日17点前提现信息无误当天到账，17点以后顺延到下一个工作日	0.75%或更低，提现时收取

5.2.5 其他平台支付方式

1. Shopee

Shopee覆盖了中国台湾以及主要东南亚国家的电商市场，主要包括马来西亚电商市场、菲律宾电商市场、新加坡电商市场、越南电商市场、泰国电商市场、巴西电商市场。目前国内越来越多的电商卖家进入这个平台。

Shopee对国内卖家的支付合作商是连连支付、Payoneer和PingPong，其中连连支付是虾皮官方合作收款平台，手续费为0.7%，无汇损，到账较快。在中国供应商申请海外跨境账号后，卖家均可以开通连连支付、Payoneer或PingPong收款账户。在各站点店铺开通后，进入后台卖家中心操作，可以绑定公司账户或个人账户。

Shopee打款周期为两周一次，分别为月初和月中，打款金额为打款日期前两周内已完成的订单。新加坡站点用新币结算，越南站点用越南盾结算，其他站点均使用美元结算。

2. LazadaGroup

LazadaGroup成立于2012年，是东南亚领先的电子商务平台，已在6个国家(印度尼西亚、马来西亚、菲律宾、新加坡、泰国和越南)开展业务。

Lazada为卖家提供两种跨境支付方式，即Payoneer和WorldFirst。

5.3 跨境电子商务支付的风险与防范

跨境电子商务支付是跨境电商交易过程中的重要环节。跨境支付的参与者众多，不仅涉及跨境交易的直接参与者，还涉及支付机构、银行等间接参与者，整个支付过程会有一定风险。

5.3.1 跨境电子商务支付的风险

1. 交易真实性难以确定的风险

双方交易的真实性是跨境电商运行和发展的底线与生命线。第三方支付机构跨境支付服务的跨境电商交易具有小额、高频等特点，同时存在交易信息采集困难等问题，如何保持处理效率并确保交易的真实合规，对支付机构及其合作银行具有较大挑战。此外，在第三方跨境业务中，整个流程由第三方支付机构代理进行外汇兑换，这使得不法分子有机会避开金融机构审核，利用伪造身份进行虚构交易以套取外汇，并迅速多次、多地将资金转移至境外，实现洗钱目的。非持牌机构有机会避开监管视线范围，效仿地下钱庄或同地下钱庄等非法组织勾结，通过境外合作机构变相实现资金跨境转移。因此，我国跨境电商支付过程中，仍然存在交易真实性难以确定的风险，不利于跨境电商平台贸易的顺利开展。

2. 交易信用难保证的风险

信用风险来首先来自第三方跨境支付公司本身，例如由于经营不善或违规行为而导致不能履行相关责任的风险，以及泄露买卖双方信息或交易信息；其次还存在商户的信用风险，一部分商户存在隐性经营非法违规业务，部分机构考虑自身利益会包容一些打法律擦边球的交易。此外，跨境的货物贸易可能造成款项已付而货物未收或货物已发而款项未收等现象，第三方支付平台对于监管政策的执行也只是停留在形式的层面上，因此很难确定交易的实际情况。总之，对交易双方而言，存在着一定的信用风险，可能承担着对方违约的风险来进行交易。

3. 资金管理与汇率变动风险

在跨境电商支付中，若使用第三方支付平台，买家要先将货款汇到第三方机构，然后卖方发货，货物再经过物流及报关等程序，当买家收到卖家寄来的货物并确认无问题后，指示第三方支付平台将货款打入卖家账户。在这期间，货款要滞留在第三方支付平台，给企业经营周转资金造成影响，增加了企业经营的流动性风险。此外，部分第三方支付平台对资金提现手续费有特殊规定，很多卖家为了节省提现成本，往往将资金累积到一定数额后再去提现，这样资金也会在第三方支付平台滞留，进而产生资金滞留风险，进行结汇时还受到滞留期间汇率变动的影响，如果汇率下跌，就会造成经济损失。

4. 网络支付安全风险

如果通过线上完成跨境电商支付，在支付过程中就会存在网络安全问题。例如，黑客攻击系统、信息传输系统故障、计算机感染各种病毒及木马程序等。如果出现上述问题，支付信息就可能被泄露、篡改，造成资金被盗取。此外，如果交易双方采取第三方支付工具进行支付，支付信息就要在不同国家或地区的交易双方、相关银行及第三方平台之间传递，一旦某个环节出现问题，将引发支付安全风险。

5. 逃避个人结售汇限制的风险

我国目前对于个人结售汇实行年度限额管理，个人年度结售汇限额不超过等值5万美元。当个人通过商业银行或者专业汇款公司支付时，监管部门能够对个人结售汇进行管理，保证政策的落地。但通过第三方支付机构进行的跨境支付，境内消费者在完成订单确认后，需要先向第三方支付机构付款，再由第三方机构向银行集中购汇，最后银行按照第三方支付机构的指令，将资金划入目标账户。此种方式存在以下问题：一是第三方支付机构支付时采集的信息有限，对接的商业银行很难获得足够的个人信息，也就很难保证个人结售汇限额政策的落实；二是认定分拆结售汇有一定的困难，从国家外汇管理局前期试点监测情况看，B2C、C2C小额交易业务居多，平均结售汇金额不足60美元，几美元的交易同样不在少数，小额交易确实存在庞大的需求，监管机构很难通过限制金额来认定分拆结售汇。

5.3.2 跨境电子商务支付的风险防范

1. 完善监管法律法规，加强信息监管

从立法形式与法律技术层面出发，明确跨境电商交易方的权利与义务，做好交易双方身份识别及其资料保存工作，制定具体实施细则对跨境电商交易方面内容进行规范。同时，立法机构应对第三方支付机构真实性审核、市场准入条件、账户开立及使用，以及资金交易性质进行细化，加强对支付风险的管控，规范第三方支付业务流程，完善跨境支付业务反洗钱法律责任和处罚规定；明确支付机构和收单银行在信息传递中的反洗钱义务，杜绝洗钱、网络赌博等风险发生，以提升跨境电商支付交易系统的法律地位。

支付机构在交换信息过程中增设对异常交易和账户进行监管的环节。政府有关部门则定期抽取交易信息进行核查。同时，加强多方面的合作，可借鉴国际贸易协定及跨境监管机构经验，完善我国第三方跨境支付监管规则，以与国际化标准接轨；联合其他国际跨境支付监管机构，以形成区域内统一监管的合作机制，建造跨境贸易信息共享平台，提高对跨境贸易监管的准确性和效率性。

2. 规范交易主体，加强业务监管

一是规范交易主体，对于跨境交易从业人员资格及业务规范应有明确要求；同时落实支付机构及其合作银行责任，若合作银行履职不到位，承担连带责任。二是运用科技手段进行业务监管。我国现有外汇交易数据统计及检测系统发展相对滞后，应在外汇非现场系统中设立第三方跨境支付独立监管模块，或要求数据直接接入而非通过银行间接打包上传。针对跨境交易中的买方信用风险问题，可以实行黑名单制度，对于买家信用实施积分制；针对卖家信用风险问题，市场监管部门可以利用网监信息化系统与网络交易平台大数据分析技术，完善对虚假发货行为的监测监控，以督促跨境电商交易平台加强内部信用管理。总之，可以通过规范跨境电商支付相关交易主体，明确业务要求，应用科技手段，建立交易信用机制，进一步降低跨境支付的交易信用风险。

3. 防范汇率风险，降低汇损

为有效应对费率变动带来的汇损，跨境电商企业可从调整计价币种和协同承担汇率风险两方面来及时应对。一方面，灵活调整收款计价币种。跨境电商在与消费者达成交易时，首先考虑合理的计价货币、国际市场价格等因素，尽量使用较为坚挺的收款币种，如美元、澳币、欧元等，从而降低汇率损失。另一方面，由买卖双方协同承担汇率风险。跨境电商可在商品交易合同中明确双方在确定采用某种货币计价成交之后，可以在附加条款中增加外汇风险分摊条款，如选定的支付货币汇率发生变化，可由买卖双方共同分担汇率变动带来的损失。在采用这种方法时，需要确定参照的货币，明确两种货币比率，进而明确到期日期，计算调整商品的价格。

4. 建立支付安全保障系统，保障支付安全

一是完善跨境电商支付监管体系，建立安全可靠的支付系统。二是加强跨境电商支付的全方位安全认证，利用人脸识别、指纹识别、声音识别，以及口令和位置认证等加密方式优化支付环境，从而提高跨境电商支付系统防病毒、黑客攻击的能力，保护支付信息不被篡改或盗取。三是在跨境电商支付系统设置终端安全机制，对用户采取统一开放构架，规范电子商务交易双方数据使用的安全标准，完善交易处理流程。此外，相关机构还需要对跨境电商交易行为、交易终端，以及用户等数据进行分析，从而建立有针对性的数据管控体系，强化我国跨境电商支付环境的安全性。

5. 加强监管个人结售汇业务

2016年9月，国家外汇管理局下发的《关于进步完善个人结售汇业务管理的通知》规定，个人客户不得以"分拆交易"等方式规避个人结汇(将外币兑换为人民币)和境内个人购汇(将人民币换为外币)的年度总额管理。根据规定，5个以上不同个人，同日、隔日或连续多日分别购汇后，将外汇汇给境外同一个人或机构；个人在7日内从同一外汇储蓄账户5次以上提取接近等值1万美元的外币现钞；同一个人将其外汇储蓄账户内存款划转至5个以上直系亲属等情况，均会被界定为个人分拆结售汇行为。国家外汇管理局会对全国范围内的个人结售汇、汇款等交易进行分拆甄别，将符合分拆规则的客户纳入"关注名单"管理。

同步实训

撰写中国跨境电商支付发展调研报告

1. 实训目的

了解我国跨境电商支付发展历程与发展现状，尤其是我国第三方跨境支付的发展现状，了解新技术在我国跨境支付领域的应用情况。

2. 实训内容

从我国跨境电子商务发展历程来分析跨境电商支付发展历程；从跨境支付方式、支付费用、支付时间、安全性、便捷性等方面分析各发展阶段跨境支付特征；重点分析中国第三方跨境支付发展现状；了解区块链、大数据等新技术在我国跨境支付领域的应用情况。

3. 实训步骤

步骤一：明确调研报告的撰写方法。

步骤二：运用百度、必应、谷歌等搜索引擎查阅跨境支付发展相应资料；登录中国电子商务研究中心，获取跨境电商支付相关研究数据；通过艾瑞咨询、易观等平台获取跨境电商支付相关资料。

同步阅读

本章小结

本章一共分为三个小节,第一节介绍跨境电子商务支付的相关知识,并介绍了我国跨境电商支付行业的发展趋势。第二节介绍了主流跨境电商平台的支付方式,主要包括亚马逊、速卖通、eBay和Wish平台的收款方式和付款方式。第三节分析了跨境电子商务支付面临的风险及防范,包括交易真实性难确定的风险、交易信用难保证的风险、资金管理与汇率变动风险、网络支付安全风险,逃避个人结售汇限制的风险等,并有针对性地提出了相关的风险防范措施。

同步测试

一、单项选择题

1. 结售汇具体分为结汇和售汇,但无论是结汇还是售汇,均站在(　　)的角度来区分外汇的使用方向。

   A. 卖方　　　　　B. 买方　　　　　C. 第三方　　　　D. 商业银行

2. 通过专业汇款公司支付的业务流程中,汇款时直接通过(　　)汇款。

   A. 银行　　　　　　　　　　　B. 第三方支付机构

   C. B2C平台　　　　　　　　　D. 专业汇款公司

3. 跨境支付是随着(　　)的持续发展而兴起的。

   A. 国际产业分工及国际交往活动　　B. 语言

   C. 国际物流　　　　　　　　　　　D. eBay

4. 虾皮官方合作收款平台是(　　)。

   A. 连连支付　　B. Paypal　　C. 速汇金汇款　　D. 国际支付宝

5. 支付宝国际账户是多币种账户,包含美元账户和(　　)。

   A. 比特币账户　B. 英镑账户　C. 法币账户　　　D. 人民币账户

6. (　　)目前是Amazon收款类官方唯一的合作伙伴。

   A. Payoneer　　　　　　　　　B. Paypal

   C. 连连支付　　　　　　　　　D. Airwallex

7. 下列不属于我国跨境电商支付风险的是(　　)。

   A. 跨境电商支付存在汇损

   B. 跨境电商支付交易真实性难确定

   C. 跨境电商支付存在监管难问题

   D. 跨境电商支付安全保障体系已经完善

8. 下列不利于降低汇率变动风险的是( )。
   A. 使用坚挺的收款货币　　　　B. 使用疲软的收款货币
   C. 经常关注汇率变动　　　　　D. 买卖双方约定汇率损失承担方式
9. 下列不属于跨境电子商务支付的风险防范措施的是( )。
   A. 应用新技术　　　　　　　　B. 完善监管体系
   C. 加强业务监管　　　　　　　D. 要求客户提供所有个人信息
10. 下列关于跨境支付行业未来发展趋势说法错误的是( )。
    A. 外资企业将重点布局跨境支付
    B. 不同梯队非持牌公司未来发展前景分化
    C. 区块链等金融科技将为跨境支付带来颠覆性飞跃
    D. 跨境支付安全问题将在短期内得到解决

二、多项选择题

1. 跨境电子商务支付与国内支付的不同主要在于( )。
   A. 币种不同　　B. 语言不同　　C. 结算工具不同　　D. 支付系统不同
2. 下列第三方支付机构拥有跨境支付牌照的有( )。
   A. 连连支付　　B. 易宝支付　　C. 财付通　　D. 汇付天下
3. 跨境电商支付工具种类繁多，各有特点，按照支付是否在互联网上进行，可分为( )。
   A. 线下支付工具　B. 线上支付工具　C. 在线支付工具　D. 下线支付工具
4. 支付宝国际账户是多币种账户，包含( )。
   A. 美元账户　　B. 欧元账户　　C. 日元账户　　D. 人民币账户
5. eBay平台收款方式有( )。
   A. Payoneer　　　　　　　　　B. 信用卡
   C. 借记卡　　　　　　　　　　D. 银行账户

三、判断题

1. 跨境电子商务支付对接的是不同国家或地区的金融系统，但金融系统的设置是完全一致的。（　　）
2. 如今是互联网大数据时代，跨境电子商务支付均能实时到账。（　　）
3. 跨境电子商务支付不会受到国际汇率变动的影响。（　　）
4. 通过专业汇款公司支付指的是支付的所有流程均通过专业汇款公司办理，与商业银行没有关系。（　　）
5. 跨境支付是随着国际产业分工及国际交往活动的持续发展而兴起的。（　　）

第 6 章 跨境电子商务营销

学习目标

1. 理解4P、4C、4R、4S等营销理论。
2. 掌握速卖通、亚马逊、eBay等平台站内营销推广方式。
3. 熟悉搜索引擎营销的概念、特点及主要方式。
4. 掌握电子邮件营销的概念及策略。
5. 掌握社交媒体营销的概念及策略。

知识结构图

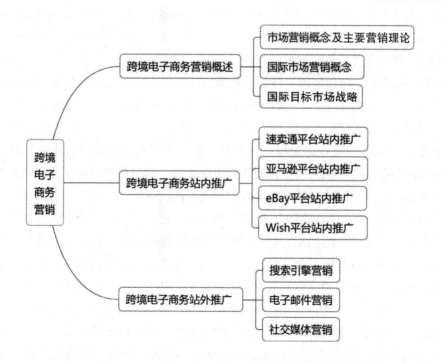

6.1 跨境电子商务营销概述

导入案例

随着科技和服务的进步,世界更开放、连接更紧密,跨境电子商务商家将运用更多的营销手段,在世界范围内精准定位受众,把商品和服务推向更广阔的国际舞台。

6.1.1 市场营销概念及主要营销理论

1. 市场营销的概念

市场营销(简称营销)自产生以来,营销学家从不同角度对市场营销进行了界定,现代营销学之父菲利普·科特勒把营销定义为:"个人和集体通过创造,提供销售,并同别人交换产品或价值,以获得其所需所欲之物的一种社会和管理过程。"从该定义可以看出,交换是市场营销的核心,交换过程是一个主动、积极寻找机会,满足双方需求和欲望的社会过程和管理过程。

2. 市场营销理论

(1) 4P营销理论。4P营销理论被归结为4个基本策略的组合,即产品(product)、价格(price)、渠道(place)、促销(promotion)。4P营销理论以企业为中心,以追求利润最大化为原则。

(2) 4C营销理论。4C营销理论以消费者需求为导向,重新设定的市场营销组合的4个基本要素是消费者(customer)、成本(cost)、便利(convenience)、沟通(communication)。

4C营销策略瞄准消费者的需求和期望,虽然克服了4P营销策略只从企业出发的局限,但被动适应消费者的色彩较浓。

(3) 4R营销理论。4R营销理论以关系营销为核心,重在建立客户忠诚。4R营销理论的四个要素分别是关联(relevancy)、反应(respond)、关系(relation)和回报(return)。

4R营销理论认为:第一,企业与客户是一个命运共同体,建立并发展与客户之间的长期关系是企业经营的核心理念和重要内容。第二,在相互影响的市场中,对经营者来说,最现实的问题不在于如何控制、制订和实施计划,而在于如何站在客户的角度及时地倾听,并从推测性商业模式转移成为高度回应需求的商业模式。第三,在企业与客户的关系发生了本质性变化的市场环境中,抢占市场的关键已转变为与客户建立长期而稳固的关系。与此相适应产生了5个转向:从一次性的交易转向强调建立长期友好合作关系;从着眼于短期利益转向重视长期利益;从客户被动适应企业单一销售转向客户主动参与到生产过程中来;从相互的利益冲突转向共同的和谐发展;从管理营销组合转向管理企业与客户的互动关系。第四,任何交易与合作关系的巩固和发展,都是经济利益问题,因此一定的合理回报既是正确处理营销活动中各种矛盾的出发点,也是营销的落脚点。

综上所述,4R营销理论既从企业的利益出发,又兼顾消费者的需求,是一个更为实际、有效的营销制胜术。

(4) 4S营销理论。4S营销理论以"消费者占有"为导向,要求企业针对消费者的满意程度对产品、服务和品牌不断进行改进,从而达到企业服务品质最优化,使消费者满意度最大化,进而使消费者对企业产品产生忠诚。4S是指满意(satisfaction)、服务(service)、速度(speed)、诚意(sincerity)。

满意是指客户满意,强调企业以客户需求为导向,以客户满意为中心,企业要站在客户立场上考虑和解决问题,把客户的需要和满意放在一切考虑因素之首。

服务包括几个方面的内容:首先,精通业务工作的企业工作人员要为客户提供尽可能多的商品信息,经常与客户联络,询问他们的要求;其次,要对客户态度亲切友善,用体贴入微的服务来感动用户;再次,要将每位客户都视为特殊和重要的人物,也就是"客户是上帝";另外,在每次服务结束后要邀请每一位客户再次光临;最后,要为客户营造一个温馨的服务环境,这就要求企业加大文化建设力度。

速度是指不让客户久等,能迅速地接待客户、办理业务。

诚意是指要以他人的利益为重,真诚服务他人。要想赢得客户,必先投之以情,用真情服务感化客户,以有情服务赢得无情的竞争。

6.1.2 国际市场营销概念

美国著名市场营销学家菲利浦·R. 凯特奥拉(Philip R. Cateora)在他的《国际市场营销学》一书中指出:国际市场营销是指对商品和劳务流入一个以上国家的消费者或用户手中的过程进行计划、定价、促销和引导,以便获取利润的活动。他强调了国际市场营销策略、手段与营销目标的高度协调与统一。由此可见,国际市场营销与国内市场营销并无本质差别。可以认为,国际市场营销是国内市场营销在空间上的扩展和延伸,是企业为满足国外消费者或用户需求而进行的跨越国界的市场营销活动,即企业进行的超越国界的生产经营与销售活动。正确理解国际市场营销这个概念,需要把握好以下几点。

(1) 国际市场营销是跨越国界的营销活动。商品和劳务只有销往国外才能算作国际市场营销,它既包括本国商品和劳务直接出口到国外市场,也包括跨国公司在目标市场国生产后就地销售或者再运往第三国市场销售。

(2) 国际市场营销是国内市场营销向国际市场的扩展。国内市场营销的基本原理与方法同样适用于国际市场营销业务,通过满足国外消费者或用户需求以实现企业经营目标,是国际营销企业的追求。

(3) 国际市场营销是一个跨越国界的企业经营管理过程。它包括从商品制造前的国际市场调研、国际市场细分、商品制造、商品提供,到售后服务和信息反馈的一系列有计划、有组织和有目的的生产经营与管理过程。

6.1.3 国际目标市场战略

1. 国际市场细分

国际市场细分,是指企业按照一定的细分标准,把整个国际市场细分为若干需求不同的商品和营销组合的子市场,其中任何一个子市场中的消费者都具有相同或相似的需求特征,企业可以在这些子市场中选择一个或多个作为其国际目标市场,这一过程在国际市场营销学中被称为国际市场细分。它是企业确定国际目标市场和制定国际市场营销策略的必要前提。

2. 选择国际目标市场

1) 评估细分市场

目标市场评估是建立在市场细分的基础上,跨境电商企业在进入一个新市场之前,必然对目标市场进行全面评估。细分市场评估可以从以下三个方面展开。

(1) 细分市场的规模和发展潜力。这项评估主要分析细分市场是否具有适当的规模和发展潜力。这里的适当规模是一个相对概念,是相对于企业的规模和实力而言的。大企业可能偏好购买量大的细分市场,对较小的细分市场不感兴趣,认为不值得涉足。而小企业会有意避开较大规模的细分市场,选择购买量小的细分市场,因为较大规模的市场对小企业来说,往往由于缺乏资源和能力而无法有效进入,或者即使进入后也无力与大企业展开竞争。细分市场的发展潜力也是评估的一个重要因素,所有企业都希望目标市场的销售和利润具有良好的增长趋势,以保证企业经营战略目标的实现,但发展潜力大的市场也常常是竞争者争夺的目标,会导致竞争的加剧,这又会削弱企业获利机会。

(2) 细分市场结构的吸引力。细分市场可能具备理想的规模和发展特征,但未必有吸引力。吸引力主要是指长期盈利的能力。决定一个市场或细分市场长期盈利的潜力的因素有5个,分别是同行业竞争者、潜在进入者、替代产品、购买者和供应商。同行业竞争者的数量如果超过一定限度,将引起细分市场内部的激烈竞争,降低企业进入该细分市场的欲望;潜在进入者对细分市场的影响表现在准入和撤出市场的壁垒上,细分市场的理想状态是准入壁垒高,撤出壁垒低,这样可以保障企业的最大受益和最小损失;另外,替代性产品的类别和数量过多、购买者和供应商过分压价也会降低细分市场吸引力,企业会放弃或避开此类细分市场。

(3) 企业的目标和资源。即使某个细分市场具有一定规模和发展潜力,其组织结构也有吸引力,企业还需将其本身的目标和资源与其所在细分市场的情况结合在一起考虑。某些细分市场虽然有较大吸引力,但因其不符合企业长远目标,进一步说,假设这个细分市场符合企业的目标,企业也必须考虑是否具备在该细分市场获胜所必需的技术和资源。无论选择哪个细分市场,要在其中取得成功,企业必须具备某些条件。如果企业在某个细分市场中的某个或某些方面缺乏必要的能力,并且无法获得必要的能力,就要放弃这个细分市场;即使企业确实能在该细分市场取得成功,它也需要发展其优势,以压倒竞争对手;如果企业无法在市场或细分市场创造某种形式的优势地位,就不应贸然进入。

2) 选择目标市场的策略

目标市场上的消费者年龄、性别、性格、偏好、社会层次等存在着明显的差异,他们的需求也因人而异。而企业的人力、财力、资源等有限,再大的企业也不能满足众多消费者的全部需求。因此，企业只能根据自己的优势领域选择合适的目标市场，制定相应的营销策略，充分发挥自身的能力去开拓和占领其中的一个或几个目标市场。

(1) 市场集中化策略，即企业选择一个细分市场，生产单一的产品，供给单一的消费者群体，集中力量为之服务。规模较小的中小型企业通常采用这种策略在目标市场中开辟自己的领域，这样企业就能对产品供应、价格及渠道管控、促销方式等方面实行独特的管理，最大限度地满足目标消费者群体的需求，收获消费者高度的评价，占领更高的市场地位。但选择的市场过于单一也加大了企业的运营风险。

(2) 市场专业化策略，即企业为单个目标市场提供多种产品，尽最大力量满足市场上消费者的需求。例如山东曹县卖家根据日本文化和风俗将棺木作为艺术品来打造，垄断了日本90%以上的棺木市场，体现的就是市场专业化策略。市场专业化能够满足消费者多种多样的需求，获得高满意度。但与此同时，市场专业化策略在无形中增加了企业的生产和管理成本，并且一旦消费群体的需求发生改变，企业将承担很大风险。

(3) 产品专业化策略，即企业集中力量生产一种产品，并向所有目标市场中投放这一种产品。例如某制鞋厂的业务是向所有目标市场提供高档定制皮鞋，那么这家企业只为消费者提供高端定制皮鞋，而并不理会消费者对其他档次鞋子或其他类型鞋子的需求。如此，企业在高端定制皮鞋制造领域就获得了较高的市场地位。但一旦消费者对皮鞋的偏好发生改变或者出现更高端的皮鞋替代品，企业就会蒙受巨大损失。

(4) 选择专业化策略，即企业结合自身优势选择几个吸引力大的细分市场作为目标市场，并给目标市场有针对性地提供相应产品。这些目标市场之间并无任何关联。这种策略分散了企业的营销风险，即使某个目标市场发生了营销风险，企业依然可以依靠其他几个目标市场获利。一般采用专业化策略的企业具有较强的资源整合能力和优秀的营销能力。

(5) 市场全面化策略，即企业将所有的细分市场作为目标市场，并为所有市场上消费者提供全面覆盖的产品来满足消费者的所有需求。一般只有综合实力超强的巨型企业才会采用这种策略。例如IBM公司在计算机市场、保洁公司在日化市场开发众多的产品，力求全面覆盖消费者的需求。当然，一些刚入行的跨境电商企业为了快速打开市场，通常会采用的铺货模式，也体现了市场全面化策略。

3. 国际市场定位

1) 国际市场定位的含义

市场定位是在20世纪70年代由美国营销学家阿尔·里斯和杰克·特劳特提出的，是指企业根据竞争者现有产品在市场上所处的位置，针对顾客对该类产品某些特征或属性的重视程度，为本企业产品塑造与众不同的，给人印象鲜明的形象，并将这种形象传递给顾客，从而使该产品在市场上确定适当的位置。

国际市场定位就是根据竞争者在国际目标市场上所处的地位和顾客特点，塑造本企业在国际目标市场上鲜明个性或整体形象并传递给目标顾客。企业在国际目标市场上的整体形象是产品形象、品牌形象、服务形象、信用形象等各方面形象的综合。

市场定位并不是企业对一件产品本身做些什么，而是企业在潜在消费者的心目中做些什么。市场定位的实质是使本企业与其他企业严格区分开来，使顾客明显感觉和认识到这种差别，从而在顾客心目中占有特殊的位置。

2) 国际市场定位的步骤

企业在进行目标市场定位的过程中，主要包括以下步骤。

(1) 识别潜在竞争优势。识别企业潜在的竞争优势是进行市场定位的基础。企业的潜在竞争优势表现在两个方面：成本的优势和产品差异化的优势。成本优势确保企业可以以更低的价格销售同等质量的产品，产品差异化优势突出产品独特的功能和用途，能够恰到好处地满足消费者的个性化需求。

为了更好识别企业的潜在优势，企业需要对目标市场做全面调研和深入分析，熟知竞争对手的情况，知己知彼，方能决胜市场。通常，企业对竞争对手的评估可以从以下三个方面展开：一是评价竞争对手的经营情况，如分析企业近年来的产品分布、销售业绩、利润情况、经营战略等；二是评价竞争对手的核心营销能力，如产品质量、服务水平等；三是评估竞争对手的财务状况，包括企业的负债情况、盈利情况、资金周转情况等。

(2) 建立核心竞争优势。核心优势主要体现在产品开发、产品供应链、销售渠道、服务质量、品牌知名度等方面。企业想要培养核心竞争力，就要在这几个方面获得突破，展现自己与竞争对手的与众不同。企业核心优势的建立通常与企业的营销活动休戚相关，一个成功的营销活动可以带动核心优势的建立。能够保持和突出自己的特点，与竞争对手保持差异化，也有助于核心优势的形成。

(3) 宣传核心竞争优势。企业的核心优势不会凭空自动地展现在市场上，而需要制定明确详尽的营销策略，对产品、品牌、企业的独特之处加以宣传。宣传核心竞争优势的目的是建立企业鲜明的市场形象，并使这种形象来最大化地满足消费者需求，最终为企业带来收益。

6.2 跨境电子商务站内推广

营销推广是卖家进行引流的重要手段，跨境电子商务营销推广根据流量来源不同可以分为站内推广和站外推广。站内、站外是以某特定平台为基准的，使用该平台提供的营销推广工具实现引流的站内引流活动属于站内营销推广；除了平台提供的营销推广工具之外的站外引流渠道和方式均属于站外推广。与搜索引擎营销、电子邮件营销、社交媒体营销等站外营销方式相比，各大跨境电子商务电商平台的站内推广是更为直接的营销推广方式，它可以有效利用站内营销推广工具，让卖家的商品在站内得到直接的展示，展示位置多样化，直接帮助卖家进行引流推广。

6.2.1 速卖通平台站内推广

速卖通平台的站内推广方式可以分为营销推广与流量推广两种方式。其中,营销推广包含店铺活动和平台活动两种方式;流量推广分为直通车、灵犀推荐和钻展三种方式。

速卖通营销推广方式

1. 营销推广

1) 店铺活动

速卖通卖家后台店铺活动设置页面如图6-1所示。

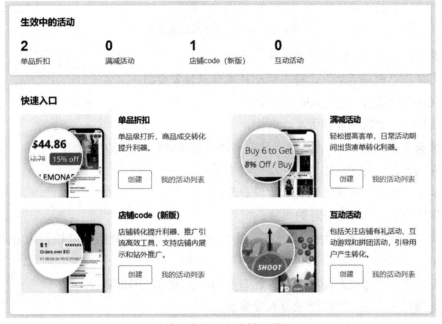

图6-1 速卖通卖家后台店铺活动设置页面

(1) 单品折扣。单品的打折信息将在搜索、详情、购物车等买家路径中展示,能够提高买家购买转化,快速出单。

相比于速卖通老版的打折活动,单品折扣活动有如下特点:每月不限制的活动时长和活动次数;单场活动最长支持设置180天;允许活动进行中暂停活动;活动进行中允许操作新增/退出商品,以及编辑折扣信息,且实时生效;可通过Excel表格批量上传;支持单个商品设置粉丝/新人专享价;单场活动支持最多设置10万个商品。

需要注意的是,以上场景均适用于日常活动,大促场景下的单品折扣活动不允许暂停活动,不允许新增或退出商品,不允许编辑商品以及运费模板。单品折扣活动设置入口如图6-2所示。

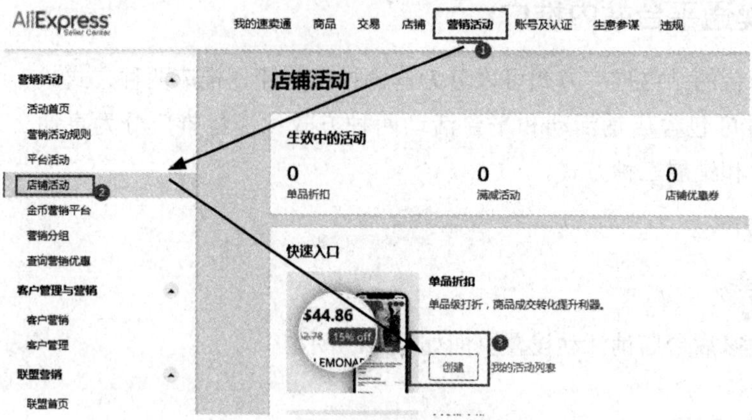

图6-2 单品折扣活动设置入口

① 单品折扣活动基本信息的设置。
- 可单击"创建活动",进入活动基本信息设置页面;
- 活动名称最长不超过200个字符;
- 活动起止时间为美国太平洋时间;
- 最长支持设置180天的活动,且取消每月活动时长、次数的限制;
- 活动设置的时间开始后,活动即时生效;
- 单击"提交"后进入设置优惠信息页面。

② 单品折扣活动优惠信息的设置。
- 该活动可以采用三种形式进行设置:选择单个商品设置折扣、按营销分组设置折扣、从平台下载模板批量设置产品折后导入;
- 可筛选全部已选商品和未设置优惠商品,支持商品ID搜索;
- 支持单个商品设置粉丝或新人专享价;
- 支持批量设置折扣、批量设置限购、批量删除(批量设置折扣时默认所有SKU都参加活动);
- 支持部分SKU参加活动,通过"选择SKU"勾选想要参加活动的SKU;
- 单击"保存并返回",即创建完成活动,等活动开始后即时生效;
- 同一个商品只能参与同个时间段内一场单品折扣活动;
- 可同时参加同个时间段的平台活动,平台活动等级优先于单品折扣,因此会生效平台活动折扣。

> **小知识** 粉丝/新人专享价商品价格的计算公式
>
> 粉丝/新人专享价商品价格的计算公式=原售价×(1-全站折扣率-定向人群附加折扣率)
>
> 例如,商品原价100元,全站折扣10%,新用户附加折扣5%,则
> 非新用户折扣价=100×(1-0.1)=90(元)
> 新用户折扣价=100×(1-0.1-0.05)=85(元)

(2) 满减活动。满减活动包含满立减、满件折和满包邮三种活动类型。满立减,"满X元优惠Y元",即订单总额满足X元,买家付款时则享受Y元优惠扣减;满件折,"满X件优惠Y折",即订单总商品满足X件数,享买家付款时则享Y折优惠;满包邮,"满X元/件包邮",即订单满足X元或者X件时,消费者享受包邮。

登录"我的速卖通",单击"营销活动",在"店铺活动"下选择"满减优惠",单击"创建活动"就会来到满减活动设置页面,如图6-3所示。

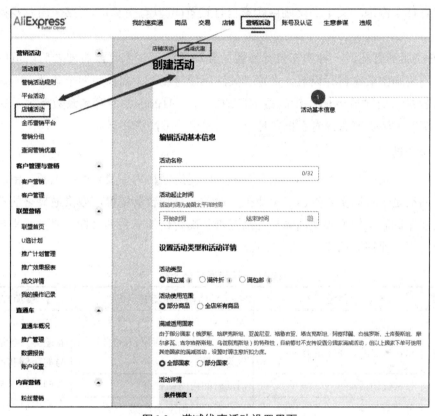

图6-3 满减优惠活动设置界面

需要注意的是,满立减和满件折的优惠是与其他店铺活动优惠叠加使用的,对于已经参加折扣活动的商品,买家购买时以折扣后的价格计入满立减和满件折规则中。所以,同时使用打折工具和满立减和满件折工具时,一定要核算一下自己的利润;同一个活动时间内同一个商品(活动开始时间到活动结束时间)只能设置一个满立减活动(含全店铺满立减、商品满立减)或者一个满件折活动(含全店铺满件折、商品满件折);同一展示时间内,针对同一个商品,同一个目标国家仅支持设置一种包邮活动。

(3) 店铺code(新版)。为降低同质化工具数量,减少商家工作量及贴近海外用户习惯,原店铺优惠券和店铺优惠码合二为一,升级为"店铺code(新版)"。商家仅需要设置一个工具,既满足原优惠券店铺端展示需求,也满足店铺优惠码站外传播需求,消费者侧优惠更加清晰。店铺code(新版)操作手册见右侧二维码。

店铺code(新版)
操作手册

(4) 互动活动。互动游戏包括"翻牌子""打泡泡""关注店铺有礼"三种,其中活动时间、买家互动次数和奖品都可自行设置。

① 翻牌子(设置后无法透出[①],不建议设置),一种九宫格互动活动,有8张牌对应8个不同的奖励,买家可以通过单击不同的牌获取不同的奖品,其中的奖励由卖家自行设置(可以有空奖),一个买家一次只能单击一张牌。

② 打泡泡(设置后无法透出,不建议设置),一种买家发射箭击破泡泡的互动活动,每个游戏有18个泡泡,其中的奖励由卖家自行设置(可以有空奖),买家一局游戏只能互动一次。

③ 关注店铺有礼,一种卖家自行设置的互动活动,买家收藏店铺之后,可以获得相应的奖励,奖励由卖家自行设置。设置"关注店铺有礼",需满足两个条件:一是店铺装修为最新版;二是优惠code(促销码)活动在生效中,且code的库存剩余数量大于30,满足条件后,买家关注卖家店铺时手机端是会自动弹出"关注有礼活动"。

2) 平台活动

平台活动是指由平台组织、卖家参与的,以促进销售为主要目的的主题营销活动。速卖通平台活动是平台向卖家推出的免费推广活动,是平台营销推广效果最显著的营销利器之一,它能帮助店铺快速实现高曝光、高点击和高转化的一系列目标。速卖通平台活动主要可以分为平台促销活动和频道活动(见表6-1)。

表6-1 速卖通平台活动

活动分类	类型	活动买家端展示位	参加方式
平台促销活动	大型促销活动328、618、828、双11、黑五、冬季清仓等	大促期间网站首页、商品详情页、大促banner(店招)等整体网站气氛宣导	各个活动的营销目标有差异,各活动对参与的店铺和商品会有不同指标要求,因此不是所有活动每个店铺都能参加。各店铺能参加的活动在后台"平台活动-可报名"筛选,后台没有招商入口即无法参与
	日常促销活动	活动时间内网站首页	
	分国家营销	活动对应的国家站首页	
频道活动	SuperDeals	买家首页SuperDeals频道	
	品牌闪购频道	买家首页轮播图为活动入口	
	俄罗斯团购	俄罗斯买家App固定展位	
	团购	App首页Group Buy	
	金币频道	买家App的Coins频道或买家互动	
		游戏内	
	试用频道	买家App首页Freebies频道	

(1) 平台促销活动。平台作为活动组织方会对参与的卖家和商品有一定的资质要求,符合要求的卖家可以自主选择报名,有大量卖家报名的情况下,平台会筛选出部分卖家参

---

① 透出,即无法在买家端显示,需要设置后选中放入粉丝趴(store club)帖子中快速吸引流量到店。

与。卖家应关注每年平台的促销计划，跟上平台节奏来安排店铺运营计划。卖家要做好平台活动，首先要了解清楚每项活动的报名条件和注意事项；其次要针对性地选择商品，并根据相应指标条件提前做好商品优化，提高活动报名的成功率。速卖通后台平台促销活动报名页面(见图6-4)可以查找各类平台活动及其规则。

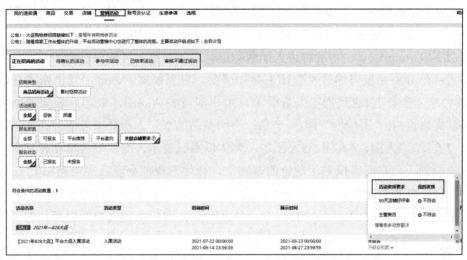

图6-4　速卖通后台平台活动报名页面

(2) 频道活动。速卖通平台频道活动包含SuperDeals、品牌闪购频道、俄罗斯团购、团购、金币频道和试用频道，如图6-5所示。单击"立即报名"，就会出现该频道下面可以报名的活动列表，在"报名状态"栏可以查看店铺是否符合报名要求以及该活动的详细资质要求。

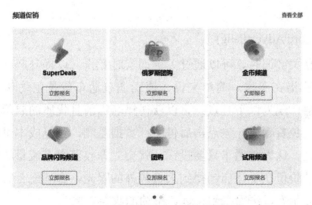

图6-5　速卖通平台频道活动页面

① SuperDeals，是平台的爆品中心，帮助卖家打造店铺爆品。SuperDeals频道单品直降和秒杀活动对俄语系国家不生效(俄罗斯、白俄罗斯、阿塞拜疆、亚美尼亚、格鲁吉亚、哈萨克斯坦、吉尔吉斯斯坦、摩尔多瓦、土库曼斯坦、塔吉克斯坦和乌兹别克斯坦)，以上国家消费者下单时会按照商品其他价格生效，如单品折扣、零售价(含区域价)。

② 品牌闪购频道(Featured Brand)，是速卖通平台最大型的日常活动。每周频道会固定为单个品牌举办常态活动，并为配合节日等一些特殊节点，平台会选择多个品牌集中发

力,经过筹备期和预热期,将流量集中到一天内爆发。无论是在预热期还是活动当天,平台都会拿出首焦、后台、行业楼层、搜索框、各站顶通等多个黄金资源位,确保品牌能够最大限度地触达消费者。该频道活动能够很好地帮助卖家品牌出海和品牌形象塑造。

③ 俄罗斯团购。该活动的宗旨是为俄语系买家提供极致性价比的商品和服务,目标是打造俄罗斯电商网站最火爆的折扣频道。俄罗斯分站的流量是目前速卖通各个国外站点流量最大、活跃用户最多的,其中俄罗斯团购占整个站点流量15%以上。

④ 团购(Group Buy)。消费者进入团购频道,选择商品,可选择发起团或者加入正在进行的团;部分商品仅可通过发起团来参加活动,以系统展示为准;当消费者在规定时间内(前台展示倒计时)达到规定人数要求,用户即可成功成团,成功后该团的所有团员将能够以优惠价格("团购价")购买产品;不同商品的规定人数要求可能会存在差异,如1人团、2人团、3人团、4人团、5人团等,具体以系统展示为准。平台本着建立消费者拼团心智的原则,会在商家报名活动价的基础上,择优选择部分商品酌情补贴0.1~10美元不等;平台会根据商品综合商品竞争力、团购热卖品类等因素综合评估补贴金额,补贴金额≤商家报名活动价×50%,且≤10美金。该活动是定向招商,仅被圈中商品的商家才可报名。

⑤ 金币频道。该活动是以金币为载体,致力于提升商家运营效率和消费者活跃度的虚拟货币流通体系:消费者可在加购、购后、游戏行为中获得金币,可享受折扣、兑换平台权益、参与各类互动;商家可以用金币参与各项活动玩法,获得流量资源。

⑥ 试用频道。在该频道,流量聚焦低价格带的商品(0~5美金),帮助卖家提升订单量(仅俄罗斯展示)。

2. 流量推广

1) 直通车(Keyword Advertising)

当买家搜索产品关键词时,可以通过关键词实时竞价,以提升产品信息的排名,通过大量曝光商品来吸引潜在买家。简单来说,速卖通直通车就是主动获取精准流量的营销工具。直通车的价值体现为以下几点:可以获得排名靠前且优质的展示位置;获得海量商机,全网精准流量;免费曝光,先点击后付费;数据监测,预算成本可控。部分直通车操作人员存在一个误区,认为直通车只要投钱,就会立即收获很多流量和订单,这是一个错误的观点,直通车的价值在于让店铺得到大量额外的曝光,合理配合其他运营手段,让店铺快速进入良性循环状态,进而得到长远、持续的收益。

(1) 直通车展示位置。目前直通车展位分为PC端和移动端。PC端的推广位在主搜页和搜索页底部的智能推荐位,如图6-6(a)和图6-6(b)所示。PC主搜页中,60个商品为一页,直通车推广位从第5位起,隔4有一个直通车推广位,即第5、10、15、20、25、30、35、40、45、50、55、60位。移动端的推广位含App端和手机网页端,主搜页为20个商品一页,移动端App推广位上线混排功能,即固定推广位变为动态推广位,最高可抢到搜索结果页首页第2位,如图6-6(c)所示。需要注意的是,具体直通车展位会随着商品更新变化有所调整,具体以实际展示为准,直通车推广商品带有"AD"标识。

主搜页直通车推广位提升至第5位(隔4插1)
即第5、10、15、20、25、30、35、40、
45、50、55、60位

(a) PC端主搜页

(b) PC端搜索页底部的智能推荐位

(c) 移动端直通车推广位

图6-6　速卖通直通车展示位置

排名靠前可以获得直通车推广位曝光。商品排序的主要影响因素有关键词的推广评分和出价。某个关键词的推广评分和出价越高,搜索结果中商品排名靠前的机会越大。商品和关键词相关性越强,推广评分可能越高。简单来说,出好价,选好词,商品就有机会排名靠前,获得推广位曝光。同一关键词可以根据不同人群、不同国家地域设置不同出价。

根据直通车的使用情况,速卖通直通车会员每月将被赋予一个成长值以及对应的成长等级,分别为实习车手、中级车手、高级车手、资深车手、车神。成长等级越高,享受到的会员权益越大。

(2) 直通车的使用。直通车使用流程如图6-7所示。

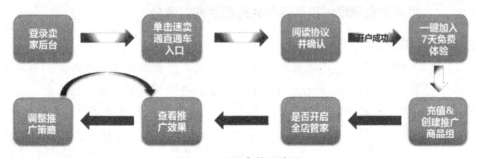

图6-7　直通车使用流程

(3) 直通车推广方式及其功能。直通车推广方式分为自主推广和智能推广两种。

① 自主推广需要卖家自己选择要推广的产品,自己选择推广关键词。这种方式适用

于熟练及较精通直通车的卖家。自主推广又分为快捷推广和重点推广。

快捷推广方式可以批量选择多个推广商品，为多个推广商品设置同一批关键词，且关键词有统一的出价，适用于前期测款；当未确定哪个商品适合推广时，可以为同类型的多个商品设置快捷推广，观察商品表现；也适用于普通商品的批量推广。卖家最多可以建30个快捷推广计划，每个计划最多容纳100个商品、20 000个关键词。快捷推广中的批量选词、出价等功能帮助卖家更加快速建立自己的计划，捕捉更多流量，并从中筛选有推广潜力的商品。

重点推广方式是选择1个推广商品，为它独立设置一批关键词，且每个关键词可以不同出价。商品和关键词的组合称为推广单元，同一个重点推广中可以包含多个推广单元，每个单元独立。卖家最多可以建10个重点计划，每个重点计划最多包含100个单元。每个单元内可以最多容纳1个商品、200个词。建议优先选择市场热销或自身有销量有收藏、价格优势的商品来进行推广(可参考商品分析中的成交转化率、购物车、搜索点击率等数据)。

② 智能推广需要卖家自行选择需要推广的产品，但无须选择推广关键词，设置期望出价范围，建议一次添加商品最好不要超过10个，最多允许添加100个。智能推广按照推广需求分为智能测款、智能打爆和全店管家。

智能测款，可以选择多个推广商品，系统自动选择推广关键词，且设置期望的最高价格，以低于最高价格去争取流量，每个商品都能拿到接近的流量，能够观测不同的商品拿到流量后的转化效果，适用于前期测款。自主选择关键词的能力较弱或精力较少的卖家可选择这种推广方式(相当于系统代替商家智能选词和动态调整出价)。

智能打爆，可以选择多个推广商品，系统会自动选择推广关键词，且设置期望出价，并在期望出价上有40%动态调整，尽可能多地帮助商家拿到更多流量和成交订单，如果竞争激烈时系统帮助出价最高达到140%，适用于推广爆品。卖家明确市场热点，希望能够网罗更多关键词和动态调整出价的，可以使用智能打爆这种推广方式。

全店管家，即全店商品一键托管，智能匹配流量。开启全店管家后，除加入推广计划外的所有商品被默认加入托管，可以选择将部分商品屏蔽。这种推广方式适用于店铺网罗低价流量，同时也用于全店测款。

> **小知识** 直通车扣费规则和直通车关键词的推广评分

1. 直通车扣费规则

(1) 直通车扣费节点。速卖通直通车会在买家点击所展示的推广商品时，对卖家收取一定的推广费用，收取的费用由触发此次展示的推广关键词决定。扣费公式为

点击扣费=(下一名客户的出价×下一名客户的推广评分)/卖家自身的推广评分+0.01元

(2) 实际扣费不超过出价。实际点击扣费不会超过出价，实际点击扣费小于或等于出价。

(3) 非推广位上的展示点击不扣费。当买家在非推广位上点击自然展示的商品时，不会对卖家收取推广费用。

(4) 直通车结算时间。直通车的结算时间是美国时间0：00—2：00，结算完成前一天

的直通车花费。

2. 直通车关键词的推广评分

推广评分主要用于衡量卖家推广的商品在该关键词下的推广质量，分为优、良、"--"三档，如图6-8所示。

 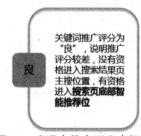 

图6-8　直通车推广评分介绍

推广评分不仅决定了商家的推广商品是否有资格出现在哪些位置的直通车推广位上，还影响了商家推广商品被点击时产生的实际扣费。系统会根据多种影响因素定期自动计算更新评分，速卖通直通车会持续优化推广评分公式，商家也需要不断完善商品信息来优化推广评分。速卖通直通车推广评分的影响因素包括以下几个。

- 商品的信息质量(如属性填写完整程度、描述的丰富度等);
- 产品和关键词的相关性(如文本信息、类目、属性等);
- 买家搜索认可度(如点击、下单、评价等行为);
- 商家账户质量(如速卖通平台中该商家、商品处罚信息等)。

为了更好地保证推广效果，建议卖家定期地对推广商品信息描述进行优化，同时选择正确的推广行业，以持续提升商品推广评分，同时设置具有竞争力的出价。

2) 灵犀推荐

灵犀推荐区别于直通车的搜索广告(见表6-2)，它在速卖通各端的推荐场景下出现，不需要用户有主动的搜索行为，是一种有效获取更多曝光、为店铺提升影响力，从而更好建立品牌认知，促成转化的一项广告产品与服务。

表6-2　灵犀推荐与直通车的区别

对比项目	直通车	灵犀推荐
覆盖人群主要购买动机	直接搜索购买	边逛边买
广告露出位置	搜索结果页	各推荐商品场景
广告转化效果	★★★★★	★★★★
广告特征	被动等待搜索	主动推荐
调优核心思路	关键词调优	人群定向与创意

灵犀推荐PC端广告展示位置在产品详情页more to love模块最右一列，无线端广告展示位置在more to love最底部一行。灵犀推荐广告是按照点击扣费的，只有用户产生了点击展示商品的行为，才会扣费。灵犀推荐设置路径为登录速卖通后台，依次单击"营销活

动"—"直通车"—"灵犀推荐"。灵犀推荐设置入口如图6-9所示。

图6-9 灵犀推设置入口

3) 钻展

钻展是一款释放店铺充分曝光诉求的广告产品,帮助商家突破类目限制,更广泛地获取潜在受众(访客),辅助品牌认知的建立。钻展广告位于速卖通首页焦点图处。钻展广告目前按照合约方式售卖,以曝光计费,每千次曝光固定单价。

钻展设置路径为登录速卖通卖家后台,依次单击"营销活动"—"直通车"—"钻展",进入钻展(见图6-10),并按以下步骤进行投放。

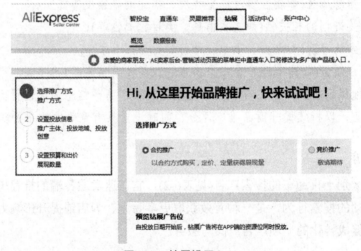

图6-10 钻展设置入口

第一步,设置计划名称和投放时间段(注意时间为美国西部时间,建议拉长到5天以上投放,以积累优质的数据,达到更好投放效果)。

第二步,选择定向和制作创意(选择需要广告展示的地区;通过平台创意模板工具生成广告素材)。

第三步,设置计划的预算和出价(选择在投放时间段的计划总预算,以及选择合约出价)。

第四步,合约生成,等待投放。

6.2.2 亚马逊平台站内推广

对大部分亚马逊商家来说，站内广告是不可或缺的促进商品曝光和推动销售的推广手段。

1. 亚马逊站内广告的类型

对第三方卖家来说，亚马逊站内广告主要有商品推广广告(sponsored products)、品牌推广广告(sponsored brands)和展示型推广广告(sponsored display)，如图6-11所示。

图6-11 亚马逊平台广告类型

1) 商品推广广告

商品推广广告是采用点击付费(cost per click，CPC)模式的广告，用于在亚马逊上推广单个商品。广告商品可能会展示在购物搜索结果顶部(见图6-12)、旁边或中间以及商品页面上，且可在电脑端和移动端展示。此外，此类广告将基于相关关键词或商品向顾客展示。商品推广广告适用于专业卖家、供应商、图书供应商、Kindle自助出版(Kindle direct publishing，KDP)作者和服务商。

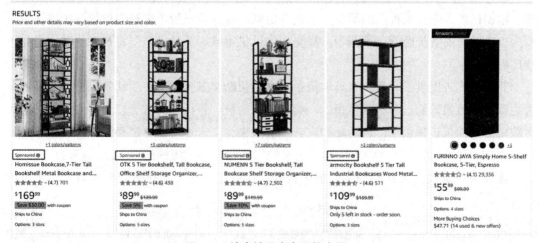

图6-12 搜索结果中商品推广展示

商品推广广告的设置分为三步：第一步，设置广告活动持续时间(或将其设置为"无结束日期"来让广告活动不间断投放)和预算。第二步，确定要投放的关键词或商品，或选择自动投放，让亚马逊将卖方的广告与相关搜索词和商品进行匹配。第三步，选择要推广的商品，设置竞价，并启动广告活动。

2) 品牌推广广告

品牌推广广告是点击付费(CPC)广告，可用于展示卖方的品牌徽标、自定义标题和多件商品。此类广告会展示在相关的购物搜索结果中，有助于购买类似商品的顾客发现卖方的品牌。此类广告可能会展示在购物搜索结果顶部、旁边或中间，且可在电脑端和移动端展示。品牌推广面向已进行亚马逊品牌注册的专业卖家、图书供应商及其他供应商和广告代理商。

品牌推广广告有商品集、品牌旗舰店焦点、视频三种格式，如图6-13所示。商品集使用图片将流量引导至商品详情页面，以推广多件商品；品牌旗舰店焦点将流量引导到品牌旗舰店，包括子页面；视频是使用自动播放的视频展现单件商品。

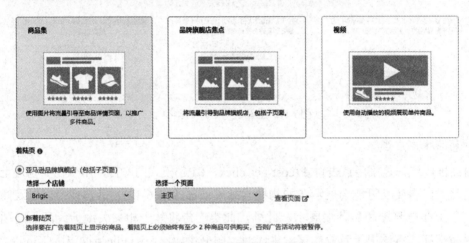

图6-13　品牌推广广告格式

品牌推广广告的设置分为四步：第一步，设置广告活动的持续投放时间和预算；第二步，添加标题并选择要推广的商品，创建并定制广告；第三步，选择要投放的关键词以及要为点击设置的竞价金额；第四步，提交广告以供审核。亚马逊推广将在72小时内进行审核广告。

亚马逊广告提供了一系列工具和报告，可以帮助卖家分析广告活动效果并衡量广告是否达到预期效果。通过品牌新客指标，卖家可以衡量广告活动在过去12个月中触达的新顾客数量。其他报告提供了广告活动和广告位的效果、广告点击量、销售额和广告投入产出比(ACOS[①])等指标，其中ACOS代表了卖家的广告花费占销售额的百分比。启动广告活动后，卖家可以通过图形化的控制面板来查看广告效果，也可以在报告页面查看可下载的报告。

---

① ACOS，advertising cost of sale，亚马逊广告销售成本比，ACOS = ad spend(总广告投入)/ sales revenue(总销售额)×100%，spend是单次点击的费用，sales是客单价和单数。ACOS 值越小，说明广告投入所产生的效益越好。

3) 展示型推广广告

展示型推广广告是一种自助式展示广告解决方案，可吸引亚马逊站内及站外顾客，进而帮助卖家拓展业务并发展品牌。当受众在亚马逊首页、商品详情页、购物搜索结果页面、Twitch以及特定站点(印度、日本、澳大利亚站点当前不支持站外广告)的第三方网站和应用程序上浏览、研究或购买商品时，展示型推广广告可以触达这些受众。已进行亚马逊品牌注册的卖家、图书供应商、其他供应商以及拥有在亚马逊上销售商品的客户的服务商可以使用展示型推广广告。

展示型推广广告按CPC或CPM付费，没有最低预算要求，可以指定每日竞价和预算，还可以随时更改竞价，也可以随时暂停广告活动。展示型推广的效果可通过ROAS(return on advertising spend，广告投资回报率)、品牌新客订单量和点击率等指标来衡量。

启用展示型推广广告需要四步：第一步，设置每日预算；第二步，选择商品；第三步，选择投放方案：内容相关投放或受众投放；第四步，指定竞价。

2. 亚马逊商品推广的策略

商品推广广告有利于帮助卖家提升商品销量，对新品来说，可以增加商品的曝光机会，进而提升商品转化率。卖家要想做好商品广告需要运用一定的技巧，否则只会浪费资金和时间。

1) 推广选品策略

首先，推广选品优先选择大众款。对于存在变体的商品，无须对所有的变体都投放广告，可以优先选择受大众认可的款式进行广告投放，以这些大众款为店铺主打商品吸引流量，点击进入广告商品详情页的买家，如果有个性化需求，自然会关注个性款。其次，避免选择单价过低的商品进行推广。为了保持商品价格的均衡，每个店铺中商品的价格定位不同，但是在做广告的时候，必须坚决排除低价的产品。商品单价高，意味着商品获得的利润较高。只有利润的绝对值大了，才能支撑广告支出，才能实现广告产出大于投入的效果。如果卖家为售价仅几美元的手机保护壳投放广告，即使广告做得再好，最终也难逃亏损的结局。

2) 关键词选择策略

首先，选择商品属性相近的关键词，如包含商品的功能、材质、颜色、风格、使用场所等一两种属性的关键词，因为这些关键词都是与商品较为匹配的，能够缩小商品的搜索范围，进而提高广告转化率；其次，不建议使用大词、超热词、不精准的词；最后，控制关键词数量，通常情况下，一款商品选择5～10个关键词即可。

卖家还可以借助关键词分析工具来帮助自己整理和筛选关键词。首先，卖家可以从亚马逊搜索下拉框中选词，亚马逊搜索下拉框中给出的词都是搜索量较高、比较热门的词，卖家可以将这些词进行筛选，选出商品推广广告的关键词。其次，卖家可以借助关键词挖掘工具(如Google Trends、Google AdWords等)获得更加系统、详细的关键词。最后，卖家可以通过查看竞争对手的标题，尤其是搜索结果页面排名比较靠前的竞争对手的商品标题来获取更多的关键词。

3) 优化详情页策略

投放广告是为了给商品提升曝光量和流量，如果商品详情页没有做好，就很难达到引流和转化订单的目的。因此，卖家在选定一款商品并为其投放广告时，必须要确保该商品的详情页是完整的，商品详情页中的图片、标题、特性描述、商品描述等的设置都要准确、详细，具有吸引力。其中，做好商品主图的优化工作十分重要，因为无论是搜索结果还是广告展示，主图都是关键因素，优质的主图是吸引潜在买家点击广告的首要条件。

6.2.3　eBay平台站内推广

eBay平台的站内推广方式可以分为促销推广与广告推广两种方式。

eBay营销推广方式

1. 促销推广

eBay后台除了正常刊登产品之外，也可以设置各种促销活动来帮助卖家促进成交，提升销售额。eBay平台的站内促销方式共5种：订单折扣(Order discount)、运费折扣(Shipping discount)、批量购买折扣(Volume pricing)、虚拟折扣券(Codeless coupon)、特价(Sale event+Markdown)。促销活动设置路径如图6-14所示：登录卖家中心，单击"Marketing"，单击"Manage Promotions"，进入eBay促销活动设置页面。需要注意的是，只有开通店铺，才能开展促销推广系列活动，但批量购买折扣(Volume pricing)活动不开通店铺也可进行设置。

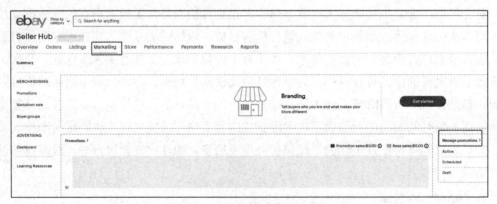

图6-14　eBay促销活动设置路径

1) 订单折扣(Order discount)

Order discount活动共有"Spend""Quantity""Buy one，get one""No minimum purchase"4种选择。

(1) "Spend"是一种满减类型的促销活动，包括以下3种形式：满多少金额减多少金额；满多少金额后享受多少百分比的折扣；每满多少金额减多少金额。

(2) "Quantity"是另一种形式的满减活动，包括以下3种形式：买满多少件减多少金额；买满多少件享受多少百分比的折扣；每买满多少件减多少金额。

(3) "Buy one，get one"是一种买送形式的折扣，包括了以下4种形式(以买一送一举例)：买一送一；买一件，另外一件享受多少百分比的折扣；买一送一(每一单仅使用一次)；买一件，另外一件享受多少百分比的折扣(每一单仅使用一次)。

(4) "No minimum purchase"的促销活动包括了以下3种形式：买1个或更多时省多少；享受多少百分比的折扣；单件产品减多少金额的折扣。

卖家可根据自己的需求进行活动方式及金额的选择。

> 📝 **小知识** 订单折扣(Order discount)适用范围及优点 >

1. 适用范围

单个产品页面、某一具体品类或是某一部分的库存。

2. 优点

(1) 自由度高。随心选择促销活动开始和进行的时间范围。

(2) 多种组合方式。买家可以从你的店铺和库存中选择不同的商品，进行混合和匹配。当买家购买了两件或以上的同一商品时，卖家可以自行选择提供哪一级别的折扣，例如，一个买家买了两件相同的物品，卖家可以提供5%的折扣；另一位买家买了5件相同的物品，那么卖家可能可以提供到15%的折扣。

(3) 获得额外的运费折扣。这种优惠主要针对那些不提供免运费服务的卖家，或是将支付运费作为升级策略的一部分来提高送货速度的卖家。例如，当买家购买不止一件商品时，卖家可以提供免运费或运费折扣服务。又如，如果卖家已经不能再进一步折扣运费，但他可以通过勾选加快运输选项，来代替部分的运输折扣。

2) 运费折扣(Shipping discount)

运费折扣，即多件产品减免运费。这个活动有效的前提是设置好合并订单规则。

运费折扣设置路径：My eBay—Account—Site preferences—Shipping preferences，设置页面如图6-15所示。

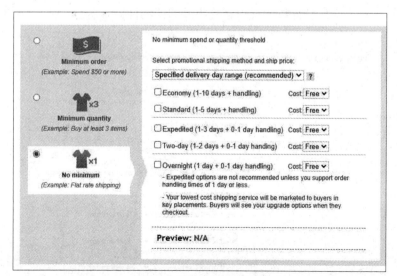

图6-15 运费折扣设置页面

举例如下：

Free Economy Shipping on orders over $25.

Free Expedited Shipping on Orders over $49.

Upgrade to 2-day shipping for $10.

Upgrade to Overnight shipping for $25.

3) 批量购买折扣(Volume pricing)

eBay批量购买折扣可为购买多件商品的买家提供分层折扣，如图6-16所示。在批量购买折扣下，买家能更方便地批量购买物品，也能节省运费。批量折扣设置路径：登录eBay卖家后台，单击"Marketing"，选择"Promotions"，单击"Create a promotion"，下拉菜单中选择"Volume pricing"。

图6-16　批量折扣前台显示页面

目前，eBay平台推出了快速设置Volume pricing，如图6-17所示。操作如下：卖家在刊登产品时就进行数量折扣的设置，不需要再进入到卖家中心的"Marketing"进行促销设置，这样的操作对于卖家设置数量折扣有着明显的便利性。

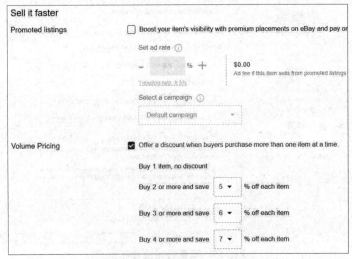

图6-17　批量折扣快速设置页面

> **小知识** 批量折扣注意事项

(1) 账号表现优良的卖家即便没有开店也可以快速设置Volume pricing。

(2) 不管是单属性还是多属性的产品页面都可以设置Volume pricing。

(3) 至少需要设置一个层级的折扣,也可以设置全部的3个层级,但不可以跳跃式地设置层级折扣。比如说设置完购买2个的折扣后只能继续设置购买3个的折扣,而不能跳跃设置购买4个及以上的折扣。

(4) 卖家能暂停或浏览一个在线的促销,恢复、删除或浏览一个暂停的促销或者删除一个已结束的促销活动。卖家能浏览但不能编辑一个在线的数量折扣促销。

(5) 数量折扣只针对一口价的产品页面。对于数量为1的一口价产品页面,不具有此功能。

(6) 对于SKU或商品(item) ID只能进行一次数量折扣的设置,若后续再次对此SKU或商品(item) ID进行了数量折扣的设置,则以最后一次的折扣为准。

4) 虚拟折扣券(Codeless coupon)

Codeless coupons是可以为特定的客户群设置的一个专属虚拟折扣券。这是一种卖家通过发券鼓励买家购买更多产品,同时给买家折扣的促销方式。设置Codeless coupon最重要的一点是只有收到coupon URI (优惠券链接)的买家才能享受折扣,其他买家均看不到折扣产品。虚拟折扣券设置页面如图6-18所示。

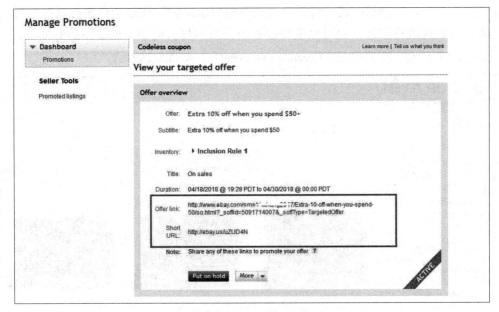

图6-18 虚拟折扣券设置页面

> **小知识　虚拟折扣券(Codeless coupon)适用范围及优点**
>
> 1. 适用范围
>
> 有自己联系客户的渠道，或习惯在社交媒体上发布内容，或有固定的时事通讯订阅的卖家。
>
> 2. 优点
>
> (1) 精准点对点。不是以非定向的方式向所有人提供，而是把特定的URL嵌入到卖家的内容中，直接向特定买家群体提供促销服务。
>
> (2) 引流和代替补偿。卖家可以将优惠券附加在一个购物套餐中，吸引买家购买打折的商品。在过去，每当有买家要退货时，对卖家来说堪比一场"灾难"，但codeless coupons可以提供一个让双方都满意的处理方法，即买家收到优惠券的补偿。例如，卖家可以与买家沟通，告知买家这个链接上所有的东西都是仅你可见的，整个库存有25%的折扣也是为你打的。如果买家因而还看到了其他想买的东西，他们的心情会更好，还会下意识地认为这是专属于双方的"秘密交易"。

5) 特价(Sale event + Markdown)

Sale event，就是以合集形式将所有打折产品统一展现给买家，如图6-19所示。Markdown，就是对选中产品进行降价，如图6-20所示。Sales event + Markdown设置路径：登录卖家中心，单击"Marketing"，单击右上角"Create a promotion"，选择"Sales event + Markdown"按钮，进入打折产品刊登的管理页面。在这个页面可以对打折有效期或者打折幅度进行修改，也可以重新创建一条新的打折促销。创建新的Sales event + Markdown打折活动，需要单击"Create a sale event"，如图6-21所示。

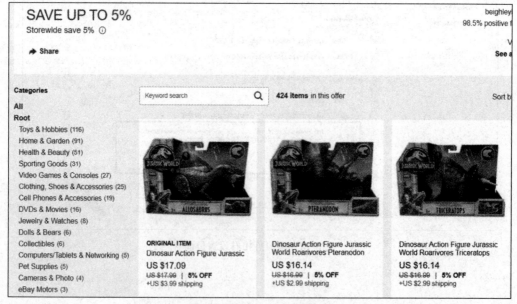

图6-19　Sale event效果展示

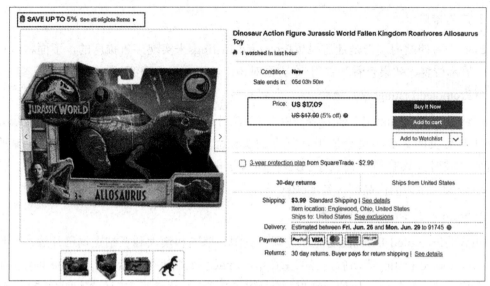

图6-20 Markdown降价产品效果展示

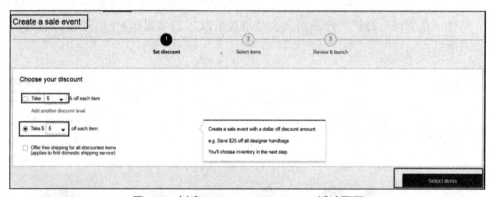

图6-21 创建Sales event + Markdown活动页面

> **小知识** Sale event + Markdown使用注意事项

(1) 单一满减活动可加入的刊登物品数量为500个(若选择个别物品)或10 000个(若采用类别为主的规则)。

(2) 若以百分比打折形式设置Markdown,则折扣比例为5%~80%。

(3) 一次打折活动的时长不超过45天。

(4) 一条产品页面只能同时参加几个打折活动,但以首次被绑定时的折扣来计算。当然,一条产品页面可以加入多个预定推出而尚未进行的满减活动中。

(5) 起码相隔1日才可再次设置满减活动。

(6) 预刊登的时间最长只能设置提前180天。

(7) 美国站卖家可以对在线商品随时创建打折促销活动。

2. 广告推广

eBay平台的站内广告是通过设置Promoted Listings来实现广告推广的,下面将从推广简介、展示位置、效果查看和费用4个方面对该广告方式进行介绍。

1) Promoted Listings推广简介

eBay推出的Promoted Listings("PL")工具可让卖家所售卖的产品获得更大的曝光。它能让产品页面有更多机会展现在更多的买家面前,使更多买家更快地找到卖家的产品页面。同时,只有通过使用了PL版位而售卖出的产品才会收取相应的广告费。带有"Sponsored"字样的产品即为参加eBay平台广告推广的产品。

2) Promoted Listings展示位置

eBay的Promoted Listings功能在美国、英国、德国和澳大利亚站点均已开放,一旦产品参加Promoted Listing活动后,当买家在电脑端或手机端进行搜索时,产品页面会被推广出现在特定的一些版位,如搜索结果页(见图6-22)、产品详情页中间位置(见图6-23)、结单页(见图6-24)。每页查看搜索结果为50个产品,则搜索结果页最多会有10个版位给到PL的产品。同时,在第15~25位的产品页面会动态显示PL,最多显示4个PL产品,也可能一个产品都不显示。

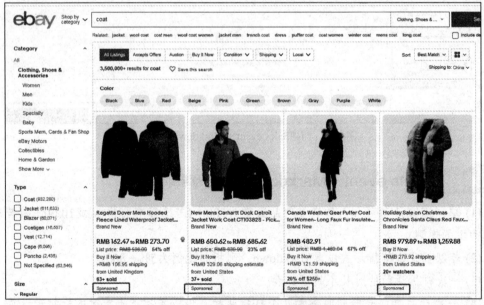

图6-22　PL产品在搜索结果页展位

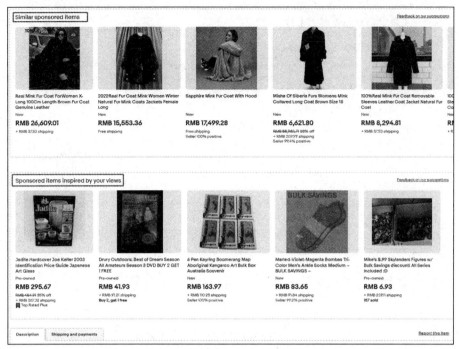

图6-23　PL产品详情页展位

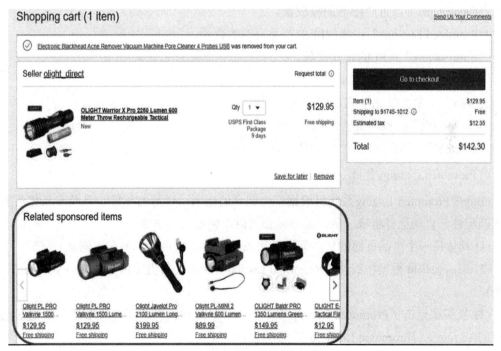

图6-24　PL产品结单页展位

3) Promoted Listings效果查看

eBay的Promoted Listings效果可以通过后台查看，具体路径：登录卖家中心，单击"Marketing"标签，单击"ADVERTISING"中的"Dashboard"，如图6-25所示。

图6-25　Promoted Listings效果查看路径

卖家可以从以下几个标签判断PL推广效果。

"Campaigns"：推广服务的投放量。

"Promoted Listings"：参加PL的产品页面的数量。

"Impressions"：PL的曝光次数。

"Clicks"：PL的点击量。

"Sold"：参加PL活动售出的数量。

"Ad fees($)"：推广费。

"Sales($)"：使用PL所产生的销售额。

4) Promoted Listings费用

eBay的Promoted Listing系统将根据广告佣金的比例、产品的质量，以及产品和买家搜索的匹配性，自动选择将哪一些产品页面在何时、何处推荐出来。

(1) 具体每一个产品页面的广告佣金都可以单独由卖家设置，佣金比例从1%起。

(2) eBay会每周根据在线使用Promoted Listing的情况，向卖家推荐Category trends(类别趋势)。

(3) 当买家点击了Promoted Listing的广告，并且在30天内购买，卖家才需要根据预先设置的Ad rate支付Promoted Listing的广告佣金。

6.2.4　Wish平台站内推广

ProductBoost(PB)，是结合商业端数据与后台算法，增加产品曝光与流量的工具，是Wish推出的站内推广方式，也是Wish较主要的推广方式，下面将重点介绍该种推广方式。2020年6月，Wish还在PB的基础上推出了一个新的功能Intense Boost(见图6-26)，卖家需要花更多的钱在PB的基础上使用Intense Boost功能,Wish将推广对象显示在曝光度更高的位置。

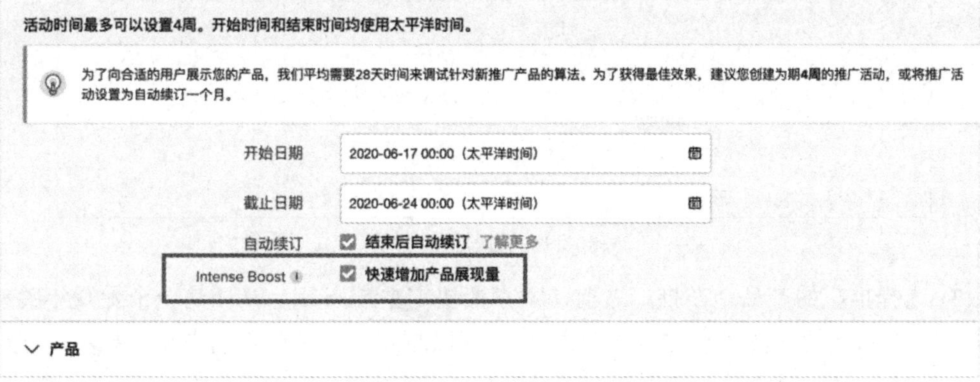

图6-26 Intense Boost功能位置

ProductBoost是非常经济有效的引流方式,采用的是CPM的竞价方式,即按单项产品展示给潜在消费者1000次收取费用,也就是该关键字的价格。当产品在消费者的手机界面中出现过,即算作1次成功的展示,如此成功出现过1000次,无论消费者是否点击查看或者购买,都按关键字价格收费。

ProductBoost的设置流程如下所述。

(1) 找到ProductBoost,单击"创建活动",如图6-27所示。

图6-27 ProductBoost创建

(2) 设置活动名称和活动时间,如图6-28和图6-29所示。

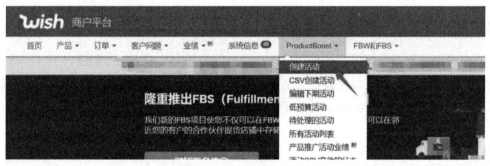

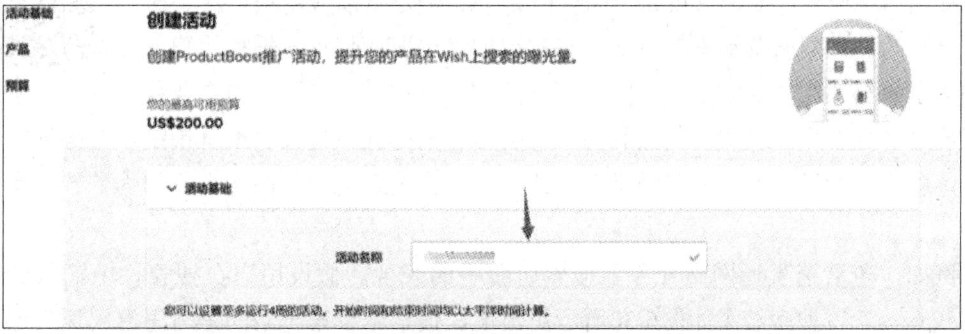

图6-28 设置活动名称

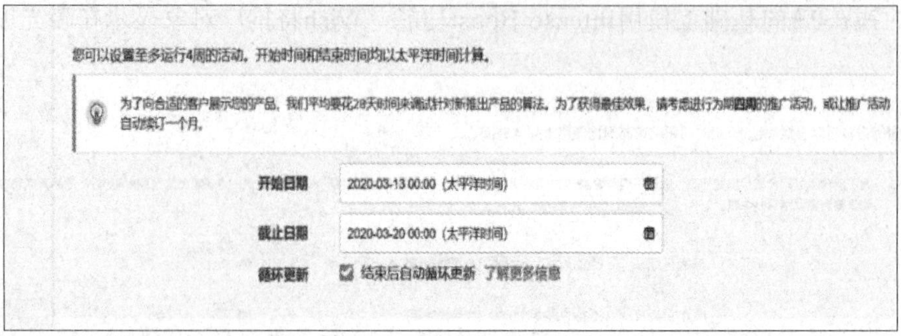

图6-29 设置活动时间

(3) 选择推广的产品。在推广之前，卖家要决定主推产品。Wish是一个受众年龄相对偏年轻的平台(用户年龄段在15~30岁之间)，所以越新奇、越便宜的产品，越容易成为爆款。适合做PB推广的产品类型有以下几项：符合流行趋势的产品(与热点事件、节日相关的产品)；新奇的产品(Wish上没有的)；其他跨境电商平台热销、Wish还没热销的产品。

(4) 设置关键词。推广关键词的选择对推广效果起着至关重要的作用。推广关键词要是符合大多数买家平时的搜索习惯的常用词汇。选择推广关键词时，卖家可以借助谷歌趋势工具来判断用户的搜索趋势，也可以借助Wish关键词工具。

(5) 设置推广预算。设置预算是ProductBoost的最后一步，需要注意的是节假日PB竞争激烈，建议预算设置需要比平时高一些，设置完成之后保存，PB即创建完成。

6.3 跨境电子商务站外推广

站外营销推广是指应用站外推广渠道，将站外流量吸引到平台内的推广方式。搜索引擎营销、电子邮件营销、社交媒体营销是目前常用的站外引流的营销推广方式，有的跨境电商平台也为卖家提供了站外引流的便利工具，如速卖通的"联盟营销"。

6.3.1 搜索引擎营销

1. 搜索引擎营销的概念

搜索引擎营销

搜索引擎营销(search engine marketing，SEM)是目前应用最广泛、时效性最强的一种网络营销推广方式。它利用搜索引擎的特点，根据用户使用搜索引擎检索信息的机会，配合一系列技术和策略，将更多的企业信息呈现给目标客户，从而使其盈利的一种网络营销方式。搜索引擎营销是以关键词搜索为前提，以营利为目标的一种营销推广方式，被广大的跨境电子商务企业作为首选营销推广策略。

例如，查看速卖通网站在谷歌搜索引擎中的表现。假设用户在搜索栏中输入关键字"aliexpress"，搜索结果如图6-30所示：出现在搜索结果第一条的是阿里巴巴速卖通官方网站，从"广告"字样不难判断出，其通过关键词竞价排名广告而获得排在搜索结果里的第一位。

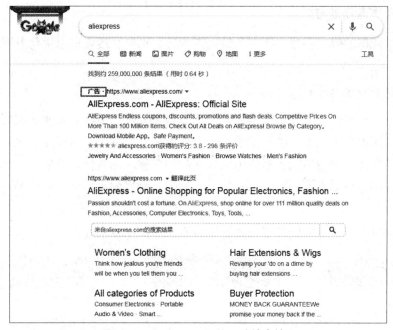

图6-30 "aliexpress"的谷歌搜索结果

2. 搜索引擎营销的特点

(1) 以企业网站为基础。一般来说,搜索引擎推广作为网站推广的常用方法,在没有建立网站的情况下很少被采用(有时也可以用来推广网上商店、企业黄页等)。搜索引擎营销需要以企业网站为基础,企业网站设计的专业性又会对营销的效果产生直接的影响。

(2) 以信息为向导。搜索引擎检索出来的是网页信息的索引,一般只是某个网站的简要介绍或者搜索引擎自动抓取的部分内容,而不是网页的全部内容,因此这些搜索结果只能发挥一个"引子"的作用。如何尽可能好地将有吸引力的索引内容展现给用户,能否吸引用户根据这些简单的信息进入相应的网页继续获取信息,以及该网站能否给用户提供所期望的信息,这些都是企业在使用搜索引擎营销时需要研究的主要内容。

(3) 以用户为主导。没有哪个企业或网站可以强迫或诱导用户的信息检索行为,使用什么搜索引擎、通过搜索引擎检索什么信息完全是由用户自己决定的,在搜索结果中点击哪些网页也取决于用户的判断。因此,搜索引擎营销是由用户主导的,最大限度地减少了营销活动对用户的干扰。

(4) 实现高程度的定位。网络营销的主要特点之一就是可以对用户行为进行准确分析并实现高程度定位,而搜索引擎营销在用户定位方面具有更好的功能,尤其是在搜索结果页面的关键词广告,完全可以实现与用户检索所使用的关键词高度相关,从而提高营销信息被关注的程度,最终达到增强营销效果的目的。

(5) 以网站访问量的增加为效果。搜索引擎营销的使命是获得访问量,至于访问量能否最终转化为收益,不是搜索引擎营销可以决定的。这也说明,提高网站的访问量是搜索引擎营销的主要内容,但不是全部内容。

3. 搜索引擎营销的方式

搜索引擎营销的推广手段主要有关键词竞价排名推广、搜索引擎优化及网站广告联盟推广。

1) 关键词竞价排名推广

关键词竞价排名推广是搜索引擎营销中的一项重要推广手段。企业通过购买关键词，使企业的广告能够呈现在用户搜索结果的上端、下端及右侧。众所周知，用户在搜索一件产品时，往往会在搜索引擎的搜索栏中输入产品的名称，浏览搜索结果。那么如何才能让自己的企业或网站排名靠前，更容易被用户看到呢？最好的办法就是购买关键词广告进行竞价排名推广。

下面就简单介绍一下实施关键词竞价排名的大致流程（见图6-31）。

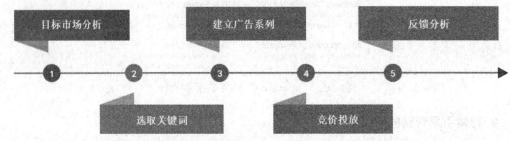

图6-31 实施关键词竞价排名广告流程

(1) 目标市场分析。在进行搜索引擎营销之前，需要对目标市场进行分析。对出口跨境电子商务来说，目标市场分析应至少包括消费人群分析、竞争对手分析、产品属性分析。其中，竞争对手分析尤为重要。

① 消费人群分析。企业通过分析消费人群，了解目标用户在各个购买周期关注点的变化和影响因素，如目标用户在哪些国家和地区；目标用户有哪些购买习惯；目标用户经常浏览哪些网站；目标用户用哪些方法寻找他们需要的产品和服务等。企业分析透彻这些问题后，营销推广工作就有针对性了。

② 竞争对手分析。当前，通过一些付费软件可以获取竞争对手的产品信息和网站信息，明确竞争对手是谁，了解每个竞争者的产品情况，分析竞争者的优势与劣势，分析竞争者的战略与目标，从而进行有针对性的营销。

③ 产品属性分析。从企业的角度分析，产品属性就是指产品本身的一些性能特点或产品能做什么，即产品特征。从消费者的角度出发，产品属性就是指消费者能从这个产品中获得什么，即消费者利益。

(2) 选取关键词。企业在进行搜索引擎营销时，最为重要的莫过于选好关键词，并对关键词建立良好的关联管理。企业需要收集整理与企业品牌、行业特性、产品线、产品特征和营销活动等相关的关键词。关键词获取可以从以下几个方面入手。

① 收集行业关键词。借助谷歌趋势和关键字规划师工具来收集行业关键词。

② 整理目标用户习惯搜索词。企业应将罗列出的关键词与目标受众的搜索习惯进行

对比。跨境电子商务企业与目标受众交流的第一原则就是使用目标受众的语言，使关键词更符合目标用户的搜索习惯。

③ 根据竞争对手的词汇选择关键词。企业还应时刻了解在搜索引擎上的行业竞争状况。企业应全面了解每个关键词的广告效果，选择的每一个关键词都是精准的，对每一个广告的绩效，包括覆盖率、点击率、转化率都一清二楚。

(3) 建立广告系列。有了一份比较全面的关键词清单后，便可着手建立广告系列了。Google AdWords账户可以制作25个广告系列，每个广告系列包括若干个广告组。可以将词性结构类似且语义相近的关键词(通常10个左右)集中在一起，形成一个广告组。基于组里的关键词，制作对应的广告语并确定着陆页。对于广告着陆页，要让消费者点击之后直接看到相应的产品或服务信息。

(4) 竞价投放。有了广告系列，就可以竞价投放了。根据谷歌算法，广告排名值=竞价×质量评分。因此，如果质量评分不高，即使出价很高，排名也不一定靠前。质量评分与关键词的相关性及点击率、广告的相关性及点击率、着陆页的相关性及加载速度、账户使用时间等因素有关。

(5) 反馈分析。竞价投放之后，需要对广告效果进行反馈分析。通过Google Analytics跟踪代码，可以得到很多的免费分析报告，并衡量广告的投资回报率(return on investment，ROI)。此外，也可以通过分割测试来筛选出更有效果的关键词、广告等。最后，根据反馈分析结果，对账户关键词、广告组和广告系列及竞价进行持续优化，以得到更好的投放效果。

2) 搜索引擎优化

搜索引擎优化(search engine optimization，SEO)推广的原理很简单，即通过一些技术手段，使网站、产品更容易被消费者搜索到，提升网站、产品在搜索页面的自然排名，从而获得更多流量，达到网站销售及品牌宣传的预期目标。搜索引擎优化包括两个方面：网站内部优化和网站外部优化。网站内部优化是指网站自身对自我结构、关键词、内容、页面元素等进行优化的过程。因为搜索引擎青睐的是那些结构清晰、运行稳定、速度快的高质量网站，这样的网站才更容易被搜索引擎搜索出来。网站外部优化是指建立高品质的外部链接。

搜索引擎优化

(1) 搜索引擎优化的特点。SEO的优点有以下几个：一是成本比较低，是一种免费的搜索引擎营销方式；二是优化效果比较稳定，因为用正规网站优化手法做好了排名的网站，只要维护得当，排名的稳定性非常强，所在位置数年时间也许都不会变动；三是精准度高，因为对于通过搜索引擎优化获得的用户，大部分都是通过搜索而来，比那些广告推广精准度会高很多，转化率要高；四是不用担心无效点击，通过正规SEO技术所优化的网站排名效果比较稳定，是自然排名，不会按点击付费，不论竞争对手如何点击，都不会浪费企业的费用；五是所有搜索引擎通用，即便用户只要求针对Google进行优化，但结果无论是Bing、Yahoo还是其他的搜索引擎，排名都会相应地提高，在无形中带来更多的有效访问者。

SEO的缺点有以下几个：一是见效较慢，通过网站优化无法迅速获得较好排名，一般难度的词就需要2到3个月的时间，建议可以在销售淡季进行网站优化工作，到了销售旺季时排名也就基本稳定了；二是排名具有不确定性，由于各搜索引擎的排名规则不同，规则变动可能造成排名发生变化；三是搜索引擎优化的网站排名位置在竞价排名的网站之后。

(2) 搜索引擎优化的策略。关键字优化、标签参数优化、网站层次结构优化、网站内容优化和图片优化是搜索引擎优化的主要策略。

● 关键字优化。

第一，选取潜在客户在搜索产品时可能会使用的，并且与网站重点推广的产品、服务、信息密切相关的关键字。一个网页中的关键字以不超过3个为佳，网页中的所有内容都针对这几个核心关键字展开，搜索引擎才会认为该页面主题明确。第二，合理控制关键字密度，关键字在网页上出现的次数与该页面其他文字的比例称为关键字密度(keyword density)，控制关键字密度是搜索引擎优化策略中一个重要的因素。一般情况下，关键字的字数最好是文本数的2%～8%，要避免关键字堆砌。第三，要将关键字放在有价值的地方，以吸引搜索引擎的关注。

● 标签参数优化。

第一，标题优化。网页优化可以说是从标题开始的。在搜索结果中，抓取内容的第一行显示的文字就是该页的标题，同样在浏览器中打开一个页面，地址栏上方显示的也是该页的标题。因此，标题可谓是一个页面的核心。标题应该准确描述网页内容，简短精练，高度概括，含有关键词，但所含关键词不宜过多，不要超过3个词组。标题标签后台设置显示如图6-32所示。

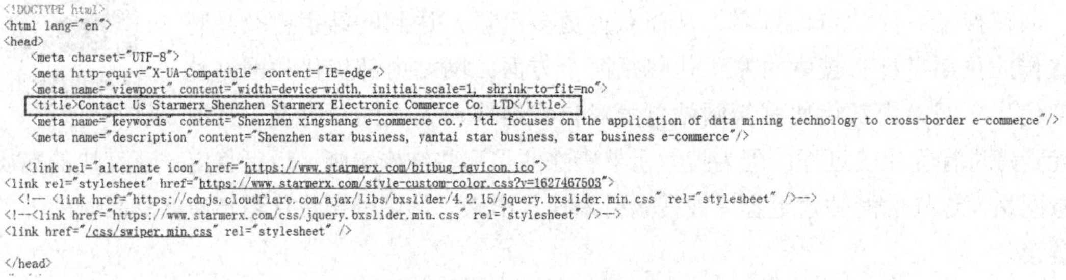

```
<!DOCTYPE html>
<html lang="en">
<head>
    <meta charset="UTF-8">
    <meta http-equiv="X-UA-Compatible" content="IE=edge">
    <meta name="viewport" content="width=device-width, initial-scale=1, shrink-to-fit=no">
    <title>Contact Us Starmerx_Shenzhen Starmerx Electronic Commerce Co. LTD</title>
    <meta name="keywords" content="Shenzhen xingshang e-commerce co., ltd. focuses on the application of data mining technology to cross-border e-commerce"/>
    <meta name="description" content="Shenzhen star business, yantai star business, star business e-commerce"/>

    <link rel="alternate icon" href="https://www.starmerx.com/bitbug_favicon.ico">
    <link rel="stylesheet" href="https://www.starmerx.com/style-custom-color.css?v=1627467503">
    <!-- <link href="https://cdnjs.cloudflare.com/ajax/libs/bxslider/4.2.15/jquery.bxslider.min.css" rel="stylesheet" /> -->
    <!--<link href="https://www.starmerx.com/css/jquery.bxslider.min.css" rel="stylesheet" />-->
    <link href="/css/swiper.min.css" rel="stylesheet" />

</head>
```

图6-32　标题标签后台设置显示

第二，关键词(keywords)标签优化。关键词提示搜索引擎本网站内容围绕这些词汇展开，因此关键词标签优化的关键是每个词都能在内容中找到匹配项，以有利于排名。详细的关键词标签优化技巧如前所述。与标题标签一样，关键词标签<keywords>也位于HTML文档的<head>元素中，如图6-33所示。

```
<!DOCTYPE html>
<html lang="en">
<head>
    <meta charset="UTF-8">
    <meta http-equiv="X-UA-Compatible" content="IE=edge">
    <meta name="viewport" content="width=device-width, initial-scale=1, shrink-to-fit=no">
    <title>Contact Us_Starmerx_Shenzhen Starmerx Electronic Commerce Co. LTD</title>
    <meta name="keywords" content="Shenzhen xingshang e-commerce co., ltd. focuses on the application of data mining technology to cross-border e-commerce">
    <meta name="description" content="Shenzhen star business, yantai star business, star business e-commerce">

    <link rel="alternate icon" href="https://www.starmerx.com/bitbug_favicon.ico">
    <link rel="stylesheet" href="https://www.starmerx.com/style-custom-color.css?v=1627467503">
    <!-- <link href="https://cdnjs.cloudflare.com/ajax/libs/bxslider/4.2.15/jquery.bxslider.min.css" rel="stylesheet" /> -->
    <!--<link href="https://www.starmerx.com/css/jquery.bxslider.min.css" rel="stylesheet" />-->
    <link href="/css/swiper.min.css" rel="stylesheet" />

</head>
```

图6-33 关键词标签后台设置显示

第三，描述(description)标签优化。网站描述用简短的句子告诉搜索引擎和访问者关于该网页的主要内容。用网站的核心关键词搜索后得到的搜索结果中，描述往往显示为标题后的几行描述文字。描述的重要性一般被认为在标题和关键词之后。描述标签后台设置显示如图6-34所示，与标题标签<title>和关键词标签<keywords>一样，描述标签<description>也位于HTML文档的<head>元素中。

```
<!DOCTYPE html>
<html lang="en">
<head>
    <meta charset="UTF-8">
    <meta http-equiv="X-UA-Compatible" content="IE=edge">
    <meta name="viewport" content="width=device-width, initial-scale=1, shrink-to-fit=no">
    <title>Contact Us_Starmerx_Shenzhen Starmerx Electronic Commerce Co. LTD</title>
    <meta name="keywords" content="Shenzhen xingshang e-commerce co., ltd. focuses on the application of data mining technology to cross-border e-commerce"/>
    <meta name="description" content="Shenzhen star business, yantai star business, star business e-commerce"/>

    <link rel="alternate icon" href="https://www.starmerx.com/bitbug_favicon.ico">
    <link rel="stylesheet" href="https://www.starmerx.com/style-custom-color.css?v=1627467503">
    <!-- <link href="https://cdnjs.cloudflare.com/ajax/libs/bxslider/4.2.15/jquery.bxslider.min.css" rel="stylesheet" /> -->
    <!--<link href="https://www.starmerx.com/css/jquery.bxslider.min.css" rel="stylesheet" />-->
    <link href="/css/swiper.min.css" rel="stylesheet" />

</head>
```

图6-34 描述标签后台设置显示

公司网站的标题通常以"公司名+关键词"为内容，以输入"Shenzhen xingshang e-commerce co., ltd."进行搜索为例，搜索结果如图6-35所示。

图6-35 标题标签、描述标签搜索结果展示

- 网站层次结构优化。

第一，优化导航结构。合理使用面包屑导航和网站地图可使导航结构得以优化，既方便网站用户使用，又有利于搜索引擎抓取网站页面。面包屑导航(breadcrumb navigation)是

一种作为辅助和补充的导航方式，它能帮助用户明确当下所在的网站位置，并快捷返回之前的路径。速卖通平台面包屑导航示例如图6-36所示。网站地图(site map)，又称为站点地图，是辅助导航的手段，是根据网站的结构、框架、内容，生成的导航网页文件。网站地图一方面可以提高用户体验，为网站访问者指明方向，并帮助迷失的访问者找到他们想看的页面；另一方面很多网站的链接层次比较深，爬虫很难抓取到，网站地图可以方便爬虫抓取网站页面，通过抓取网站页面，清晰了解网站的架构。网站地图一般存放在根目录下，并命名sitemap，为爬虫指路，增加网站重要内容页面的收录。

图6-36　速卖通平台面包屑导航示例

第二，优化网址。简洁、易于传达内容的网址更方便记忆，因此优化网址应尽量做到简洁明了，有意义，避免冗长、含义模糊。

● 网站内容优化。

网站内容质量关乎网站访客转化与黏性，提供对用户有益的内容是网站优化的重要工作。用户更倾向于分享、推荐高质量的网站内容，这也会提高网站在用户和搜索引擎中的声望。为了实现更好的优化效果，建议网站创建吸引力与实用性兼具的内容，撰写容易阅读的内容，有条理地组织内容。

● 图片优化。

一般情况下，搜索引擎对图像读取困难，同时图像文件直接延缓页面加载速度。因此，制作网页时，建议尽量避免使用内存大的图片，更不要采用纯图片。网站图片优化的核心有两点：一是增加搜索引擎可见的文本描述；二是在保持图像质量的情况下尽量压缩图像的文件大小。

3) 网站广告联盟

通过自动搜索匹配技术，企业的广告可以遍布互联网的各个角落，如门户网站、个人网站、论坛、博客等。不过并不是所有网站都能遍布这些角落，必须是访问量大、人气高的网站才行，在这样的网站上进行广告推广才能收到明显的成效。广告主只要按照自身的需求(即产品、企业性质)设定语言、地理区域、资金预算、投放时间等，提交给网站联盟平台就可以了。

以谷歌广告联盟为例,其广告联盟分为搜寻广告联盟和多媒体广告联盟两个部分。搜寻广告联盟展示在谷歌搜索结果网页、其他谷歌网站(如谷歌地图和谷歌购物)以及与谷歌合作显示广告的搜寻网站。多媒体广告联盟展示在谷歌网站(如YouTube、Blogger和Gmail)以及整个互联网数以千计的合作伙伴网站。根据预设,新的广告系列会在整个广告联盟上显示广告,从而获得高曝光率。如果效果欠佳,也可以排除广告联盟中的个别网站。

> **小知识 搜索引擎营销常用术语**
>
> **1. 点击量**
>
> 点击量是考核搜索引擎营销效果的核心指标,它表示企业在搜索引擎或相关联的网络上投放的广告到底给企业带来了多少流量。同时,点击是需要花费成本的,它决定了企业打算为每一个流量付出多少钱。
>
> **2. 转化率**
>
> 转化率(click value rate,CVR),指用户点击广告到达目标页面并有效注册或者购买产品的转化比率。CVR表达公式为
>
> $$CVR = 转化数量 \div 点击数量 \times 100\%$$
>
> **3. PV与UV**
>
> PV(page view,页面浏览量),指一个网站页面被浏览的次数。通常情况下,一次刷新被计数一次,因此无法单独用PV来衡量一个网页的浏览量高低,但浏览量高的网页,其PV值一定高。于是,有了另外一个指标——UV。UV(unique visitor,独立访问者),指访问某个站点或点击某个网页的不同IP地址的人数,一个客户端被定义为一个访客,而且在0:00—24:00内,相同的客户端只被计算一次。
>
> **4. CPC、CPM、CPS**
>
> (1) CPC(cost per click,按点击付费),用户点击一次支付一次费用,这是网络中最常见的一种形式。
>
> (2) CPM(cost per mille,按千次展示量付费),广告主的某个广告在目标页面上每展示1000次,需要向广告位提供商支付协商好的价格。
>
> (3) CPS(cost per sales,按实际销售额来换算广告金额),相当于广告费不用提前支付,有了销售再按照约定的提成比例结算。

6.3.2 电子邮件营销

1. 电子邮件营销的概念

电子邮件营销(E-mail direct marketing,EDM)是在用户事先许可的前提下,通过电子邮件的方式向目标用户传递有价值信息的一种网络营销手段。企业可以通过EDM建立同目标客户的沟通渠道,向其直接传达相关信息,促进销售。EDM有多种用途,可以发送电子广告、产品信息、销售信息、市场调查、市场推广活动信息等。

电子邮件营销

2. 电子邮件营销的优势

电子邮件营销具有五大优势：一是精准直效，可以精确地筛选邮件发送对象，将特定的推广信息投递到特定的目标社群；二是个性化定制，可以根据社群的差异，制定个性化内容，向客户提供最有价值的信息；三是信息丰富全面，文本、图片、动画、音频、视频、超链接都可以在EDM中体现；四是具备追踪分析能力，企业根据用户的行为，统计相关数据并加以分析，获取销售线索；五是反馈迅速，邮件营销不仅是一种交互式的营销工具，还具有迅速传播和易于反馈的特性，目标客户在通过邮件得到信息后，可以根据自己的喜好立即做出反应。

3. 电子邮件营销的策略

1) 设定吸引人的标题和丰富的内容

标题即电子邮件的主题栏内的语句，是影响收件人是否会打开邮件的关键因素。邮件标题要吸引人，能准确描述邮件内容，凸显最有价值的信息。根据AWeber的一项调查显示，82%的营销专家在发营销邮件时，其标题都少于60个字符，平均为43.85个字符(包括标点符号)。电子邮件内容不宜过长，尽量采用图文搭配的方式，合理布局，注重客户的体验。速卖通平台给买家发送营销邮件的步骤详见右侧二维码。

速卖通平台
发送营销邮件
步骤

2) 根据用户习惯选择发送时间

发送电子邮件的时间是影响电子邮件营销打开率与回复率的重要因素之一。合理使用时间定向，能够大幅提高营销效果。据速卖通平台统计，不同国家地区用户来访平台的活跃时段，发现用户的活跃时段基本是当地时间上午11点至次日上午0点，如图6-37灰色区域所示。卖家也可以根据目标市场消费者的习惯，结合自身开展电子邮件营销的经验，总结电子邮件打开率较高的时间点，在合适的时间内发送电子邮件，达到事半功倍的效果。另外，也可以根据产品品类销售周期，结合消费者需求情况，适时发送营销邮件。

美西时间	0	1	2	3	4	5	6	7	8	9	10	11	12	13	14	15	16	17	18	19	20	21	22	23
俄罗斯/土耳其时间	11	12	13	14	15	16	17	18	19	20	21	22	23	0	1	2	3	4	5	6	7	8	9	10
乌克兰时间	12	13	14	15	16	17	18	19	20	21	22	23	0	1	2	3	4	5	6	7	8	9	10	11
以色列时间	10	11	12	13	14	15	16	17	18	19	20	21	22	23	0	1	2	3	4	5	6	7	8	9
美国/加拿大时间	3	4	5	6	7	8	9	10	11	12	13	14	15	16	17	18	19	20	21	22	23	0	1	2
巴西时间	6	7	8	9	10	11	12	13	14	15	16	17	18	19	20	21	22	23	0	1	2	3	4	5
西班牙/法国/荷兰/波兰/意大利/德国时间	9	10	11	12	13	14	15	16	17	18	19	20	21	22	23	0	1	2	3	4	5	6	7	8
英国时间	8	9	10	11	12	13	14	15	16	17	18	19	20	21	22	23	0	1	2	3	4	5	6	7
韩国/日本时间	17	18	19	20	21	22	23	0	1	2	3	4	5	6	7	8	9	10	11	12	13	14	15	16
澳大利亚时间	19	20	21	22	23	0	1	2	3	4	5	6	7	8	9	10	11	12	13	14	15	16	17	18

图6-37 各国家的速卖通平台用户活跃时间段

3) 选用带企业域名的邮箱发送

开展电子邮件营销时，尽量选择带有企业域名的邮箱，一方面可以宣传企业；另一方面增加可信度，增加客户对企业的信任。

6.3.3 社交媒体营销

1. 社交媒体营销的概念

社交媒体营销(social media marketing,SMM),是利用社交媒体平台和网站来推广产品或服务,是一种利用社交网站作为营销工具的互联网营销方式。社交媒体营销(SMM)的目标是改善与用户的沟通,提高品牌知名度,并吸引更多(潜在)客户。

社交媒体营销

社交媒体营销以用户需求为核心,其落地点是内容营销。社交媒体营销有文字、图片、视频、直播和电子书几种内容展现形式。社交媒体营销需要利用用户传播的需求,如与众不同的信息、对用户有用的信息、社会和娱乐热点等,通过社交媒体将内容传播出去。社交媒体具有高用户黏性、高稳定性,可以为企业品牌推广提供更为精确的目标群体。

2. 社交媒体平台介绍

1) Facebook

Facebook创始人马克·扎克伯格2021年10月把母公司更名为Meta,其社交媒体服务及其应用程序仍称为Facebook,后文介绍Facebook均指其为社交媒体服务及其应用程序。

Facebook是目前全球注册用户数量最多、支持语言种类最多、覆盖国家和地区最广泛的社交媒体平台。它支持大量社交媒体功能,例如涂鸦墙、礼物、事件、市场、站内应用等,还可以通过开放平台与众多第三方应用集成。Facebook于2004年2月4日上线,主要创始人为美国人马克·扎克伯格(Mark Zuckerberg),总部位于美国加利福尼亚州门洛帕克。据Facebook Investor统计,2020年第三季度Facebook每月活跃用户达27.4亿,且呈上升趋势。

Facebook营销的最大特点是以人为本。通过页面信息,卖家可以清楚了解客户的基本情况、兴趣点,从而判断这个客户是不是自己的目标消费群体。因此,卖家可以根据自己经营的品种,有选择地进行客户筛选,以达到时间、精力、成本的效用最大化。

Facebook营销主要有三种方式,包括Facebook Business Page、群组以及Facebook广告,帮助企业通过有效且经济的方式,在目标受众中建立知名度,与客户建立联系并推动销售。

2) YouTube

YouTube是目前世界上最大的视频共享网站,全球第二大搜索引擎,是由美籍华人陈士骏等人于2005年创立的视频网站。2006年11月,Google公司收购了YouTube,并把它当作一家子公司来经营。作为当前行业内领先的在线视频服务提供商,根据2019年3月YouTube的统计数据,其每月拥有已经注册的活跃用户达20亿人,每天在线观看时长超过10亿小时,支持73个国家,61种语言,大部分的国家广告到达率为50%~60%。YouTube的系统每天要处理上千万个视频片段,为全球用户提供高水平的视频上传、下载、分发、展示和浏览服务。

YouTube视频广告的形式包含多种，可选择在首页以CPM计费、主打品牌的广告形式展示；也可选择跳过的True view广告；还可选择Display Ads展示广告等。除了付费广告推广，建立自己的品牌频道或寻找网红投放视频软广告也是一种推广思路。数据显示，68%的用户购买行为会受到YouTube视频的影响，72%的YouTube订阅者会在最喜欢的主播发布新视频后24小时内观看。YouTube有一套广告生成工具，并有针对广告效果的评估系统，可以以效果为导向进行运作。

3) Twitter

Twitter(官方中文译名推特)，是美国一个微博客和社交网络服务平台。它可以让用户更新不超过280个字符的消息(中文、日文和韩文为140个)，这些消息被称为"推文(Tweet)"。这个服务是由杰克·多西在2006年3月创办并在当年7月启动的。2021年，Twitter每天有1.92亿活跃用户。全球用户年龄有63%在35至65岁间，女性与男性Twitter的比例大约为1∶2，女性为34%，男性为66%。

Twitter虽没有Facebook如此广泛的用户群体，但它有自己的优势：在Facebook上，广告会显示在新闻资讯或是桌面右侧，相比之下，Twitter的广告会显示在时间线上，即屏幕中心位置，能吸引更多的用户；与Facebook复杂的广告界面相比，Twitter的广告界面体现了很高的用户友好性，通过信息中心和广告界面可以轻松创建广告。

4) WhatsApp Messenger

WhatsApp Messenger(简称WhatsApp)是一款跨平台即时通讯应用程序，支持iPhone手机和Android手机。该应用程序由两名前雅虎员工 Brian Acton 和 Jan Koum 于2009年创建，2014年Facebook 收购了 WhatsApp。WhatsApp应用程序借助推送通知服务，可以即刻接收亲友和同事发送的信息，可免费从发送手机短信转为使用WhatsApp程序，以发送和接收信息、图片、音频文件和视频信息。WhatsApp全球活跃用户量2022年1月排第三位，超过20亿人，是Facebook旗下的一款国际性的社交软件，它能影响近一半用户的购买决策，营销价值非常高。

5) TikTok

TikTok是字节跳动旗下短视频社交平台，于2017年5月上线，愿景是"激发创造，带来愉悦(inspire creativity and bring joy)"。TikTok以39种语言在全球150多个市场上提供服务，TikTok的电商销售覆盖地区广泛，主要集中在亚洲、欧洲、北美洲、南美洲及澳洲等。据电商报报道，TikTok的用户增速非常迅猛，其全球月活跃用户超过10亿人，从2021年起，TikTok便超越Facebook成为全球下载量第一的软件。

3. 社交媒体营销策略

1) 遵守相关国家法律和社交媒体平台协议

进行海外社交媒体营销时需要注意以下问题。首先，遵守相关国家和地区的法律法规以及社交媒体平台的用户使用协议。例如，使用的图片是否已经获得合法的版权，销售的产品在商标权、专利权等知识产权方面是否清晰，能否合法推广。其次，尊重客户、粉丝的隐私。例如，使用Facebook的customer audience进行二次介入(re-engagement)内容推广的时候，Facebook对于广告主投放广告是否严格保护他人隐私有着严格要求。知识产权与隐私保护是国内企业从事海外社交媒体营销时容易"触雷"的区域。轻则被惩罚，冻结账户，重则惹上官司。

2) 从客户角度出发开展社交媒体营销

第一，尊重不同国家、地区客户的文化差异，做到入乡随俗。只有使用目标用户惯用的语言和表达方式与他们展开平等沟通的互动才能获得更好的营销效果。对于所讨论的话题，更多的是要作为一个参与者，而不要试图改变和扭转其他人的观点。由于文化背景不同、目标市场不同和行业特点不同，有很多营销细节需要在从事海外社交媒体运营的过程中慢慢体会。第二，重点关注互动意愿强的客户。社交圈的重要特征之一是同好聚集性，每个愿意和你互动的客户背后，都隐藏着一个社交圈子。因此，他的社交圈里也很可能出现具有相似购买需求的人，这些人都可能成为潜在客户。第三，定期梳理客户。在开展社会化媒体营销时，最好每隔一段时间进行一次系统性的客户梳理，分析吸引新客户情况，追踪老客户情况，根据客户数据分析结果，及时调整社交媒体营销投入、运营、售后服务策略。

3) 灵活运用多种社交媒体营销技巧

社交媒体营销技巧主要有事件营销、红人营销、信息流与瀑布流营销等。

(1) 事件营销(event marketing)。卖家可以通过Facebook、Instagram或Twitter等渠道制造营销型事件，引起用户关注，并通过引发持续关注、发酵事件增加用户的兴趣。

(2) 红人营销(KOL[①] marketing)，有调查显示，不同地区、不同领域的KOL在精准触达目标消费者上有明显优势。94%的广告主肯定KOL的推广效果，足以证明其影响力，近半(49%)的Twitter和Instagram用户会参考KOL的推荐。

(3) 信息流与瀑布流营销。信息流是以信息为内容排列展示出去的模块，广义上指在空间和时间上向同一方向运动的一组信息，它们有共同的信息源和信息的接收者。瀑布流就像瀑布一样，源源不断地给用户展示东西，视觉表现为参差不齐的多栏布局，随着页面滚动条向下滚动，典型例子是将推广的商品直接发布到Pinterest上面进行分享。

同步实训

搜索引擎优化

1. 实训目的

掌握搜索引擎优化方式，能够进行搜索引擎优化。

2. 实训内容

请找一家当地出口特色产业代表企业，找到其企业网站，分析其在谷歌搜索引擎的优

---

① KOL即key opinion leader，关键意见领袖。

化情况,并填写表6-3。

表6-3 公司首页搜索引擎优化

项目名称	公司网页情况	是否需要改进	改进后
Title(标题)			
Keywords(关键词)			
Description(描述)			
关键词密度			
网页用户体验整体评价(建议从网页打开速度、导航栏、网站地图、内容更新即时性等方面进行评价)			

3. 实训步骤

步骤一:运用该企业所经营产品的英文关键词或该企业的英文名称在谷歌搜索引擎进行搜索。

步骤二:在搜索结果中选择该企业网站,单击"查看网页源代码",并分析标签各项内容。

同步阅读

本章小结

本章一共分为三个小节,第一节介绍跨境电子商务营销的基本理论,包括市场营销和国际市场营销的概念及国际目标市场战略。第二节介绍了跨境电子商务四大主流跨境电商平台的站内营销推广方式,包括速卖通、亚马逊、eBay、Wish等平台的站内营销推广方式。第三节概述了主要的站外营销推广方式,包括搜索引擎营销的概念、特点和方式,电子邮件营销的概念、优势和策略,社交媒体营销的概念、平台介绍和策略。

同步测试

一、单项选择题

1. 下列不是市场营销理论的是(　　)。
   A. 4P　　　　B. 4C　　　　C. 4S　　　　D. 7S

2. 市场细分是根据(　　)差异对市场进行的划分。
   A. 买方　　　B. 卖方　　　C. 产品　　　D. 中间商

3. (　　)是被企业选定作为市场营销对象的细分市场。
   A. 市场细分　B. 细分市场　C. 终端市场　D. 目标市场

4. 速卖通平台自主营销活动不包括(　　)。
   A. 满立减　　B. 满包邮　　C. 单品折扣　D. 谷歌推广

5. 下列不属于速卖通平台流量推广方式的是(　　)。
   A. 灵犀推荐　B. 直通车　　C. Facebook　D. 钻展

6. 下列关于新开店铺选取关键词说法错误的是(　　)。
   A. 尽量选择大词、热词
   B. 尽量选择与产品属性、功能相关的词
   C. 可以参照竞争对手的关键词进行选词
   D. 尽量选择转化率较高的长尾词

7. 下列关于速卖通直通车说法错误的是(　　)。
   A. 出价等于最终扣费
   B. 只要出价高就一定能排在好位置
   C. 产品的推广评分影响展示排名
   D. 按点击付费

8. 搜索引擎营销对应正确的英文缩写是(　　)。
   A. SEM　　　B. SEO　　　C. SNS　　　D. EDM

9. 下列关于电子邮件营销说法正确的是(　　)。
   A. 不需要用户许可，直接发电子邮件进行营销
   B. 电子邮件营销是一种网络营销手段
   C. 电子邮件营销成本很高
   D. 电子邮件营销发送频率越高效果越好

10. 全球领先的职业社交网站是(　　)。
    A. Facebook　B. Instagram　C. Pinterest　D. LinkedIn

二、多项选择题

1. 细分市场评估考虑的因素有(　　)。
   A. 市场规模　　　　　　　B. 市场增长潜力
   C. 市场结构吸引力　　　　D. 企业目标和资源

2. 目标市场选择的方法有(　　)。
   A. 市场集中化　B. 市场专业化　C. 产品专业化　D. 市场全面化

3. 亚马逊站内广告的类型有(　　)。
   A. 商品推广广告　B. 品牌推广广告　C. 展示型推广广告　D. 直通车推广广告
4. 速卖通平台主要的站内营销活动有(　　)。
   A. 单品折扣　　B. 满减活动　　C. 平台大促　　D. 频道活动
5. 海外主流社交媒体包括(　　)。
   A. Facebook　　B. Instagram　　C. YouTube　　D. Twitter

三、案例分析题

欧盟初步调查认为亚马逊公司破坏公平竞争

欧盟委员会执行副主席韦斯塔格2020年11月10日宣布，欧盟对美国电子商务公司亚马逊涉嫌不正当竞争的第一阶段调查结束，认为该公司违反了欧盟反垄断规则，破坏了公平竞争环境。

韦斯塔格在一份声明中说，欧盟委员会2019年7月对亚马逊启动调查，调查人员通过对该平台在欧洲市场的8000万笔交易记录和1亿件商品进行采样分析后发现，第三方卖家的产品和交易数据可以详细、实时反馈到亚马逊零售业务算法中。正是基于这些算法，亚马逊可以优化自己的产品、价格、库存和供应链管理。

调查认为，很多第三方卖家为了确认自己的产品适销对路都要承担投资风险，而亚马逊通过对第三方卖家的大数据分析避免了自己的风险。在很多商品类别中，亚马逊自有商品占比不到10%，成交额却超过50%。

声明说，接下来欧盟将对亚马逊开展第二阶段调查，主要围绕其有关"黄金购物车"和"Prime"标签的做法是否违规。调查人员认为，亚马逊通过制定一系列规则，为自有零售业和使用其服务的卖家提供优惠，从而使第三方卖家对该平台产生过度依赖，无法自由选择交易平台。

韦斯塔格说，近年来欧洲电子商务增长迅猛，2020年网上销售额已达7200亿欧元，而2015年仅为3750亿欧元。亚马逊在欧洲电子商务领域扮演重要角色，超过70%的法国消费者和80%的德国消费者在过去一年内曾在亚马逊平台购物。电商巨头应确保不滥用市场地位和技术优势去破坏公平竞争环境。

资料来源：新华社新媒体[EB/OL]. https://baijiahao.baidu.com/s?id=1683058650747384072&wfr=spider&for=pc.

请根据以上案例思考并回答下列问题：
(1) 在亚马逊平台推广应该注意什么问题？
(2) 在推广竞争过程中我们应该怎么做？

第7章 跨境电子商务数据分析

学习目标

1. 熟悉跨境电子商务数据分析的含义、作用。
2. 掌握跨境电子商务数据采集的原则、方法和步骤。
3. 掌握跨境电子商务数据分类及处理统计的常用方法。
4. 能使用数据采集工具并独立完成跨境电子商务市场、运营、产品数据采集。

知识结构图

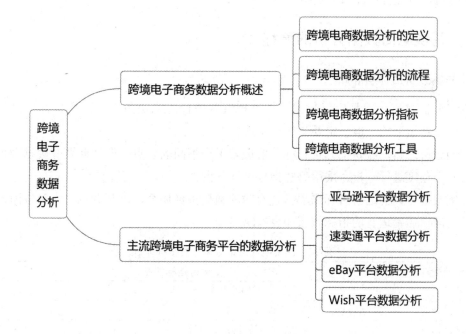

7.1 跨境电子商务数据分析概述

7.1.1 跨境电商数据分析的定义

导入案例

数据分析是指运用适当的统计分析方法对收集的大量第一手资料进行分析，以求最大化地利用数据资料，发挥数据资料的作用，提取有用的信息并形成结论，从而对数据加以详细研究和概括总结的过程。

跨境电商数据分析是指采用适当的统计分析方法对跨境电商店铺运营的所有数据进行分析，以求最大化地开发数据资料功能，发挥数据作用，提取有用信息和形成结论的过程。跨境电商数据分析能够将整个店铺的运营建立在科学分析的基础上，将各种指标定性、定量地分析出来，从而为决策者提供最准确的参考依据。

实践中，数据分析的意义在于发现问题，并且找到产生问题的根源，最终通过切实可行的办法解决存在的问题；基于以往的数据分析，总结发展趋势，为营销决策提供数据支持。

跨境电商数据分析的作用有很多，如分享线上活动成效、考核相关人员绩效(key performance indicator，KPI)、监控推广的投入产出(return on investment，ROI)、发现客服和营销等问题、预测市场未来趋势、帮助改进网站用户体验设计(user experience design，UED)。数据分析贯穿于产品的整个生命周期，市场调研到售后服务的过程都需要适当运用数据分析，以提升产品策划的有效性。

7.1.2 跨境电商数据分析的流程

1. 明确分析目标与思路

明确分析目标，就是确保数据分析过程有效进行的先决条件。这个目标可以是长期的，也可以是短期的，但一定要具体可实现。

明确分析思路，就是把分析目标分解成若干个不同的要点，即如何展开数据分析，需要从哪几个角度进行分析，采用哪些指标进行分析。

店铺根据不同的运营目标需要搭建有效的数据指标体系，以帮助业务人员快速地发现并定位问题。店铺运营的指标体系如表7-1所示。

表7-1 跨境电商店铺数据运营指标体系

运营类别	运营指标体系
整站运营	PV、UV、订单、收入、转化率等
产品运营	产品查看、产品各流程转化、订单流失率等
活动运营	活动参与率、活动转化率、活动ROI等
用户运营	新注册用户、登录用户、流失用户等

2. 数据采集

数据采集是按照确定的数据分析框架，收集相关数据的过程，它为数据分析提供了素材和依据。数据采集内容主要包括网站后台数据、搜索引擎数据、统计工具数据等。

1) 网站后台数据

(1) 网站用户数据(注册时间、用户性别、所属地域、来访次数、停留时间等)。

(2) 订单数据(下单时间、订单数量、商品品类、订单金额、订购频次等)。

(3) 反馈数据(客户评价、退换货、客户投诉等)。

2) 搜索引擎数据

(1) 网在各个搜索引擎中的收录量(site)。

(2) 网站在搜索引擎中的更新频率。

(3) 关键词在搜索引擎中的竞价排名情况。

(4) 网站取得的搜索引擎信任的权重,如谷歌的PR(page rank,网页级别)值;搜狗的SR(sogou rank,网页评级)值等。

3) 统计工具数据

网站的统计工具很多,这些工具基本都会提供访客来自哪些地域、来自哪些网站、来自哪些搜索词,访客浏览了哪些页面等数据信息,并且网站会根据需要进行广告跟踪。

3. 数据处理

数据处理是指对收集到的数据进行加工整理,形成适合数据分析的样式,它是数据分析前必不可少的阶段。通过数据处理,能够将收集到的原始数据转换为可以分析的形式,并且保证数据的一致性和有效性。数据处理工具包括数据清洗、数据转化、数据提取和数据计算等流程。

4. 数据分析

通过对数据进行探索式分析,能够对整个数据集有全面的认识,及时发现运营过程中的问题,迅速定位并分析原因,以便后续选择恰当的分析策略。一般的数据分析通过表格和图形来呈现。常用数据图表类型包括饼图、散点图、折线图、柱状图、气泡图、雷达图等。

分析不只是对数据的简单统计和描述,而是在数据中发现问题的本质,然后针对确定的主题进行归纳和总结。常用的数据分析方法有以下几种。

(1) 趋势分析。趋势分析是指将实际分析的结果与不同时期的报表中的同类指标的历史数据进行比较,从而确定变化趋势和变化规律。具体的趋势分析方法包括定比和环比两种。定比是以某一时期的数据为基数,其他各期的数据与该期的基数进行比较;而环比是以上一期的数据为基数,下一时期的数据与上一时期的数据进行比较。

(2) 对比分析。对比分析是指对两个相互联系的指标数据进行比较,从数量上展示和说明研究对象规模的大小、水平的高低、速度的快慢,以及各种关系是否协调。在对比分析中,选择合适的对比标准是十分关键的,标准合适,才能做出客观的评价,反之可能得出错误的结论。

(3) 关联分析。如果两个或多个事物之间存在一定的关联，那么其中一个事物能够通过其他事物进行预测，便为关联分析。关联分析的目的是挖掘隐藏在数据间的相互关系。

(4) 因果分析。因果分析是为了确定引起某一现象变化原因的分析，主要解决"为什么"的问题。因果分析就是在研究对象的先行情况中，把引起它发生变化的原因的现象与其他非原因的现象区分开来，或者是在研究对象的后行情况中，把因它而产生的结果的现象与其他的现象区分开来。

(5) 运营优化。运营优化是指根据改进措施的实施，及时了解数据相应的变化，不断进行优化和改进。运营优化不仅治标，还治本，使同类的问题不再出现。运营人员要持续监控和反馈，不断寻找能从根本上解决问题的最优方案。在运营优化过程中，可使用一些运营手段，比如利用促销活动提高用户活跃度，购物送优惠券等。

(6) 持续追踪。在方案实施后需要对应用的效果进行持续跟踪，通过用户数据的反馈来验证方案的正确性。数据分析是一项长期工作，同时也是一个循序渐进的过程，需要运营人员实时监测网站运行情况，及时发现问题、分析问题并解决问题，这样才能使跨境电商健康、持续地发展。

7.1.3 跨境电商数据分析指标

1. 网站运营指标

在电子商务网站的运营中，管理者需要及时了解网站的运营状况，因此针对网站的登录量、浏览量、交易量等各类数据进行分析，已经成了每个网站运营者和网络营销工程师每天必做的功课。统计和分析网站的运营指标可以帮助管理者准确地抓住用户动向和网站的实际状况。

根据跨境电商网站类型的不同以及要了解的问题的差异，可以用许多不同的指标来衡量网站的运营状况。通常来说，网站运营指标有流量指标、商品类目指标和供应链指标。

1) 流量指标

流量指标又分成流量数量指标、流量质量指标和流量转化指标。

(1) 流量数量指标。流量数量指标分为页面浏览量(PV)、访问人数(UV)和次数(visits)。

① 页面浏览量(PV)是用户访问页面的总数，用户每访问一个页面就算一个访问量，多次刷新同一个页面也只算一个访问量。页面浏览量是衡量网站流量较常用的指标之一，监测网站PV的变化趋势和分析其变化原因是很多网站运营者定期要做的工作。

② 访客人数(UV)是指独立访客数量。所谓独立访客，即一台电脑为一个独立的访问人数。一般以天为单位来统计24小时内的独立访客总数，一天内重复访问的只算一次。

③ 访问次数(visits)是访客对网站进行访问的次数，是根据访客浏览器和网站服务器之间的互动情况判定。访问次数是指访客完整打开了网站页面进行访问的次数。访问次数是网站的访问速度的衡量标准。如果访问次数明显少于访客人数，说明很多用户在没有完全打开网页时就将网页关闭了。如果是这样，就需要认真检查一下网站的访问速度了，看看到底是网站空间出了问题，还是网站程序出了问题。访问次数一般会大于访客

人数。

例如，某个网站在1个月内一共有100个UV，1000个visits，2000个PV，它们表示的含义：一个月内，该网站有100个用户，他们共访问网站1000次，在这1000次访问中他们共访问了2000个页面。

(2) 流量质量指标。流量质量指标主要有跳出率(bounce rate)、页面/网站停留时间、PV与UV比、浏览页面比(scanning page ratio)、浏览用户比(scanning visitor ratio)和浏览用户指数(scanning visitor index)。

① 跳出率。跳出率是指在只访问了入口页面(如网站首页)就离开的访问量与所产生总访问量的百分比。这里的跳出(bounce)指成功进入网站后，不单击页面中的任何链接，就关闭它。这个指标是所有内容型指标中最重要的一个。通常认为首页是跳出率最高的进入页面(当然，如果网站有其他跳出率更高的进入页面，那么也应该把它加入追踪的目标，如推广广告等)。

对任意一个网站，如果访问者对首页或进入页面都是一掠而过的，说明网站内容不够吸引人，网站策划在某一方面可能有问题。如果网站的目标市场是正确的，则说明访问者不能找到他想要的东西，或者网页的设计有问题(包括页面布局、网速、链接文字等)；如果网站设计是可行易用的，网站的内容可以很容易地找到，那么问题可能出在访问者的质量上，即目标市场有问题。

② 页面/网站停留时间。顾名思义，页面/网站停留时间可以解释为一个用户在一个页面或者网站上花费的时间(time spent on page/website)。

③ PV与UV比。PV与UV比表示平均每个用户浏览页面的数量，反映了平均每个用户给网站带来的页面浏览量。

④ 浏览页面比。浏览页面比的计算公式为

$$浏览页面比=少于1分钟的浏览页数\div 所有浏览页数$$

该指标表示在1分钟内完成的访问页面数的比例。大部分的网站希望浏览页面比低些。如果是靠广告驱动的网站，那么浏览页面比太高对于长期目标的达成是不利的，因为这意味着尽管通过广告吸引了许多访问者，产生了很高的浏览页数，但是浏览用户的质量不高，所能带来的收益也就会受到影响。

⑤ 浏览页面比。浏览用户比的计算公式为

$$浏览用户比=少于1分钟的访问者数\div 总访问人数$$

这个指标在一定程度上衡量了网页的吸引程度。大部分的网站都希望访问者停留超过1分钟，如果浏览用户比的值太高，那么应该考虑一下网页的内容是否过于简单，网站的导航菜单是否需要改进。浏览用户比与浏览页面比的区别在于对象不同：浏览用户比的描述对象是用户，而浏览页面比的描述对象是页面。

⑥ 浏览用户指数。浏览用户指数的计算公式为

$$浏览用户指数=少于1分钟的访问页面数\div 少于1分钟的访问者数$$

这个指标表示1分钟内访问者的平均访问页数。浏览用户指数越接近1，说明访问者对

网站越没兴趣,他们仅仅是瞄一眼就离开了。这也许是导航系统的问题,如果对导航系统进行显著的改进,应该就可以看到浏览用户指数上升;如果改进后的浏览用户指数还是下降,应该是网站的目标市场及使用功能有问题,尽快着手解决;将浏览用户比和浏览用户指数结合起来使用,可以看出用户打开网页是在浏览有用的信息还是因厌烦而离开。

(3) 流量转化指标。流量转化指标分为转化次数和转化率两个指标。转化次数(conversions)也称为转化页面到达次数,指独立访客到达转化目标页面的次数。转化率(conversion rate),是指在一个统计周期内,完成转化行为的次数占推广信息总点击次数的百分比。转换率的计算公式为

$$转化率=(转化次数 \div 点击量) \times 100\%$$

转化次数和转化率是紧密相连的两个概念。例如,10名用户看到某个搜索推广的结果,其中5名用户单击了某一推广结果并被跳转到目标页面上,之后,其中5名用户有了后续转化的行为。那么,这条推广结果的转化率就是$(5 \div 5) \times 100\% = 100\%$。转化率越高,则说明网站盈利能力越强,产生的客户越多。提高网站转化率能够在无法增加流量的情况下增加网站的盈利,所以网站转化率是数据分析时必须关注的指标。

2) 商品类目指标

商品类目指标主要用来衡量网站商品的运营水平,这一类目指标与销售指标以及供应链指标关联紧密。商品类目指标包括商品类目结构占比、商品类目销售额占比、类目销售库存量单位集中度以及相应的库存周转率等。不同的产品类目占比又可细分为商品大类占比情况以及商品在大小、颜色、型号等各个类别上的占比等。

(1) 商品类目结构占比,是指各个类目商品数量占整体商品数量的比例,体现了商品销售的结构以及商品数量的丰富度和多样性。

(2) 商品类目销售额占比,是指各个类目商品销售额占整体商品销售额的比例。

(3) 类目销售库存量单位(stock keeping unit,SKU)集中度,表示不同类型、型号和规格的产品集中程度。

(4) 库存周转率(inventory turn over,ITO),通常用于衡量一种材料在工厂里或是在整条价值链中的流动速度。常见的计算库存周转率的方法就是用年度销售产品的成本(不计销售的开支以及管理成本)除以年度平均库存价值(库存周转率=年度销售产品成本/当年度平均库存价值),该公式对于跨境电商企业仍然适用。

3) 供应链指标

一般来说,跨境电商的供应链主要包括电商网站商品库存和商品发送等方面,而商品的生产和原材料库存运输等不在考虑范畴之内。这里主要考虑从顾客下单到顾客收货的时长、仓储成本、仓储生产时长、配送时长、每单配送成本等。供应链指标包含很多内容,如仓储过程中的分仓库压单占比系统报缺率(与前面的商品类目指标有极大的关联)、实物报缺率、限时上架完成率等,以及物品发送过程中的分时段下单出库率、未送达占比以及相关退货比等。

2. 经营环境指标

经营环境指标分为外部竞争环境指标和内部购物环境指标。

1) 外部竞争环境指标

外部竞争环境指标包括市场占有率、市场增长率、网站排名和访问比重等。

(1) 市场占有率。市场占有率也称为市场份额(market shares)，是指一个企业的销售量(或销售额)在市场同类产品中所占的比重，直接反映消费者对企业所提供的商品和服务的满足程度，表明企业的商品在市场上所处的地位。企业所占市场份额越大，表明企业经营、竞争能力越强。

(2) 市场增长率。企业市场份额的不断增加可以使企业获得某种形式的垄断，这种垄断既能给企业带来垄断利润，又能让企业保持一定的竞争优势。这种增加的趋势可以用市场增长率来表示，市场增长率是指产品或劳务的市场销售量或销售额在一定时期内的增长率。市场增长率的计算公式为

市场增长率=[比较期市场销售量(额)-前期市场销售量(额)]÷前期市场销售量(额)×100%

(3) 网站排名。比较有名的网站排名有Alexa网站排名、中国网站排名、百度网站排名等。对于任何一家网站来说，要想在网站推广中取得成功，搜索引擎优化都是关键任务。同时，随着搜索引擎不断变换它们的排名算法规则，一些本来排名很好的网站可能在一夜之间排名靠后，而排名靠后的网站可能会失去本来可观的固有访问量。所以搜索引擎算法的每一次改变都会在各网站之中引起骚动。可以说，搜索引擎优化是一个越来越复杂的任务。除了这些排名之外，对于跨境电商网站来说，还有在一定时期内，网站交易额在同类购物网站中的排名和独立访客数在同类购物网站中的排名。

(4) 访问比重。访问比重是对一个站点下属栏目或子站点访问量进行的统计，较常用的是独立访问人数占同类同期所有网站合计人数的比重。也可以统计一定时期内其他流量指标的比重，如页面浏览量(PV)、访问人数(UV)和访问次数等流量指标在同类网站中的比重。

2) 内部购物环境指标

内部购物环境指标包括运营指标和功能性指标。运营指标同样包含了页面浏览量(PV)、访问人数(UV)和访问次数等流量指标，也包含了从访问到加入购物车的转化率、从访问到下单的转化率、从下单到支付的转化率和订单数量以及金额等。功能性指标包含支付方式、配送方式、商品数目和最短流程等方面的指标。

3. 销售业绩指标

销售业绩指标直接与公司的财务收入挂钩，因此这一指标在所有数据分析指标体系中起提纲挈领的作用，其他数据指标的细化落地都可以以该指标为依据。销售业绩指标可以分解为网站销售业绩指标和订单销售业绩指标。网站销售业绩指标侧重于网站订单的转化率方面，订单销售业绩指标则侧重于具体的毛利率、订单有效率、重复购买率、退换货率等方面。当然还有很多其他的销售业绩指标，如总销售额、品牌类目销售额、总订单量、有效订单量等。

1) 网站销售业绩指标

网站销售业绩指标包括下单次数、加入购物车次数、在线支付次数、从访问到加入购物车的转化率、从下单到在线支付的转化率。

(1) 下单次数,是指在一个统计周期内,购物网站上客户提交订单的次数。

(2) 加入购物车次数,是指在一个统计周期内,客户将商品加入购物车的次数和立即购买的次数。

(3) 在线支付次数,是指在一个统计周期内,客户完成购物流程,成功在线支付的次数。

(4) 从访问到加入购物车的转化率,是指在一个统计周期内,客户将商品加入购物车的次数与客户访问该网站的次数之比。

(5) 从下单到在线支付的转化率是指在一个统计周期内,客户在购物网站上在线支付的次数与下单次数之比。

2) 订单销售业绩指标

订单销售业绩指标包括毛利率、订单有效率、重复购买率、退换货率、总销售额、品牌类目销售额、总订单量、有效订单量等。

除此之外,与订单销售业绩指标密切相关的指标还有平均订货额(average order amount,AOA)、订单转化率(conversion rate,CR)、单个访问者销售额(sales per visit,SPV)、单笔订单成本(cost per order,CPO)、再订货率(repeat order rate,ROR)、单个访问者成本(cost per visit,CPV)、订单获取率(order acquisition ratio,OAR)等。

4. 营销活动指标

衡量一场营销活动是否成功,通常会从活动效果(收益和影响力)、活动成本以及活动黏合度(通常以用户关注度、活动用户数以及客单价等来衡量)等方面考虑。营销活动指标分为市场运营活动指标、广告投放指标以及对外合作指标。

1) 市场运营活动指标和广告投放指标

市场运营活动指标和广告投放指标主要考虑新增访客数、订单数量、下单转化率、单次访问成本以及投资回报率(return on investment,ROI)等指标。

其中,下单转化率是指支付次数与下单次数的比值,也就是转化为最终成交的订单数之比。

单次访问成本是指听到或者看到某广告的每人平均分担的广告成本。按访问人次收费已经成为网络广告的惯用收费方法。

投资回报率是用来衡量广告的投资回报的,以每笔产出(contribution per order,CON)和单笔订单成本(CPO)来计算,计算公式为

$$投资回报率(ROI)=CON \div CPO \times 100\%$$

简单来说,ROI就是广告中每一块钱的投入所取得的广告效果。衡量ROI就是衡量广告想达到的效果。这里的效果可以是每单位广告成本的销售额或市场份额,也可能是每单位广告成本的知名度,当然还可能是每单位广告成本的股价上扬等。

2) 对外合作指标

对外合作指标根据具体合作对象而定，合作的对象可以是其他网站、媒体和机构。如某电商网站与返利网站合作，首先考虑的是合作回报率，可以把合作回报率当作评价合作质量的一个重要指标。

5. 客户价值指标

一个客户的价值通常由3部分组成：历史价值(过去的消费)、潜在价值(主要从客户行为方面考虑)、附加值(主要从客户忠诚度、口碑推广等方面考虑)。这里的客户价值指标分为总体客户价值指标、新客户价值指标、老客户价值指标。

1) 总体客户价值指标

总体客户价值指标包括访问人数、访客获取成本和从访问到下单的转化率等重要指标。

(1) 访问人数，是指在一个统计周期内，购物网站的独立访问用户数，也就是前面提到的UV。

(2) 访客获取成本，是指获得一个新访客所需的营销、宣传成本之和。

(3) 从访问到下单的转化率，是指在一个统计周期内，提交订单的访问数与总访问数之比。

2) 新客户价值指标

新客户价值指标是网站反映网站客户数量变化的一个重要指标。新客户价值指标包括新客户数量、新客户获取成本和客单价。

(1) 新客户数量，是指在一个统计周期内，独立访问网站并进行一次购物的客户数。

(2) 新客户获取成本，是指企业为吸引客户而花费的各类成本，包括在宣传、促销、经营、计划、服务以及营销等活动上产生的费用。

(3) 客单价(per customer transaction)，是指网站每一个新客户平均每笔订单的交易金额。

3) 老客户价值指标

老客户价值指标包含老客户数量和RFM模型。

(1) 老客户数量。老客户数量是指在一个统计周期内，完成两次或者两次以上购物的总客户数。新客户回访网站会变成老客户，提高老客户的活跃度对于跨境电商网站同样重要，老客户的行为会对企业的业绩产生非常重要的影响。这里涉及回访者比率(repeat visitor share)这个概念，其计算公式为

$$回访者比率=回访者数÷独立访问者数$$

回访者比率是用于衡量网站内容对访问者的吸引程度和网站的实用性，以及判断网站是否有令人感兴趣的内容可使访问者再次回访该网站的指标。

基于访问时长的设定和产生报告的时间段，回访者比率这个指标可能会有很大的不同。绝大多数网站都希望访问者回访，因此都希望回访者比率不断变大，如果回访者比率变小，就说明网站内容或产品的质量没有加强。

(2) RFM模型。在RFM模型中，R(recency)表示客户的最近一次消费时间，F(frequency)表示客户在最近一段时间内的消费次数，M(monetary)表示客户在最近段时间内的消费金额。RFM模型强调以客户的行为来区分客户。RFM模型是衡量客户价值和客户创利能力的重要工具。

RFM模型较为动态地展示了一个客户的全部轮廓，这为与客户进行个性化的沟通和为客户提供个性化的服务提供了依据。同时，如果与该客户打交道的时间足够长，也能够较为精确地判断该客户的长期价值(甚至是终身价值)。

7.1.4 跨境电商主流分析工具

跨境电商的分析工具非常多，根据功能分析，这些工具可分为综合类工具、选品分析工具及关键词分析工具。

1. 综合类工具

1) Jungle Scout

Jungle Scout(桨歌)诞生于2015年，率先推出国际电商数据分析工具，历经8年，目前已经发展为国际电商的生意"参谋"——集数据化选品、市场趋势调研、供应链功能、关键词搜索及反查、产品页面优化、自动化邀评、店铺利润分析于一体，贯穿了国际电商主阵地亚马逊运营的全链路。作为国际电商，尤其是关注亚马逊的卖家，如果只想挑选一款全面而专业的工具，Jungle Scout必然是不二选择。

该工具有插件版和网页版。Jungle Scout插件版集成在谷歌浏览器中，可以快速分析产品，查看产品估算销量。Jungle Scout网页版可以追踪产品销售数据和现成的产品库、关键词，并进行长尾产品开发，是产品开发必不可少的辅助工具之一。Jungle Scout网页版功能如图7-1所示。下面简要介绍产品数据库、关键词搜索、竞品跟踪器和供应商数据库。

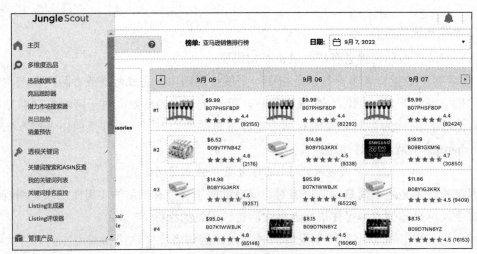

图7-1 Jungle Scout网页版功能

(1) 产品数据库(product database)。产品数据库包含超过1.5亿亚马逊产品目录，是业界最大的产品目录。只需按照卖家需求设置过滤器，便可以找到符合要求的产品列表。掌握亚马逊的产品目录，从需求、价格、预测销售量、评级、季节性、尺寸和质量等多个方面过滤产品，准确出击，制定最佳的选品策略。

(2) 关键词搜索(keyword scout)。关键词搜索是网页版应用程序的必杀器，可以实现关键词挖掘、反查ASIN[①]关键词，可以提供广告竞价参考，以便把控广告预算和促销成本。

(3) 竞品跟踪器(product tracker)。竞品跟踪器的作用在于可以长期监控筛选出来的产品，一键单击，即可监控竞争对手的产品销量、定价和库存变化，告别手动操作Excel表格的时代，省去每天搜索和复制粘贴数据的时间，可以提高工作效率，降低运营成本。Jungle Scout的竞品跟踪器如图7-2所示。

图7-2　Jungle Scout的竞品跟踪器页面

(4) 供应商数据库(supplier database)。供应商数据库的功能是深度挖掘近3年的美国海关数据，每月更新数据库，助力卖家寻找产品供货商，挖掘竞品的供货工厂；助力工厂轻松挖掘更多的VIP用户，了解潜在用户对产品的需求，并反向挖掘其他工厂的VIP用户，开拓境外市场、获得更大的商机。

2) 卖家精灵

卖家精灵是成都云雅信息技术有限公司推出的一款亚马逊卖家工具类SAAS软件，基于大数据和人工智能技术，为亚马逊跨境卖家提供一站式选品、市场分析、关键词优化、产品监控等软件工具，帮助亚马逊卖家发现蓝海市场，打造潜力产品等。卖家精灵网页版功能主要分为大数据选品、关键词优化、运营推广和免费工具4个板块，如图7-3所示。

---

① ASIN，Amazon standard identificaition number，亚马逊标准识别号的缩写。

图7-3　卖家精灵产品功能页面

2. 选品分析工具

1) 谷歌趋势

Google Trends即谷歌趋势。谷歌趋势是谷歌旗下一款基于搜索数据推出的一款分析工具。它通过分析谷歌搜索引擎每天数十亿的搜索数据，告诉用户某一关键词或者话题各个时期下在谷歌搜索引擎中展示的频率及其相关统计数据。

利用这款工具可以实现两大功能：一是关键词研究；二是热门话题研究。

(1) 关键词研究。

- 了解关键词在不同国家和地区、不同城市、不同时间的表现状况；
- 了解关键词、产品的主要市场；
- 了解与关键词相关的主题，进一步了解受众特征；
- 对比不同关键词在相同国家和地区、相同时间的表现状况，如图7-4所示；
- 利用特定搜索获得更多见解，如图片搜索、新闻搜索、谷歌购物、YouTube搜索。

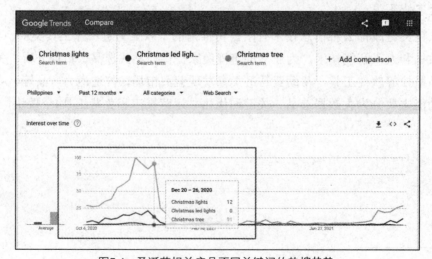

图7-4　圣诞节相关产品不同关键词的热搜趋势

(2) 热门话题研究。
- 通过产品热门搜索话题，了解客户需求，定制相关网站、营销内容；
- 确定季节性营销趋势，在正确的时间创建推广内容；
- 了解每日搜索热度和实时搜索热度，利用热度做社交营销。

2) CamelCamelCamel

CamelCamelCamel俗称"三个骆驼"，这是一款主要用来追踪亚马逊商品历史价格的工具。CamelCamelCamel提供来自亚马逊、第三方新品和第三方二手物品的价格跟踪，查看时间范围包括1个月、3个月、6个月、1年和所有时间。CamelCamelCamel的搜索结果页面如图7-5所示。

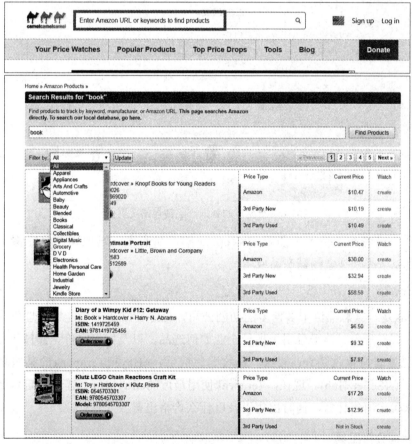

图7-5　CamelCamelCamel的搜索结果页面

3) Keepa

Keepa保存亚马逊上所有商品的价格历史。用户可以单独追踪他们感兴趣的商品的价格走势，Keepa将在价格达到预定阈值时通知他们。

卖家可以使用Keepa的Chrome扩展，在亚马逊产品页面上为每个产品自动载入产品销售情况相关信息，该信息将加载到产品页面上产品图片的正下方。图7-6显示了亚马逊平台这款白色T-Shirt的近三个月的价格。

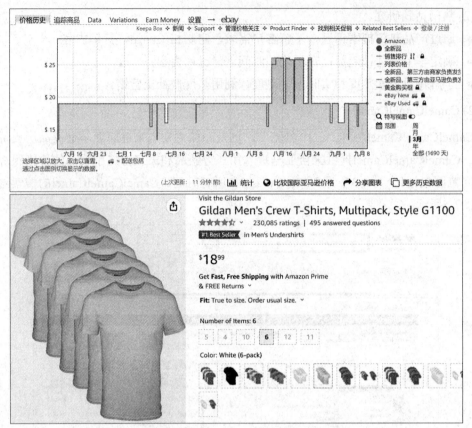

图7-6 产品自动载入产品销售情况页面

除了销售排名和价格历史图表，Keepa还为产品研究、发现和评估提供了额外的工具，卖家可以按类别搜索畅销产品或店铺。

4) Terapeak

Terapeak是一家总部位于多伦多的初创公司，已经建立了一个能够处理供应关系、需求和定价的数据平台。该平台用于指导企业如何选品，以及如何定价。2017年12月14日，eBay宣布已签署协议收购Terapeak。在收购完成后，eBay把Terapeak的某些功能整合到eBay卖家中心(Seller Hub)。现在，Terapeak使用最近的eBay供应、需求和定价数据来帮助eBay的卖家确定出售什么、何时出售以及以什么价格出售。

3. 关键词分析工具

1) 关键字规划师(Google Ads)

Google Ads是Google开发的广告服务产品，广告客户可以在其中通过竞价向网络用户展示产品、服务或视频等。它可以将广告展示在Google搜索的结果中，也可以将广告展示在非搜索网站、移动应用和YouTube视频中。

Google Ads能帮助商家找到合适的搜索广告关键字，从而将广告展示给合适的客户。Google Ads也能够清楚统计某些字词的搜索频率，以及这些搜索字词随时间推移的变化趋势，发现新的关键字，还会为每个关键字估算出合理的出价。根据这些分析数据，商家可以制定适合自己的广告方案。

2) Merchant Words

Merchant Words是亚马逊卖家理想的关键词研究工具。Merchant Words收集了全球超过10亿次亚马逊实时搜索的数据,所有关键词数据都直接来自亚马逊搜索栏中的用户搜索。

Merchant Words的专业算法涵盖了站点范围内的亚马逊流量、搜索排名以及当前和历史的搜索趋势。卖家还可以使用数量有限的关键词进行免费查询。除了免费版本外,Merchant Words还有付费版本(30美元/月,仅适用于美国数据;60美元/月,适用于全球数据)。Merchant Words收费版本还包括不限量搜索、CSV文件下载以及24小时的客户服务支持。

3) Keyword Tool

Keyword Tool是一个让卖家简单、快速找出产品最佳关键词的工具。该工具支持Google、YouTube、Bing、Amazon、eBay、Play Store、Instagram、Twitter等平台关键词挖掘,支持83种不同的语言;每个搜索字词生成750多个长尾关键字;可在付费版了解到更多信息,如产品关键词的单价和竞争程度等。

4) KeywordSpy

KeywordSpy目前在美国、英国、澳大利亚和加拿大运营。通过此关键字工具和关键字软件,卖家可以执行高级关键字研究和关键字跟踪,以了解竞争对手在Adwords广告系列和其他PPC广告系列中宣传的内容;还可以获得竞争对手的完整深入分析,如统计数据、预算、附属机构和广告文案,如图7-7所示。

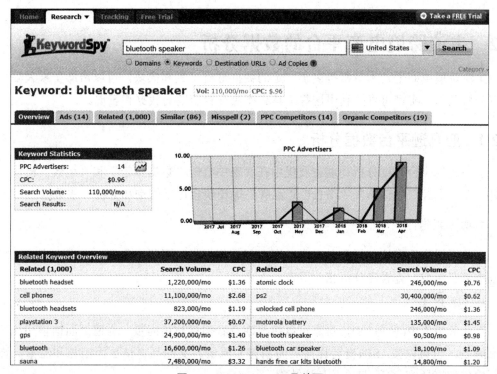

图7-7 KeywordSpy工具首页

5) AM2123

AMZ123是一个专注于跨境导航的网站,因其中立、专业在众多卖家中树立了良好口碑。AMZ123力求成为跨境卖家的Hao123,围绕卖家需求,以一站式入口持续收集整理跨境卖家运营必备网站。AM2123网站首页如图7-8所示。

图7-8　AMZ123网站首页

AMZ123创办于2016年,截至2022年9月,日均访客达14.25万,Alexa全球综合排名第2977位。作为中国跨境电商的流量入口,AMZ123跨境导航被全国90%的亚马逊卖家使用。

7.2　主流跨境电商平台的数据分析

主流跨境电商平台本身都提供了一定的数据分析工具和模块,可以帮助卖家大幅简化数据分析工作。卖家可直接利用这些工具和模块查看店铺的数据和表现。

7.2.1　亚马逊平台数据分析

亚马逊的平台数据分析功能主要集中在卖家中心的"数据报告"和"绩效"模块中。此外,在"库存""订单""增长""品牌"等模块也可以查询和分析一些数据。

1. 数据报告

"数据报告"模块包括业务报告、库存和销售报告、退货报告等,内容丰富。卖家可以根据需要生成、查看和分析相关报告。

1) 业务报告

在业务报告中(见图7-9),卖家可以按日期查看销售与访问量、详情页面销售和流量、卖家绩效,也可以按ASIN查看详情页面销售和流量、父商品详情页面销售和流量、详情页面销售和流量(按子商品)以及品牌绩效。

业务报告可选择的指标非常丰富，包括日期、已订购商品销售额、已订购商品数量、订单商品总数、每种订单商品的平均销售额等20多个指标。

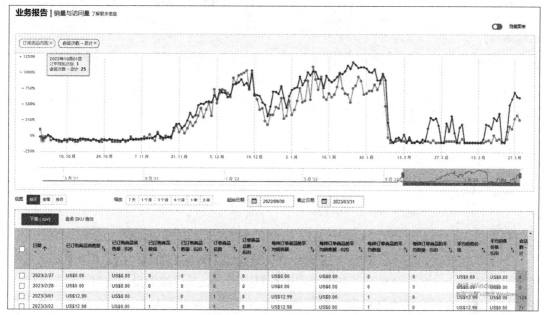

图7-9 亚马逊业务报告页面

2) 库存和销售报告

通过库存和销售报告，卖家可以查看店铺的库存情况、销量情况和付款情况。库存情况方面，卖家可以查看库存分类账户、危险品状态、全球亚马逊物流库存等；销量情况方面，可以了解奥特莱斯限时促销、"订购省"绩效等；付款情况方面，可以查看费用预览、库存仓储超量费等。卖家可以设定报告指标并下载报告，根据报告分析为库存补货提供支撑。

3) 退货报告

退货是卖家经常遇到的情况。退货报告能够为卖家呈现一定时间范围内的退货商品数据和退货原因分析。卖家可以下载退货报告，根据退货报告的数据和分析结果减少退货情况的发生。

2. 绩效

"绩效"模块由账户状况、反馈、业绩通知等部分组成。

1) 账户状况

在账户状况部分，卖家可以从客户服务绩效、政策合规性、配送绩效等多个维度掌握账户状态和基本情况(见图7-10)。在客户服务绩效部分，卖家可以获悉订单缺陷率。订单缺陷率包含三个指标：负面反馈、亚马逊商城交易保障索赔和信用卡拒付索赔。在政策合规性部分，卖家可以看到自己的账户状况评级。政策合规性涉及涉嫌侵犯知识产权、知识产权投诉、商品真实性买家投诉、商品状况买家投诉等方面。配送绩效则包括迟发率、配送前取消率和有效追踪率等指标。

图7-10 亚马逊账户状况页面

2) 反馈

在亚马逊平台数据分析的反馈部分(见图7-11)，卖家可以通过使用反馈管理器来追踪买家对服务的满意度。卖家可以查看短期和长期指标，以及详细的反馈条目，包括买家电子邮件和订单编号。单击订单编号后，卖家可以查看详细的交易信息。在反馈部分，卖家可以直观地看到反馈评级(好评、中立、差评)。反馈评级的时间期限分为30天、90天、365天和累计4种。卖家还可以获悉最新的反馈，并能获取反馈报告，详细了解过去365天的反馈情况。

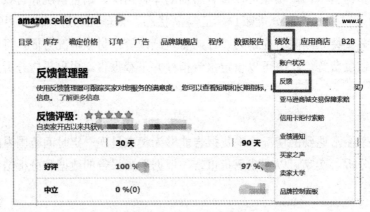

图7-11 亚马逊反馈页面

3) 业绩通知

在业绩通知部分，卖家能够看到过去365天内的绩效通知，从而掌握可能影响到自身账户状况和能否销售的重要提醒。

3. 库存

在"库存"模块下，可以了解详细的库存状态(见图7-12)，包括所有商品、在售商品、不可售商品等；还可以了解到每件出售商品的预计费用。

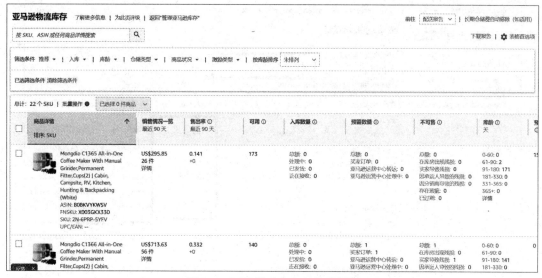

图7-12 亚马逊后台库存状态页面

想要进一步了解和分析库存情况,可以获取库存报告。库存报告可以选择类型。通过库存报告,可以详细了解商品品种,包括每一个SKU的价格和数量。

4. 订单

在"订单"模块下,可以获得订单报告。卖家可以选择日期范围来请求报告,根据自己的需求设置订单报告计划。卖家还可以选择想要看到的指标,并掌握新订单数据、未发货订单数据。

5. 增长

在"增长"模块下,卖家可以获取增长机会的相关信息。增长机会每天刷新,并根据品牌进行分类。在增长机会下,卖家可以了解过去30天内商品的每日查看次数、ASIN转化率、分类转化率、销售排名等相关数据。

6. 品牌

在"品牌"模块,卖家能够获取消费类行为数据和分析结果,包括亚马逊关键词搜索、重复购买行为等。

1) 亚马逊关键词搜索

在亚马逊关键词搜索页面(见图7-13),卖家能够清晰地看到买家在亚马逊平台上的搜索行为数据,包括搜索词、搜索频率排名、已点击的ASIN、商品名称、点击共享、转化共享等。

图7-13 亚马逊关键词搜索页面

2) 重复购买行为

"回头客"对于卖家意义重大,重复购买行为反映了"回头客"的购买行为信息。卖家可以按分类、子类别、品牌、日期获取重复购买行为数据。重复购买行为数据包括了ASIN、商品名称、订单、唯一顾客、重复顾客占总数的百分比、重复购买的商品中订单商品的销售额、重复购买的商品中订购商品的销售额占总额的百分比等指标。重复购买行为分析页面如图7-14所示。

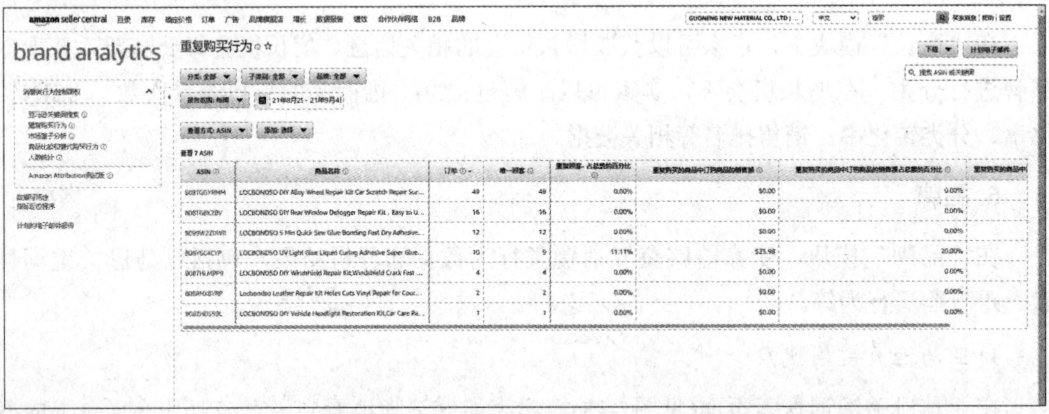

图7-14 亚马逊重复购买行为分析页面

7.2.2 速卖通平台数据分析

速卖通平台的数据分析工具"数据纵横"现在已经升级为"生意参谋",数据纵横商品模块已于2020年7月9日下线。生意参谋入口可以在"我的速卖通"页面上方找到,如图7-15所示。

图7-15 速卖通生意参谋入口

在速卖通生意参谋首页可以看到实时概况、店铺层级、整体看板的简要数据(见图7-16)。

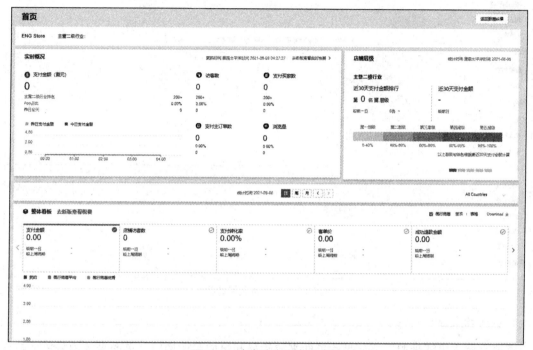

图7-16 速卖通生意参谋首页

通过首页的这些数据,卖家可以大概了解店铺的经营情况,但要深入了解和分析店铺数据,则要查看流量、品类、营销、物流、市场等板块。

1. 流量

速卖通流量板块由流量看板、店铺来源和商品来源几部分构成。

1) 流量看板

在"流量看板"部分(见图7-17),首先可以看到流量总览,在这里可以看到"我的"流量,以及与同行同层平均、同行同层优秀的对比情况。

其次,可以看到"国家排行"。"国家排行"下面有各种店铺指标、商品指标和转化指标。其中店铺指标包括访客数、浏览量、跳失率、人均浏览量、平均停留时长、新访客数、新访客占比;商品指标包括商品访客数、商品浏览量、商品收藏人数、商品加购人数;转化指标包括支付买家数、支付金额、支付转化率、下单买家数、下单金额、下单转化率、UV价值、客单价、支付老买家、支付老买家占比。

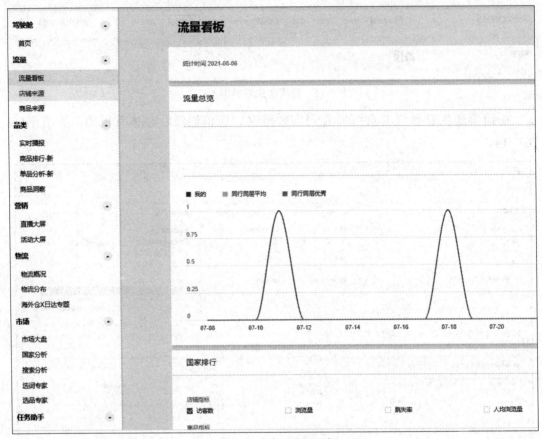

图7-17 速卖通流量看板

2) 店铺来源

速卖通"店铺来源"部分显示页面来源趋势和页面来源构成。页面来源趋势包括站外流量情况,以及部分国家和App的情况。可选择不同时间周期查看各种情况,包括实时、日、周和月。页面来源趋势下方是页面来源构成。页面来源构成涉及如下指标:访客数、新访客数、下单买家数、下单转化率、下单金额、支付买家数、支付转化率、支付金额、客单价、UV价值、商品收藏人数、商品加购人数。

需要注意的是,页面来源根据入店的上级页面进行页面归类,该逻辑与广告后台的数据统计逻辑不同,其广告效果以广告数据为准。比如,访客通过Meta(Facebook的更名)进入速卖通首页,然后通过速卖通搜索进入卖家店铺,这种情况下,生意参谋会把访客归类为速卖通搜索。

3) 商品来源

在"商品来源"部分可通过输入商品ID或通过单击"商品来源"来选择商品,也可查看各个商品的排行榜。商品排行榜的指标包括访客数、下单买家、下单转化率。商品排行榜的周期可以分为日、周和月。

2. 品类

速卖通品类板块由实时播报、商品排行、单品分析和商品洞察几部分构成。

1) 实时播报

在速卖通"实时播报"部分，卖家可查看店铺的实时概况，可在右侧的下拉菜单中选择国家和平台。

实时概况下方是实时地区或国家排行。实时地区或国家排行的指标包括支付金额、访客数、商品访客数、商品收藏人数、商品加购人数、下单主订单数、下单买家数、下单转化率、支付主订单数、支付买家数、支付转化率、客单价。

2) 商品排行

在"品类"下，单击"商品排行"，商品排行页面上方是商品排行榜，有按全部商品、平台新品或前台透标商品三种排行，可选择国家、平台、类目和周期进行排行，如图7-18所示。

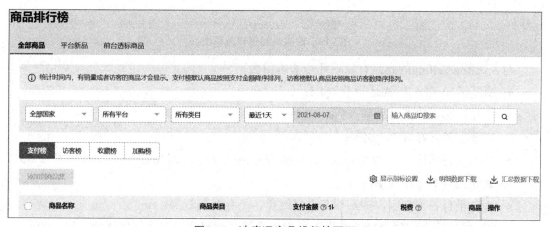

图7-18　速卖通商品排行榜页面

在"商品排行"部分，卖家可查看商品的支付榜、访客榜、收藏榜和加购榜。统计时间内，有销量或访客的商品才会显示。支付榜默认商品按支付金额降序排列，访客榜默认商品按访客数降序排列。商品排行榜可以对指标进行设置。此外，卖家通过商品排行异常情况监控，可了解访客下跌、支付下跌和下单转化率下跌的情况。如果想进一步研究商品排行异常情况，也可以下载明细数据和汇总数据。

3) 商品洞察

在这一部分，卖家可以了解"超级权益"和"商品分层"。

(1) 超级权益。所谓"超级权益"，其实是对给予"Top Selling"的一些特殊权益。所谓Top Selling，是指具有好品质好服务且近30天销售或成交达到前10名的商品榜单。Top Selling已上标商品享有专属权益。首先，平台将系统识别并优选出各类目的TOP商品，进行买家侧透出，搜索推荐全链路透标"Top Selling in AliExpress"或"Top Selling in Spain/France"，同时根据商品的销量总额排序获得靠前展示权益。其次，在平台大促、Flash

Deals、Featured Categories、Top Selection、社交玩法及商业流量场域(站外联盟)等活动中享有优先参与权。超级权益页面如图7-19所示。

图7-19 速卖通超级权益页面

对入选Top Selling的商品有以下几个基本门槛。
- 商品近30天DSR[①]描述评分≥4.5；
- 商品近30天货不对版率＜8%；
- 店铺近30天好评率≥92%；
- 物流服务需满足：为海外仓X日达的商品或优选仓或商品近15天72h上网率≥80%或无上网率考核订单；
- 遵守平台各项规则，如不存在重复铺货、不存在侵权等。

当前，卖家可以在"全球排名"下拉列表中选择西班牙排名或法国排名，在"类目"下拉列表中选择全部类目或其他特殊类，在"商品"下拉列表中选择全部商品、X日达或优选仓。同时，卖家还可以选择不同指标进行排序。这些指标包括成交指标和服务指标。成交指标包括近30天支付金额、叶子类目排名、近30天支付件数、近30天支付子订单量、近180天支付子订单量和近7天支付子订单量；服务指标包括近30天DSR、近30天SNAD纠纷率、近30天店铺好评率和近15天72h上网率。

有些商品属于有机会上标的商品。这些商品即将满足入池门槛，有机会进入Top Selling商品池。这些商品离入围还有一步之遥：一是商品成交指标已达到要求，但服务指标距离入池门槛小于10%；二是商品服务指标已达到要求，但成交指标距离入池门槛小于10%。卖家可以筛选出服务达标但成交不达标的商品，或成交达标但服务不达标的商品，并选择一定的指标进行排名。生意参谋据此可以提供优化建议，帮助卖家尽快将这部分产品升级为上标商品。

---

① DSR，detail seller rating，卖家服务评级系统。

(2) 商品分层。商家分层运营的核心目的是提升运营的效能和效率，优化资源配置。平台根据系统记录的商品成交和服务表现对店铺商品进行分层，形成商品成长通路，针对不同商品分层将给予不同流量曝光及诊断建议。该部分将商品分为明星商品、热销商品、潜力商品和普通商品4个层级。

3. 营销

目前，速卖通"营销"板块主要由直播大屏和活动大屏构成。这两个大屏功能还处于测试阶段，仅对部分商家开放。

4. 物流

1) 物流概况

(1) DSR物流服务分，即DSR物品运送时间合理性平均分，统计时间范围为近30天。

(2) 未收到货物纠纷提起率。(买家因未收到货物提起退款主订单数-买家主动撤销退款的主订单数)/(买家确认收货+确认收货超时+买家提起退款的主订单数)。统计时间范围：近30天。

(3) 5天上网率。5天上网率=(过去30天全部发货且物流上网时间-支付成功(风控审核成功)时间小于等于5天的订单数)/(过去30天支付成功(风控审核成功)的订单数-成功取消/超期取消订单数)。

2) 物流分布

物流分布主要从物流服务商分布、商品类目分布和国家(地区)分布三个方面来展现。每个方面都是从发货单量和效率两个维度进行评价。其中，发货单量指标包括订单量、上网订单量、签收订单量；效率指标包括平均到货时长(天)、48小时上网率、72小时上网率、5天上网率、物流DSR、未收到货物纠纷提起率。

3) 海外仓X日达专题

这一部分针对海外仓X日达进行专题数据分析，分别从销量&流量分析、海外仓X日达商品排行和菜鸟官方仓货品分析三个方面进行。

例如，在"销量&流量分析"下，"销量"主要从支付金额、支付金额全店占比、支付买家数、支付转化率、UV价值、支付件数、支付订单数几个方面进行评价(见图7-20)；"流量"主要从商品访客数、商品访客数全店占比、商品浏览量、商品加购人数、商品收藏人数、搜索曝光量、搜索点击率和新访客数等方面进行评价，并且该部分还提供了商品分渠道流量来源和商品流量来源趋势分析；"物流"主要从物流DSR、全店非X日达商品物流DSR和未收到货物纠纷提起率等方面进行评价。

图7-20 速卖通海外仓X日达专题——销量&流量分析页面

5. 市场

市场板块分为市场大盘、国家分析、搜索分析、选词专家和选品专家几个部分。

1) 市场大盘

该部分从行业趋势、行业构成和国家构成三个方面展开市场分析(见图7-21)。

图7-21 速卖通市场大盘页面

其中，行业趋势分析包括访客指数、浏览商品数、商品浏览率、供需指数、客单价、商品加购人数、加收藏人数等指标。行业趋势分析可以选择与同周期对比，也可以选择与同行业对比。行业构成分析包括搜索指数、交易指数、在线商家占比、供需指数、父类目金额占比、客单价等指标。国家构成分析包括访客指数、浏览商品数、商品浏览量、供需指数、客单价、商品加购人数、加收藏人数等指标。

2) 国家分析

速卖通国家分析部分由机会国家、单国家分析和商品研究构成。

(1) 机会国家。这一部分按照GMV和增速两个维度把国家分为4类国家，分别是高GMV高增速国家、高GMV低增速国家、低GMV高增速国家、低GMV低增速国家。国家分析主要展现支付金额占比、上升指数和物流天数这三项指标，如图7-22所示。

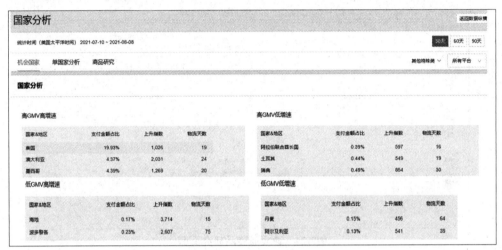

图7-22　速卖通机会国家页面

(2) 单国家分析。单国家分析展现单个国家的支付金额占比、访客数占比、支付买家占比和上升指数，如图7-23所示。

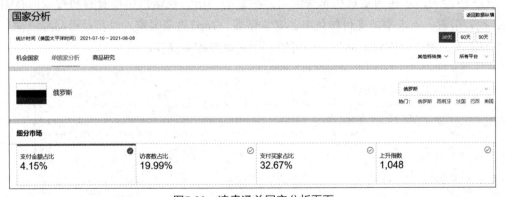

图7-23　速卖通单国家分析页面

此外，单国家分析还提供买家属性分析、汇率、温度和降水、节日等对卖家非常有用的信息。其中，买家属性主要从城市分布、子订单均价分布、购买次数分布和性别分布几个角度进行分析。

(3) 商品研究。在商品研究部分，卖家可以从国家/地区、性别、年龄和子订单均价几个方面来筛选商品，并对买家的行为特征进行分析，包括买家等级分布、购买次数分布、网购偏好、下单支付时间分布等，如图7-24所示。

图7-24 速卖通商品研究页面

3) 搜索分析

在搜索分析部分，卖家可以了解热搜词、飙升词和零少词的情况和趋势。

(1) 热搜词。热搜词是被买家搜索最为频繁的词语。在这里可以查看热搜词的搜索人气、搜索指数、点击率、支付转化率、竞争指数、Top3热搜国家，以及是否品牌原词，如图7-25所示。单击"查看商品"，还可以直接链接到相关商品。

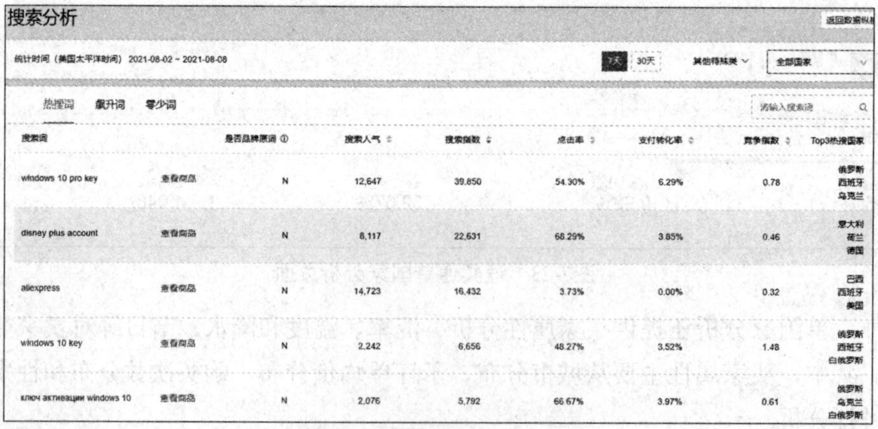

图7-25 速卖通热搜词页面

(2) 飙升词。在"飙升词"部分，可以查看飙升词的搜索指数、搜索指数飙升幅度、曝光商品数增长幅度、曝光商家数增长幅度，以及是否品牌原词，如图7-26所示。单击"查看商品"，也可以链接到相关商品。

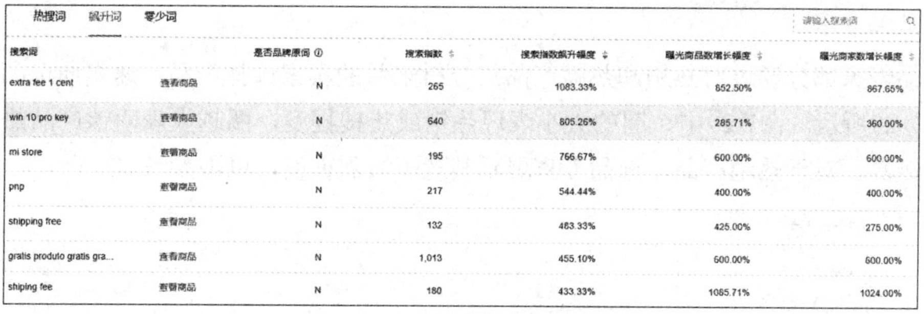

图7-26 速卖通飙升词页面

(3) 零少词。在"零少词"部分，可以选择商品结果范围数，了解曝光商品数增长幅度、搜索指数、搜索人气，以及是否品牌原词，如图7-27所示。

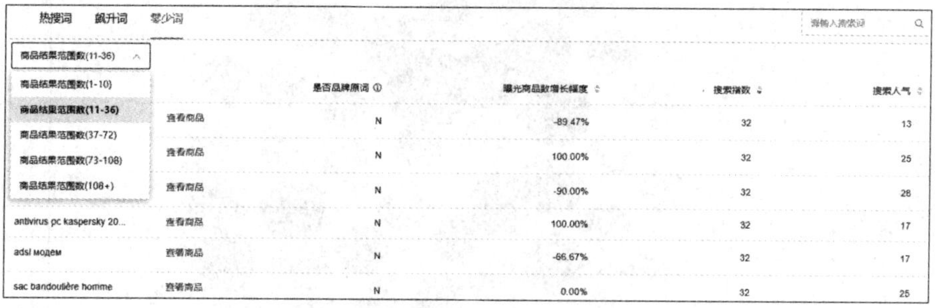

图7-27 速卖通零少词页面

4) 选词专家

在选词专家部分，卖家可以对热搜词、飙升词和零少词展开进一步分析，包括搜索人气、搜索指数、点击率、飙升幅度、商品增长幅度等，并可以查看趋势、商品，添加到关键词集，从而帮助卖家选择关键词，如图7-28所示。

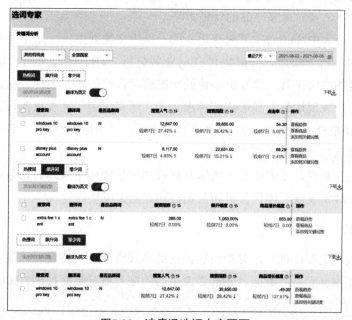

图7-28 速卖通选词专家页面

5) 选品专家

选品专家部分通过对热销和热搜产品的分析来帮助卖家选择产品。速卖通选品专家页面如图7-29所示。图7-29中，圈的大小表现热销或热搜程度，圈越大表明该产品热销或热搜程度越高。对于热销产品，选品专家展示其竞争激烈程度，以作参考。

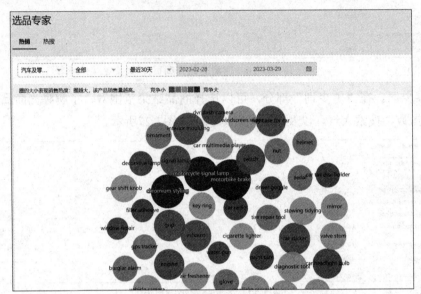

图7-29　速卖通选品专家页面

7.2.3　eBay平台数据分析

卖家准备在eBay平台上线产品之前，可借助eBay网站来对目标市场进行调研，了解某产品的销量、价格和热销品牌。对于已经销售的产品，则可以通过对已有数据的分析，了解产品的市场表现，及时调整产品的营销策略。

卖家中心是为大中华eBay卖家量身定制的一份中文数据报告，是帮助卖家了解eBay大中华区政策的唯一官方渠道，同时提供eBay业务分析、eBay活动参与，以及培训信息等服务。作为重要的参考工具，卖家中心协助卖家监测自己的卖家表现、保持良好的买家服务，同时确保账户表现达到并高于eBay标准之上。所有大中华区卖家都可以免费访问卖家中心。eBay管理账户可随时通过eBay账户登录查看，非eBay管理账户第一次访问需要免费订阅，以便激活相关数据同步。

根据账户销售规模，卖家中心会展示常规版和进阶版两个版本。常规版本的卖家中心包括账号概况、政策表现、销售分析和营销活动等四大板块。

1. 账号概况

账号概况板块主要提供一定时期内店铺的商品成交额、成交量、浏览量、曝光量、刊登量、成交率和不良交易等数据。eBay卖家中心的账号概况页面如图7-30所示。

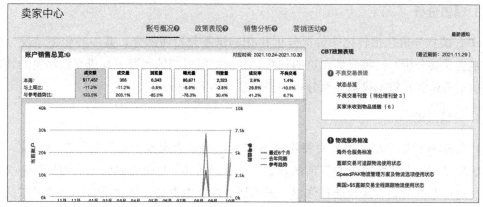

图7-30　eBay卖家中心账号概况页面

2. 政策表现

为了便于广大卖家更好地理解eBay政策，卖家中心已于2021年12月对“政策表现”模块做了精简改版。现行的政策表现包括不良交易表现和物流服务标准两大板块。

不良交易表现政策模块为卖家提供以下信息：不良交易表现状态总览，即评估周期期间的不良交易相关指标及当前账号不良交易表现状态；不良交易刊登数据及待处理刊登提醒；买家未收到物品提醒。不良交易主要包括以下几种：物品未收到纠纷(item not received，INR)；物品与描述不符退货(significantly not as described，SNAD)；缺货相关的取消交易(stock-out)；中差评(neutral/negative feedback，NNFB)；详细卖家评分低分(low detailed seller ratings，Low DSR)。

物流标准政策模块包含海外仓服务标准、邮交易可追踪物流使用状态、从中国香港寄出直邮交易物流服务使用政策、SpeedPAK物流管理方案及物流选项使用状态，总体状态以其中最严重的一项作为总体状态。卖家须保持“合规率”表现符合“最低要求”。其中，直邮交易可追踪物流使用状态提供申诉功能，符合申诉的要求的用户可以在每周三至周四中午时间段在线提交申诉。直邮交易可追踪物流使用情况页面如图7-31所示。

直邮交易可追踪物流使用状态为 超标
注：标黄项需达标

直邮交易可追踪物流服务使用情况

	被评估交易数	合规率	最低要求
所有直邮交易	411 笔	99%	100%
- 寄往美国直邮交易	62 笔	100%	-
- 寄往英国直邮交易	107 笔	100%	-
- 寄往德国直邮交易	97 笔	99%	-
- 寄往澳大利亚直邮交易	94 笔	99%	-
- 寄往加拿大直邮交易	4 笔	100%	-
- 寄往法国、意大利、西班牙直邮交易	3 笔	100%	-
- 寄往其他国家直邮交易	44 笔	98%	-

相关交易下载

对应时间: 2020.06.07 ~ 2020.06.20　　下次评估: 2020.07.05

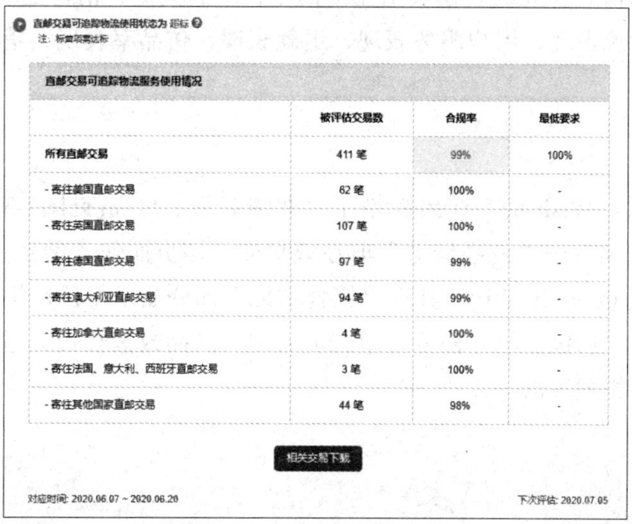

图7-31　eBay卖家中心直邮交易可追踪物流使用状态页面

3. 销售分析

eBay销售分析包括转化率情况分析和eBay供需分析两部分，其中转化率情况分析展示了销售品类分析、高曝光低浏览的刊登、高浏览低成交的刊登、高成交低浏览的刊登。eBay供需分析包括SKU供需关系分析和热销品类供需分析。

4. 营销活动

目前eBay营销活动都是针对特定eBay账号，通过"卖家中心"发送在线邀请。收到邀请的账号可以在"卖家中心"顶部导航栏"营销活动"栏位看到红色活动提醒。卖家可以在"进行中的活动"区域选择你感兴趣的活动，单击查看详情并报名。在"领取活动奖励"区域查看哪些活动符合奖励条件，可以申领相关奖励。在"已结束的活动"可以查询已结束的活动记录。eBay卖家中心营销活动页面如图7-32所示。

图7-32　eBay卖家中心营销活动页面

7.2.4　Wish平台数据分析

Wish平台的数据分析主要在"业绩"模块内。在Wish商户平台的首页上方可以找到"业绩"模块的入口。"业绩"模块由业绩概览、产品概览、销售业绩、Wish Express表现、评分表现、物流表现、用户服务表现、退款表现、仿品率表现、销售图表和用户服务图表构成。

1. 业绩概览

2021年8月3日，Wish商户平台新增了"业绩概览"页面(见图7-33)。卖家可以在商户平台上单击"业绩"→"业绩概览"前往该页面。该页面包含两部分：销售指标(sales metrics)和店铺指标(store health)。其中"销售指标"部分显示每日销售业绩数据以及各时间段的销售趋势。"店铺指标"部分显示物流表现、产品政策合规、退款率、产品评分以及用户服务表现的相关数据。

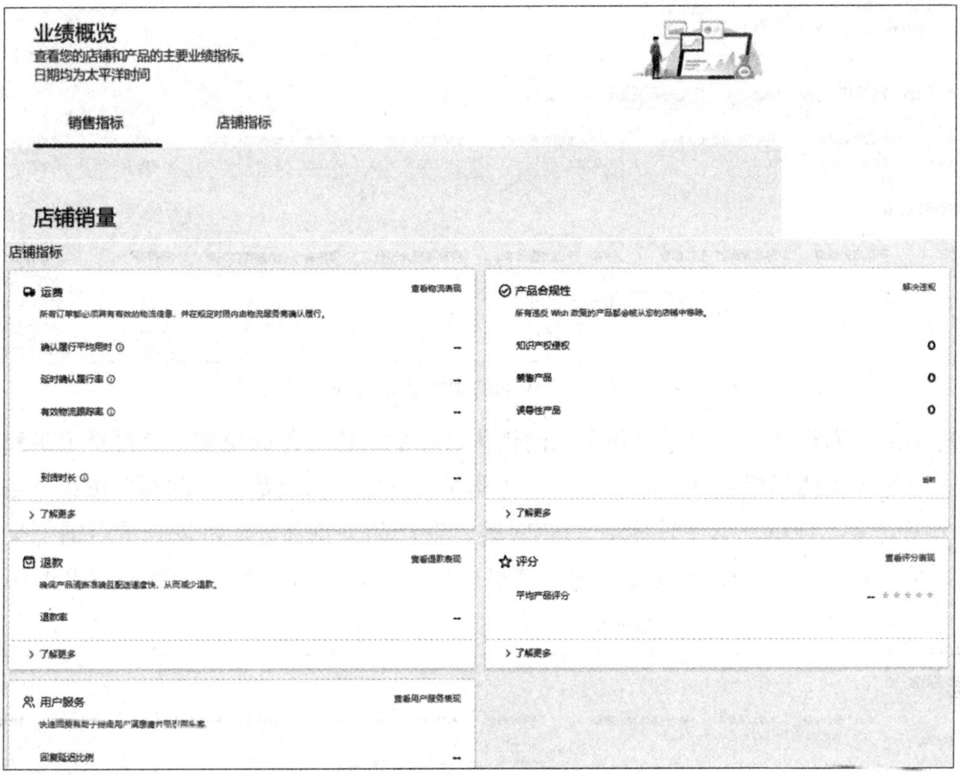

图7-33　Wish的业绩概览页面

2. 产品概览

产品概览展现卖家的已启用的有库存的产品、SKU总数、每个产品的SKU数量、平均价格、平均运费、价格与运费比、每个产品的平均辅图数、曝光量、GMV等信息，如图7-34所示。计价货币可选择美元或人民币。

产品数据概览　以 USD 为单位 $　以 CNY 为单位 ¥　币值计算方法　导出 CSV

时间段	已启用的有库存的产品	SKU 总数	每个产品的 SKU 数量	平均价格	平均运费	价格与运费比	每个产品的平均辅图数	曝光量	GMV
07/26/21 - 08/01/21	114	1,211	10.62	¥0.00	¥0.00	0.00	3.05	0	¥0.00
07/19/21 - 07/25/21	114	1,211	10.62	¥0.00	¥0.00	0.00	7.28	0	¥0.00
07/12/21 - 07/18/21	114	1,211	10.62	¥0.00	¥0.00	0.00	3.05	0	¥0.00
07/05/21 - 07/11/21	114	1,211	10.62	¥0.00	¥0.00	0.00	0.24	0	¥0.00
06/28/21 - 07/04/21	114	1,211	10.62	¥0.00	¥0.00	0.00	0.15	0	¥0.00
06/21/21 - 06/27/21	114	1,211	10.62	¥0.00	¥0.00	0.00	8.88	0	¥0.00
06/14/21 - 06/20/21	114	1,211	10.62	¥0.00	¥0.00	0.00	10.34	0	¥0.00
06/07/21 - 06/13/21	114	1,211	10.62	¥0.00	¥0.00	0.00	10.34	0	¥0.00
05/31/21 - 06/06/21	114	1,211	10.62	¥0.00	¥0.00	0.00	10.34	0	¥0.00
05/24/21 - 05/30/21	114	1,211	10.62	¥0.00	¥0.00	0.00	10.34	0	¥0.00

图7-34　Wish的产品概览页面

3. 销售业绩

销售业绩由总览、产品浏览和每个国家/地区的明细三部分构成，如图7-35所示。

总览	产品浏览	每个国家/地区的明细							

排名第一的商户 以 USD 为单位 $ 以 CNY 为单位 ¥ 币值计算方法

日期范围	产品曝光量	"购买"按钮点击次数	"购买"按钮点击率	购物车曝光量	订单	结账转化率	GMV	产品详情
07/26 - 08/01	791,596,731	486,508	0.0612%	486,508	45,493	9.35%	¥4,416,746.05	查看产品明细

您的统计数据 导出 CSV

日期范围	产品曝光量	"购买"按钮点击次数	"购买"按钮点击率	购物车曝光量	订单	结账转化率	GMV	产品详情
07/12 - 07/18	0	0	0.0000%	0	0	0.00%	¥0.00	查看产品明细
07/05 - 07/11	0	0	0.0000%	0	0	0.00%	¥0.00	查看产品明细
06/28 - 07/04	0	0	0.0000%	0	0	0.00%	¥0.00	查看产品明细
06/21 - 06/27	0	0	0.0000%	0	0	0.00%	¥0.00	查看产品明细

图7-35　Wish的销售业绩页面

　　总览部分为排名第一的商户和卖家的销售数据的对比，帮助卖家了解自身不足和改进方向。总览提供的指标包括产品曝光率、"购买"按钮点击次数、"购买"按钮点击率、购物车曝光量、订单、结账转化率、GMV等。在产品浏览部分，可以查看店铺上架产品总数、平均价格、浏览数和成交总额等信息，如图7-36所示。在每个国家/地区的明细部分，可以查看目的国家/地区的GMV数据。

产品数据概览 导出 CSV

时长	上架产品总数	SKU 总数	每个产品的 SKU 数量	平均价格	平均运费	价格与运费比	每个产品的平均附加图片数	浏览数	成交总额
05/08/17 - 05/14/17	77	103	1.34	$130.83	$4.28	30.57	0.19	220	$111.46
05/01/17 - 05/07/17	79	105	1.33	$128.88	$4.19	30.77	0.16	288	$3.60
04/24/17 - 04/30/17	79	106	1.34	$129.82	$4.19	30.98	0.18	370	$0.00
04/17/17 - 04/23/17	80	110	1.38	$128.47	$4.13	31.14	0.19	1,097	$9.35
04/10/17 - 04/16/17	83	117	1.41	$126.67	$3.95	32.08	0.23	944	$15.30
04/03/17 - 04/09/17	88	122	1.39	$128.10	$3.90	32.86	0.23	872	$98.04
03/27/17 - 04/02/17	97	135	1.39	$131.25	$3.71	35.39	0.26	1,736	$0.00
03/20/17 - 03/26/17	99	140	1.41	$127.74	$3.61	35.39	0.27	2,323,662	$65.45
03/13/17 - 03/19/17	95	133	1.40	$135.22	$3.67	36.80	0.25	141,286	$29.75
03/06/17 - 03/12/17	87	116	1.33	$142.17	$3.93	36.18	0.20	68,388	$80.75

图7-36　Wish的产品数据概览页面

4. Wish Express表现

　　在Wish Express表现部分，卖家可以精准了解Wish Express物流情况，包括确认妥投率、有效物流跟踪率、延时到货率。卖家还可以详细查询每周业绩和产品业绩。每周业绩以"周"为单位，展现订单、GMV、延时到货率、发货前取消率、有效物流跟踪率、确认妥投率、确认履行平均用时、妥投平均用时等数据。

5. 评分表现

　　在该部分，卖家可以查看店铺评分表现，包括每周总计评分、每周店铺评分、店铺评分明细、每周产品评分、产品评分明细、国家评分明细和店铺评分，如图7-37所示。

　　在某一时间段，当某一指标低于或高于某一个值时，店铺就会被警告，表明店铺有暂停交易的风险。如店铺的平均评分低于4.0就会受到警告。此外，卖家在该部分还可以查看30天内最优产品平均评分排名、30天内最差产品平均评分排名和热门产品评论数排名，并可具体查看每一类型的产品。

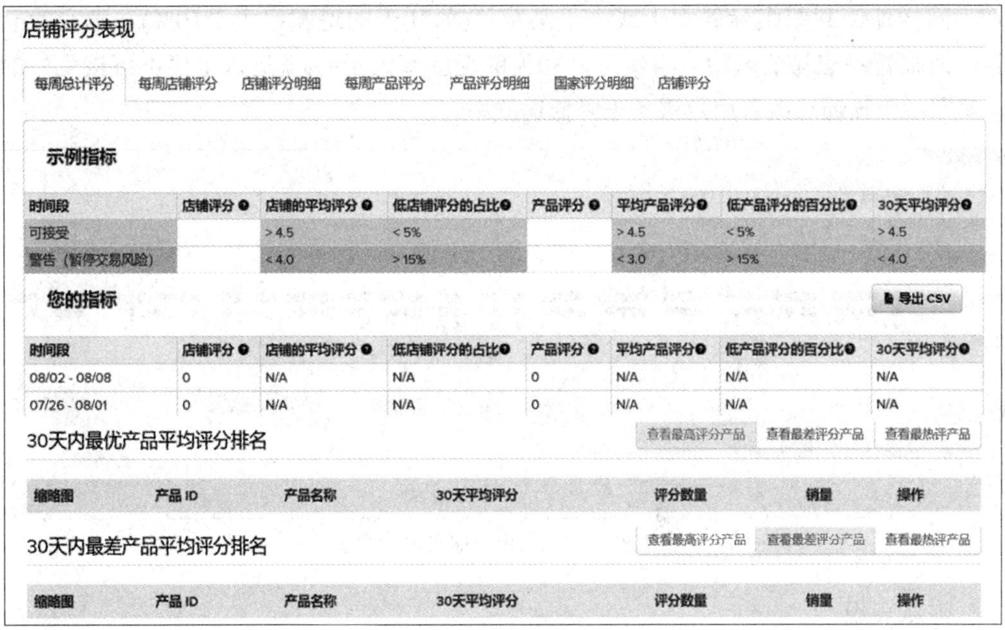

图7-37 Wish的评分表现页面

6. 物流表现

在物流表现部分,卖家可以查看各项物流表现,包括每周发货&运输、目的国家/地区、物流服务商、物流服务走势、全球物流服务商、确认妥投表现和物流选择向导,如图7-38所示。每周发货&运输的指标若大于或小于某个值[如自称的平均履行用时大于72小时(3天)],卖家就会被警告,面临暂停交易的风险。

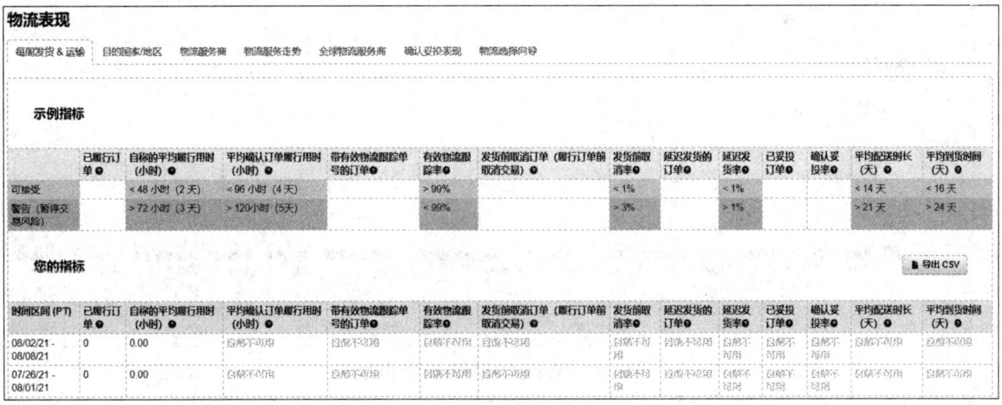

图7-38 Wish的物流表现页面

7. 用户服务表现

在用户服务表现部分,卖家可以查看有关用户服务的各项指标,包括GMV、订单、30天内的订单数、30天的退款数、30天的退款率、93天内的订单数、93天内的退款数、93天内的退款率、拒付、拒付比例、拒付金额、拒付金额比例、用户问题、用户问题比例、回复延迟率(30天)、响应用户问题的平均时长(小时)、用户满意度和产品详情,如图7-39

所示。同样地，某些指标若大于或小于某个值(如30天的退款率大于10%)，卖家就会被警告，面临暂停交易的风险。事实上，30天的退款率大于8%就进入了"不可接受"的区间，卖家就应该通过改善用户服务来降低退款率。

图7-39 Wish的用户服务表现页面

8. 退款表现

Wish的退货表现分为总览、产品浏览和每个国家/地区的明细三个部分，如图7-40所示。其中，总览部分展现Wish商户退款率基准和卖家的退款指标。退款率超过10%会受到警告。卖家的各项退款指标包括退款、退款率、产品功能与描述不符、用户收到错误的产品、未履行、配送时间过长、订单被运送至错误地址、产品退还至发货人、未完成订单、产品损坏、产品与描述不符、产品不合适和产品详情。Wish平台同时还给卖家提供优化退款率数据的建议。

图7-40 Wish的退款表现页面

9. 仿品率表现

每周Wish都会随机抽查部分卖家店铺内未经审核的产品，由此确定卖家的店铺仿品率。

一段时间内，被判定为仿品的数量除以经过审核的产品总数量，便可得出仿品率。系统会根据自己店铺上次提交仿品审核或审核失败以来的天数计算日期范围。

为保持较低的仿品率，卖家应确保未经审核的产品不存在任何的仿品。卖家在该部分可以详细查看某一日期范围内店铺通过审核的产品、侵权产品、申诉成功的侵权产品、被判为仿品的产品和仿品率。

10. 销售图表

在该部分，卖家可以以图表的形式查看销售业绩。卖家可以选择Wishes、Product Impression和Purchased三项指标，同时自由选择日期范围，并且可以导出数据，如图7-41所示。

图7-41　Wish的销售图表页面

11. 用户服务图表

在该部分，卖家可以查看各项用户服务指标，包括平均履行时间(完成订单所需的平均天数)、退款率(在过去30天内退款的交易总额的百分比)、平均发货时间(订单被标记为发货和到达客户之间的平均时间)、平均发货延迟(从卖家发货到其跟踪信息可用之间的平均天数)、平均评分(卖家过去30天的平均评分)。

同步实训

跨境电商竞品数据采集与分析

1. 实训目的

能够通过数据分析，正确识别行业竞争对手，并且能够对竞争对手的店铺和竞争产品进行有效分析，对比自身，取长补短。

2. 实训内容

以速卖通为例，任意选定一个产品(如童装)，通过数据分析了解行业竞争情况，有效识别竞争对手。首先，要明确竞争对手的类别，即销售同类目产品或者互补类目产品的店铺；其次，需要在速卖通平台通过搜索产品关键词，找到同类目或者互补类目的产品；之后，要通过目标客户、销量、商品单价等要素圈定类目竞争对手；最后，便可进行竞争店铺分析和竞品分析。

3. 实训步骤

步骤一：确定竞争对手、锁定竞品。

(1) 确定任务目标；

(2) 了解行业竞争情况；

(3) 圈定产品目标客户；

(4) 圈定产品价格；

(5) 主动观察，确定竞争对手；

(6) 制作竞争对手"监控表"。

步骤二：竞品数据采集与分析。

(1) 明确任务要求；

(2) 店铺基本信息采集；

(3) 店铺产品类型数据采集；

(4) 记录店铺每日新增商品数量；

(5) 店铺单品销量数据采集分析；

(6) 店铺营销活动分析。

步骤三：撰写跨境电商竞品数据采集与分析报告。

同步阅读

本章小结

本章对跨境电子商务数据分析进行了全面介绍，包括跨境电子商务数据分析的定义、流程、指标、工具。同时，对亚马逊、速卖通、eBay、Wish等主流跨境电商平台的数据分析进行了详细阐释。主流跨境电商平台本身都提供了一定的数据分析工具和模块，可以帮助卖家大大简化数据分析工作。卖家可直接利用这些工具和模块查看店铺的数据和表现。实践中，数据分析可以帮助人们做出判断，以便采取适当的行动。数据分析的意义在于发现问题，并且找到产生问题的根源，最终通过切实可行的办法解决存在的问题；基于以往的数据分析，总结发展趋势，为运营决策提供数据支持。

同步测试

一、单项选择题

1. 进行跨境电子商务数据分析首先要(　　)。
   A. 数据采集　　　　　　　　　　B. 明确分析目标与思路
   C. 数据处理　　　　　　　　　　D. 数据分析

2. 访问人数(UV)是指独立访客数量，具体是指(　　)。

　　A. 12小时内的独立访客总数

　　B. 48小时内的独立访客总数

　　C. 24小时内的独立访客总数，一天内重复访问的只算一次

　　D. 24小时内的独立访客总数，一天内重复访问的按重复次数计算

3. 一般情况下，访问次数与访客人数的关系是(　　)。

　　A. 访问次数等于访客人数　　　　B. 访问次数小于访客人数

　　C. 访问次数小于或等于访客人数　　D. 访问次数大于访客人数

4. 如果网站访问次数明显少于访客人数，可能的原因是(　　)。

　　A. 网站的访问速度慢　　　　B. 网站的访问速度快

　　C. 网站的访问速度一般　　　D. 网站的访问速度极快

5. 内容型指标中最重要的一个指标是(　　)。

　　A. 页面浏览量(PV)　　　　B. 访问人数(UV)

　　C. 跳出率　　　　　　　　D. 页面/网站停留时间

6. 浏览用户比太高说明(　　)。

　　A. 网页的吸引程度高　　　B. 网页的吸引程度低

　　C. 网页的吸引程度一般　　D. 网页的吸引程度不确定

7. 决定网站最终能否盈利的最重要指标是(　　)。

　　A. 点击量　　　　　　　　B. 页面浏览量(PV)

　　C. 转化率　　　　　　　　D. 访问人数(UV)

8. 要想提高网站排名，最重要的是(　　)。

　　A. 忽视搜索引擎算法变化　　B. 持续进行搜索引擎优化

　　C. 偶尔进行搜索引擎优化　　D. 关注搜索引擎算法变化

9. 网络广告的惯用收费方法是(　　)。

　　A. 按访问时长收费　　　　B. 按访问人次收费

　　C. 按访问次数收费　　　　D. 按访问深度收费

10. 在店铺分析数据指标中，下列可以反映网站访问黏性的一项是(　　)。

　　A. PV　　　　B. UV　　　　C. PV/UV　　　　D. UV/PV

二、多项选择题

1. 常用的数据分析方法有(　　)。

　　A. 趋势分析　　B. 对比分析　　C. 关联分析　　D. 因果分析

2. 下列属于流量数量指标的是(　　)。

　　A. 跳出率(bounce rate)　　　B. 页面浏览量(PV)

　　C. 访问人数(UV)　　　　　　D. 访问次数(visits)

3. 下列属于流量质量指标的是( )。
   A. 页面浏览量(PV)　　　　　　B. 访问人数(UV)
   C. 跳出率(bounce rate)　　　　D. PV与UV比
4. 下列属于外部竞争环境指标的是( )。
   A. 网站排名　　B. 市场增长率　　C. 市场占有率　　D. 支付方式
5. 下列属于内部购物环境指标的是( )。
   A. 访问次数(visits)　　　　　　B. 配送方式
   C. 商品数目　　　　　　　　　　D. 页面浏览量(PV)

三、简答题

1. 简述跨境电商数据分析的流程。
2. 简述跨境电商主流数据分析工具。

第8章 跨境电子商务通关

 学习目标

1. 了解跨境电商通关的定义、模式和代码。
2. 熟悉跨境电商通关流程和我国跨境通关政策。
3. 了解跨境电商通关服务平台建设背景、特色服务。
4. 掌握被海关暂扣物品的处理方法。

 知识结构图

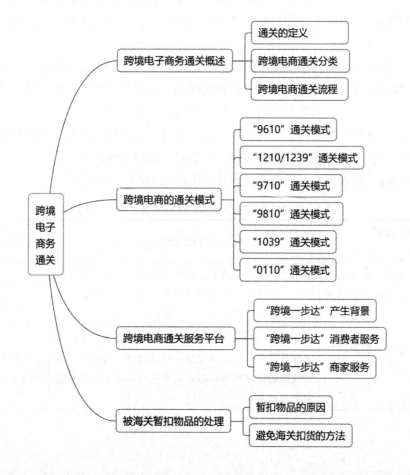

8.1 跨境电子商务通关概述

8.1.1 通关的定义

导入案例

通关一般指清关(customs clearance)，也称结关，它是指进出口或转运货物出入一国关境时，依照各项法律法规和规定应当履行的手续。只有在履行各项义务，办理海关申报、查验、征税、放行等手续后，才能放行货物，货主或申报人才能提货。同样，载运进出口货物的各种运输工具进出境或转运，也均需向海关申报，办理海关手续，得到海关的许可后，才能放行。货物在通关期间，不论是进口，还是出口或转运，都是处在海关监管之下，不准自由流通。

8.1.2 跨境电商通关分类

1. 按监管方式代码分类

2014年以来，海关根据跨境电商的业务类型相继增列了9610、1210、1239三个针对跨境电商B2C业务的监管方式代码，2020年又增列了9710、9810两个针对跨境电商B2B业务的监管方式代码。

适用于跨境B2B的海关监管模式还包括"1039"模式和"0110"模式。其中，"1039"称为市场采购贸易模式，是指经国家商务主管部门确定的市场集聚区内，由合格的经营者购买的，报关单商品货值15万美元(含15万美元)以下、在海关指定口岸办理出口商品通关手续的贸易方式。

"0110"称为一般贸易，是指中国境内有进出口经营权的企业单边进口或单边出口的贸易方式。按一般贸易交易方式进出口的货物即为一般贸易货物。一般贸易货物在进出口时可以按一般进出口监管制度办理海关手续，这时它就是一般进出口货物；也可以享受特定减免税优惠，按特定减免税监管制度办理海关手续，这时它就是特定减免税货物；也可以经海关批准保税，按保税监管制度办理海关手续，这时它就是保税货物。

跨境电商海关监管方式代码的含义及其适用范围如表8-1所示。

表8-1 跨境电商海关监管方式代码的含义其适用范围

海关监管 方式代码及含义	适用范围	海关公告文号
"9610"，全称"跨境贸易电子商务"，简称"电子商务"	适用于境内个人或电子商务企业通过电子商务交易平台实现交易，并采用"清关核放、汇总申报"模式办理通关手续的电子商务零售进出口商品	海关总署公告 2014年第12号
"1210"，全称"保税跨境贸易电子商务"，简称"保税电商"	适用于境内个人或电子商务企业在经海关认可的电子商务平台实现跨境交易，并通过试点城市的海关特殊监管区域或保税监管场所进出的电子商务零售进出境商品	海关总署公告 2014年第57号

(续表)

海关监管方式代码及含义	适用范围	海关公告文号
"1239",全称"保税跨境贸易电子商务A",简称"保税电商A"	适用于境内电子商务企业通过试点城市之外的海关特殊监管区域或保税物流中心(B型)一线进境的跨境电子商务零售进口商品	海关总署公告2016年第75号
"9710",全称"跨境电子商务企业对企业直接出口",简称"跨境电商B2B直接出口"	适用于跨境电商B2B直接出口的货物	海关总署公告2020年第75号
"9810",全称"跨境电子商务出口海外仓",简称"跨境电商出口海外仓"	适用于跨境电商出口海外仓的货物	
"1039",称为"市场采购贸易模式"	由合格的经营者购买的,报关单商品货值15万美元(含15万)以下、在海关指定口岸办理出口商品通关手续的贸易方式	海关总署公告2019年第221号;2020年第114号
"0110",称为"一般贸易"	适用于中国境内有进出口经营权的企业单边进口或单边出口的贸易。原则上超过5000元的出口商品都需要一般贸易报关出口	1998年中华人民共和国海关公告《修订〈贸易方式代码表〉》

除跨境电商B2C和B2B业务的通关模式外,个人从境外海淘、代购的商品可以通过邮政、国际快递的渠道运送入境,这种通关模式称为行邮模式。因此,跨境电商业务的通关模式可以概括为跨境B2C、B2B和C2C模式,进一步细分为8种通关模式,如图8-1所示。

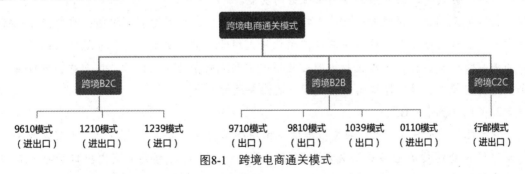

图8-1 跨境电商通关模式

需要说明的是,跨境电商的"1210"模式进口业务目前有两种经营业态:一种是电商企业从境外购买商品入境存入特殊区域后直接在跨境电商平台销售;另一种是某一经营"1210"模式的电商企业(A企业)从境外购买商品入境存入特殊区域后没有直接在跨境电商平台销售,而是通过保税区区间结转的方式(监管方式为保税间货物,代码为"1200")结转给另外一家经营"1210"模式的电商企业(B企业),由B企业在跨境电商平台销售。

2. 按业务类型比较分类

从业务类型看,跨境电商业务及对应的通关模式包括B2C、B2B和C2C三种类型,其中B2C、B2B业务有海关监管方式代码,C2C行邮业务不设海关监管方式代码,如表8-2所示。

表8-2 跨境电商通关模式(出口与进口比较)

业务类型	出口通关模式	进口通关模式
B2C	9610、1210	9610、1210、1239
B2B	9710、9810、1039、0110	0110
C2C	—	行邮

> **小知识** 保税物流中心的类型
>
> 保税物流中心是指封闭的海关监管区域并且具备口岸功能的海关监管场所,分A型和B型两种。
>
> 1. 保税物流中心A型
>
> 保税物流中心A型是指经过海关批准,由中国境内企业法人经营,专门从事保税仓储物流业务的海关监管场所。
>
> 保税物流中心A型是海关对现代物流货物实施保税监管的一种新模式,是对保税仓库和出口监管仓库两种保税物流监管模式的整合。保税仓库只能存放进口货物;出口监管仓库一般只能存放已经办结了出口手续产权属于境外厂商的货物,只有出口配送型出口监管仓库才可以存放为出口配送而进口的货物。而保税物流中心A型既可以存放进口货物,也可以存放出口货物,大大拓展了增值服务的功能。
>
> 按服务范围分,保税物流中心A型又可分为公用型和自用型。公用型保税物流中心是指由专门从事仓储物流业务的中国境内企业法人经营,向社会提供保税仓储物流综合服务的海关监管场所。自用型保税物流中心是指由中国境内企业法人经营,仅向本企业或者本企业集团内部成员提供保税仓储物流服务的海关监管场所。
>
> 2. 保税物流中心B型
>
> 保税物流中心B型是指经海关批准的,由中国境内一家企业法人经营,多家企业进入并从事保税仓储物流业务的海关集中监管场所,经海关批准可存放国内出口货物、转口货物和国际中转货物、外商暂存货物、加工贸易进出口货物、供应国际航行船舶和航空器的物料、维修用零部件、供维修外国产品所进口寄售的零配件及其他未办结海关手续的货物。
>
> 保税物流中心A型与B型的主要区别:A型由一家企业作为经营主体,由它向海关总署申请保税物流中心A型;而B型类似于物流园区,可以有多家企业入驻,同时经营,需要园区的管委会向总署申请许可,许可也是批给这个园区的。相比来说,保税物流中心B型有利于引进跨国公司、知名企业、国际新兴产业等大型项目投资,提高招商引资的档次和水平。

3. 按商品流动方向分类

从商品流动方向看，跨境电商业务包括出口和进口两个方向，其中出口业务涉及B2C和B2B业务，相应的通关模式也分为B2C和B2B两种；跨境电商进口涉及B2C和C2C业务。

> **小知识** 跨境电商B2C通关模式比较
>
> （1）跨境电商零售出口通关模式。跨境电商零售出口通关模式包括"9610"和"1210"两种，目前主要以"9610"为主，两种模式的区别如表8-3所示。
>
> 表8-3 跨境电商零售出口通关模式比较
>
> | 比较项目 | "9610"出口 | "1210"出口 |
> | --- | --- | --- |
> | 海关监管场所 | 海关指定监管作业场所(按照快递类或邮递类海关监管作业场所规范设置) | 在试点城市的特殊监管区域或保税物流中心B型开展 |
> | 出境前的暂存地点 | 销售后商品运往海关监管作业场所，报关后即刻放行 | 商品先运进特殊监管区域或保税物流中心B型存储，存放时间长 |
> | 物流模式 | 先国外消费者下单，再报关放行出境 | 商品先运进特殊区域，然后国外消费者下单，再报关放行出境 |
>
> （2）跨境电商零售进口通关模式。跨境电商零售进口通关模式包括9610和1210、1239三种，目前主要以1210为主，三种模式的区别如表8-4所示。
>
> 表8-4 跨境电商零售进口通关模式比较
>
> | 比较项目 | "9610"进口 | "1210"进口 | "1239"进口 |
> | --- | --- | --- | --- |
> | 海关监管场所 | 海关指定监管作业场所(按照快递类或邮递类海关监管作业场所规范设置) | 在试点城市的特殊监管区域或保税物流中心B型开展 | 在试点城市之外的特殊监管区域或保税物流中心B型开展 |
> | 入境后的暂存地点 | 在海关监管作业场所内暂存(报关后即刻放行) | 商品进口后，作为保税货物存储在特殊监管区域或保税物流中心B型，存放时间长 | |
> | 物流模式 | 先国内消费者下单，国外发货入境、报关放行后派送，时效相对较慢 | 先入境备货，国内消费者下单、报关放行后派送，时效快 | |
> | 商品首次进口要求 | 按个人自用进境物品监管，不执行有关商品首次进口许可批件、注册或备案要求 | 执行有关商品首次进口许可批件、注册或备案要求 | |
> | 退货管理 | 均可以申请退货 | | |
> | 商品范围 | 均受"跨境电子商务零售进口商品清单"(正面清单)限制 | | |
> | 消费总(限)额 | 消费者单次交易均不得超过5000元，年度交易限值不得超过26 000元 | | |
> | 税收政策 | 在个人年度交易限值以内进口的跨境电商商品，关税税率全部为0，进口环节增值税、消费税暂按法定应纳税额的70%征收 | | |

8.1.3 跨境电商通关流程

1. 跨境电商零售出口商品通关流程

(1) 申报。申报是进出口货物收、发货人或其他代理人在海关规定的期限内，按照海关规定的形式，向海关报告进出口货物的情况，提请海关按其申报的内容放行进出口货物的工作环节。

(2) 向专业报关企业或代理报关企业办理委托报关手续。需要委托专业或代理报关企业向海关办理申报手续的企业，在货物出口之前，在出口口岸就近向专业报关企业或代理报关企业办理委托报关手续。

接受委托的专业报关企业或代理报关企业要向委托单位收取正式的报关委托书，报关委托书以海关要求的格式为准。

(3) 准备好报关用的单证。一般情况下，除出口货物报关单外，报关时的单证主要包括托运单(即下货纸)、发票一份、贸易合同一份、出口收汇核销单及海关监管条件所涉及的各类证件。

申报时，应注意报关时限。报关时限是指货物运到口岸后，法律规定发货人或其代理人向海关报关的时间限制。出口货物的报关时限为装货前的24小时。不需要征税、查验的货物，自接受申报起1日内办结通关手续。

(4) 查验。查验是指海关在接受报关单位的申报并已经审核的申报单位为依据，通过对出口货物进行实际的核查，以确定其报关单证申报的内容是否与实际进出口的货物相符的一种监管方式。

(5) 征税。根据《中华人民共和国海关法》的有关规定，进出口的货物除国家另有规定外，均应征收关税。关税由海关依照海关进出口税则征收。需要征税的货物，自接受申报1日内开出税单，并于缴核税单2小时内办结通关手续。

(6) 放行。

① 对于一般出口货物，在发货人或其代理人如实向海关申报，并如数缴纳税款和有关规费后，海关在出口装货单上盖"海关放行章"，出口货物的发货人凭其装船起运出境。

② 出口货物的退关。申请退关货物发货人应当在退关之日起三天内向海关申报退关，经海关核准后方能将货物运出海关监管场所。

③ 签发出口退税报关单。海关放行后，在浅黄色的出口退税专用报关单上加盖"验讫章"和已向税务机关备案的海关审核出口退税负责人的签章，退还报关单位。

2. 跨境电商零售进口商品通关流程

消费者在跨境电子商务平台购买进口商品后，一般会经过三个环节：一是企业向海关传输"三单"信息(包括电子订单、电子运单以及电子支付信息)并向海关申报《中华人民共和国海关跨境电子商务零售进出口商品申报清单》(简称《申报清单》)；二是海关实施监管后放行；三是企业将海关放行的商品进行装运配送，消费者收到包裹完成签收。

1) 进口商品申报

消费者在完成商品选购后,进口商品申报前,跨境电子商务平台企业或跨境电子商务企业境内代理人、支付企业、物流企业分别通过国际贸易"单一窗口"(见图8-2)或跨境电子商务通关服务平台向海关传输相关的电子订单、电子运单,以及电子支付信息。申报时,跨境电子商务企业境内代理人或其委托的报关企业根据"三单"信息向海关申报《申报清单》。

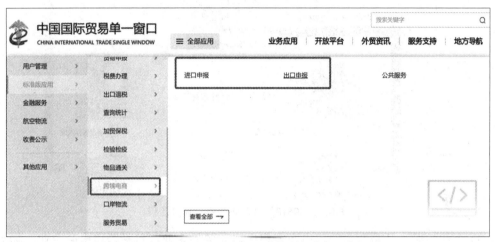

图8-2 中国国际贸易单一窗口跨境电商进出口申报页面

2) 海关通关监管

海关依托信息化系统实现"三单"信息与《申报清单》的自动比对。一般情况下,《申报清单》经海关快速审核后放行商品,实现"秒级通关"。对于部分通过风险模型判定存在风险的,经海关单证审核及商品查验无误后,方可放行。

3) 包裹配送签收

经海关监管放行的进口商品,企业在通关口岸可以进行打包装车配送。至此,进口商品的主要通关流程结束。消费者收到进口商品后,完成签收。

海关对于跨境电商零售进口环节的监管一贯保持一致态度。从海关总署2014年56号公告伊始,至2016年海关总署的第26号公告,再到现行有效的海关总署2018年194号公告,海关针对跨境电商零售进口的监管体系主要包含企业管理(注册登记、经营资质)、通关管理、税收征管、场所管理、退货管理、检疫查验、物流管理、数据监管等环节。

8.2 跨境电商的通关模式

8.2.1 "9610"通关模式

1. "9610"出口通关模式

一般出口模式(9610出口)采用"清单核放、汇总申报"的方式,电商出口以邮件或快件方式分批运送，海关凭清单核放出境，定期把已核放清单数据汇总形成出口报关单，电商企业或平台凭此办理结汇、退税手续。"9610"出口通关模式业务流程如图8-3所示。

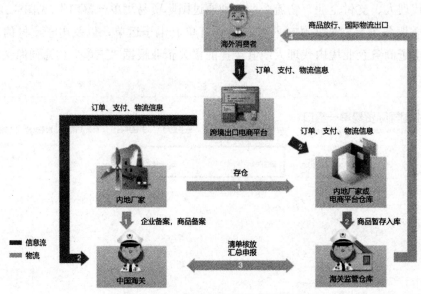

图8-3 "9610"出口通关模式业务流程

(1) 企业注册。凡是参与跨境电商零售出口业务的企业，包括跨境电商企业、物流企业等，如需办理报关业务，则应当向所在地海关办理信息登记。

(2) 通关申报。跨境电商零售出口商品申报前，跨境电商企业或其代理人、物流企业应当分别通过国际贸易"单一窗口"或跨境电商通关服务平台，向海关传输交易、收款、物流等电子信息，申报出口明细清单。

(3) 离境结关。出口申报清单放行后，跨境电商出口商品通过运输工具运输离境，对应出口申报清单结关。

(4) 汇总申报。跨境电商零售商品出口后，跨境电商企业或其代理人应当于每月15日前按规定汇总上月结关的出口申报清单形成出口报关单，允许以"清单核放、汇总统计"方式办理报关手续的，则不再汇总。

"9610"模式下，海关只需对跨境电商企业事先报送的出口商品清单进行审核，审核通过后就可办理实货放行手续，这不仅让企业通关效率更高，也降低了通关成本。

2. "9610"进口通关模式

"9610"进口通关模式下，消费者(订购人)在跨境电商平台上购买商品后，电子商务企业或平台企业、支付企业、物流企业分别向海关传输"三单信息"，商品运抵海关监管作业场所(场地)后，电子商务企业或其代理人向海关办理申报和纳税手续。因这种进口通关模式在商品种类的多样性上具有优势，多被经营品类较宽泛的跨境电商平台及海外电商企业采用。"9610"进口通关模式业务流程如图8-4所示。

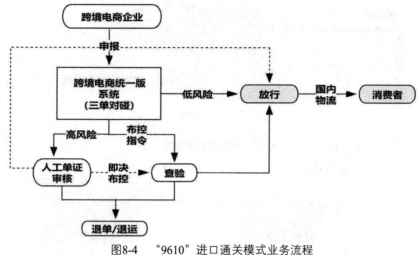

图8-4 "9610"进口通关模式业务流程

> **小知识** "三单对碰"流程

"三单"信息指电商平台推送的"订单"、支付企业推送的"支付单"、物流企业推送的"运单"。

在三单对碰环节中,除了这三单之外,还有一个非常重要的信息,即清单信息。清单由仓储物流企业推送,清单信息包含"三单"中的订单、商品、支付、物流的相关信息。

海关收到三单信息,同时仓储物流服务商把该订单的清单推送给海关,海关将订单、支付单、运单中的订购人信息、收件人信息,商品及价格信息与清单中的订购人信息、收件人信息,商品及价格信息进行数据校验比对。这个校验比对的过程就是"三单对碰"。

如果比对结果没有问题,就会收到申报成功回执;如果有问题,就会收到申报失败回执,海关会反馈相应的错误代码信息,按照海关回执,如果能通过申报信息修改的方式,可通过重新申报的方式处理,否则需要做退单处理。

8.2.2 "1210/1239"通关模式

1. "1210"出口通关模式

"1210"出口模式下,商家先将商品批量备货至海关监管下的保税仓库,消费者下单后,电商企业根据订单为每件商品办理海关通关手续,在保税仓库完成贴面单和打包,经海关查验放行后,由电商企业委托物流配送至消费者手中,如图8-5所示。

"1210"出口通关模式的优点是提前批量备货至保税仓库,国际物流成本低,有订单后可立即从保税仓发货,通关效率高,并可及时响应售后服务需求,用户体验好。缺点是使用保税仓库有仓储成本,备货占用资金大。

"1210"出口通关模式适用于业务规模大、业务量稳定的企业。企业可通过大批量订货或备货降低采购成本,逐步从空运过渡到海运,降低国际物流成本。

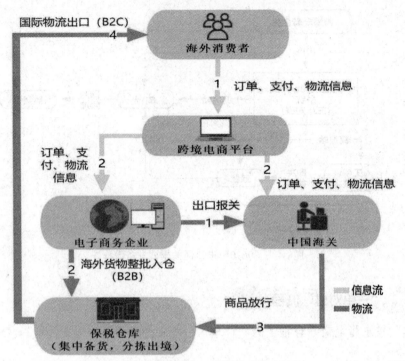

图8-5 "1210"出口通关模式业务流程

2. "1210"进口通关模式

1) "1210"进口通关模式参与主体

跨境电商进口清关保税"1210"模式参与主体包括电商企业、电商平台(第三方平台)、支付企业、保税仓、海关和商检、国内快递、第三方清关平台、消费者等。

(1) 电商企业。保税"1210"模式中的电商企业，通常也叫商家。

(2) 电商平台(第三方平台)。电商平台(第三方平台)为消费者和电商企业提供网页空间、虚拟经营场所、交易规则、交易撮合、信息发布等服务，设立供交易双方独立开展交易活动的信息网络系统的经营平台。

(3) 支付企业。支付企业的消费者提供购买商品的付款工具(如支付宝、微信支付、银行卡等)。

(4) 保税仓。保税仓俗称"跨境电商仓储企业"，是指经海关批准设立的专门存放保税货物及其他未办结海关手续货物的仓库，属于保税监管场所。保税仓主要是为进口货物服务的，符合条件的货物可以暂时保税存储在仓库里，并进行简单加工和配送，然后根据需要再出仓。

(5) 海关和商检。海关和商检是指跨境电商清关过程中的监管部门。在跨境电商中，海关和商检会长期与电商企业和电商平台有业务往来。

(6) 国内快递。"1210"模式试点区不允许线下自提，商品需要通过国内快递完成配送。

(7) 第三方清关平台。第三方清关平台主要指"海关单一窗口",整合了各管理部门内部系统,形成一套统一的申报接口。

(8) 消费者。消费者是指电商企业和平台的境内终端消费者。境内终端消费者是跨境电商消费额度的扣减主体,还是跨境电商综合税的纳税义务人。

2) "1210"进口通关模式业务流程

"1210"进口通关模式业务流程如图8-6所示:电商企业根据预测,提前将商品发送至保税仓("1210"要求开展区域必须是跨境贸易电子商务进口试点城市的特殊监管区域,包括上海、杭州、宁波、郑州、重庆、广州、深圳前海、福州、平潭、天津10个试点城市),即ASN(advance shipping notice,提前装运通知)出库,商品运抵保税仓后,电子商务企业或其代理人向海关办理申报入仓;境内消费者(订购人)在跨境进口平台上购买商品;电子商务企业或平台企业、支付企业、物流企业通过电子口岸或跨境服务平台向海关传输"三单信息";电子商务企业结合订单信息在保税仓拣货包装打运单;海关布控查验放行;商品通过境内物流配送至消费者手中。

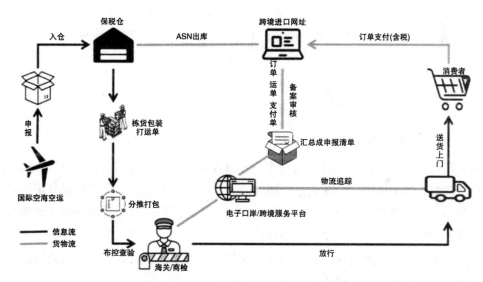

图8-6 "1210"进口通关模式业务流程

资料来源:福建省商务厅。

3. "1239"进口通关模式

海关总署公告2016年第75号《关于增列海关监管方式代码的公告》中提到:增列海关监管方式代码"1239",全称"保税跨境贸易电子商务A",简称"保税电商A"。"1239"监管方式适用于境内电子商务企业通过海关特殊监管区域或保税物流中心(B型)一线进境的跨境电子商务零售进口商品。

> **小知识** "1239"与"1210"进口通关业务的区别
>
> "1239"的进口通关业务流程如下:企业备案→商品备案→税费担保备案→账册备案→入境入区申报(报关申请单、入仓申请单、备案制清单)→核放单→货物入仓→网上交易(电子订单、电子运单、支付凭证)→包裹出区申请(进口清单、报关申报单、出区核放单、备案制清单)→货物签收→集中缴税。
>
> "1239"与"1210"进口通关业务的区别有以下3点。
>
> 第一,实施时间不同。根据海关总署公告,"1210"通关模式2014年8月1日起实施。"1239"通关模式2016年12月1日起实施。
>
> 第二,免单要求不同。"1210"可以免单通关,"1239"不能免单通关。
>
> 第三,通关城市不同。2016年,海关总署发布"1239"监管方式代码,自此国内保税进口城市分化成两种:2016年之前批复的具备保税进口试点的10个城市,包括上海、杭州、宁波、郑州、重庆、广州、深圳、天津、福州、平潭;2016年之后开放保税进口业务的其他城市,如西安、太原等。2016年新政后续出现了暂缓延期措施,且暂缓延期措施仅针对此前的10个城市,因此海关在监管时,不得不将两类城市区分开来:对于免通关单的10个城市,继续使用"1210"代码;对于需要提供通关单的其他城市,采用新代码"1239"。

8.2.3 "9710"通关模式

1. "9710"通关流程

海关监管代码"9710"简称"跨境电商B2B直接出口",适用于跨境电商B2B直接出口的货物,它具体是指境内企业通过跨境电商平台开展线上商品、企业信息展示与境外企业建立联系,线上或线下完成沟通、下单、支付、履约流程,并通过跨境物流将货物运送至境外企业或海外仓,实现货物出口的模式。例如商家在亚马逊、eBay、Wish、速卖通、阿里巴巴、敦煌等电商平台以及自建站完成交易,通过跨境物流将货物运送至境外企业或海外仓就适用"9710"通关模式。

选择"9710"跨境电商B2B直接出口的,企业申报前需上传交易平台生成的在线订单截图等交易电子信息,并填写收货人名称、货物名称、件数、毛重等在线订单内的关键信息;提供物流服务的企业应上传物流电子信息;代理报关企业应填报货物对应的委托企业工商信息;在交易平台内完成在线支付的订单可选择加传其收款信息。

"9710"跨境电商B2B直接出口的交易流程主要涉及跨境电商出口企业、跨境电商平台企业(境内B2B平台或境外B2B平台)、物流企业、外贸综合服务企业、境外采购企业等参与主体。"9710"跨境电商B2B直接出口流程如图8-7所示。

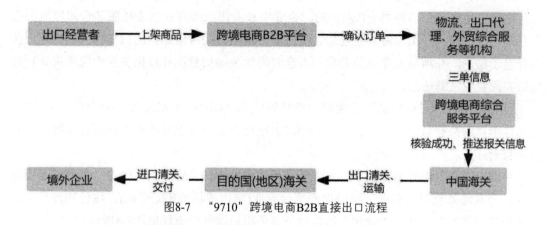

图8-7 "9710"跨境电商B2B直接出口流程

2. "9710"跨境电商直接出口的优势

(1) 降低中小企业参与国际贸易门槛。在传统外贸业态中，中小微企业或者个人因经营规模小，资金不足，很难取得相应的进出口资质，因此很难独自参与到国际贸易中，只能借助外贸代理商实现进出口，承担较大资金成本和风险。另外，中小微企业通常只生产中间产品，无法及时与终端客户沟通，获得市场有效反馈，从而丧失了建立自身品牌和高溢价的可能性。现阶段，跨境电商B2B平台将碎片化、小单化、移动化的贸易流程变得十分简明，操作起来更加容易，中小微企业和个人可以通过跨境电商B2B平台寻找全球各地的买家，极大降低了参与全球贸易的门槛。

(2) 有利于获得新外贸用户。跨境电商B2B改变了过去"工厂—外贸企业—国外商贸企业—国外零售企业—消费者"的贸易链条，使国内出口企业能够直接对话海外消费者和小企业这两大新客群，使中国成为支撑全球卖家的定制化供应链服务中心。

(3) 有利于抢占新市场。当前，东盟、中东、非洲、拉美等已经成为跨境电商快速增长的新兴市场，中小外贸企业通过跨境电商平台能够平等参与到新兴市场竞争中，凭借中小外贸企业灵活的供应链，能够较快适应新兴市场的个性化消费，获取新的市场空间。

(4) 有利于衍生新服务。在新的贸易链条中，国外采购商的需求已经从单一的产品采购衍生出品牌策划、产品设计、营销推广、物流服务在内的综合服务需求，为国内工厂、贸易企业拓展了新的利润提升空间。

8.2.4 "9810"通关模式

1. "9810"通关流程

"9810"全称"跨境电子商务出口海外仓"，该监管方式适用于跨境电商出口海外仓的货物。跨境电子商务出口海外仓模式，是指国内企业通过跨境物流将货物以一般贸易方式批量出口至海外仓，经跨境电商平台完成线上交易后，货物再由海外仓送至境外消费者的一种货物出口模式。亚马逊FBA、第三方海外仓或者自建海外仓都适用"9810"通关模式。

选择跨境电商出口海外仓(9810)的，企业申报前需上传海外仓委托服务合同等海外仓订仓单电子信息，并填写海外仓地址、委托服务期限等关键信息；出口货物入仓后需上传入仓电子信息，并填写入仓商品名称、入仓时间等关键信息；代理报关企业应填报货物对应的委托企业工商信息。

企业申报的"三单信息"应为同一批货物信息(单证1：申报清单、物流单；单证2：交易订单、海外仓订仓单；单证3：物流单)。申报企业应对上传的电子信息、填报信息真实性负责。

跨境电商出口海外仓模式中，主要涉及跨境电商出口企业、物流企业、外贸综合服务企业、公共海外仓经营企业、跨境电商平台企业(境内或境外B2C平台)、境外物流企业、境外消费者等参与主体。"9810"跨境电子商务出口海外仓流程如图8-8所示。

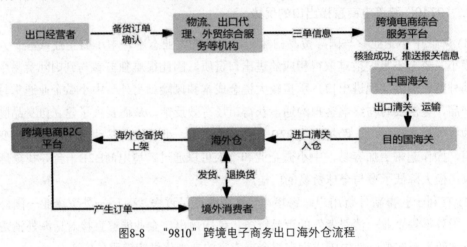

图8-8　"9810"跨境电子商务出口海外仓流程

2. "9810"跨境电商出口海外仓的优势

跨境电商海外仓出口的本质是跨境电商B2C零售出口的升级演变，通过海外仓的前置备货，使商品更快送达海外消费者手中，其目的是更高效地服务海外跨境电商消费者，提升跨境电商零售出口整体运行效率。"9810"跨境电商出口海外仓的优势主要表现在以下4个方面。

(1) 配送时效提升。跨境物流的链条相对较长，主要环节包括国内物流、国内海关、国外海关、国外物流等，即便在空运物流形式下，通常也需要15天左右才能将商品运送至消费者手中，且还要面临着破损率高、旺季拥堵等风险。在"9810"跨境电商出口海外仓出口模式下，商品运送至消费者手中只需要经历国外本土物流一个环节，其他环节都已经前置完成，大大缩短了物流时间，甚至能够实现当日达、次日达，同时破损丢包率有效降低，消费者购买体验大幅提升，从而促进消费者复购。

(2) 促进销量提升。海外仓出口模式下，物流时间大幅缩短，一方面使得时间不再成为跨境电商出口的限制因素，增加消费者满意度；另一方面使得消费者因物流时间过长和物流信息不及时导致的物流纠纷明显减少，这对于商品交易量提升和快速回款都有明显助益。

(3) 物流成本降低。跨境电商B2C直邮出口以邮政小包为主，费用较高，而"9810"出口海外仓模式先将商品以一般贸易方式批量出口到海外仓，物流方式通常以海运为主，成本相对更低。以3C数码产品为例，B2C直邮运费约为120元人民币，"9810"海运至海外仓运费则约合60元人民币。更低的物流成本意味着出口企业可以拥有更大的利润空间。

(4) 售后服务更有保障。B2C模式下，商品发生退换货问题时，由于再发货成本过高和时间过长，大多数卖家会进行退单处理，商品通常在本地进行销毁、废弃，即便是换货，也大概率会导致海外消费者的负面评价，消费者售后体验较差。而在"9810"出口海外仓模式下，通过海外仓可以对商品进行有效的退换货处理，给消费者带来更高品质的售后服务保障，退货的商品也可以通过海外仓进行维修和二次包装，或批量复运回国内进行维修，减少售后费用。

8.2.5 "1039"通关模式

1. "1039"出口通关模式

"1039"全称"市场采购贸易模式"，是指由符合条件的经营者在经国家商务主管部门认定的市场集聚区内采购的、单票报关单商品货值15万美元(含15万美元)以下、在海关指定口岸办理出口商品通关手续的贸易方式。

2. "1039"出口通关优势

(1) "免征不退"，即不征收增值税、消费税，也不退税，节省成本。
(2) 扩大报关限额，由原来5万美元(相比之前的旅游方式)提升至15万美元。
(3) 归类通关，货物按大类别税号进行申报和认定查验。
(4) 关务秒审，关务审核便利快捷。
(5) 结汇创新，合法合规收汇，无任何贸易风险，还允许采用人民币结算。

总体来讲，小商品、小批量产品出口，可以运用1039通关模式快速办理通关，并且免开增值税发票，不用办理出口退税，个人/个体商户也能以合法渠道收取外汇货款，不会出现账户被封的风险。"1039"市场采购贸易模式等同于"合法化"的买单出口报关。

8.2.6 "0110"通关模式

1. "0110"通关要求

"0110"全称"一般贸易"，是指境内外企业通过传统贸易方式达成交易的方式。一般贸易下，企业需要随附委托书、合同、发票、提单、装箱单等单证。"0110"通关，即传统B2B外贸的常用通关模式，采用全国通关一体化的"H2018通关管理系统"申报。

2. "0110"适用范围

(1) 以正常交易方式成交的进出口货物。
(2) 贷款援助的进出口货物。

(3) 外商投资企业进口供加工内销产品的料件。

(4) 外商投资企业用国产原材料加工成品出口或采购产品出口。

(5) 供应外国籍船舶、飞机等运输工具的国产燃料、物料及零配件。

(6) 保税仓库进口供应给中国籍国际航行运输工具使用的燃料、物料等保税货物。

(7) 境内企业在境外投资以实物投资带出的设备、物资。

(8) 来料养殖、来料种植的进出口货物。

3. "0110" 不适用范围

(1) 进出口货样广告品，监管方式为"货样广告品A"（3010）、"货样广告品B"（3039）。

(2) 没有对外贸易经营资格的单位获准临时进出口货物，监管方式为"其他贸易"（9739）。

(3) 境外劳务合作项目，对方以实物产品抵偿我劳务人员工资所进口的货物(如钢材、木材、化肥、海产品等)，对外承包工程期间在国外获取及在境外购买的设备、物资等，监管方式为"承包工程进口"（3410）。

8.3 跨境电商通关服务平台

以"跨境一步达"为例，介绍跨境电商通关服务平台。"跨境一步达"是浙江电子口岸规划建设的杭州市跨境贸易电子商务服务试点一站式平台，面向跨境贸易电子商务企业(包括进口和出口)、物流企业、支付企业和国内消费者，提供第三方多元化信息服务。

对于企业，"跨境一步达"提供快速通关、规范结汇和退税、通关信息查询以及商品展示服务。对于消费者，"跨境一步达"提供税单打印及查询、个人物品申报查询、物品通关状态查询、海淘资讯等服务。据悉，"跨境一步达"后续还将提供微信提醒和查询、海淘比价等服务。跨境一步达官网首页如图8-9所示。

图8-9　跨境一步达官网首页

8.3.1 "跨境一步达"产生背景

2013年,全国首个跨境贸易电子商务产业园——中国(杭州)跨境贸易电子商务产业园下园区开园,意味着杭州跨境贸易电子商务服务试点工作取得了阶段性成果,是试点工作成功迈出的第一步。2013年5月20日,浙江电子口岸建设的"跨境一步达"网站正式上线。同年7月25日,浙江电子口岸建设的"电子口岸跨境一步达"微信公众号正式上线。

8.3.2 "跨境一步达"消费者服务

随着中国(杭州)跨境电子商务综合试验园区临安园区的正式批复,国家对跨境电子商务业务全力支持,阳光化海淘的落地实践,"跨境一步达"平台已入驻包括天猫国际、京东全球购、顺丰海淘、网易考拉、银泰网、中外运、EMS、顺丰、支付宝、连连支付、财付通等在内的数十家大型电商平台及跨境服务商,为消费者提供更加正规、便利、可追溯、性价比高的海淘购物体验。

阳光化海淘平台为消费者带来的诸多便利如下所述。

(1) 产品认证。在进口报关、检验检疫、网上销售环节上,产品经过全程的阳光监管通道,依法入境销售,品质得以保证。

(2) 精选商品。精选并优先推荐保税区发货、价格更具竞争力的海淘热销商品。

(3) 状态跟踪。实时掌握包裹运输状态,海关清关、国内发货收货状态轻松查(见图8-10)。

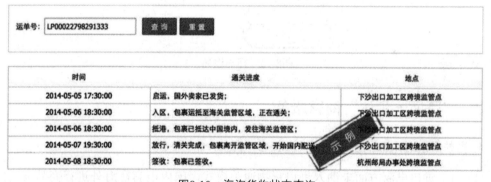

图8-10 海淘货物状态查询

(4) 税单查询。在线查询并打印海淘税单(见图8-11)及个人物品申报单(见图8-12)。

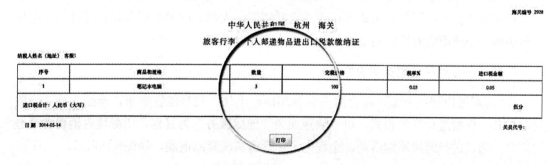

图8-11 海淘税单查询并打印

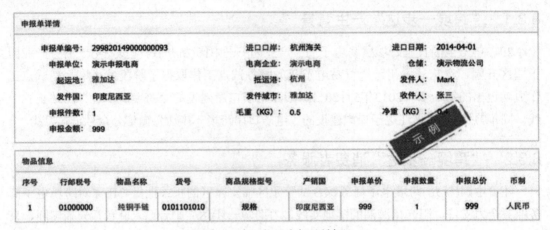

图8-12 个人物品申报单并打印

(5) 产地追溯。准确追溯商品起运地、发运地，验明货物来源(见图8-13)。

图8-13 扫码追溯

8.3.3 "跨境一步达"商家服务

1. 当前进出口电商的困境

(1) 由于进口电商方面未纳入进口货物通关模式，国内电商在海外进行商品采购后，难以进行付汇；商品国际配送周期长且由于主要采用空运方式，物流成本较高。

(2) 出口电商方面，电子商务品类繁多、出货频率密集，每批次的交易以单件为基础，正常报关会产生巨额报关成本；无法正常结汇，大部分的销售货款都是通过灰色渠道回到国内，企业面临着巨大的法律风险；无法正常退税等。

2. 跨境一步达平台服务解决方案

(1) 跨境进口解决方案。符合海关总署2014年第56、57号监管要求，全面支持"一般进口"和"保税进口"的模式，以"快速通关、便捷服务"为目标，引导境内消费者通过"阳光"通道进行跨境网购活动，全程电子化管理实现商品追溯，如图8-14所示。

图8-14 跨境一步达平台跨境进口解决方案

(2) 跨境出口解决方案。利用信息化手段,优化通关流程,符合海关跨境贸易电子商务"9610"监管模式,通过"清单核放、汇总申报"的业务模式,解决小额跨境贸易电子商务企业存在的难以快速通关、规范结汇以及退税等问题,如图8-15所示。

图8-15 跨境一步达平台跨境出口解决方案

8.4 被海关暂扣物品的处理

8.4.1 暂扣物品的原因

卖家在遇到货物被扣关这类问题时,首先要了解国际快递货物被扣关的原因。由于每个国家或地区的海关条例有所不同,当发生扣货、扣关等情况时,相关海关部门会向发件人或收件人出具一份说明,其中会说明扣货的原因,发件或收件人必须配合海关提供相关的文件。

一般来说,国际快递货物被海关扣关或者不允许清关存在以下原因。

(1) 商品品名填写不详细、不清楚,需要重新提供证明函,具体说明货物的品名及其用途。

(2) 货物申报价值过低(海关有理由怀疑逃税)。

(3) 国际快递货物单、证不齐全,需要提供必需的单、证,如进口许可证、3C认证。

(4) 商品货物为敏感货物,属于进、出口国家禁止或者限制进口、出口的物品。

货物一旦扣关,发件人或收件人应尽量配合海关,提供相关的文件。一般情况下,海关会对货物进行评估,只要与发件人或收件人陈述相符,办理完清关手续,即可放行货物。

8.4.2 避免海关扣货的方法

卖家要做好相关工作,尽量避免产生海关扣货的情况。

(1) 选择安全的递送方式,如航空挂号小包和EMS,而且EMS邮件即使被海关扣货,还能够免费退回发货地点。

(2) 了解各国或地区的海关政策,如澳大利亚虽然通关容易,但是电池类产品是不允许出关的,如果店铺一定要卖带电池的产品,可以给客户说清楚不发电池,只发产品。

(3) 质量越重的包裹被海关扣货的可能性越大。

(4) 不同产品被海关扣货的概率不同,如电子产品被扣的概率相对较高。

📖 同步实训

巨星集团手工具产品的通关流程

巨星集团成立于1993年,是一家以机械制造为主,跨行业经营的综合性企业集团,旗下产业涵盖工具及机械装备制造业、智能机器人、激光测量、智能家居、金融业、实业投资等多个领域。

巨星集团生产的手工具系列产品广受欧美市场欢迎,已成长为亚洲最大、全球第三手工具企业,2020年营收583亿元,位列浙江省民营企业百强榜第18位,中国民营企业500强。巨星集团手工具产品主要有工具盒、扳手、螺丝刀和工具尺4个系列。巨星集团手工具产品出口业务类型如下所述。

(1) 巨星集团开通了自己的欧美市场电子商务交易平台(独立站),专业销售自己生产的手工工具。个人或企业在电子商务交易平台下单手工具后,巨星集团可以照单生产,快速发货。一件、一套或者几件手工工具,都可以采用"清关核放、汇总申报"模式办理出口通关手续,即"9610"通关模式。

(2) 由于欧美市场对手工具的需求量巨大，为降低成本，加快发货速度，巨星集团将批量化生产的手工具成柜发货至上海综合保税区保税仓，海关对其实行账册管理。巨星集团在综保区内完成拆箱、组合、后批量出口至已备案的欧美市场海外仓。巨星集团通过独立站或者亚马逊电子商务平台实现商品销售，达成订单的商品可以直接从欧美海外仓快速送到手工工具批发或零售的企业，也可以直接送达给下订单的个人，即"1210"通关模式。

(3) PRIME-LINE是北美最大门窗五金配件供应商，每年从巨星集团(中国基地)采购大量的手工具，开展五金配件全球贸易。巨星集团从中国基地向PRIME-LINE直接发货，属于"9710"直接出口。

(4) 巨星集团在越南、泰国、柬埔寨等东南亚国家设立了许多生产基地，每个基地专一做几类工具。中国及东南亚生产厂家的每类工具都定期出口到美国仓，完成不同产品的组合、包装、贴牌与再销售，属于"9810"出口海外仓模式。

(5) 一家专门从事国际五金贸易的MY公司，到巨星集团采购了人民币90万元人民币价款的手工具小商品1000件，专门出口到新加坡客户。MY公司的本次业务可采用1039模式快速办理通关。

(6) 朋友去美国旅游，随行李携带了1件巨星集团生产的五金工具礼盒，直接办理了行李托运。

请根据以上案例回答下列问题：
(1) 企业将上述产品销往欧美市场，可以采用表8-1中的哪些监管方式通关？
(2) 参照课本知识，从上述6种手工具产品出口业务类型中任选一种，绘制通关流程。

同步阅读

本章小结

跨境电商通关模式包括"9610电子商务""1210保税电商""1239保税电商A""9710跨境电商B2B直接出口""9810跨境电商出口海外仓""1039市场采购贸易模式""0110一般贸易"以及个人行邮，共8类，其中行邮不设监管代码。从业务类型看，上述8类通关模式可按B2C、B2B和C2C分类，其中B2C、B2B业务有海关监管方式代码，C2C行邮业务不设海关监管方式代码。从商品流动方向看，跨境电商业务包括出口和进口两个方向，其中出口业务涉及B2C和B2B业务，相应的通关模式也分为B2C和B2B两种；跨境电商进口涉及B2C和C2C业务。

同步测试

一、单项选择题

1. 海关监管代码"9610"的全称是"跨境贸易电子商务",简称是( )。
   A. 电子商务　　B. 跨境电商　　C. 集货电商　　D. 保税电商

2. 海关监管代码"1210"的全称是"保税跨境贸易电子商务",简称是( )。
   A. 电子商务　　B. 跨境电商　　C. 保税电商　　D. 备货电商

3. 海关监管代码"1239"的简称是( )。
   A. 电子商务　　B. 跨境电商　　C. 保税电商　　D. 保税电商A

4. 海关监管代码"9710"的全称是"跨境电子商务企业对企业直接出口",简称是( )。
   A. 跨境电商B2C直接出口　　　　B. 跨境电商B2B直接出口
   C. 保税电商B2C直接进口　　　　D. 备货电商B2B直接进口

5. 海关监管代码"9810"的全称是"跨境电子商务出口海外仓",简称是( )。
   A. 跨境电商出口海外仓　　　　B. 跨境电商出口消费者
   C. 保税电商出口批发商　　　　D. 保税电商出口消费者

6. "0110"称为一般贸易,原则上超过( )的都需要一般贸易报关出口。
   A. 800元人民币　　　　　　　B. 1000元人民币
   C. 3000元人民币　　　　　　　D. 5000元人民币

7. 下列通关模式不涉及出口通关的是( )。
   A. "9610"　　B. "1210"　　C. "1239"　　D. "0110"

8. 下列通关模式不涉及进口通关的是( )。
   A. "9610"　　B. "1210"　　C. "1239"　　D. "1039"

9. 国际快递货物被海关扣关的原因不包括( )。
   A. 商品品名填写不清楚　　　　B. 货物申报价值过高
   C. 国际快递货物单证不齐全　　D. 运往澳大利亚的电池产品

10. 避免货物被海关扣关的方法不包括( )。
    A. 选择安全的递送方式　　　　B. 了解各国或地区的海关政策
    C. 尽量选择轻小件发货　　　　D. 电子产品带电池发货

二、多项选择题

1. 实施"1039"市场采购模式,下列描述正确的是( )。
   A. 由合格的经营者在认定的市场领取区内采购
   B. 每票报关单商品货值为15万美元(含15万美元)以下
   C. 由符合条件的经营单位在海关指定的口岸进行出口报关手续
   D. 小商品、小批量产品出口,不可以运用"1039"通关模式快速办理通关

2. 实施"9610"通关模式的优点包括(　　)。
   A. 采用小包出口、清单核放、汇总申报
   B. 增加了企业通关成本
   C. 提高了企业通关效率
   D. 解决了跨境电商B2C订单数量少、批次多的问题
3. 下列对行邮通关表述正确的是(　　)。
   A. 入境旅客携带的行李物品、其他个人自用物品等
   B. 行邮税征收免征额度为自港澳台地区800元，其他地区1000元
   C. 行邮税征需要纳税的是出境物品
   D. 行邮业务不设海关监管方式代码
4. 下列通关模式既包括进口通关又包括出口通关的是(　　)。
   A. "9610"　　　B. "9710"　　　C. "9810"　　　D. "1210"
5. "1239"与"1210"通关模式的主要区别是(　　)。
   A. 实施时间方面，"1210"通关模式早于"1239"通关模式
   B. 免单要求方面，"1210"可以免单通关，"1239"不能免单通关
   C. 实施"1210"的城市逐年增加
   D. 海关以"1239"监管通关的城市将不再使用"1210"通关模式

三、案例分析题

深圳海关紧跟行业发展趋势，叠加通关便利、物流便利、企业宣贯三大扶持政策，助力关区出口东盟货值增长。

在数字化技术赋能下，中国跨境电商发展迅速，不仅对发达经济体的出口保持稳定，也对新兴市场的出口实现了快速提升。中国与东盟地区经济稳定增长，双方互为最重要的贸易伙伴之一，受益于"一带一路"倡议和RCEP等政策，东南亚等新兴市场快速兴起。

跨境电商业态的快速发展对海关通关效率提出了更高的要求。深圳海关落地"一次登记、一点对接、便利通关、简化申报、允许转关、优先查验"等一系列跨境电商配套政策，支持电商企业享受B2B批量化、规模化出口便利，依托海外仓"出货快、配送快、周转快、成本低"优势拓展市场。

为了提升跨境通关效率，深圳海关主动适应新业态的发展需要，依托科技手段，全力助推"智慧海关"建设。深圳海关通过智能分拣、智能审图等智能手段，实现包裹平均22秒自动快速放行，关区日均清单量最高峰超500万票。此外，海关畅通跨境电商出口东盟物流通道，增开"海上跨境电商通道"，支持企业通过包机、新增航线提升运力。2022年以来，深圳海关依托海空"新通道"运力优势高效保障超4亿票跨境电商货物"出海"东盟。

此外，深圳海关积极参加中国—东盟贸易安全与便利线上研讨，向东盟海关成员介绍跨境电商政策优势、通关便利，开展贸易便利化研讨交流。为让更多企业享受到政策红利，深圳海关积极组织政策宣讲，通过"口岸营商环境讲坛""深数半月坛"等向企业宣

讲RCEP跨境电商利好措施、跨境电商B2B出口政策等，针对美妆个护、鞋子服饰、电子产品等畅销东盟产品，对面向东南亚市场的平台开展调研分析，引导企业发挥深圳自有品牌核心竞争力，大胆"卖全球"。

深圳海关行邮监管处相关负责人表示，海关将继续优化跨境电商发展的口岸营商环境，保障跨境物流畅通，鼓励企业建设海外仓，形成中国—东盟跨境电商互惠互利的发展模式，为外贸保稳提质持续贡献力量。

资料来源：中华人民共和国海关总署[EB/OL]. http://www.customs.gov.cn//customs/xwfb34/302425/4491800/index.html.

请根据以上案例回答下列问题：

(1) 请结合案例，说说深圳海关是如何助力跨境电商货物"出海"东盟的。

(2) 简述近年来我国通关便利化的改革政策。

第 9 章 跨境电子商务客户服务

学习目标

1. 了解跨境电商客服的概念和工作范畴。
2. 了解跨境电商客服工作的作用和意义。
3. 了解跨境电商客服的沟通渠道和技巧。
4. 掌握客户服务的沟通技巧与客户选择与开发。

知识结构图

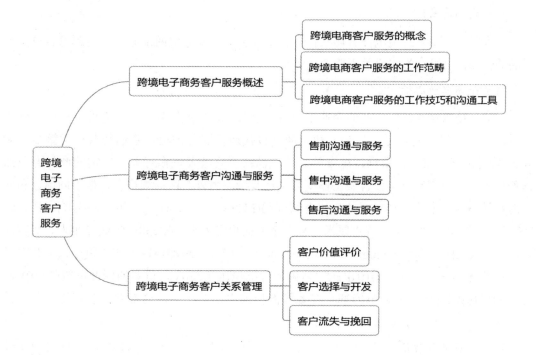

9.1 跨境电子商务客户服务概述

9.1.1 跨境电商客户服务的概念

导入案例

客户服务(customer service，CS)，顾名思义，就是企业利用相关技术手段使企业的业务系统最大限度地与用户建立联系，从而最大限度地为用户提供服务。跨境电子商务客户服务属于电子商务客户服务的一种，主要基于互联网，通过各种沟通工具为不同国家和地区的客户提供咨询与服务，主要涉及客户咨询(价格、物流)解答、订单业务受理、商品推广、处理纠纷和投诉等工作。跨境电商客服人员是企业的信息传递者，更是企业品牌形象的代言人。

客服工作是跨境电商"数字驱动、品牌示范"高质量发展的必然要求，是跨境电商销售流程的重要环节和品牌出海的基础保障。了解什么是跨境电子商务客服、跨境电子商务客服人员应具备的岗位能力、跨境电商客户的服务与沟通技巧，以及跨境电子商务客户维护等相关内容对促进跨境电商发展和提升企业品牌形象至关重要。

9.1.2 跨境电商客户服务的工作范畴

跨境电商客服的工作范畴主要分为解答客户咨询、解决售后问题、促进销售，以及管理与监控4个方面。

1. 解答客户咨询

解答客户咨询是跨境电商客服工作的首要任务，主要分成两部分：一是解答客户关于商品的咨询；二是解答客户关于服务的咨询。

1) 关于商品的咨询

目前，境内从事跨境电商的企业主要有贸易公司、生产销售一体化企业、电商平台代运营服务公司等，尤其是贸易公司和电商平台代运营服务公司，它们经营种类繁多，从3C产品到玩具、服装、箱包、珠宝等。这些商品类目涉及许多行业，所需的商品专业知识跨度大、专业度高，这使客服工作变得更加复杂。另外，商品规格会根据不同国家和地区的市场需求而变化，如鞋子的尺码有欧洲码(EUR)、美国码(US)、英国码(UK)、日本码(JP)等。我国采用"毫米"或"厘米"来衡量鞋的尺码大小，如230毫米或23厘米。如英国客户说"I'd like to buy the high-heeled shoes at size 4.5"，跨境电商客服人员应该清楚鞋子尺码换算等知识；再如电器的电压，境内的标准电压是220V，日本的标准电压是110V，英国的电压是200V；又如电器插头在各国的标准也不尽相同，这都对客服解答商品关键问题能力提出了较高的要求。

2) 关于服务的咨询

跨境电商的交易流程中，解答客户关于商品的物流运输方式、运输时间、通关清关、退换以及安全性等服务咨询时，跨境电商客服人应积极主动地反馈相关信息，做到耐心、细心和专业，提升客户的购物体验和满意度。

2. 解决售后问题

售后服务是企业维护企业品牌形象和业务拓展的重要保障条件。美国著名销售专家乔·吉拉德说过"我相信推销活动真正的开始是在成交之后，而不是之前"，即真正的销售始于售后，售后是下一次销售的开始。客服人员要利用售后服务的机会，与客户面对面交流，了解客户的需求，提高客户的忠诚度。优质的售后服务既能够提升商品的价值，又能带来更多的潜在客户。因此，我们需要做好售后服务。

1) 及时与买家沟通

交易过程中积极主动与买家沟通，当订单生成后，有发货、物流、收货和评价等诸多环节。跨境电商客户服务人员应及时跟买家沟通、提醒买家注意收货，这样以便出现问题或纠纷时妥善处理，同时鼓励客户好评与分享。客户对商品正面的评价在电商时代尤为重要，这是口碑传播的重要途径。因此，跨境电商客服要学会如何邀请并引导客户对商品进行积极评论，增加商品的好评率。需要注意的是，客服人员不能向客户有偿索要好评，否则一些跨境电商平台(如亚马逊)会对卖家进行处罚。

2) 主动预防和化解纠纷

在跨境电商交易过程中，纠纷是很难完全避免的。为了避免或减少跨境电商交易纠纷卖家要主动预防和化解纠纷。

首先，卖家要严把产品质量和货运质量关，预防纠纷。优质产品质量是维系客户的前提。卖家在发货前要严把产品质量关，在上传产品的时候，可以根据市场变化调整产品，剔除供货不太稳定、质量无法保证的产品，从源头上控制产品质量，同时在发货前注意产品质检，尽可能避免残次物品的寄出。卖家要加强把控物流环节，在买家下单后，及时告知买家预计发货及收货时间，及时发货，主动缩短买家购物等待的时间；对数量较多、金额较大的易碎品可以将包装发货过程拍照或录像，留作纠纷处理时的证据；注意产品的规格、数量及配件要与订单上的一致，以防漏发引起纠纷；在包裹中提供产品清单，提高专业度。

其次，若出现纠纷，跨境电商客服人员应积极、主动、及时地沟通并努力消除误会，尽可能让买卖双方都满意。客服人员要对不良的评价及时做出解释，并客观地分析客户的评价，查询客户差评的原因，提出解决方案。例如，在买家投诉部分收到货物后，卖家应及时联系买家并询问具体收到的数量，提出补发或赔偿等解决事宜。

3. 促进销售

销售往往被认为是业务销售人员的工作，但实际上，在跨境电商交易过程中，客户服务的专业性也能够为企业和团队创造巨大的销售业绩，例如，在客户拍下了产品但还没有付款时，客服人员要分析客户未付款的原因，并积极与客户沟通原因，促成交易，提升客户对产品的信心。例如，在描述产品时可以使用"high quality"，也可以说产品是"most popular"，沟通时也可以提及"instant payment"来确保更早安排发货，以避免缺货，不过不建议过分强调，以免让客户感到不愉快。

客服对于产品的销售作用不仅仅体现在售前的产品咨询上，更体现在销售后的二次营销上。一个优秀的跨境客服会以一次销售为契机，建立客户档案并与客户保持良好沟通，为以后的推广营销工作做好信息储备，推进网店的管理和业务发展。对于重要客户，客户服务人员要定期进行跟踪回馈，做好二次营销。把80%的精力集中在20%的重要客户上，积累高级客户、激活休眠客户是客户服务人员进行客户维护工作的主要内容。

此外，在跨境电商领域，很多境外客户喜欢在一些B2C跨境电商平台上寻找商品价格低廉、质量良好、品种丰富的中国供应商。这类客户往往是挑选几家中国卖家的店铺做小额的样品采购，在确认样品的质量、款式以及卖家的服务水平之后，经常试探性地增大单笔订单的数量和金额，逐渐发展为稳定的"采购—批发"的供应关系。因为他们与中国卖家的接触往往不是通过业务人员，而是通过店铺的客服，所以客服的服务水平与质量很大程度上成为订单成交的关键因素。好的客服人员需要具备营销的意识和技巧，能够把零售客户中的潜在批发订单转化为实际的批发订单。

4. 管理与监控

"解答客户咨询""解决售后问题""促进销售"是针对客户购买流程的服务，可以说是对外的；而"管理与监控"是对内的。客服人员需要对销售过程进行管理与监控，进行资料数据的收集与整理。

跨境电商订单小而多，交易环节复杂，主要涉及产品开发、采购、包装、仓储、物流或是海关清关等，跨境电商管理出现问题的概率更大，并且在某个环节出现问题之后，责任确认困难，有可能导致问题进一步严重。

因此，跨境电商团队必须充分发挥客服人员的管理与监控职能，让客服人员定期将遇到的客户问题进行分类归纳，并及时反馈给销售主管、采购主管、仓储主管、物流主管以及总经理等管理人员，为这些部门的决策者对岗位的调整和工作流程的优化提供第一手重要的参考信息。

9.1.3 跨境电商客服的工作技巧和沟通工具

1. 跨境电商客服的工作技巧

跨境电商客服与国外客户的在线沟通是跨境电商交易过程中的重要步骤。一个有着专业知识和良好沟通技巧的客服，可以打消客户的很多顾虑，促成客户的在线购买，从而提高成交率。因此，掌握跨境电商客服的沟通技巧就显得尤为重要。

1) 遵守国际礼仪

跨境电商客服在工作中要遵守国际礼仪，以确保沟通的顺利进行。面对面的沟通可以通过面部表情、肢体语言进行交流，而网络是虚拟的世界，通过网络无法切实体会客户的感受，因此在跨境电商客服的沟通中，对书面语言规范使用的要求很高。任何一个细微之处都体现着跨境电商客服人员的专业性。例如在称呼前加上"Dear"一词，在结尾加上

"Yours Sincerely"一词。若回信的时候恰逢周末，讲一句"Have a nice weekend"等，会给客户一种亲切感和文化认同感，给客户带去愉悦的心情，提升客户购物体验。

2) 学会换位思考

跨境电商客服在工作中要学会换位思考，切身感受客户所想。在回答客户的问题时，尽可能从客户角度出发，在不违反原则和不牺牲自身利益的前提下，让客户感觉到真诚。例如，若收到客户消息却没有及时回复，在回信中首句可写"Sorry for the late reply"；如果无法立即告知对方确切的信息，需要告知后续回复的时间。

3) 表达真实、清晰

跨境电商客服在工作中的表达要真实、清晰，避免误会。与客户交流时要清楚地表达意见和建议。例如，在遇到自身不了解的询问时，可以直言不讳地告知客户自己并不了解，稍后会给对方一个满意的答复。千万不要不懂装懂，也不要含糊不清地回答。同时，回答客户的问题不要非常绝对，如"我们的质量绝对没问题""我们的服务绝对一流"等。一旦客户收到的产品与卖家承诺的差距很大，客户就会给卖家贴上"不诚信"的标签。

4) 语言简洁明了

跨境电商客服在工作中表达要言简意赅，体现商务语言的特性和专业性。国际商务交往对语言要求非常高，与日常的表达不同，商务语言要求简洁明了，要体现专业性。运用专业、简洁的表达往往会收到事半功倍的效果；相反，会降低客户的信任感。在针对客户对产品、价格、性能等的提问，最好能一次性将客户的问题回答全面，这样既可以让客户感受到卖家的专业性，又可避免因多次询问和回答而导致的时间浪费。

5) 善用表情符号

跨境电商客服在工作中要恰当地使用表情符号来表达自己的心情。表情符号是人们表达心情的重要工具，虚拟的网络沟通中，文字有时并不能准确表达一个人的心情，甚至还可能造成误解，表情符号就可以成为网络文字沟通中的有力补充，所以在与客户的沟通过程中，表情符号是一个非常重要的"武器"。

2. 跨境电商客服的沟通工具

常用的跨境电商客服的工具包括站内信息服务工具、电子邮件和即时通信工具等。

1) 站内信息服务工具

(1) 平台即时聊天工具。阿里巴巴为境内电商(淘宝、天猫、1688)提供了即时聊天工具——阿里旺旺。同样，阿里巴巴也为跨境电子商务(阿里巴巴国际站、速卖通)提供了国际站千牛工作台。千牛工作台结合了国际站业务，不仅集成即时沟通工具的基本功能，还有管理发布产品、跟进卖家、接单做销售、实时监控店铺数据等功能，可以帮助用户更快、更高效地完成店铺运营，是一站式全链路的卖家工作台。

(2) 站内信或订单留言。订单留言和站内信是速卖通平台鼓励买卖双方沟通的渠道。

在未达成交易之前，买家一般通过站内信与卖家建立联系，咨询产品问题。速卖通平台买家通过站内信联系卖家，其入口如图9-1所示。

图9-1　速卖通平台买家通过站内信联系卖家入口

在成功下单付款之后，买卖双方就可以通过订单留言来相互沟通。买卖双方关于订单的沟通在订单留言里完成，一方面可减少买卖双方沟通渠道的选择，避免错过重要信息；另一方面可保证订单沟通信息的完整，当发生纠纷时，订单留言是纠纷判责的重要参考证据。

亚马逊没有专门的聊天工具软件，当买家想对购买的商品进行咨询时，需要先在商品详情页找到卖家。单击"Sold by"后面的卖家名称，页面显示卖家的信息，单击页面右侧的"Ask a question"向卖家咨询，如图9-2所示。

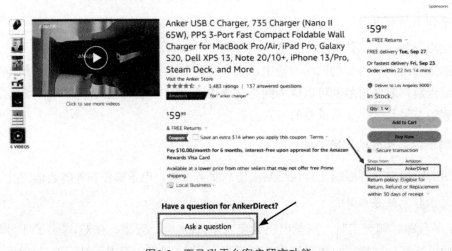

图9-2　亚马逊平台客户留言功能

Wish平台在买家后台设有"客户问题"，分为"未处理""已回复"和"已关闭"三种状态，如图9-3所示。卖家需在48小时内回复客户问题。如果超过时间，Wish客服将介入，并以用户利益为先解决问题。

图9-3　Wish平台"客户问题"页面

2) 电子邮件

电子邮件是跨境电商客服人员和国外客户的沟通联系方式之一，有国际知名的大型邮箱服务商有微软邮箱(Hotmail)、谷歌邮箱(Gmail)、雅虎邮箱(Yahoo)等，也有阿里巴巴为广大中小外企量身打造了一款外贸邮箱——外贸邮。外贸邮面向阿里巴巴中国供应商会员，获得阿里通行证资格客户暂无外贸邮功能。

3) 常用即时通信工具

当企业普通客户成长为重点客户时，为了与客户保持及时通畅的联系，卖家必定会用到邮件、短信、电话或其他社交工具，常用的即时通信工具包括Skype、WhatsApp、Facebook、Twitter、TikTok、Instagram等。

Skype是一款即时通信软件，其具备即时通信所需的功能，比如视频聊天、多人语音会议、多人聊天、传送文件、文字聊天等。它可以高清晰与其他用户语音对话，也可以拨打国内国际电话，并且可实现呼叫转移、短信发送等功能。Skype是较受欢迎的网络电话之一，全球拥有6.63亿用户。WhatsApp、Facebook（Meta）、Twitter、TikTok和Instagram的介绍参见前文6.3.3社交媒体营销。

9.2　跨境电子商务客户沟通与服务

跨境电商客服人员是卖家与客户沟通的桥梁，客服人员与客户的沟通质量好坏直接影响着店铺商品的销量。一般来说，跨境电商客服人员的日常工作除了店铺的运营维护，还包括售前、售中、售后的沟通与服务。

9.2.1　售前沟通与服务

售前沟通与服务是指客服人员在订单成交前，为客户购物提供相关指导，包括购物流程、产品介绍、支付方式及物流方式等。售前客服在客户下单前，通过产品介绍，不仅可以减少客户的购买顾虑，还可以进行同类或者关联产品的推介工作，扩大订单量，从而提升销售额；在客户决定购买时，售前客服还要指导客户了解购物流程，帮助客户最终完成支付。因此，售前客服直接关系到客户的购物体验和店铺成交的转化率。

售前服务过程中要求客服人员对于店铺内的产品信息和平台的优惠活动了如指掌，确保给顾客提供准确、最新和专业的信息。一般来说，国外客户在下单之前遇到的问题主要有产品相关咨询、物流相关咨询。

1. 产品相关咨询

产品相关咨询主要包括产品的功能和兼容性、产品的细节，以及包裹内件详情等。客服人员必须对所售产品非常熟悉，才能针对客户的问题在第一时间给出专业的答复。跨境电商平台数据显示，买家通过邮件询盘产生的订单中，90%以上是在买家发送询盘的24小时内回复的。

1) 关于产品价格

对于客户提出的折扣问题，例如："Hello, I want to order 5 pieces for this item, Is there any a discount?"客服应鼓励客户提高订单金额和订单数量，并提醒客户尽快确认订单。可以参考以下范文：

Dear customer,

Thanks for your inquiry. It's USD 54.6 for each one if you order 5 pieces. In the case of 8 pieces in one order, we can offer you 12% off and free shipping. The sooner you make the payment, the quicker you can enjoy the goods. I look forward to your reply. Thank you!

Best Regards,

(Your name)

客服人员首先对客户的询价表示感谢，然后，通过向客户提供比较优惠的方案，凸显该客服人员对公司的销售政策比较了解，彰显了专业能力；与此同时为客户所想，也为公司宣传，彰显了服务意识与能力。

2) 关于产品颜色

对于客户提出的关于颜色问题，例如："Hello，I want the navy blue. Do you have any in stock？"客服人员应实事求是地回答，直接回复有无库存即可。

(1) 产品有库存时，客服回复模板。

Dear customer,

Thank you for your inquiry.Yes, we have the navy blue in stock. How many would you like to order? The color is very popular and there is not much left. Please place the order as soon as possible if you like it. Thank you!

Best Regards,

(Your name)

上述范文是产品有库存情况的客服回复模板，除了回复有库存外，客服人员还给客户介绍了该颜色很受欢迎，告诉客户该产品库存不多，营造出一种焦虑和有风险的氛围，让客户觉得商品很快就会卖完，促使客户尽快下单。

(2) 产品没有库存时，客服回复模板。

Dear customer,

Thank you for your inquiry. We are sorry to inform you that the light blue colour dress is out of stock at the moment. We will let you know once we fill up our inventory.

Also, we'd like to recommend other popular colors, which are also very hot-selling in this winter. You can click on the following link to check them out. Thank you!

Best Regards,

(Your name)

上述范文是产品没有库存情况的客服回复模板。除了告知客户没有库存外，客服人员还给客户推荐了当季比较流行的其他颜色，并附上链接，促使客户下单。

3) 关于产品规格或尺码

(1) 客服人员回复产品规格问题的模板。

Dear customer,

Thanks for your inquiry. The baby clothes you mentioned is compatible with newborn, 0-3 months, 3-6 months, 6-12 months.You can check its specifications.

If you have any questions, please feel free to contact us.Thank you!

Best Regards,

(Your name)

上述范文是客服人员回复商品规格问题的模板。范文中，客服人员回复客户咨询的宝宝衣服尺码，并告知客户有任何问题，随时联系。

(2) 客服人员回复客户产品尺码问题的模板。

Dear customer,

Thanks for your inquiry. According to the height and weight information you provided, I think the size L is appropriate.This style is very popular. If you like it, please place an order as soon as possible. Looking forward to your further contact. Thank you!

Best Regards,

(Your name)

上述范文是客服人员回复产品尺码问题的模板。范文中，客服人员根据客户提供的身高体重信息，建议L码，并提醒客户这款产品畅销，请尽快下单。

4) 关于样品寄送

对于客户提出寄送样品的要求，客服人员应根据实际情况，做出寄送或不寄送的回复。客服人员应了解公司有关寄送样品的原则。一般来说，如果商品成本较低，同时公司的营销政策是想扩大境外市场，对于一些信誉较好且愿意支付运费的客户，客服人员可以答应寄送免费样品。若公司政策不允许寄送免费样品，客服人员应礼貌地婉拒客户要求，并提出让客户试购少量商品的建议。当然，如果客户表明愿意承担寄样费用，往往能够在一定程度上反映出其合作的诚意。客服人员应重点关注此类客户，做好后续跟踪服务，与客户建立稳定的关系。

当客户索要样品，并表示如果质量好，会大量购买时，客服要经过专业判断，再给予回复。可以参考以下范文：

Dear customer,

　　With reference to your request, I am very sorry to inform you that we are not able to provide you free samples. If you want to inspect the quality of the product, you need to pay for the freight. We assure the quality of our product is very good, and it has been carefully examined by our staff. Looking forward to your further contact. Thank you!

　　Best Regards,

　　(Your name)

上述范文是能否寄送样品的客服回复模板。范文中，客服人员首先明确告知客户不能免费提供样品，如果想检测产品的质量，要承担货款和运费，并承诺产品的质量良好，希望取得进一步的联系。

2. 物流相关咨询

跨境电商客服人员需要掌握对物流相关咨询的回复，在第一时间给出令客户满意的答复，消除客户的疑惑，促使客户下单。

1) 关于物流时间

当客户咨询有关跨境物流投递时效时，客服人员可先查询物流公司提供的时效，如遇到一些特殊情况，如节假日、恶劣天气等，要及时提醒客户投递时间会相应延长。可以参考以下范文：

Dear customer,

　　Thanks for your inquiry.

　　The shipping methods supported by our company include EUB, UPS, FedEx, TNT. Normally it will take about 7-15 business days to arrive in your country by EUB.You could choose other shipping company. It only takes three days to use UPS, FedEx and TNT, but you need to pay additional shipping freight. If you have any questions, please feel free to contact us.Thank you!

　　Best Regards,

　　(Your name)

上述范文回答了客户关于物流时间的咨询，告知客户一般的物流方式e邮宝需要7～15天，也可以选择其他物流方式，如UPS等，快的物流方式需要3天，但是买家需要支付额外的运费。

2) 关于关税问题

对于商家来说，保证货物顺利通过海关，并安全及时地送达客户手中非常重要。但由于每个国家和地区都有相关的海关法规，有些国家和地区海关在商品清关时，根据当地政策收取商品关税等费用。跨境客服人员应该根据自己掌握的关税信息，告知客户；若不了解客户当地的关税政策，可以在邮件中建议客服咨询当地海关。可以参考以下范文：

Dear customer,

  Thanks for your inquiry.

  I understand that you are worried about extra cost for this item. Based on past experience, import taxes fall into two situations.

  First, it does not involve any possible extra cost for this item at lower price in most countries.

  Second, in some special cases, buyers might need to pay some import taxes or customs charges even when their purchase is of small value. As to specific rates, please consult your local customs office. I appreciate for your understanding. Thank you!

  Best Regards,

  (Your name)

3. 售前咨询常用回复模板

1) 打招呼

  Hello, dear customer. Thank you for visiting our store. We hope you can find what you need here. If there is anything we can do, please don't hesitate to contact us.

2) 鼓励下订单

Dear customer,

  Thank you for shopping with us. The sooner you make the payment, the quicker you can enjoy the goods.

  Besides, our products are on sale now. If your purchases are over $100, you can have $10 back.

  Best Regards,

  (Your name)

3) 提醒买家尽快付款

Dear customer,

  We appreciate your purchase from our store. However, we notice that you haven't made the payment yet. This is a friendly reminder to you to complete the payment transaction ASAP. Instant payments are very important. The earlier you pay, the sooner you will get the item.

  If you have any problems on payment, please let us know. Looking forward to your reply.

  Best Regards,

  (Your name)

4) 推广新产品

Dear customer,

Black Friday deals begin on this Monday and continue all week long. Find out our best deals and save up to 50% of your money! Act now !

Best Regards,

(Your name)

9.2.2 售中沟通与服务

跨境电商的售中阶段是指客户从下单到签收货物的这一时间段。售中沟通与服务主要涉及订单处理的相关环节，这一环节的沟通与服务体现了卖家的服务质量，其具体形式包括在线即时交流、邮件交流以及部分口语交流等。订单处理是跨境电子商务的核心业务流程。订单处理过程包括的细节和关键点较多，主要涉及客户信息确认、包装发货、物流跟踪、确认收货并获取反馈。优化订单处理过程，缩短订单处理周期，提高订单满意率和供货的准确率，可以进一步提高客户服务人员的服务水平，并提升客户满意度。

跨境电商的售中沟通与服务与售前咨询和售后服务不同，更多的是涉及某一具体订单，问题有可能是订单本身问题，也有可能是平台操作问题，客服人员需要有针对性地回复。这些问题可大可小，但无论何种问题，客服人员都需要认真了解情况，及时处理，以便后续工作顺利进行。一般来说，跨境电商售中沟通与服务涉及包括收到订单、物流跟踪、关联产品推介、特殊订单处理等环节。

1. 收到订单

卖家收到的订单一般有两种情况：一种情况是已下单未付款；另一种情况是已下单且已付款。客户在下单之后，不一定会及时付款。对于客户已经拍下但还未付款的订单，卖家不可以直接关闭订单。客户有可能是临时有事，有可能还在犹豫，也有可能还要继续购买别的产品。因此，客服人员要根据客户未付款时间的长短区分原因，并给出不同的处理方式。如果客户下单后出现半天内未付款，甚至两天内未付款的情况，卖家可以通过订单留言、站内信或者相关聊天工具催促付款，提高付款率。如果客户下单后超过两天未付款，则可以放弃该客户。

对于已付款的订单，客服人员需要给客户留言并及时告知其发货信息。若客户已付款，但未通过平台资金风控审核，或者由于卖家库存无货而不能及时发货，卖家就需要及时与客户沟通，尽快解决问题。

售中客服收到订单后的主要工作流程如图9-4所示。

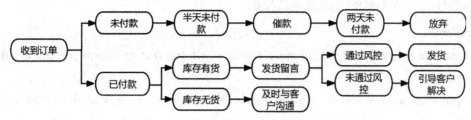

图9-4 售中客服收到订单后的工作流程

1) 未付款(半天内)时，客服沟通模板

Dear customer,

Thank you for purchasing in our store. Could you please kindly arrange the payment as soon as possible? Because our promotion time will end soon and the item you want will be sold out, if the payment can be arranged today, we will arrange your order today accordingly.

Best Regards,

(Your name)

针对半天内未付款的订单，客服可以告知买家促销活动马上要结束了，产品将售罄。若客户今天付款的话，卖家立即安排您的订单，以刺激买家尽快付款。

2) 未付款(两天内)时，客服沟通模板

Dear customer,

We would appreciate it if you could confirm your payment as the order has not been paid yet. As you know, the item you selected is a high quality one with competitive price. It is one of the best-selling products in our store, so the prompt payment can ensure earlier arrangement to avoid short of stock. We are sure you will like it. If there's anything else we can help, please feel free to contact us.

Best Regards,

(Your name)

针对下单后两天未付款的订单，客服可以告知客户我们产品的质量和价格优势，并且告知客户其选择的产品是店铺的热销款，催促买家尽快付款。

3) 已付款(库存有货)时，客服沟通模板

Dear customer,

Thank you for your ordering. Please confirm the following information about the order. Order No. 4768××××, Address:××, Your Name:××××, Product Name: Women double-layer necklace, Quantity: 300 pieces. Looking forward to hearing from you soon.

Best Regards,

(Your name)

一般情况下，为了提高客户满意度和减少损失，客服人员在客户下单后，尽量跟客户确认产品数量、名称、规则、收货地址、联系方式等信息，避免因订单信息错误导致买卖双方关系冲突和后续纠纷。

4) 已付款(库存无货)时，客服沟通模板

Dear customer,

Thank you for purchasing in our store. However, we are sorry to inform you that this item is out of stock now.

If you want to keep this item, we will contact the factory to see when it will be available again. If you don't need this item, we recommend to you some other items which are the same. You can click the following link.

If you don't need any others, please apply for "Cancel the Order" and choose the reason. In this case, your payment will be refund in 5 business days.

Sorry for the trouble and thanks for your understanding.

Best Regards,

(Your name)

针对客户已付款，但产品无库存情况，客服应明确告知买家所订购的商品暂时无货，并给客户提供三种选择，一是等待发货并告知客户具体发货时间；二是选择卖家推荐的类似产品；三是取消订单，退款将在5个工作日内返回。

2. 物流跟踪

良好的购物体验有助于提升店铺的考核指标。货物的发出并不代表卖家工作的结束，客服需要经常跟踪包裹并把进展情况及时地告诉客户。通过对细节的把控和周到的服务，客户可以感受到卖家在发货速度、物流运送时间、货物情况、工作人员的服务意识等方面的付出，从而获得较好的购物体验。

在物流跟踪过程中，客服需要与客户沟通两方面内容：一是货物运输的进展情况；二是运输途中发生的情况。如果货物顺利出运，客服可以根据物流显示的信息，在货物发货、货物抵达海关、货物到达客户当地邮局、货物妥投等时间节点及时联系客户，让客户在第一时间掌握货物运输情况，这有利于拉近与客户的关系，并获得好评。

货物发出后，可能会发生各种各样的问题，例如物流信息未能及时更新、货物未能按照预期时间到达客户所在地、特殊原因造成物流延误等。这些问题均会引起客户的不满，客服需要及时掌握物流信息，积极与客户沟通，尽量安抚客户的不满情绪，避免引起与客户的纠纷。售中客服物流跟踪服务内容如图9-5所示。

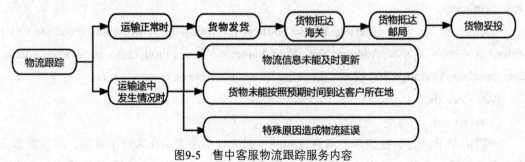

图9-5 售中客服物流跟踪服务内容

1) 产品运输正常时，客服沟通模板

(1) 货物发货。

Dear customer,

Thank you for your order of xxx product(Order No.xxx). We have shipped your item on (日期). We shipped it by (物流商)，and the tracking number is 468xxx. please feel free to contact us if you have any problems.

Best Regards,

(Your name)

一般来说，大部分的客户购买产品后都想尽快收到宝贝。为了满足客户的消费心理，客服应该在发货的时候告诉顾客产品的发货物流及其单号信息，并且每天跟进物流单号，告知客户货物目前的具体位置，增加客户对服务的满意度。

(2) 货物抵达海关。

Dear customer,

This is the letter to update the status of your order No. 901234578. The information below shows it was handed to the Customs on May 24, 2023 at your end.The tracking number is 2091010. You can check it from this website.

You will receive your goods soon. Hope it will meet your satisfaction.

Best Regards,

(Your name)

货物抵达海关后，客服要主动告知客户货物的最新物流动态，以及货物抵达海关的时间、跟踪号及查询网址。

(3) 货物抵达邮局。

Dear customer,

This is the letter to update the status of your order No.××××.The information below shows it will be transferred by local post office at your end.The tracking number is ××××××. Please check it from this website.

You will receive your goods soon. If it is delayed, please contact your local post. Hope it will meet your satisfaction. If so, please give me a positive feedback which is very important for me. Thank you very much.

Best Regards,

(Your name)

货物抵达邮局后，客服要主动告知客户货物已经抵达客户当地邮局，很快运达，请注意查收。如有延误，请及时联系当地邮局。此外，客服要引导客户在收到货物后，及时给予好评。

(4) 货物妥投。

Dear customer,

Thank you for your order. I noticed that you have received your order. Please make sure your items in good condition and then confirm satisfactory delivery.

It will be appreciated that you give us a five-star praise and positive comments if you are satisfied with our products and services.

If you have any questions or problems, please contact us directly. We will do our best to solve them. Thanks!

Best Regards,

(Your name)

物流显示货物妥投后,客服主动联系客户,询问客户对产品是否满意,鼓励客户对卖家的产品和服务给五星好评,同时告知买家,若产品有任何问题,请随时联系卖家,承诺将以最好的方式解决问题。

2)产品运输途中发生情况的客服沟通模板

(1)物流信息未及时更新。

Dear customer,

As we all know, it's the selling season and the logistics companies are running at maximum capacity. Your delivery information has not been updated yet, but don't worry, we will let you know as soon as an update is available.

Thank you for your cooperation!

Best regards,

(Your name)

当物流信息未及时更新时,客服应主动联系客户,并给出合理的解释,打消客户的疑虑。比如,现在正值销售旺季,物流公司正以最大运力运转,让客户不用担心,很快就会更新物流信息。

(2)货物未能按照预期时间到达客户所在地。

Dear customer,

We are sorry for the delay, anyway please do not worry, we will be surely responsible for the shipment as well.

As for the tracking information, it is still on the way to your country. If it does not update in xx days, we can arrange the new replacement or a refund .

Best regards,

(Your name)

当货物长时间在途,客服应予以道歉,并提出补救方案。如向客户承诺×天后,还没有物流更新,将重新发货或者直接退款。

3. 关联产品推介

为了让客户看到更多的产品,增加曝光量,提高店铺的客单价和订单转化率,降低推广成本,卖家往往会采用关联营销的方式进行产品的推广。在与客户交流的过程中,如果客户对已经下单的产品表示不满意，客服人员可以推介关联产品，引导其再次下单；对于新客户或还未关注店铺的老客户，客服人员可以推荐其订阅店铺；对于潜在客户，客服人员可以有针对性地推介特殊产品，如新产品或节日产品、折扣产品、热销产品。售中客服关联产品推介的服务内容如图9-6所示。

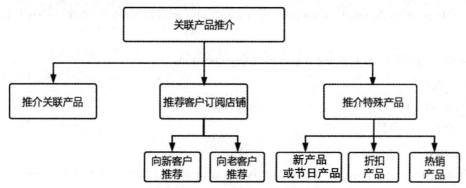

图9-6 售中客服关联产品推介服务内容

1) 推介关联产品的客服沟通模板

Dear customer,

I am sorry that you are not satisfied with the goods you inquired. According to your information, I would like to recommend some other items of similar styles and hope you will like them. These are our best-selling goods right now. Please check the link below.

If you have any questions about these products, please contact us.

Best regards,

(Your name)

当客户对所选产品不满意时，客服根据买家的相关信息，向其推介类似产品，并告知客户，如有任何问题，请随时联系。

2) 推荐客户订阅店铺的客服沟通模板

Dear customer,

Thank you for ordering form our store. You will get a coupon of $1 by clicking the "Follow" button on the store's home page. As follow, you will know about the new products or promotions in the store.

Please feel free to contact me if you have any questions.

Best regards,

(Your name)

当客户下单后，客服需要留意买家是否订阅了店铺，若没有订阅，提醒买家订阅店铺后将获得的福利，如获得1美元的优惠券等。

3) 推介特殊产品的客服沟通模板

(1) 推荐新产品或节日产品

Dear customer,

As the Father's Day is drawing near, we recommend you some new razors in our store which are high in quality and competitive in price. If you are interested in them, please click the link below.

Please feel free to contact me if you have any questions.

Best regards,

(Your name)

(2) 推荐折扣产品

Dear customer,

Thanks for your message. We would like to recommend to you if you buy both of these items, we will allow a 15% discount off the price. Once you make the payment, we will arrange the shipment at an early date.

Best regards,

(Your name)

(3) 推荐热销产品

Dear customer,

This Sunscreen clothing(防晒衣) is a hot seller in our store, and has been favored by customers due to its style, color, and comfort. If you are interested in them, please click the link below.

Please feel free to contact me if you have any questions.

Best regards,

(Your name)

4. 特殊订单处理

特殊订单是指由于发货、物流、海关等造成的、不能正常出货或退货的订单。如果遇到这些情况，卖家必须及时与客户沟通，避免引起客户不满，甚至引起纠纷。

发货前的特殊订单包括以下几种情况：客户下单后对于支付、海关收税等情况存在疑问；因物流风险无法向客户所在国家发货；因订单包裹超重无法使用指定物流；没有直航货机等。特定情况的包裹延误包括遇到节假日或不可抗力因素等。还有一些特殊情况，如卖家错发或漏发货物、客户不清关、海关扣关等。无论哪种情况发生，卖家必须在第一时间与客户取得联系，清晰陈述情况，解决相关问题。

1) 发货前特殊订单的客服沟通模板

(1) 客户下单后对于支付、海关收税等情况存在疑问。例如，当客户下了两个及以上的订单时，明确告知合并支付订单的具体操作步骤，为了刺激买家按要求操作，还可以给予一定的优惠。

Dear customer,

    Glad to receive your message.

    If you would like to place one order for many items, please first click "Add to Cart", then click "Buy Now", and check your address and order details carefully before clicking "Submit". After that, please inform me, and I will cut down the price to $ xx. You can refresh the page to continue your payment. Thank you!

    Please feel free to contact me if you have any questions.

    Best regards,

    (Your name)

    (2) 因物流风险无法正常发货。

Dear customer,

    I am sorry to inform you that we are unable to provide shipping service to your country. So, you may cancel the order and wait. Once we receive the notice, we will tell you at an early date. We appreciate your understanding.

    Yours faithfully,

    (Your name)

当货物暂时无法向客户所在国家发货时，及时与客户沟通，告知客户会在第一时间告知其发货消息，希望得到理解。

    (3) 因订单超重无法使用指定物流，需要更改物流方式。

Dear customer,

    We are sorry to tell you that free shipping for this item is not available.

    Free shipping by China Post Air Mail is only for package weighing less than 2 kgs. However, the weight of the item you choose is 2.3 kgs which is higher. Therefore, would you please choose another express courier, such as EMS or UPS which may charge higher shipping fees, but much faster. Or you can place the order separately and make sure the weight of each order is less than 2 kgs so as to take advantage of free shipping.

    If you have any questions, please feel free to contact us.

    Yours faithfully,

    (Your name)

当客户订单质量超过免邮范围时，给客户提供合理的方案：一是选择其他物流商，如EMS、UPS等，这些物流方式的运费稍贵，但是速度很快；二是单独下订单，确保每个订单的质量小于2千克。

    2) 特定情况下包裹延误时，客服沟通模板

    (1) 遇到特定节假日。

Dear customer,

    Thank you for your order and prompt payment.

Because it is our Spring Festival from Feb.1 to Feb.7, all the shipping services will be unavailable. Therefore, delay of shipment for several days will be unavoidable.

We will promptly arrange the shipment as the post office reopen on Feb. 8. If you have any questions, please feel free to contact us.

Best wishes,

(Your name)

遇到特定节假日时，客服要主动告知客户，其商品寄送将延误，并承诺假期结束后，将第一时间安排寄送。

(2) 有不可抗力的因素。

Dear customer,

Thank you for your purchase. We have been informed that your customs has recently carried out strict inspection on large parcels. Your product may be delayed. If you have any questions, please feel free to contact us.

Best wishes,

(Your name)

3) 其他特殊情况的客服沟通模板

(1) 卖家错发或漏发货物。

Dear customer,

It is a pity to tell you that we have sent you the wrong parcel. Can we send you again or give you a 20% discount because of the wrong parcel? We guarantee that we will give you more discounts for your next purchase. Sorry to bring you trouble and your understanding will be highly appreciated. Thank you！

Best wishes,

(Your name)

当错发或漏发货物时，客服要主动联系买家，提出合理的方案，如重新寄送产品或下次购买给予20%的折扣，并再次表示抱歉。

(2) 客户未清关。

Dear customer,

Thanks for your purchasing in our shop and we are sorry to learn that your parcel was kept by the Customs at your part.

According to the Platform Rules, the buyer has the duty to handle the customs clearance and get the parcel. We hope you can finish the customs clearance as soon as possible.

If you have any problems, please feel free to contact us.Thank you for your cooperation.

Yours faithfully,

(Your name)

当买家的货物被海关查验需要缴纳清关费时，客服应提醒买家尽快缴纳相关费用。

9.2.3 售后沟通与服务

跨境电商的售后阶段是指从客户签收货物到平台放款的这一时间段。售后沟通与服务是客户购物满意度的重要依据。客户满意度越高，给卖家带来额外的交易概率就越高，同时产品的排序和曝光量也会得到提升，进而影响其他客户的购买行为、卖家的等级和享受平台权利的范围。统计数据显示，跨境电商卖家收到的邮件中，有70%是关于产品和售后服务的投诉，可见，客服日常工作中处理的主要问题就是各种售后问题。

不同的第三方平台对跨境电商卖家有不同的考核标准，但无论哪个平台，都将客户的售后评价作为卖家的重要考核依据。客户的售后评价既是一笔交易的最后证明和反馈，也有助于店铺的健康、快速成长。不论客户给予何种评价，客服人员都要积极面对，同时还要认真、诚恳、及时地沟通。

客户在收到产品后会做出相应的评价，一般分为好评、中评、差评和未评价4种。根据不同的客户评价情况，跨境电商售后客服可以采取不同的处理方式，如图9-7所示。不同的评价会为店铺带来不同的效果：好评会提高店铺产品的曝光率、转化率与二次转化率；中差评则会为店铺带来不良影响。如果收到好评，卖家要及时表示感谢，并期待有新订单；如果收到中评，如产品质量、物流等问题，卖家应诚恳地了解情况，及时沟通，改进产品，提高质量；如果收到差评，要主动了解情况，并协商解决问题；如果客户没有及时给出评价，卖家则要提醒客户评价，并尽可能引导其给予好评。

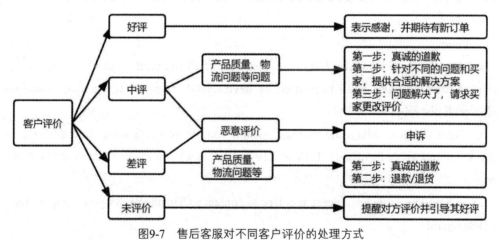

图9-7 售后客服对不同客户评价的处理方式

1. 收到客户好评的客服沟通与服务

当收到客户的好评时，首先对客户予以感谢，表示客户的满意对我们十分重要，激励我们不断前进，我们将竭力为您提供更好的产品和服务。同时，给客户推荐一些店铺的其他产品，刺激客户再次下单。可以参考以下范文：

Dear customer,

Thank you very much for your recent positive feedback! Your satisfaction is hugely important to us, and keep us motivated to serve our customers! We will redouble our efforts to continue providing you with better products and service!

Please check out more great products you may be interested in from our store link.

Look forward to your visit again!

Yours sincerely,

(Your name)

2. 收到客户中差评的客服沟通与服务

中差评会对跨境电子商务卖家店铺的声誉及刊登商品的销售带来不良影响。有些跨境电子商务平台是支持卖家和客户协调一致后，进行中差评修改的。当客户给商品发表了中差评后，跨境电商的客服人员首先要了解中差评的原因，同时通过邮件和站内信等方式跟客户解释清楚，最后寻求切实可行的办法来解决问题。

(1) 了解中差评的原因。收到客户的中差评后，售后客服人员要通过邮件和站内信等方式与客户及时联系。一般来说，客户留中差评的原因包括以下几种：商品图片与实物不符；如标题上有"Free Shipping"，实际上客户却需要付费；信用卡账户出现额外扣款；客户期望值过高；商品质量不过关；包装破损；物流速度慢；等等。了解了客户中差评的原因后，要及时跟客户解释清楚。

(2) 恳请客户修改中差评。客服人员要积极与客户进一步沟通，在与客户协商解决了问题之后，请求客户修改评价。一般来说，在订单问题得到解决之后，客户表示满意，大都会答应修改之前给出的评价。

可以参考以下范文：

Dear customer,

We are sorry to see that you left neutral/negative feedback relating to your recent purchase experience from our store. But I'm pleased we have solved the problem together. I hope you're satisfied with our solution.

Now that we have solved the problem, would you please spare some time to change your feedback into a positive feedback? (Link to Revise Feedback) You know 5-star is really important for us.

If you have any problems, please feel free to contact us. Thank you for your cooperation.

Best regards.

(Your name)

对于没有任何回应的客户，可以再次发送邮件，甚至给予实际利益，请求客户修改评价。若是客户同意修改中差评，客服人员要及时地真诚道歉；对于不同意修改中差评的客户，可以给予优惠返现、下次购买折扣等好处。

3. 未收到客户评价的客服沟通与服务

(1) 客户收到商品但没有留下评论。跨境电子商务涉及众多不同地区的客户，由于地域的限制、个人习惯的差异，客户收到商品后的2~3天给予售后评价是非常正常的。如果客户收到商品后的3~5天没有留下评论，那么客服可以向客户发送邮件，询问是否收到包裹、对商品是否满意。在邮件末尾，可以把希望客户尽快评价的请求"伪装"在邮件中，并表示感谢。可以参考以下范文：

Hi (customer name),

  Could you tell me if Flattened Hoop Earrings has been successfully delivered to you? If you have got it, we sincerely hope you will like it and be satisfied with our service. If you have not got it or have any problem at all, don't hesitate to contact us so we can help you out. We would also love to know your honest opinion of the product. Please click here (link to review site) to leave a product review on Amazon.

  If you have any problems, please feel free to contact us. Thank you very much!

  Yours sincerely,

  (Your name)

（2）客户收到评价请求邮件的10～15天仍没有给予评价。在跨境电子商务客服人员发出上述邮件提醒客户评论后的10～15天，如果客户仍对评价一事置之不理，卖家也不用心急，可以再发一封邮件进行催促，特别是将店铺的链接或者商品名称列出来，以明确提醒客户。可以参考以下范文：

Dear (customer name),

  We've made a transaction already and you purchased xx (product name) from us. We've greatly appreciated your favor and hope you are satisfied with us. The detailed information of our last transaction is as below ××××.

  If you are now satisfied with using the item bought from us as well as our professional service to you, please click (link to review sites) to leave us Positive Feedback.

  Yours sincerely,

  (Your name)

9.3 跨境电子商务客户关系管理

9.3.1 客户价值评价

1. 客户价值的概念和特征

  客户价值(customer value)是20世纪90年代以来西方营销学者和企业经理人员共同关注的焦点，是提升企业竞争优势的媒介之一。企业的经营过程是一条价值链，是一个创造价值的过程，而客户价值是企业价值创造活动的出发点。

  1) 客户价值的概念

  在诸多的客户价值定义中，大多数学者都比较认同美国营销学教授罗伯特·伍德拉夫(Robert B. Woodruff)对客户价值的定义，并在其基础上进行了很多相关研究。伍德拉夫通过对客户如何看待价值的实证研究，提出客户价值是客户对特定使用情景下有助于(或有碍于)实现自己目标和目的的产品属性的实效及使用的结果所感知的偏好与评价。该定义强调客户价值来源于客户通过使用、学习和比较得到的感知、偏好和评价，并将产品、使用情景和目标导向的客户所经历的相关结果联系起来。

2) 客户价值的特征

(1) 主观判断性。客户价值是客户通过接触企业的产品或服务后对企业产品的一种评价，是与客户的购买体验相关的，因此，客户价值是个人的主观判断。

(2) 得失权衡性。客户感知价值的核心是对所得到与付出的东西的一种权衡，即利得与利失之间的权衡。

(3) 层次性。客户的所得与所失之间比较复杂，由很多具体的要素组成。分析客户的价值往往从产品的属性、效用及期望结果等方面来考虑，具有层次性。

2. 客户分类

1) 客户属性分类法

与传统贸易相比，跨境电子商务的订单都会留有信息记录，包括拍下的时间点、联系方式、当时购买的产品和价格、发货方式等。通常，按客户的社会属性、行为属性和价值属性对客户进行分类。

(1) 社会属性。跨境电商不同地域的客户有着不同的文化特征，进而消费需求存在较大差异。以社会属性为标准对客户进行分类，可做到具体问题具体分析，能够以客户地址为基准，按照国家来分类，直观地得出店铺的主要客户群体及其地理位置分布情况。例如，美国买家对某店铺销量较好的运动鞋评价非常高，而巴西买家对产品评价并不理想，在这种情况下，就可以从社会属性分析其原因，并针对性地对产品设计进行调整。

(2) 行为属性。由于客户成长背景、受教育水平和区域等差异，每个客户的消费行为不尽相同，消费方式存在差异性。有的客户喜欢购买折扣商品，有的客户在意是否包邮，有的客户偏向选择高价的同类商品，有的客户关注送的小礼物，有的客户则更关注品质，有的客户容易给中差评或提纠纷，因此在客户维护过程中采用不同方式尤为重要。例如，针对注重产品质量和服务体验的客户，企业应该注重对产品品质和服务的宣传；而针对容易给中差评的客户，企业应尽力去了解客户真正的需求点，以便为其提供更愉快的购物体验。

(3) 价值属性。以速卖通为例，每个客户在速卖通交易过程中，平台有严谨的卖家等级，同时也规范了买家等级，买家等级制度是把买家的购买行为、成交金额，以及评价情况等综合性给每位客户做个标识。2015年7月下旬开始，根据买家在365天内所获得的积分划分为A0-A4这5个等级，如表9-1所示。买家可以通过以下三种渠道获得积分：成交的订单每1美元得1分；主动评价1次得1分；有成功购买记录的天数，每1天得5分。

表9-1 速卖通买家积分等级表

等级	积分				
	积分<1	1≤积分≤100	100<积分≤500	500<积分≤2000	积分>2000
A0	√				
A1		√			
A2			√		
A3				√	
A4					√

2) RFM分类法

客户分类是为了方便卖家对买家的管理,差异化地对待客户,更有针对性地向客户营销产品。RFM分类法由美国研究所Arthur Hughes研究提出,其主要思想是通过某个客户近期的购买行为(recency)、购买频率(frequency)和消费金额(monetary)三个指标来描述客户的价值状态。

RFM是购买行为、购买频率和消费金额三个关键词的英文首字母组合。RFM分段的数值基于每个店铺的情况设定。例如,某店铺的RFM模型分值结构如表9-2所示。

表9-2 RFM模型分值结构

得分值	指标		
	R值	F值	M值
5	$R≤90$天	$F≥5$次	$1000元≤M$
4	$90天<R≤180天$	$F=4$次	$500元≤M<1000元$
3	$180天<R≤360天$	$F=3$次	$200元≤M<500元$
2	$360天<R≤720天$	$F=2$次	$100元≤M<200元$
1	720天以上	$F=1$次	$M<100元$

根据确定的RFM模型框架,我们可以针对每个客户对RFM值进行打分,如表9-3所示。比如客户Jack:最近一次消费的时间是90天,对应的R值是5分;消费频率是2次,对应的F值是2分;消费金额是98元,对应的M值是1分,客户Jack的RFM总分为8分。

表9-3 RFM模型应用示范

客户名称	最近一次消费时间/天	消费频率/次	消费金额/元	R分值	F分值	M分值	RFM总分值
Jack	90	2	98	5	2	1	8
Lily	388	3	769	2	3	4	9
Tom	600	3	280	2	3	3	8
Marry	166	2	666	4	2	4	10
Rose	788	3	182	1	3	2	6

通过RFM值可知,总分最高,并不意味着成交金额是最高的;总分最低,也并不意味

着成交额一定是最低的。所以客户的价值不是单纯的成交金额的高低。可见,RFM模型可以充分实现对每个客户的质量和价值进行衡量,筛选出优质的客户,为精细化营销提前做好准备。

3) 分级法

在跨境电商客户服务过程中,往往会面对众多询盘,作为客服人员要善于识别,学会判断询盘的客户的真实意图。有的客户单纯想要通过询盘收集一些样品,并没打算实质购买;有的客户想通过询盘了解我方信息,也没有购买打算,只是广泛"撒网";甚至有的可能是在打探消息;等等。客服要慢慢积累经验,学会识别真正有需求的客户,也要学会从中发现客户潜在需求。

跨境电商企业可以根据自己的实际情况,设定分类标准,比如是否有过询盘、沟通邮件次数、购买次数、是否提供完整企业资料等各个方面对客户进行分级。此外,企业还可以通过为客户发电子卡的形式对客户分级,如普通卡、银卡、金卡、白金卡、钻石卡等,每个层级享受店铺的不同优惠。客户层级并不是一成不变的,可以不断根据客户后期的购买情况进行"升级",让客户感受到自己的付出受到电商企业的重视,并能不断在后续购买中获得实惠。

9.3.2　客户选择与开发

1. 客户选择

客户选择是指通过一系列技术手段,根据大量客户的个性特征、购买记录等建立客户数据库,以一定的标准确定对企业有意义的客户,将其作为企业客户关系管理的实施对象,最终为企业成功实施客户关系管理提供保障。

1) 客户选择的意义

21世纪是一个以客户为导向的时期。随着产品和服务差异的不断缩小,企业间的市场竞争日趋激烈,消费需求呈现个性化、多样化和复杂化等趋势。实施"以客户为中心"的客户关系管理,为客户提供优质的服务,让自己企业的产品在诸多同类产品中胜出,有着更加重要的意义。企业的一切活动应紧紧围绕客户需求展开,设法吸引消费者,使其成为自己的客户,并与之建立长期的、良好关系,达到稳定发展的目的。因此,从众多消费者中选择出重要客户和潜力客户具有十分重要的意义。

(1) 节省客户保持成本。保持原有客户使其不再流失是企业实施客户关系管理的主要目标之一,对企业的利润有重要影响。美国营销学者弗雷德里克·赖克赫尔德(Frederick F. Reichheld)和厄尔·赛斯(Earl W. Sasser)的实证研究表明,客户保持率增加5%,行业平均利润增加25%~85%。客户保持对公司利润产生较大影响的原因在于保持老客户比开发新客户的成本低得多,一般保持老客户的成本是开发新客户成本的1/10~1/5。当然,客户保持也是需要成本的,在现有的客户群体中,并不是所有的客户都会同企业建立并发展长期合作关系。若不加区别地对所有客户都进行保持,势必会造成客户保持成本的浪费。若事先通过客户识别方法,选择出具有较大概率同企业保持客户关系的客户,并有区别地开展客户保持工作,可能会起到事半功倍的效果,大大节省企业的客户保持成本。

(2) 降低新客户获取成本。尽管客户关系管理把重点放在客户保持上,但因为客户关系的发展是一个动态的过程,必然会有老客户的流失,所以企业要发展就要不断获取新客户。若客服人员能够有效识别潜在客户,并有针对性地开展新客户公关,必将大大节省新客户获取成本,提升企业的竞争优势。

2) 客户选择的方法

(1) 挖掘潜在客户。潜在客户是指对企业的产品和服务有需求,但尚未与企业进行交易,因此具有"尚未发现"的特点,是经营性组织机构的产品或服务的可能购买者,是企业应该尽力争取的客户。

企业发展过程中,无论客户满意度多高,只要存在竞争对手,必然会流失一部分客户。漏斗原理告诉我们,要想保证企业原有客户份额,流失的老客户需要用新客户来补充。新客户的加入,尤其是优质的潜在客户的加入,将大大提高企业的盈利水平。挖掘潜在客户的常用方法有以下两种。

① 连锁介绍法。连锁介绍法是指通过老客户或朋友的介绍寻找其他客户的方法。客服通过定期访问老客户,询问其有无可能介绍其他对该产品或服务感兴趣的人。第一次访问产生2个客户,这2个客户又带来4个客户,以此类推,无穷的关系链可一直持续发展下去,最终建立一个强大的潜在客户群。这种方法能一定程度减少选择客户的盲目性。

② "名人"效应法。"名人"效应法是指在某一特定的区域内选择一些有影响力的名人,使其成为产品或服务的消费者,并尽可能吸引其他消费者购买使用。"名人"效应法是否有效果,很大程度上取决于"名人"的地位、职务、成就或人格对周围的影响力。

(2) 识别有价值客户。识别有价值的客户是指企业根据一定的标准,将企业的客户分类为高价值客户和中低价值客户,并为其提供差异化的服务。

在识别有价值客户时,要根据对企业长期价值的贡献将客户分为4类。

① 战略客户,又称为灯塔客户,是指对企业发展具有重大影响,并为企业带来最大盈利的客户。这类客户购买的产品或服务占销售总量的10%,实现30%~50%的销售收入。对于这类客户,企业应该重点关注,与其保持长期的稳定关系。

② 主要客户,是指能够为企业带来可观利润,并有可能发展成为企业最大利润来源客户。这类客户能为企业带来销售额占销售总量的40%~50%。对于这类客户,企业可适当采取激励政策,提高其在企业购买产品或服务的份额。

③ 交易客户,是指为数众多对企业价值贡献不大的客户。这类客户约占企业客户份额的50%,他们能为企业带来一定的利润,但正在失去价值。企业需要维持这类客户,但不需要特别关照。

④ 风险客户,是指让企业蒙受损失的客户。这类客户约占企业客户份额的20%,不仅不会给企业带来利润,还浪费企业客户资源。企业应学会放弃这类客户。

2. 客户开发

客户开发通常是指客服人员通过市场调查，初步了解市场和客户情况，与有实力和有意向的客户重点沟通的行为。开发客户是最具挑战性、开拓性和艰巨性的工作，客服人员必须明白一定的规律，把握一定的原则，掌握实用的方法。

1) 客户开发的原则

(1) 确定营销对象的范围。在客户开发前，首先要确定客户的范围使开发客户的范围相对集中，提高开发效率，避免盲目性。确定开发客户的范围包括两个方面：一是地理范围，即确定产品的销售区域；二是交易对象的范围，即确定开发客户群体的范围。

(2) 树立寻找客户的强烈意识。跨境电商企业要想在激烈的市场竞争中不断发展壮大自己的客户队伍，提升营销业绩，客服人员就要在工作中养成一种随时随地搜寻开发客户的习惯，牢固树立随时随地开发客户的强烈意识。态度是构筑营销成功的基石，那些将开发客户视为事业成功的关键因素的客服人员无时无刻不全身心地投入到该项活动中去。

(3) 选择合适的开发途径。对于大多数商品而言，客户开发的途径或渠道不止一条，究竟选择何种途径、采用哪些方法更为合适，还应将营销品的特点、营销对象的范围及产品的营销区域结合起来综合考虑。

(4) 重视老客户。一位营销专家深刻地指出，失败的客服人员常常是从找到新客户来取代老客户的角度考虑问题；成功的客服人员则是从保持现有客户并且扩充新客户，使销售额越来越多，销售业绩越来越好的角度考虑问题的。对新客户的销售只是锦上添花，没有老客户做稳固的基础，对新客户的销售也只是对所失去的老客户的抵补，总的销售量不会增加。

老客户由于种种原因没有继续交易，但仍是客服人员重要的潜在客户。事实上，许多老客户都在期待客服人员的再度问询。客服人员必须鼓起勇气再次问询他们，并从中探究他们不再购买本企业产品的真正原因，制定出满足他们需求的对策。

2) 客户开发的方法

跨境电商开发客户最好的办法是搜索。在进行搜索前，应明确营销目标，分析产品的终端市场，分析产品适合的畅销国家和地区，分析采购产品的是中间商、批发商还是个人。找对市场，找对人，选正确的策略十分重要。

(1) 利用SNS社交媒体开发客户。企业可以充分利用SNS社交媒体，结合其特点，开发跨境电商客户。

(2) 利用搜索引擎开发客户。全球著名的搜索引擎主要有Google、百度、MSN、Yahoo、Bing、Lycos和Altavista等，每个大洲和国家都有自己本土的搜索引擎。如果有语言优势客服人员可利用语言优势在目标市场国家或地区尝试使用当地的搜索引擎，会收到更直接、更佳的搜索效果。

(3) 利用邮件开发客户。每个国家都有自己的公共电子邮箱系统，每个公司几乎都有在国家公共邮箱系统下自己公司的电子邮箱。要通过公共邮箱系统寻找各国客户，必须了解各国公共邮箱系统的规则,以便最大限度地利用规则通过互联网找到客户邮箱。如美国公共邮箱系统主要有@gmail.com、@hotmail.com、@aol.com和@yahoo.com,这些都是跨境电商人员重点关注的。利用各国公共邮箱系统设置规则,有以下几种方法可以找到潜在客户。

① 产品名称+通用邮箱后缀。例如,要寻找"children shoes",可以分别输入children shoes@gmail.com,children shoes@hotmail.com,children shoes@aol.com,children shoes@yahoo.com进行搜索,并根据搜索结果选择目标客户。

② 产品名称+Yahoo各国邮箱后缀。例如,同样搜索"children shoes",搜索日本客户可以采用日本Yahoo搜索,输入"children shoes email"进行搜索,并选择合适的目标客户。

③ 产品名称+进口商等+email。例如,选择合适的搜索引擎,搜索"children shoes importers email""children shoes distributors email""children shoes buyers email""children shoes suppliers email"。这些方法可以搜索到客户信息,其中email可以用@代替。

9.3.3 客户流失与挽回

客户和企业终止合作的现象就是客户流失。美国学者托马斯·琼斯(Thomas O. Jones)等人认为,向客户提供卓越的价值是获得持续客户满意和忠诚的唯一可靠的途径。而人们通常假定在客户关系中,满意是达到客户保持的关键。客户满意度越高,客户保持度也越高。

客户流失主要集中在售后服务出现问题之后,客户抱怨、投诉均得不到有效解决的情况。对于老客户来说,其本身积累了一定的购买经验,有一定的使用感受。通常情况下,他们会在下一次购买该种产品时,与上一次购买进行比较,若产品性能、服务与上一次购买相比并无差别,会选择重复购买;但若存在明显差异,可能转而选择其他产品。对于新客户来说,若第一次购买的产品与企业所宣传的存在较大差异,且使用过程中出现的问题得不到解决,客户则会转而选择性能更好、服务更佳的产品。客户流失的形成过程如图9-8所示。

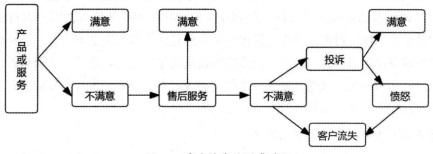

图9-8 客户流失的形成过程

1. 客户流失的原因

客户流失的原因可能有很多种，但归纳起来主要有两大类：一是内部因素，二是外部因素。

1) 内部因素

(1) 产品和服务因素。客户追求的是较高质量的产品和服务，如果企业不能给客户提供优质的产品和服务，客户就不会对企业满意，更不要提建立什么客户忠诚度了。此时，一旦竞争对手提供了更好的产品和更优的服务，客户自然会转向竞争对手。

(2) 服务因素。客服人员在客户与企业之间起着重要的桥梁作用。企业做好客户服务工作时要注意在细节处下功夫，在客户关怀上下功夫。客户与企业是由利益关系纽带牵连在一起的，但也不能忽视了情感这条纽带的重要作用，往往客服人员在一些细节上的疏忽会导致客户的流失。客服人员应当认真倾听客户的意见，给予及时、妥善的解决，并将处理的结果反馈给客户，让他们感到自己受到了尊重。这样做不仅可以提高客户的满意度和忠诚度，还能从客户那里收集到实实在在的建议，以便不断改善企业的产品和服务。通过多种渠道建立有效的反馈机制能帮助企业有效地与客户进行沟通和交流。

(3) 企业形象因素。不良的企业形象会大幅降低客户的信赖感。企业应该在各方面尽量避免产生负面的社会影响，以优质的产品和服务、良好的企业文化、完善的售后服务机制和积极进取的企业目标来赢得客户的信赖，从而减少客户流失。

2) 外部因素

(1) 客户因素。客户往往对产品或服务期望太高，而实际的消费体验比较差，所以心理不平衡，产生了不满情绪。客户不满产生后，客户就要流失。当然，由于客户消费的多样化、多层次化、复杂多变性和非理性化，客户在消费时，并不承诺放弃尝试其他企业的产品和服务。另外，由于购买力的提高，其需求与期望也会发生相应转移。

(2) 竞争者因素。竞争者通过正当手段或不正当手段建立了某种竞争优势，就会挖走或吸引走企业原有客户。

2. 客户挽回的策略

客户流失的原因不同，客户挽留的成功概率不同，客户挽留的价值也不同，应根据客户流失的具体原因选定挽留客户群。趋利流失的客户和因失望流失的客户有可能挽留成功，因此适于选为挽留对象，其中，挽留的重点应是因失望流失的客户。一般来说，因自然消亡或需求变化造成的客户流失，企业的挽留策略是无效的，因此不适合将其选为挽留对象。但对有实力的企业来说，如果流失的这类客户群对企业的生存和发展非常关键，也可以通过扩展业务范围或研发创新产品等方法加以挽留。

1) 围绕客户生命周期开展营销策略

跨境电商买家与卖家之间的关系与普通买卖双方关系有着一定差异。普通买卖双方的关系可能经历关系形成、关系发展、关系稳定、关系破裂、关系恢复或关系结束的过程，其中关系的形成到稳定经历的时间相对较长，而跨境电商买卖关系的稳定始于交易之初，且很容易随着时间的推移而淡化。简单地说，从交易开始，双方关系就进入了活跃期，随之是沉默期、睡眠期、流失期、消亡期，如图9-9所示。

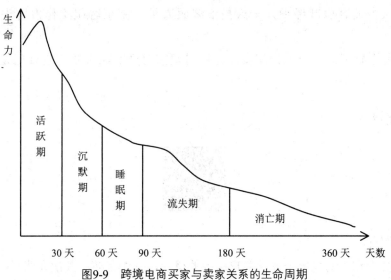

图9-9　跨境电商买家与卖家关系的生命周期

2) 构建客户的忠诚度维护策略

构建客户的忠诚度需要获得客户的好感，这样才能进一步加强客户黏性。具体可以从以下三方面入手。

(1) 加强互动性沟通。初始阶段，我们与买家一般通过站内信、订单留言和旺旺建立联系，当普通客户成长为重点客户时，我们需要与客户保持及时畅通的联系，势必运用邮件、短信、电话或其他辅助软件(如Skype、WhatsApp、VK、Facebook、Twitter)等一切工具保证与客户之间进行及时沟通。

(2) 重视客户反馈，及时关注客户评价。以速卖通为例，客户的中差评会影响产品的质量得分和卖家服务等级，从而影响产品的排名和销量。由于各种因素，往往很难让客户的满意度达到100%，但是重视重点客户的反馈十分必要。当客户收到货后，客服人员应积极主动地征求意见或意见的反馈，比如包装是否变形，产品设计是否有缺陷等，以便让客户有更好的购物体验。

(3) 预测客户需求。了解客户的风俗习惯、地理概况、气候状况，根据客户的隐性信息获知他经常购买的产品类别和购买能力，以及当地当前的流行趋势和元素，主动提供相匹配的产品营销及精细化的服务，以提升客户的忠诚度。

◆ 同步实训

售前客服回复产品咨询问题

1. 实训目的

了解买家经常咨询的产品问题，提升跨境电商客服工作能力

2. 实训内容

两人一组进行客服工作交流与工作情景模拟。

(1) 一人扮演客服部经理，一人扮演客服人员，围绕客服工作内容进行引导互动交流。

(2) 一人扮演买家，一人扮演卖家，针对卖家对产品相关咨询进行问题设计并模拟实训。

同步阅读

本章小结

本章首先介绍了跨境电子商务客户服务的概念、工作范畴；其次介绍了跨境电子商务客户服务售前、售中和售后的沟通与服务；最后介绍了跨境电子商务客户关系管理，包括客户价值评价、客户选择与开发、客户流失与挽回。同时，以速卖通、亚马逊等跨境电子商务平台的真实案例，阐述售中客户服务与沟通的重要性、流程以及技巧。

同步测试

一、单项选择题

1. 跨境电子商务客户服务的特点不包括(　　)。
   A. 面临无法预知竞争　　　　　B. 服务以人为本
   C. 与传统贸易的服务对象不同　D. 主要负责售后纠纷的处理
2. 跨境电子商务服务的两大客户群体是(　　)。
   A. 境内客户和境外客户　　　　B. 长期固定客户和短期偶然客户
   C. 普通客户和专业客户　　　　D. 专业批发商和终端消费者
3. 跨境电子商务客户服务的沟通技巧不包括(　　)。
   A. 主动联系客户　　　　　　　B. 熟练掌握翻译软件的使用
   C. 尽量采用书面沟通的方式　　D. 利用晚上时间跟客户沟通效果最好
4. 跨境电子商务客户服务的基本必备技能不包括(　　)。
   A. 产品上架　　　　　　　　　B. 英语
   C. 网络信息技术　　　　　　　D. 商务技能
5. 跨境电子商务客服内容主要包括售前客服、(　　)和售后客服等。
   A. 跨境营销客服　　　　　　　B. 售中客服
   C. 网络信息客服　　　　　　　D. 商务技能客服

6. 下列关于售中客户服务与沟通说法不正确的是( )。
   A. 在售中阶段，卖家的服务质量是决定客户是否购买货物的重要因素
   B. 售中客户服务与沟通的主要形式包括书信往来、在线即时交流以及部分口语交流等
   C. 售中服务既是满足客户购买商品欲望的服务行为，又是不断满足客户心理需要的服务行为
   D. 交流时卖家应该主动、热情、耐心、周到，为客户提供最优质的服务解决方案，把客户的潜在需求变为现实需求，达到商品销售的目的
7. 下列关于跨境电子商务客服人员需要具备的素质说法错误的是( )。
   A. 了解海外客户网络购物的消费理念和文化
   B. 熟悉跨境电子商务平台的运营规则
   C. 具备"当地化/本地化"思维
   D. 有关知识产权和法律知识以本国为准
8. 客户服务质量取决于企业是什么，即认识市场、了解客户现有与潜在需求的能力，并将此导入企业的经营理念和经营过程中( )。
   A. 创造新产品的能力   B. 创造客户价值的能力
   C. 提高销售量的能力   D. 了解市场动态的能力
9. 下列属于售前客服工作内容的是( )。
   A. 催付   B. 退/换货处理   C. 评价处理   D. 以上都是
10. 电子商务客户服务管理不包括( )。
    A. 售前服务   B. 售中服务
    C. 售后服务和投诉处理   D. 信息管理

二、多项选择题

1. 下列属于跨境电商客服常用的沟通工具的是( )。
   A. 电子邮件   B. 即时通信软件   C. 电话   D. 淘宝旺旺
2. 跨境电商平台客服主要工作包括( )。
   A. 回答产品相关的咨询   B. 客户维护
   C. 二次营销   D. 客户信息管理
3. 下列属于避免纠纷措施的是( )。
   A. 产品描述准确、规范   B. 质量把控
   C. 熟悉产品工艺与营销政策   D. 熟悉销售流程
4. 做好跨境电商客服主要从( )环节入手。
   A. 海关   B. 快递
   C. 订单   D. 纠纷
5. 客户信息整理的原则有( )。
   A. 动态管理   B. 重点管理   C. 灵活运用   D. 专人负责

6. 跨境电商客户服务售后阶段涉及的问题有(　　)。
    A. 退换货问题　　B. 海关通关　　C. 催用户给好评　　D. 客下单但未付货款

三、案例分析题

客服沟通案例

[例1] 顾客：hello，what's this?

客服：this is necklace.

[例2] 顾客：hello，what's this?

客服：Hi dear, this is our new products, double layer necklace, which is popular with many customers, would you want to try please? Thanks。

请根据以上案例回答下列问题：

(1) 如果你是这位顾客，你会购买哪位客服推荐的产品？

(2) 一个优秀的跨境客服人员应该具备什么素质和能力？

第10章 跨境电子商务法律问题与知识产权

  学习目标

1. 了解跨境电商知识产权保护法。
2. 掌握跨境电商知识产权侵权的常见形式。

  知识结构图

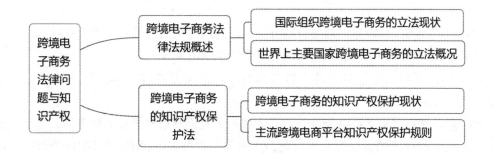

10.1 跨境电子商务法律法规概述

10.1.1 国际组织跨境电子商务的立法现状

近年来世界上已有许多国家与地区已经制定、颁布了实质意义上电子商务法。许多国家和国际组织正在酝酿、起草、审议电子商务法和跨境电子商务法。

1. 联合国国际贸易法委员会

联合国国际贸易法委员会简称"联合国贸法会",自1966年设立以来,主持制定的一系列国际电子商务活动的法律文件,已获得100多个国家通过。

1996年,《贸易法委员会电子商务示范法》颁布,成为最广泛应用的法规文本。该法根据不歧视使用电子手段、功能等同和技术中性等基本原则,确立了电子信息和纸介信息一视同仁以及法律承认电子交易及程序的规则。

导入案例

2001年，《贸易法委员会电子签字示范法》提供了使用电子签字的规则。

2005年，《联合国国际合同使用电子通信公约》成为第一个为国际贸易电子订约提供法律确定性的条约。

2017年，《贸易法委员会电子可转让记录示范法》确定了以促成和便利使用为原则的电子形式可转让单据和票据，如提单、汇票、支票、本票和仓单等。

2019年，《关于云计算所涉合同主要问题的说明》核准出版，旨在制定一项关于使用和跨国界承认电子身份管理服务(身份管理服务)和认证服务(信托服务)的新文书。

在单一窗口和无纸化贸易便利化的法律方面，联合国国际贸易法委员会还与其他组织合作开展了重要工作。与联合国亚洲及太平洋经济社会委员会在该领域联合工作的成果是可在线查阅的《跨国界无纸化贸易准备情况评估指南》。

这些法律文件既是世界各国电子商务立法经验的凝练，又是指导各国电子商务活动的法律依据。

2. 欧洲联盟委员会

欧洲联盟委员会，简称"欧盟委员会"，是欧洲联盟下辖的一个超国家机关。欧盟原来有28个成员国，自英国脱欧之后，现有27个成员国。欧盟委员会同样制定了一系列电子商务相关法律文件，在立法思想、立法内容、立法技术、立法实施速度等方面都具备明显特征。

1997年，颁布《欧洲电子商务行动方案》，为规范欧洲电子商务活动制定了框架。

1998年，颁布《关于信息社会服务的透明度机制的指令》。

1999年，颁布《电子签名统一框架指令》，用于指导和协调欧盟各国的电子签名立法。

2000年，颁布《电子商务指令》，全面规范了关于开放电子商务的市场、电子交易、电子商务服务提供者的责任等关键问题，要求欧盟成员国自2000年5月起18个月内，将电子商务指令制定成为本国法律。

2001年，颁布《欧盟信息社会版权指令》，规定建立一个内部市场，制定一套确保该内部市场竞争不被扭曲的体系制度；提出网络环境中行为的法律责任不仅涉及版权和相关权利，还涉及其他领域，例如诽谤、误导性广告或侵犯商标权等。

2017年，欧盟关于电子商务VAT(value added tax，增值税)改革方案通过，最终改革方案于2019年、2021年分两部分执行。2019年1月1日起执行的主要是针对欧盟内部电子服务销售的简化措施，包括针对中小商家制定的10 000欧元的跨国税起征点(低于起征点的跨国销售商可以向当地税务局按本国税率缴税)等，还修改和简化了关于发票的一些规定。2021年1月1日起执行的主要是针对欧盟内部和非欧盟国家卖往欧盟的远程货物的管理措施，主要包括以下内容：一是欧盟一站式征税制度(one stop shop，只适用于电子服务)，适合欧盟内部和非欧盟国家销售到欧盟的远程活动；卖家只需要在一个欧盟国家注册，填写一份VAT附加税报表就可以涵盖在所有欧盟国家需要缴纳的VAT；不需要分别在每个有销售的欧盟国家单独注册和申报VAT。二是非欧盟电商在特定平台上销售的货物需申报和缴纳VAT，减少非欧盟卖家的VAT逃税问题；取消从非欧盟国家进口到欧盟的低价商品(低于22欧元)进口VAT豁免政策；通过在线交易平台从非欧盟国家进口到欧盟的货物，若价格不高于150欧元，将由交易平台负责交税。

3. 经济合作与发展组织

1998年10月，来自经济合作与发展组织(Organization for Economic Cooperation and Development，OECD)成员国部长、非OECD成员国、消费者和社会利益团体的代表聚集加拿大渥太华，共同商讨促进全球电子商务发展的策略。本次会议形成了《OECD电子商务部长级会议结论》《全球电子商务行动报告》《全球电子商务行动计划》和《国际组织和地区性组织电子商务活动和计划报告》等一批与电子商务有关的文件，成为OECD迈向全球电子商务的里程碑，为各种经济体利用电子商务平台提供了广阔空间。

4. 世界知识产权组织

世界知识产权组织(World Intellectual Property Organization，WIPO)，是联合国的一个自筹资金的专门机构，是关于知识产权(intellectual property，IP)服务、政策、合作与信息的全球论坛，截至2023年4月，已有193个成员国。1996年，《世界知识产权组织版权条约》对数字环境中的作品和作品作者给予保护，规定数据或其他资料的汇编。无论采用任何形式，只要其内容的选择或编排构成智力创作，则受到本条约保护。在授予作者的权利方面，除了《伯尔尼公约》承认的权利以外，本条约还授予三种权利：发行权、出租权、扩大地向公众传播的权利。

10.1.2　世界上主要国家跨境电子商务的立法概况

1. 中国

2000年，中国香港颁布了《电子交易条例》；2001年，中国台湾颁布了《电子签章法》。2004年，《中华人民共和国电子签名法》颁布，2019年进行了修订。《中华人民共和国电子签名法》第2条指出：“本法所称电子签名，是指数据电文中以电子形式所含、所附用于识别签名人身份并表明签名人认可其中内容的数据。本法所称数据电文，是指以电子、光学、磁或者类似手段生成、发送、接收或者储存的信息。"

根据《中华人民共和国电子签名法》第6条，符合下列条件的数据电文，视为满足法律、法规规定的文件保存要求：能够有效地表现所载内容并可供随时调取查用；数据电文的格式与其生成、发送或者接收时的格式相同，或者格式不相同但是能够准确表现原来生成、发送或者接收的内容；能够识别数据电文的发件人、收件人以及发送、接收的时间。因此，现实生活中，邮箱文件，微信、QQ、钉钉、购物平台等聊天记录等，都视为有法律依据的电子签名文件。

2019年，《中华人民共和国电子商务法》正式实施，指出："电子商务经营者，是指通过互联网等信息网络从事销售商品或者提供服务的经营活动的自然人、法人和非法人组织，包括电子商务平台经营者、平台内经营者以及通过自建网站、其他网络服务销售商品或者提供服务的电子商务经营者。"

该法强调推动建立跨境合作及纠纷解决机制(第71—73条),要求电子商务经营者若从事跨境电子商务,应当遵守进出口监督管理的法律、行政法规和国家有关规定。《中华人民共和国电子商务法》第41条规定:"电子商务平台经营者应当建立知识产权保护规则,与知识产权权利人加强合作,依法保护知识产权。"同时,第42条规定:"知识产权权利人认为其知识产权受到侵害的,有权通知电子商务平台经营者采取删除、屏蔽、断开链接、终止交易和服务等必要措施。通知应当包括构成侵权的初步证据。电子商务平台经营者接到通知后,应当及时采取必要措施,并将该通知转送平台内经营者;未及时采取必要措施,对损害的扩大部分与平台内经营者承担连带责任。因通知错误造成平台内经营者损害的,依法承担民事责任。恶意发出错误通知,造成平台内经营者损失的,加倍承担赔偿责任。"

2. 俄罗斯

俄罗斯是世界上最早进行电子商务立法的国家。1994年,俄罗斯建设联邦政府网;1995年,国家杜马审议通过了《俄罗斯信息、信息化和信息保护法》;1996年,通过了《国际信息交流法》;2001年,通过了《电子数字签名法》草案,规定了国家机构、法人和自然人在正式文件上用电子密码进行签名的条件、电子签名的确认、效力、保存期限和管理办法等。

3. 美国

美国是联邦制国家,联邦和州两级均有立法权。早在20世纪90年代中期,美国法学会和美国统一州法全国委员会就开始了电子商务立法准备,制定了许多电子商务法律法规。其中较成功的是1952年合作制定的《统一商法典》(Uniform Commercial Code,UCC),它虽不是一部独立的法典,但在相当程度上体现了英美法系的商事法律原则,需要各州单独立法予以采纳。

1999年,美国《统一计算机信息交易法》(Uniform Computer Information Transactions Act,UCITA)公布,成为各州共同参考的法律。该法引入了"电子代理人"和"格式许可合同"的概念。"电子代理人"是指在没有人检查的情况下,独立采取某种措施或者对某个电子信息或者履行做出反应的某个计算机程序、电子的或其他的自动手段。"格式许可合同"是指用于大规模市场交易的标准许可合同,包括消费者合同及其他适用于最终用户的许可合同。格式许可合同最大特点是非协商性,对方要么全部接受,要么全部拒绝,没有讨价还价余地。

2000年,美国总统签署了《国际与国内商务电子签章法》,为在商贸活动中使用电子文件和电子签名扫清了法律障碍。至此,美国已有44个州制定了与电子商务的法律框架。

2018年,加州州长批准《加州消费者隐私法案》,同日呈交国务卿备案。该法案明确各种情境下个人信息的保密性要求,规定了企业或个人在其含个人信息的计算机数据遭受安全侵害时按规定披露侵害事实。自2020年1月1日起,本法案将赋予消费者一项权利:要求企业披露其所收集的消费者个人信息的类别和具体要素、信息的收集来源类别、收集或出售信息的企业目的以及信息共享第三方的类别。

4. 其他

(1) 欧洲地区。德国1997年颁布《信息与通用服务法》，意大利1997年颁布《数字签名法》，法国2000年颁布《信息技术法》。

(2) 北美洲、大洋洲地区。加拿大1999年颁布《统一电子商务法》，澳大利亚1999年颁布《电子交易法》。

(3) 亚洲地区。马来西亚1997年颁布《数字签名法》，新加坡1998年颁布《电子交易法》，印度1998年颁布《电子商务支持法》，韩国1999年颁布《电子商务基本法》，日本2000年颁布《电子签名与认证服务法》等。

世界各国有关(跨境)电子商务立法文件及时间如表10-1所示。

表10-1　世界各国有关(跨境)电子商务立法文件及时间

年份	国家	电子商务立法	区域
1995年	俄罗斯	《俄罗斯信息、信息化和信息保护法》	欧洲
1997年	德国	《信息与通用服务法》	
1997年	意大利	《数字签名法》	
2000年	法国	《信息技术法》	
1999年	美国	《统一计算机信息交易法》	北美洲、大洋洲
1999年	加拿大	《统一电子商务法》	
1999年	澳大利亚	《电子交易法》	
1997年	马来西亚	《数字签名法》	亚洲
1998年	新加坡	《电子交易法》	
1998年	印度	《电子商务支持法》	
1999年	韩国	《电子商务基本法》	
2000年	日本	《电子签名与认证服务法》	
2004年	中国	《中华人民共和国电子签名法》	
2018年	中国	《中华人民共和国电子商务法》	

10.2　跨境电子商务的知识产权保护法

10.2.1　跨境电子商务的知识产权保护现状

1. 知识产权的定义

知识产权原意为"知识(财产)所有权"或者"智慧(财产)所有权"，也称为智力成果权，是指人们就其智力劳动成果所依法享有的专有权利，通常是国家赋予创造者对其智力成果在一定时期内享有的专有权或独占权。知识产权本质上是一种无形财产权，它的客体是智力成果或者知识产品。知识产权属于民事权利，受国家法律保护。

知识产权是有价值的，是可以贸易的。根据商务部服务贸易进出口数据，2020年中国进出口的知识产权使用费呈贸易逆差现状。知识产权进口使用费为2595.5亿元人民币，出口使用费仅为598.9亿元人民币，其进口额度是出口额度的4.33倍，这显示出我国对知识产权使用方面的巨大需求。另外，相对进口同比增长9.4%，中国知识产权出口额同比增长30.5%，显示出我国对知识产权的跨境服务能力逐年提高，贸易逆差呈现减少趋势。

知识产权贸易非常适合电子商务贸易，因为其全部交易都能通过互联网直接完成，不需要线下物流配送，具备跨境电子交易的便利性、可行性与快件性特征，将成为跨境电商贸易的主流，其重要性将超过有形商品的跨境电子商务贸易，具有极大的发展空间。随着数字时代的到来，跨境电子商务知识产权保护将成为各种保护电子商务发展的重要内容。

2. 知识产权相关立法

中华人民共和国自成立以来，颁布了《中华人民共和国著作权法》《中华人民共和国商标法》《中华人民共和国专利法》《中华人民共和国反不正当竞争法》等相关法律规范，专项保护知识产权。《中华人民共和国著作权法》1990年9月通过，1991年6月正式实施，后经2001年10月第1次修正，2010年2月第2次修正，2020年第3次修正。根据《中华人民共和国著作权法》第1、3、62条规定，著作权法保护文学、艺术和科学作品作者的著作权，以及与著作权有关的权益，著作权即以下作品的版权：文字作品；口述作品；音乐、戏剧、曲艺、舞蹈、杂技艺术作品；美术、建筑作品；摄影作品；视听作品；工程设计图、产品设计图、地图、示意图等图形作品和模型作品；计算机软件；符合作品特征的其他智力成果。

《中华人民共和国商标法》1982年8月首次通过，自1983年3月1日起施行，后经1993年、2001年、2013年、2019年修正，自2019年11起实施。根据《中华人民共和国商标法》第3、48条规定，"注册商标"是经商标局核准注册的商标，包括商品商标、服务商标和集体商标、证明商标。商标注册人享有商标专用权，可将商标用于商品、商品包装或者容器以及商品交易文书上，或者将商标用于广告宣传、展览以及其他商业活动中，用于识别商品来源。其中，集体商标是指以团体、协会或者其他组织名义注册，供该组织成员在商事活动中使用，以表明使用者在该组织中的成员资格的标志；证明商标是指由对某种商品或者服务具有监督能力的组织所控制，而由该组织以外的单位或者个人使用于其商品或者服务，用以证明该商品或者服务的原产地、原料、制造方法、质量或者其他特定品质的标志。

《中华人民共和国专利法》1984年3月颁布，1985年4月1日开始施行，其后于1992年、2000年、2008、2020年修正。根据《中华人民共和国专利法》第1、2条规定，专利权人的发明创造可以受到法律保护，享有合法权益，发明创造包括实用新型和外观设计。其中，发明是对产品、方法或者其改进提出新的技术方案；实用新型，是对产品的形状、构造或者其结合提出适于实用的新技术方案；外观设计，是对产品的整体或者局部的形状、图案或者其结合以及色彩与形状、图案的结合所作出的富有美感并适于工业应用的新设计。根据《中华人民共和国专利法》第26、27条规定，申请发明或者实用新型专利的，应当提交请求书、说明书及其摘要和权利要求书等文件；申请外观设计专利的，应当提交请求书、该外观设计的图片或者照片以及对该外观设计的简要说明等文件。

3. 知识产权侵权的相关处罚

根据《中华人民共和国刑法》相关条款规定，涉及知识产权侵权的将予以定罪，如以营利为目的，未经著作权人许可复制发行其文字、音像、计算机软件等作品，出版他人享有独占出版权的图书，未经制作者许可复制发行其制作的音像制品，制作、展览假冒他人署名的美术作品，违法所得数额较大或者有其他严重情节的行为，属于"侵犯著作权罪"。特别注意的是，未经许可的出租、展览以及演绎作品的行为不在行政执法对象的范围之内。

美国对知识产权侵权行为的赔偿和刑罚幅度比中国更严格。美国对专利和商标的故意侵权存在3倍的惩罚性赔偿；在被告不如实披露或未披露侵权产品有关数据的情况下，原告和法院会选择法定赔偿；对商标故意侵权的法定赔偿幅度可高达200万美元，既高于2019年《中华人民共和国商标法》修改之前的法定300万元人民币的赔偿额，也高于修法后的500万元人民币的赔偿额。

美国对一般假冒商标犯罪规定了罚款200万美元和最高监禁10年的惩罚；对涉及药品和特定商品的假冒犯罪规定了高达500万美元的罚款和最高20年的监禁。

在美国司法实践中，被告人若不予配合或以拖待变，会招致更严重的损失。例如，中国跨境电商企业觉得被冻结账号的金额不高，便对案件不够重视，不予理睬，缺席判决，而后，赔偿额度可能远远高于冻结的账号额度。在案件执行过程中，原告和法院将持续监控和冻结被告其他能查询到的网店和账号，引发更多资金被冻结的现象。

4. 我国跨境电商知识产权侵权现状

我国海关是既对进口环节又对出口环节进行知识产权边境执法的行政机关。据海关总署数据，2021年，全国海关共采取知识产权保护措施8.4万次，实际扣留进出口侵权嫌疑货物7.92万批、7180.28万件，批次和数量均较上一年有所增长。随着互联网新业态的发展，跨境电商渠道已逐步成为全国海关执法重点，2021年全年共查扣跨境电商侵权嫌疑货物1.78万批、199.57万件，扣留批次和数量在非货运渠道执法的占比均明显增长。2021年全国海关查获进出口侵权货物情况主要呈现以下特点。

(1) 出口环节执法成效明显，进口环节持续增长。2021年，全国海关共在出口环节扣留侵权嫌疑货物7.86万批、6378.54万件；在进口环节扣留侵权嫌疑货物571批、801.73万件，进口环节查获侵权货物数量占比进一步提高。

(2) 查获侵权货物仍以侵犯商标权为主，专利权、著作权、奥林匹克标志专有权执法成效明显。全国海关扣留涉嫌侵犯商标权的货物7.89万批、6804.63万件。专利权、著作权、奥林匹克标志专有权的侵权查获数量成倍增长，其中扣留涉嫌侵犯专利权货物

293.33万件,扣留涉嫌侵犯著作权货物81.47万件,扣留涉嫌侵犯奥林匹克标志专有权货物8380件。

(3) 货运渠道执法模式以海关依职权保护为主,依申请保护稳步增长。全国海关在货运渠道扣留侵权嫌疑货物2282批次、6078.47万件。其中,海关采取依职权保护措施扣留侵权嫌疑货物2194批、5769.88万件;采取依申请保护措施扣留侵权嫌疑货物88批、308.58万件。

(4) 跨境电商渠道成为全国海关执法重点,扣留批次、数量均明显增长。随着互联网新业态的发展,跨境电商渠道已逐步成为全国海关执法重点,2021年全年共查扣跨境电商侵权嫌疑货物1.78万批、199.57万件,扣留批次和数量在非货运渠道执法的占比分别由2020年的11.69%和9.93%提升到2021年的23.25%和18.11%。

(5) 中西部地区海关执法成效更加明显,执法水平逐步提升。2021年,中西部地区海关共扣留侵权嫌疑货物2.06万批、223.31万件。其中,太原、南昌、长沙、贵阳等海关扣留批次同比增长2倍以上;武汉、南宁、乌鲁木齐海关的年查获数量较2020年增长超过10万件;西宁海关自成立以来首次查处侵权案件,扣留侵权商品9000余件。

(6) 扣留侵权嫌疑货物主要涉及电子电器、服装鞋帽等类别。以扣留批次统计,服装鞋帽、皮具箱包、电子电器等货物依然占据前三位,分别为3.9万批、2.2万批和0.6万批。以扣留数量统计,电子电器、烟草制品、服装鞋帽等货物的数量占据前三位,分别为2036.19万件、1847.52万件和645.44万件。

10.2.2 主流跨境电商平台知识产权保护规则

在欧洲,每个国家都拥有自己的版权法,所有版权法都禁止在未经授权的情况下复制和使用原创作品,还有一些法律禁止在未经授权的情况下将商品进口到欧洲经济区或英国(也禁止在欧洲经济区或英国销售)。

1. 亚马逊平台

在亚马逊平台较常见的侵权行为是版权和商标侵权、盗图、商标占用等情况。为协助调查,出现专利侵权时,卖家有必要向亚马逊平台提供如下内容:①提供发票,以证明产品的真实性;②提供订单ID,以证明产品的真实性;③专利权利所有者的授权书,是原版授权书而不是转发的邮件。

2021年7月,亚马逊英国站点公布了禁止销售软件商品的详情,主要包括以下几类。

(1) 复制的软件。禁止卖家销售任何除原始软件制造商以外的人复制的软件。

(2) 数字下载。为了保护卖家、买家和权利所有者免受数字盗版的侵害,卖家不得以任何方式(激活码、注册链接、许可证密钥、序列号或其他与软件相关的凭证)销售可以通过数字方式下载的软件。

(3) 制造商不打算零售的任何软件。禁止在亚马逊商城销售任何制造商并未设计或打算用于零售的软件,包括此类产品:①OEM(original equipment manufacturer,贴牌生产)软件;②免费分发或促销软件;③测试版或预发行版软件;④免费软件和共享软件;⑤过期的订阅类软件。

(4) 学术软件。学术软件是指面向学生、教职员工和教育机构销售且仅可由这些个人和机构使用的软件。

2. 速卖通平台

速卖通平台严禁用户未经授权发布、销售涉嫌侵犯第三方知识产权的商品或发布涉嫌侵犯第三方知识产权的信息。速卖通平台知识产权保护及处罚规则如右侧二维码所示。

速卖通平台知识产权及处罚规则

3. eBay平台

eBay平台专门制定了VeRO(verified rights owner,举报物品刊登违规)计划,将向知识产权所有者提供渠道来举报他们认为侵犯了他们权利的物品刊登。以下为eBay关于卖家应该如何保护知识产权的部分准则。

(1) 只有知识产权所有者才可以举报侵犯了他们版权、商标权或其他知识产权的eBay物品刊登。如果你是知识产权所有者,你可以访问如何举报知识产权侵权物品刊登(VeRO计划)页面,了解更多有关VeRO计划的信息,并提交举报。

(2) 即使你不是知识产权所有者,你也可以与知识产权所有者联系,建议他们联系eBay,并提供帮助。

(3) 部分参加了eBay VeRO计划的知识产权所有者已经创建了参与者页面,你可以在该页面上找到更多有关他们在产品和法律地位的信息。并非所有eBay VeRO计划参与者都已创建参与者页面,你可以在VeRO计划参与者页面上找到已经创建该页面的部分参与者。

(4) 如果你认为自己的物品刊登被错误地删除,请了解更多有关eBay如何保护知识产权(VeRO计划)的信息。

4. Wish平台

Wish平台对伪造品和侵犯知识产权的行为制定了严格的零容忍政策。Wish平台关于这方面的规则如下所述。

(1) 严禁出售伪造产品。相较于国内的大部分贸易平台,Wish平台要更加严苛,会有严格的审核过程。Wish平台对于模仿或影射其他方知识产权的产品是直接严禁销售的。如果商户推出伪造产品进行出售,这些产品将被清除,并且其账户将面临罚款,可能还会被冻结。

(2) 严禁销售侵犯另一个实体的知识产权的产品。保护知识产权方面Wish平台的鉴定审核销售产品不只是杜绝赝品,还禁止商户销售的产品图像、文本侵犯其他方的知识产权。这包括但不限于版权、商标和专利。如果商户列出侵犯其他方知识产权的产品,这些商品将被清除,并且其账户将面临罚款,可能还会被冻结。

(3) 商户有责任提供产品的销售授权证据。有些商户会碰到平台判定自己的产品是伪造或者侵权的情况,此时需要商户配合做出举证,有责任提供销售产品的授权证据。如果是合法的授权证据,平台会予以认可,但是如果商户对销售的产品提供错误或误导性的授权证据,其账户将被冻结。

(4) 对伪造品或侵犯知识产权的产品处以罚款。Wish平台会对商户所发布的全部产品进行审核,来判断该产品是否违反了平台规则,是否属于伪造品,是否侵犯了知识产权。如果发现某款产品违反了 Wish 平台的政策,此产品将被删除。

(5) 对已审批产品处以伪造品罚款。为了防止商户在更改商品信息之后发布侵权产品,在商户发布过产品之后,再更改产品名称、产品描述或产品图片的,经过审批的产品也要再次审核,看其是否为伪造品或是否侵犯了知识产权。在产品复审期间,产品正常销售。如果在编辑后发现某款产品违反了 Wish 平台的政策,商户可能会被处以 100 美元的罚款,此产品将被删除,且所有付款将被扣留。

本章小结

法律及知识产权是跨境电商活动中无法回避的重要问题,在实践活动中对跨境电商交易产生了非常重要的影响。本章共两小节,主要介绍了跨境电子商务法律法规和跨境电子商务知识产权保护法相关知识。第一节介绍了国际组织跨境电子商务的立法现状和世界上主要国家跨境电子商务的立法概况;第二节介绍了跨境电子商务的知识产权保护现状和主流跨境电商平台知识产权保护规则。

同步阅读

同步测试

一、单项选择题

1. 跨境电子商务中,一般由(   )提出仲裁申请。
   A. 卖家　　　　B. 买家　　　　C. 检察机关　　　　D. 消费者保护协会
2. (   )互联网法院是全国首个集中审理网络案件的试点法院。
   A. 广州　　　　B. 上海　　　　C. 北京　　　　D. 杭州
3. 世界知识产权组织的英文缩写正确的是(   )。
   A. ODR——Online Dispute Resolution
   B. ADR——Alternative Dispute Resolution
   C. WIPO——World Intellectual Property Organization
   D. OECD——Organization for Economic Cooperation and Development
4. 下列对知识产权的表述不正确的是(   )。
   A. 知识产权称为智力成果权　　　　B. 知识产权是有形的财产权
   C. 知识产权是有价值的　　　　D. 知识产权是可以跨境贸易的

5. 我国跨境电子商务的立法时间不正确的是(　　)。
   A. 1982年颁布了《中华人民共和国商标法》
   B. 1984年颁布了《中华人民共和国专利法》
   C. 1990年颁布了《中华人民共和国著作权法》
   D. 2019年颁布了《商标注册便利化改革三年攻坚计划》
6. 我国电子商务立法转折性的一年(　　)。
   A. 2003年　　　B. 2013年　　　C. 2018年　　　D. 2020年
7. 下列不属于ODR在线争议解决机制的是(　　)。
   A. 在线协商　　B. 在线审判　　C. 在线调解　　D. 在线仲裁
8. 暂未启动跨境电子商务立法的国家是(　　)。
   A. 中国　　　　B. 俄罗斯　　　C. 美国　　　　D. 朝鲜

二、多项选择题

1. 参与跨境电子商务的国际组织包括(　　)。
   A. 联合国国际贸易法委员会　　　　B. 欧洲联盟委员会
   C. 经济合作与发展组织　　　　　　D. 世界知识产权组织
2. 跨境电商企业注册商标的好处有(　　)。
   A. 打造出海品牌标识，形成国际口碑效应
   B. 形成品牌区分度，保护公司正当利益
   C. 入驻任何跨境电商平台不需要商标
   D. 形成公司无形资产提升影响力
3. 跨境电子商务争议解决的传统方式有(　　)。
   A. 国际商事仲裁　B. 国际商事调解　C. 国际民事诉讼　D. 国际刑事诉讼
4. 下列对跨境电商监管表述不正确的是(　　)。
   A. 跨境企业不愿主动申报　　　　　B. 安全风险管理完全到位
   C. 海关监管政策全民知晓　　　　　D. 法律法规已经十分完善
5. 各国的电子商务立法对应正确的是(　　)。
   A. 美国《统一计算机信息交易法》　B. 澳大利亚《数字签名法》
   C. 加拿大《统一电子商务法》　　　D. 日本《电子签名与认证服务法》

三、案例分析题

亚马逊店铺被封系列：侵犯知识产权

在亚马逊平台，确保所售产品合法且拥有产权所有人授权，是卖家的责任。如果卖家做不到，就会面临账号被封的局面。但这到底意味着什么？如果卖家不太了解知识产权侵犯行为，可浏览下列信息。

亚马逊卖家需维护四类知识产权：版权(copyright)、商标权(trademark)、发明专利权(utility patent)和设计专利权(design patent)。换句话说，如果不想亚马逊账号被封，卖家需

要避免非法制造、剽窃、销售仿品和假货。

理论上来讲，在平台上出售这些产品需要亚马逊和卖家共同承担责任。但考虑到平台的商业模式，法院规定亚马逊无须为此担责。这就意味着，卖家需独立承担侵权后果。

1. 侵权后果

产权所有人或法定代理人可能会向亚马逊提起诉讼。亚马逊也规定，不允许出售假货、盗版和未授权产品等等。侵犯知识产权会导致卖家亚马逊账号被封，资金被冻结。

2. 应对措施

- 当亚马逊通知卖家存在侵权行为后，卖家要积极应对。
- 浏览内容指南和防伪政策。
- 找出侵犯知识产品法和亚马逊政策的产品或相关产品信息。
- 联系知识产权所有人，直接与他们对话，通常情况下他们比律师更容易交流。如果找不到知识产权所有人，就联系亚马逊在暂停账号通知邮件里提到的法定代理人。
- 提供供应商名单，及与其合同条款。
- 请求知识产权所有人或代理人撤销投诉。
- 如果知识产权所有人或其代理人没有回复，那就联系律师帮忙。
- 如果卖家能够承担得起账号被停的成本，可以等到与产权所有人把事情解决后再写具体改善计划。
- 写一份行动计划，包括产权所有人同意撤销投诉。
- 如果投诉未撤销，那就给亚马逊提交一份详细的步骤清单，表明卖家和自己的律师采取哪些措施规避未来侵权行为，或证明投诉的不合理性。
- 检查质量管理措施，对员工进行培训，让他们识别易侵权产品和产品类型。
- 下架或清理导致亚马逊账号被停的所有库存产品以及禁止在平台销售的产品。
- 向亚马逊提起上诉，并采取以上措施。

3. 如何避免未来侵权

对于自有品牌产品：

- 刊登产品信息时，要特别注意使用的词语，确保一切都是原创。
- 在商标数据库中检测品牌关键词或短语，比如 Justia Trademarks。
- 刊登自有品牌产品之前，确保它是独一无二的，即使已经通过专利审核。

如果从第三方进货：

- 如果有可能，了解每一件产品的知识产权所有人和销售权代理人。
- 确保刊登的所有产品信息包括图片，都具有知识产权所有人的认可。
- 记录每一件产品的项目清单和发票，在刊登前进行检查。
- 确保拿到的文件是发票，而不是订单确认.形式发票.商业发票等。
- 调查供货商和他们的竞争对手，避免从不能提供相关文件的批发商那里进货。

总而言之，避免亚马逊账号因触犯知识产权而被封取决于卖家的商业模式，要么在刊登自有品牌前做所有必备的调查，要么保存供货商提供的合法文书。

资料来源：跨境达人[EB/OL]. https://www.hcggzy.cn/hwds/amazon/8610.html.

请根据以上案例回答下列问题：

(1) 当涉嫌侵犯知识产权时，如何应对亚马逊店铺被封？

(2) 我国中小型跨境电商企业在进行跨境电商活动时，常面临哪些法律风险？

参考文献

[1] 马述忠，卢传胜，丁红朝，等. 跨境电商理论与实务[M]. 杭州：浙江大学出版社，2020.

[2] 伍蓓. 跨境电商理论与实务[M]. 北京：人民邮电出版社，2021.

[3] 姚大伟，邹果庆，孟彧. 跨境电子商务基础[M]. 武汉：华中科技大学出版社，2022.

[4] 刘瑶. 跨境电商运营实务[M]. 北京：人民邮电出版社，2021.

[5] 张函. 跨境电子商务基础[M]. 北京：人民邮电出版社，2019.

[6] 邹益民，隋东旭. 跨境电商基础与实务[M]. 北京：人民邮电出版社，2022.

[7] 陈旭华，蔡吉祥，陈俏丽. 跨境电商物流理论与实务[M]. 杭州：浙江大学出版社，2022.

[8] 戴小红，吕希. 跨境电商物流实务[M]. 杭州：浙江大学出版社，2020.

[9] 邓志超，莫川川. 跨境电商基础与实务[M]. 北京：人民邮电出版社，2021.

[10] 陈海涛，蔡勇. 跨境电商多平台运营[M]. 北京：中国人民大学出版社，2020.

[11] 宗胜春，戴庆玲. 跨境电子商务基础[M]. 北京：中国商务出版社，2021.

[12] 羊英，陈建，吴翠红. 跨境电商物流实用教程[M]. 北京：中国海关出版社，2019.

[13] 张帆. 跨境电商客户服务[M]. 北京：中国人民大学出版社，2020.

[14] 陈喆，解丽敏. 《中美经贸协议》"通知—删除"规则与中国网络版权立法回应[J]. 中国海商法研究，2021，32(3)：105-112.

[15] 何郁冰. 产学研协同创新的理论模式[J]. 科学学研究，2021，30(2)：165-174.

[16] 陈绍玲. 短视频版权纠纷解决的制度困境及突破[J]. 知识产权，2021(9)：17-30.

[17] 韩玉雄，李怀祖. 关于中国知识产权保护水平的定量分析[J]. 科学学研究，2005，23(3)：377-382.

[18] 赵旭. 商标性使用作为商标侵权前提的反思[J]. 知识产权，2021(9)：56-78.

[19] 吴汉东. 形象的商品化与商品化的形象权[J]. 法学，2004(10)：77-89.

[20] 庄子银，贾红静，李汛. 知识产权保护对企业创新的影响研究——基于企业异质性视角[J]. 南开管理评论，2021(9)：1-23.

[21] 吴超鹏，唐菂. 知识产权保护执法力度、技术创新与企业绩效——来自中国上市公司的证据[J]. 经济研究，2016(11)：125-139.

[22] 孔祥俊. 知识产权强国建设下的反不正当竞争法适用完善——基于行政规章和司法解释征求意见稿的展开[J]. 知识产权，2021(9)：1-20.

[23] 陈宇红，梁恒，杨书琴. 跨境电子商务风险及防范研究[J]. 社科纵横，2018，33(03)：22-226.

[24] 李淑芳. 跨境电子商务争议解决机制研究[D]. 杭州：浙江理工大学，2019.

[25] 鄂立彬，等. 跨境电子商务前沿与实践[M]. 北京：对外经济贸易大学出版社，2016.

[26] 王国才，王琼，毛金芬. 数据分析基础——基于Excel和SPSS[M]. 上海：上海交通大学出版社，2018.